アメリカ公立学校の社会史

コモンスクールからNCLB法まで

America's Public Schools : From the Common School to "No Child Left Behind"

William J. Reese.

ウイリアムJ.リース 著
小川佳万・浅沼茂 監訳

東信堂

AMERICA'S PUBLIC SCHOOLS:
From the Common School to "No Child Left Behind," Updated Edition
by William J. Reese

Publishid by arrangement with The Johns Hopkins University Press, Baltimore, Maryland
Japanese translation rights arranged through
Tuttle-Mori Agency, Inc., Tokyo

Published by **TOSHINDO PUBLISHING CO., LTD.**
1-20-6, Mukougaoka, Bunkyo-ku, Tokyo, 113-0023, Japan

日本語版への序

ウィリアム・J・リース
（ウィスコンシン大学マジソン校）

どのような書物もそれ自体が歴史をもっている。本書も公立学校の歴史を扱ったシリーズの第一巻として執筆するという提案から始まった。一九九〇年代初期に、ウィスコンシン大学マディソン校歴史学部のスタンレイ・カトラー(Stanley Kutler)教授から、ジョンズ・ホプキンス大学出版会のシリーズ「一時代のアメリカ」に寄稿するように依頼された。その時、私は、インディアナ大学ブルーミントン校の教授であった。一九九五年に私は、母校のウィスコンシン大学に新設された教授職へ赴任した。本書は、二〇〇五年にようやく出版され、二〇一一年に加筆再版された。

本書は、時代の産物であり、歴史家としての私の進化の記録でもある。一九八〇年代までに、多くの合衆国の歴史家が、研究の断片化や過度に細分化された領域について批判をしてきた。その批判とは、学者は、狭い範囲を対象とする研究よりもむしろ総合的に書く必要があるというものであった。社会史は、ここ二〇年もの間、市井の人々（奴隷、労働者、移民、学生、その他の非エリートたち）の生活についての多くの単行本を生産し続けながらも、漠としたままであった。私自身は、社会史家として訓練を受けてきたのであるが、歴史家はより多くの読者に向けて書くべきであるという批判に頷いてもいた。それは、行うよりも言うはやすしであった。『アメリカ公立学校の社会史』執筆は、すでに蓄積されてきた二次的な文献を収集することを必要としてきたし、また、広範な一次資料にも目を通すことをも意味していた。一九八六年の私の最初の本は、いくつかの都市の進歩主義教育に関するものであったし、一九九五年の私の二冊目の本は、一九世紀のハイスクールの起源に関するものであった。一八〇〇年代初頭のその始まりから現在までの公立学校の歴史の解釈を一貫させるには、より広範囲に及ぶ一貫した計画性を必要としていた。私自身のもっている知識とのギャップを埋め合わせるために、私は、様々な地域と時代にわたり、教師の雑誌、様々な学校報告書、いろいろなトピックの本などを含む多くの一次資料を読んできた。

本書の中心のテーマは、数年間の研究の後に出て来たものであり、社会史としての学校の見方に二つの主要な対立軸が貫いていることである。一九世紀前半までは、ヨーロッパのロマン主義と他方、未来志向的な個人主義が、子どもたちは生まれつき劣った人間であるという伝統的なキリスト教的信念を拒んできた。子どもたちの自然と潜在能力をより肯定的にとらえながら、彼らは体罰や教科書中心の教育を否定し、より子どもに優しい教授法を求めてきた。それにもかかわらず、ヨハン・ペスタロッチ、フリードリッヒ・フレーベルとその他後世の進歩主義的教育者たちは、多くの反対に直面してきた。児童中心主義は、保守的な親たち、古い精神の教育者、管理者、そして比較的古い信仰と効率や測定、スタンダード・テストを新たな形に結びつけた改革者たちによって拒否されたのである。これらの広い、進歩主義対伝統主義という対立する影響図式は、二一世紀の公立学校に関する議論と政策を形成してきた。

歴史家は、過去を自分たち自身の見方で理解しようとする。歴史は、過去が現在に至るまでにどのような影響があったのかを明らかにしうるものである。私は、ここに『アメリカ公立学校の社会史』を日本の皆様にお示しする機会を与えてくれた小川佳万氏と浅沼茂氏に深く感謝する。そして彼らの仲間とその翻訳の努力に感謝するものである。

シリーズ編集者の序文

スタンレイ・I・カトラー

公教育は、アメリカの歴史を通じて、自由と物質的な豊かさを享受するために常に我々を突き動かしてきた。それは、自らの能力を発達させ、好機を追い求める手段をもった良識のある自由な市民育成をしたいという国家創設者たちの希望であった。公的資金に支えられてきた教育の歴史的な役割と機能は、人間の発達と豊かさに対する最もアメリカらしい貢献として位置づけられる。

ウィリアム・J・リース(William J. Reese)による興味深いこの物語は、一九世紀初頭の先駆的な努力から今日の政治的、文化的葛藤までのアメリカ公立学校の約二世紀を簡潔巧妙に分析している。それは「昔は良かった」という論旨ではない。リースは、学校が常に社会の戦場であったことを賢明にも認めている。例えば、公立学校における宗教の役割に関する論争は、ここ数十年のみの現象ではない。(数ある中でも)この問題は、公立学校の歴史を通じてカリキュラムの決定権や教育実践に著しい影響を与えてきた。生徒が学校で祈るべきか否か、あるいは科学と宗教の間の葛藤をどのように解消するのかは、現代に限った問題ではない。リースが言及したように、その歴史を通じて「アメリカの学校は、子どもたちの豊かな暮らしをどのように定義づけ、また保障するのかについて公開討論の中心であり続けている」のである。

また、個人主義と共同性は、「価値あるもの」として実質的なメリットと魅力を伴ってアメリカ人の人格形成に深く根づいているが、学校教育は、両者の適切な均衡をどのように保つのかという永遠の問いをも反映している。リースは、アメリカ人が、その両者の間で揺れ動きながらも、これら二つの価値を促進する教育システムを発展させ、両者のあらゆる緊張に有益な解決策を絶えず学校に求めていることを指摘した。彼は、我々の学校の命運が「継続と変化を切望する市民の掌中にあり続けている」ことを的確に認めているのである。

公教育に関するリースの歴史研究は、社会史の信頼できる鏡として、政治的、文化的、経済的文脈の中でテーマを位置づけている。彼は、二〇世紀公教育の拡大が、田舎の農業志向の社会から二一世紀の複雑な都市ならびに商業国家への驚嘆すべき変貌の原因となったことを見事に論証したのである。

謝辞

ウィリアム・J・リース

私は、数え切れないほどの同僚や友人、司書や公文書のスタッフ、そしていくつかの機関の寛大な配慮に感謝している。彼らは、私の研究のどんな欠陥に関してもその責任を負う必要はないが、その支援や激励は、研究活動が依然として社会的事業であることを証明している。私がここまで来られたのは、ここに挙げる全ての人たちの協力によるものである。

情報検索を手伝い、また私の原稿を批評してくれた多くの大学院生助手にはいくら感謝を伝えても伝えきれない。彼らの名前を挙げると、トニー・アーベルン(Tony Abeln)、カレン・ベンジャミン(Karen Benjamin)、マット・カルバート(Matt Calvert)、クリスティー・ハンズリーク-グリーン(Christie Hanzlik-Green)、ストーリー・マットキン-ラウン(Story Matkin-Rawn)、スザンヌ・ローゼンブリス(Suzanne Rosenblith)、ダイナ・ステフェンス(Dina Stephens)、パトリシア・ストービー(Patricia Stovey)、そしてキャロル・トローヌ(Carole Trone)である。ブルーミントンのインディアナ大学やウィスコンシン大学マディソン校は、プライベートな会話や、あるいは教室でのディスカッションを通して私のアイデアを洗練させてくれた。デイヴィッド・アダムス(David Adams)、メリー・アン・ズバック(Mary Ann Dzuback)、バリー・フランクリン(Barry Franklin)、ハーバート・クリバード(Herbert Kliebard)、B・エドワード・マクレラン(B. Edward McClellan)、デイヴィッド・マクドナルド(David McDonald)、アダム・ネルソン(Adam Nelson)、ジョン・ルドルフ(John Rudolph)、ジェレミー・スーリ(Jeremi Suri)、デイヴィッド・B・タイアック(David B. Tyack)、そしてマリス・ヴィノフスキー(Maris Vinovskis)ほかの多くの同僚の方々からも詳細で建設的な意見をいただいた。ロンドン大学教育研究所のリチャード・オルドリッチ(Richard Aldrich)との会話は、アメリカの学校改革の背景にある私のヨーロッパに対する理解を助けてくれた。ロバート・オルシ(Robert Orsi)もまた、友情と彼の専門であるアメリカ宗教史の知識を私に与えてくれた。加えて、ウィスコンシン大学マディソン校とウィスコンシン歴史学会は大いに私の研究を進展させてくれたが、特にジェイムズ・ダンキー(James Danky)にはお礼を申し上げたい。また、本書末の文献解題において紹介された数えきれないほどの歴史家や教育家たちにお世話になった。第3章は、ほぼ『季刊教育史(*History of Education Quarterly*)』からの転載であり、その許可を与えてくれた編集者に感謝している。

過去一〇年間にわたり様々な助成をいただいたスペンサー財団と、ウィスコンシン大学マディソン校教育学部長チャールズ・リード(Charles Read)や大学院研究科長のマーティン・カドウォラダー(Martin Cadwallader)の時宜を得た支援は、私の研究の進展を早めてくれた。ジョンズ・ホプキンス大学出版会の編集者であるヘンリー・トム(Henry Tom)、そして私の同僚であり友人であり、本シリーズの編集者でもあるスタンレイ・I・カトラー(Stanley I. Kutler)は本書の完成を辛抱強く待ってくれた。有能な書籍編集者スーザン・ランツ(Susan Lantz)にも大いに感謝したい。

目次／アメリカ公立学校の社会史―コモンスクールからＮＣＬＢ法まで

凡例

1. 本書は、William J. Reese. *America's Public Schools: From the Common School to "No Child Left Behind" Updated Edition*, The Johns Hopkins University Press, 2011 の全訳である。
2. 本文中の（　）は書名や人名等の原語を示すもの以外は原著者によるものであり、〔　〕は訳者の補足的な註である。
3. “　　”は「　　」にした。
4. 書名以外のイタリック体には傍点をつけた。
5. 原書において、時折使用されている―（ダッシュ）は、使用しないように心掛けた。
6. 人名等の表記については慣例に従い、原綴は初出時に掲示した。
7. 原書の索引は、人名と事項が一緒に掲載されていたが、本書では両者を分けた。
8. 読者の便宜を図るため、原書にはない節見出しをつけた。
9. 『カーディナル・プリンシプルズ（*Cardinal Principles of Secondary Education*）』の表記は「中等教育の基本原則」（上村正直）と訳される場合もあるが、類似の名称の報告書が多くアメリカではカーディナル・プリンシプルズと固有名詞のように使われる場合が多いので、本書では前半をとったうえでカタカナ表記とした。

翻訳者担当章（◎は監訳者）

序論　◎小川佳万（広島大学教授）
第1章　小川佳万
第2章　小野寺香（大阪樟蔭女子大学講師）
第3章　伊井義人（藤女子大学教授）
第4章　下村一彦（東北文教大学准教授）
第5章　◎浅沼茂（東京学芸大学教授）
第6章　金井里弥（仙台大学講師）
第7章　高橋望（群馬大学准教授）
第8章　柴田聡史（琉球大学講師）
第9章　高橋文平（元東北大学大学院学生）
エピローグ　駒板孝（元東北大学大学院学生）
文献解題　下村一彦

アメリカ公立学校の社会史

――コモンスクールからＮＣＬＢ法まで――

序論

「公共心を培うのは教育である。小枝が曲がると、木も傾く」と記したのは、一八世紀のイギリス詩人アレクサンダー・ポープ(Alexander Pope)である。彼は、教育の力と、分別のある若者を育てるための社会化の重要性を説く西洋の思想家たちに、聖書の金言を現代詩に反映させて語りかけた。古《いにしえ》より、村の年寄り衆、僧侶、物書き、親たちは、若者に忠告を重ねてきた。社会変動の時代には、家族が崩壊しそうだ、若者が横柄だ、無秩序がまかり通っている、と大声で叫び、そしていつでも多くの処方箋で溢れかえっていた。アメリカでは、ニューイングランドへの入植者世代から堕落した若者への嘆きが存在し、それは現在も続いている。現在、躾がなっていない生徒への嘆きは、ポストモダンという暴力的な世界を支配しているグローバル市場、文化的多様性、貧富の格差、市民の参加とコミュニティの団結、そして不安感と結合している。

本書は、アメリカの最も身近な機関のひとつである公立学校の歴史書である。過去二、三〇年もの間、多くの州知事や大統領が、特別支援を必要とする子どもの教育から貧困層の学力問題まで様々な教育改革を、選挙キャンペーン時だけでなく法律制定の際にも政治的優先事項としてきた。一九八〇年代以降、多くの州や地方当局者だけでなく、大統領も共和党も民主党も皆、アカデミック・スタンダードを承認し、ドラッグのない学校と卒業率向上という国家目標を設定し、最近の改革では「どの子も置き去りにしない」ことを約束した。頑固な政治家たちは、学校がとうてい成しえないような理想主義を掲げたが、政権担当者はみな移り気な教育改革者のようでもあった。

歴史的にも、法的にも、また実態としても、公立学校は州法に規定され、地方で管理されている。この地方分権的性質により、特に教室と廊下以外で起こった問題に対処するには多くの時間を要することになり、右派・左派を問わず全ての改革者たちをいらだたせた。ただし、貧困や人種的・社会的不平等という国家の最も深刻で頻発するジレンマを解決できない大人たちは、その原因は自分たちの行為にではなく、学校での誤った実践と若者の不完全さにあると結論づけた。一九世紀初頭以来、公立学校は個人の生活を向上させ、大きな社会善を保証する実践の中心であった。風刺画に描かれようと理性的に語られようと、公立学校は、テレビのニュース・キャスターの間で、新聞記事の中でも、そして専門家会議、地方教育委員会、ロビー活動集団、あるいは地域のPTAの会議においても、絶えず議論の主役であり続けている。在籍児童・生徒の増加が著しく、在籍年数も長期化してきているため、かつて学校とはどうであったのか、今後の学校はどうあるべきかについてはみな一家言もってはいる。ただし、それらは必ずしも褒め言葉とはなっていないところが問題である。市民の中でも、学校をよく知らない人々は、決まって人間技ではとうてい達成できないことを学校に期待し、学校がたじろぐと厳しい批判を浴びせ、さらに学校が原因とは言えない社会的病理の治療についても学校をあてにする。二世紀以上にわたって、多くのアメリカ人は、より良い社会の建設には学校が不可欠であることで意見の一致をみているが、それでも公共システムについての不平と批判が途絶えたことは一度もなかったのである。

本書で、私は密接に関連する二つの現象に注目する。一つは一九世紀初頭以来、学校を通して社会を変革しようとする多くの市民による絶え間ない試み、もう一つは学校組織、カリキュラム、教育実践、教育目標全体を変革するための学校内の論争である。本書は学校システムの内側からだけではなく、その外で活躍した改革者の歴史書でもある。初めの三章では、一九世紀の学校と社会を検討する。そこでは、南北戦争に先立つ数十年間の、公立学校の起源、南北戦争後に全国に広がった学校の発展とその性質、一九世紀を通して学校のカリキュラムと教育実践を変えようとした夢想家の試みに言及する。第4章から第6章では、二〇世紀前半について検討する。まず、同時期に競合していた教育と改革に対する諸見解の描写、続いて小学校の特徴の分析と描写、そして大衆教育機関となっていくハイスクールについて論じる。第7章から第9章は、一九五〇年代から一九八〇年代初頭を対象としているが、第4章から第6章と同様の構成である。そこでは現代のアメリカとその学校をつくりあげた壮大な社会変動と競合し合う改革の諸理念について再構成し、そして公民権運動の時代とその後遺症の中にあった小学校とハイスクールを再び論じる。エピローグはレーガン(Ronald Reagan)政権以降、現在も進行中の改革者たちの様々な学校改革の試みを素描する。

以下の歴史的なあらましは、二世紀近くにわたるアメリカの熱気、達成、失望の間をさまよう学校改革の歴史の背景を知るうえで読者の手助けとなろう。アメリカの公立学校は、一九世紀に福音プロテスタント主義、地域間の対立、劇的な社会変動の時代にあった北部諸州で誕生した。都市化や工業化、あるいは建国時の農村的価値観を移民が弱体化させていると言われた時代に公立学校が誕生したため、そこでは、子どもの道徳を高め、労働倫理を再活性化させ、市民的・共和主義的価値観を広め、読み書きのできる一体感のある公民をつくるための共通カリキュラムを教えることが期待された。南北戦争後も、学校は当時の重要な国民的論争と結びついていた。国民の道徳水準は南部諸州再編入の時代〔南北戦争後の一八六〇～七〇年代に南部諸州が合衆国に復帰した時代〕には危機的状況にあり、解放された四〇〇万人の元奴隷たち（黒人）が、子どもたちの普通の生活を夢見て公民権を求めた時には、暴力的な扱いを受けねばならなかった。我々は、学校が人種や民族という扱いにくい問題にどのように対処するのか、あるいは社会的統合と高い学業達成をどのように保証できるかという考えをめぐらせた最初の世代ではなく、また都市とそこに暮らす貧困層を明らかにしようとあくせくした最初の世代でもない。

一九世紀を通して、都市は、カリキュラムや教授改革の場として、学校改革者の大きな希望であった。近代的な小学校の授業イメージは、主に一人の女性教員が、標準的なテキストを用いて、年齢別の学年に分けられた設備の整った教室で教えるというものであるが、それは南北戦争以前の都市での改革の遺産である。一九世紀に、教室内での伝統的な規範と実践を擁護する人々と、手工科の導入や、ヨーロッパからの二種類の輸入品である幼稚園と実物教授（教授内容を具体的な実物や物事の現象として生徒に直接示したり、触れさせたりすることにより、体験的な理解が得られるような指導を中心とする）カリキュラムと教授法の改革を望む人々との間で、活発な論争がもち上がった。手工科の授業は手細工の技能を奨励し、幼稚園は構造化した遊びと社会的協調性の価値を強調し、実物教授も本の代わりにエンドウや小石のような自然物を使って足し算や引き算を教えるなど、教育上の伝統に果敢に挑戦した。進歩主義教育者が、学校を革新的で、生徒に訴えかけるものに変え、競争心を煽らないものにしようと今でも骨を折っていることや、彼らの勝利が周辺的なものでしかなかったことは、伝統の力と学校実践の連続性を端的に示している。

二〇世紀前半の公教育の拡大は、当時の驚嘆すべき出来事のひとつであった。アメリカが工業ならびに軍事大国となるこの時期には、公立学校の絶え間ない成長があった。中欧南欧からの移民の流入が一九二〇年代半ばに止まるまで、アメリカ南部以外の地域ではより多民族化していった。第一次世界大戦まで、アフリカ系アメリカ人は、自身と子どもたちのより良い将来を求めて、黒人差別の残る南部の田舎から、経済的に発展した北部の都会へと次々に移動していった。こうした劇的な社会変動は公立学校への期待をさらに高めてゆき、学校自体は、経済秩序を反映した新しい組織慣行を採用して、学校や社会の変革を欲する初期の市民改革者のような運動家たちの競合する要求に直面したのである。

二〇世紀初めの数十年間、都市は社会変革の先導者であり続け、学校は工業化社会全体が突きつけられたのと同じ苦しいジレンマに直面していた。有志の団体は南北戦争前まで公立学校の形成に重大な役割を果たしてきたが、進歩主義期(およそ一八九〇～一九二〇年)にも草の根運動の重要な源泉であり続けた。教育委員会が集権化され、大企業による寡占化が進んだ時期、セツルメントハウス(都市貧困層の問題に着目した近隣センター)や婦人クラブ、母親のための組織から招かれた女性活動家たちは、自らの政治的権力を拡大しようと努めた。様々なコミュニティ・グループと並んで、彼女たちは学校の社会的機能を強化しようとロビー活動を行った。この活動が運動場の整備、健康診断の実施、豊富なサマープログラム、貧困層への無料給食、社会センターとしての学校利用の拡大へとつながった。市民は、カリキュラムの性質、社会福祉プログラムの範囲、児童中心的な指導法の妥当性を含む教育政策の理念のために繰り返し戦った。政治的隘路の片方には、社会効率、企業倫理、科学的管理法の価値観を支持する人々が立ち、その反対側には、経済効率の警告に抗い、学校を民主化し、学校の意思決定に一般市民の公正な代表権を確保し、社会的公正を非特権階級まで拡大させたいと欲する人々が立っていたのである。

学校は著しい変化を遂げたが、それでも多くの伝統的な特徴や実践は維持された。例えば小学校は、科学的手法によって次々と変化していき、ＩＱ(知能指数)テストと到達度テストの開発は、経験則による成績判定の終焉を意味した。教育研究者が、科学的測定を通じて人間には差異があるという現実を確認したため、子どもたちを同学年の別クラスや同じクラスの中の小グループに分けるという能力別学級編成が普通のものになった。進歩主義者や児童中心主義の活動家は、学校の目的について、再び心身の鍛錬を優先すべきかどうかについて議論を喚起させた。彼らは、教員が具体的な事例から入る帰納的手法よりも教科書を、理解よりも暗記を、そして個々の子どもの必要性よりも官僚システムのそれを優先していることを攻撃した。伝統主義者は、一九五〇年代まで伝統の継続性をみおとして、進歩主義者による勝ち誇ったような弁舌の内容と学校実践を時に混同するようになった。同時に、多くのアメリカ人がどんな政治的信条をもつ者でもそうであったように、伝統主義者も、学校が大衆機関となるにつれてアカデミック・スタンダードを犠牲にしてきたのではないかという不安を抱いたのであった。

ハイスクールも大規模な社会変動の中で、専門教員が一般に対立する者と考える二つの目標、すなわちハイスクールの民主化を欲する人々と、ハイスクールをアカデミックな卓越性の中心として保護しようとする人々との緊張状態があった。一八九〇年代にはハイスクールに通う生徒は少数派であったが、大恐慌によって若者の多くの仕事が失われていくにつれて、その後三〇年間で大衆教育機関に変貌を遂げた。そのハイスクールは、労働者階級や移民の若者をますます受け入れ、知らぬ間に仲間文化を根づかせ、まるで知的な目的よりも社会的な目的を高く掲げているようであった。ハイスクールが特権的少数者を超えて大衆に手を差し伸べるにつれて、我々自身の時代にはなじみのある、学力低下への恐れが遍在的となった。職業コースが劇的に増加した。チームスポーツもそうである。実際、ハイスクールは、弁論大会や栄誉学生の会よりも、バスケットボールやアメリカンフットボールチームをもつことで有名になることのほうが多くなった。

二〇世紀初頭、小学校がそうであるように、ハイスクールは幅広い社会的責任を担い、統廃合によって大規模化した学校は、特にカレッジに進学しない貧困層の生徒のために、学業面を軽減した。それでも学校職員と親たちは、基礎的な科目を排除しようとする圧力にうまく抵抗し、教員は進歩主義的教授法の誘惑に抗した。中等学校は続く何十年もの間、一般的関心事の源泉であり続けたが、ハイスクールは一貫した目的に欠けているようであった。一九三〇年代以来ハイスクールは、仕事場や時には危険な場所から若者を引き離し、スポーツや音楽などの課外活動を通して生徒と地域社会をもてなし、ほとんど文字を読めない者とアイビー・リーグへの進学志望者とを同時に教育してきたのである。

一九五〇年代から近年まで、公立学校は目を見張るような次の社会変動の時代に直面した。それまでの時代がそうであったように、ありふれた問題にも、同時代の社会で浮かび上がった新種の問題にも、市民は解決策を公立学校に求めた。学力低下と不道徳な若者への恐れとともに、公民権運動の要求、冷戦への不安、都市と郊外の格差の増大、一九六五年以降の移民の恒常的増加、脱工業化経済の必要性、そして教育政策における市場と連邦政府の役割論争が降って湧いてきた。学校はまたしても、教育システム内だけでなく、その外で活動する改革者の苦情にも直面した。私立学校という選択肢への関心は増大したにもかかわらず、学校が直面している問題が、貧困とのリベラルな戦いであれ、低学力問題という保守的な戦いであれ、多くのアメリカ人は、依然として公立学校を改革の手段だとみなしていた。新しい生徒層を受け入れることで、ハイスクール段階での貧困層とマイノリティの子どもたちの問題や、また全ての学校段階での特別教育プログラムが激増したことにより、カリキュラム、アカデミック・スタンダード、教授法に関する旧来からの論争が継続した。

従来からある社会の期待を裏切ることなく、国民の学校は経済面で大きな役割を果たしもした。アカデミック・スタンダードの低下が原因で、スプートニクを打ち上げたロシアに冷戦のリードを許したと一九五〇年代の多くの批評家は叫んだので、誰かが責任を取らなければならなかったが、多くの人々はジョン・デューイ(John Dewey)と「進歩主義教育」を非難し、それらが社会的上昇移動と、中途半端な識字能力しかもたない非生産的な大人となる生徒を生み

になった。こうした傾向を知った、企業や圧力団体は、カレッジへの進学のためでない、実践的なカリキュラム開設を働きかけるロビー活動を行った。職業教育の擁護者は、通常自分自身の子どもではなく、他人の子どもたちのためにアカデミックでないカリキュラムを支持した。世界中から羨ましがられるほど、郊外で高い生活水準を享受していた中産階級の親たちは、自分の子どもが確実に適切なカレッジへ進学できるように教員やアドミニストレーターに圧力を加えた。「良い職に就くには、良い教育を」とは、広く知られたテレビコマーシャルの宣伝文句である。このように学歴と経済的成功は手を取り合って行進しているようであった。

第二次世界大戦後、消費財、健康管理、ライフスタイル全般の向上に関して、アメリカ人の期待が高まっていることがひしひしと感じられた。同様に、学校の潜在的可能性とその失敗に関する言説の広まりも一九五〇年代に急騰した。アドミニストレーターは、ベビーブーム世代の需要を満たすために、多くの教員を雇って十分な数の教室を見つけようと努め、一方進歩主義者は教授法とカリキュラムに関して児童中心的で革新的なアプローチを主張した。しかし大衆は、それが非行などの社会悪を助長させ、アカデミック・スタンダードを低下させ、またあまりに放縦であると非難した。歴史的にみると、ほとんどのハイスクールの生徒は卒業まで至らなかったが、これらの「脱落者」は、拡大する第三次産業の中で次第に低い賃金や低い地位の仕事をすることになった。教育を要しない仕事が減少してくると、学業の失敗の代償は高くなり始め、学校に対して、それまで教育できないとみなされた者をうまく教育せよという圧力が高まることとなった。

学校は、長らく教育機会の国民的象徴であり続け、戦後は全てのアメリカ人のためにその約束を遂行することが期待された。公民権運動家は、手始めに人種によって分かれている学校を攻撃することによって、人種差別撤廃のためのキャンペーンを行った。中産階級の親は、自分の子どものために質の高い教育を要求した。障害を抱えたり、特別な支援を要する子どもの親は、学校のプログラムからの利益を多く受けられるよう要求した。一九六〇年代に、自由主義者は「偉大な社会」〔ジョンソン政権の福祉政策の総称であり、貧困の撲滅などを目指した〕の中で、「不利な立場」の人々のために連邦政府からの援助を多く確保した。反体制左派が、他の多くのグループと同様に学校改革を支持したので、公民権運動と反戦運動の結果、「フリースクール」、オープン教室、その他の教育上の選択とオルタナティブスクールも一般的になっていった。連邦最高裁判所が学校での正式な礼拝を禁止する一方で、進化論を受け入れたことに保守派は怒りだし、自由主義と放縦という悪魔たちへの絶え間ない反対を世紀末まで続けた。福音主義の保守派は、多数のキリスト教学校を設立し、不満をもつ親たちとともに「ホームスクーリング」という、名前からして矛盾したものを後に擁護することになった。

一九七〇年代初頭に戦後の好景気が終焉し、海外の工業国がアメリカを凌駕するようになると、学校に関する空想的な批評家、例えばヨハン・ペスタロッチ（Johann Pestalozzi、一七四六～一八二七）、ラルフ・ワルド・エマーソン（Ralph Waldo Emerson）と彼らに続いたその他の夢想家たちの精神的子孫は視界から消えていった。しかし、学校は力不足で、官僚主義で、思いやりがないといった彼らの批判は消えることはなく、逆に聞く耳をもたなくなった学校への糾弾を強めた。親、教育長、議員は、良い躾、高いアカデミック・スタンダード、基本に立ち返るカリキュラムを要求した。そして州に義務づけられた、必要最小限の能力を測るテストが一般的になった。学校の選択制は左派にも右派にも魅力的で、かつては異端であった教区学校やキリスト教の学校への税金投入も含めて、多くの政治的支持を獲得した。特に大学進学適性試験（Scholastic Assessment Test：SAT）の得点の低下に伴って、社会の多くのセクターからより厳しい基準とより高い期待への要求が出てきた。今や成功は、供給が全く足りない質の高い教育へのアクセスにかかっていると誰もが言っているようであった。直近の半世紀で最も著名な教育マニフェストである『危機に立つ国家(*A Nation at Risk*)』は一九八三年に刊行され、質の悪い学校からアメリカの経済難が産みだされているという観念を大衆に喧伝した。かつて多くの人々が、スプートニクによる狼狽を教員のせいにしたように、今度はラストベルト地帯(イリノイ、インディアナ、ミシガン、オハイオ、ペンシルベニア諸州を含む地域の総称で、これらの地域の多くの産業が時代遅れの工場・技術に依存していることから、「錆びついた地帯」という意味で名づけられた)と呼ばれる北部の衰退が進行する工業中心地で教員に責任を転嫁しだしたのである。

一九九〇年代初頭までは、学校は改革者にとって最もみえやすい攻撃目標であり、社会の様々な熱望が消え去ることはなかった。学校の失敗への嘆きは、学校改善の要求を生みだしたにすぎず、果てしなく続く経営方針や組織計画、教授法の改革へとつながっていったが、誰もが満足するほどテストの得点を上げることはできなかった。どの州知事も大統領も一様に、早いほど望ましいという方針で学校改革を承認した。躾や勤勉、テストでの高い得点が必要だということに逆らえる人がいるであろうか。共和党は過度に地域に干渉しないことを約束して、クリントン(Bill Clinton)の民主党からの助けを得ながら、国家の教育目標を設定した。表やグラフが挿入された全国学校「通信簿」が、共和党がカーター(Jimmy Carter)政権の「悪魔の子ども」とみなしたはずの連邦教育省から毎年出版された。「パフォーマンス指標」のような不思議な新しい言葉が、学力向上をこれまでになく効率的に測定すると公約する専門家の口から何度も飛びだした。

二一世紀初頭、アメリカの学校は、子どもたちに良い人生をどう定義し、どう確保するのかという義論の中心であり続けている。第二次世界大戦後には、カリキュラムから教授法まであらゆる基本的な教育課題についてしのぎを削ってきた進歩主義者と伝統主義者の間で新たな戦いが起こった。児童中心の進歩主義者(または自由主義者と世俗主義者)に教育システムを占領されたという保守主義者の間で広まっている前提があるにもかかわらず、勤勉さや個人の成果、カリキュラムや教授法に関する伝統的な価値観が、広くは社会全体で、また学校の中で継続していることがよくある。生徒たちは相変わらず教科書を受動的に読み、教員は相変わらず一方的に話し、指導教員は相変わらず実践に不満を漏らしていて、それはほとんど一九世紀以来の歩みと同じである。大学にいる多くの教育活動家は、多文化教育などの左翼的な教育改革の重要性を強調した。しかし、効率や学力維持の要請が、あらゆることに影を落としていた。学校は子どもの成長と発達、協調性などの測定困難な特質を高めるべきという一九六〇年代に一時的に復活した空想的な観念を、スタンダード・テストは簡単に打ち負かした。全ての人の成功を約束したジョージ・W・ブッシュ（George W. Bush）の最近の立派な教育立法は、テストや測定は教育に不可欠であるという伝統的な見方を強めた。政治的に右派でも左派でも、教育はアメリカにおける個人の機会と社会改革の基本的手段であり、公立学校はその悩める制度的表現であり続けている。

第1章　コモンスクールの起源

一八四五年四月にニューヨーク州郡教育長大会がシラキュースで開催され、その特別講演者の中に、当時最も著名な学校改革者として名を馳せていたホーレス・マン(Horace Mann)がいた。穏健な改革と反奴隷制を支持し、冷静で実直なマンは、一七九六年にマサチューセッツ州フランクリンに生まれ、学区の学校からブラウン大学へ進学した。彼は弁護士としての訓練を受けた後でホイッグ党マサチューセッツ州議会の議員となったが、後に教育指導者として名を残すことになった。公立学校に関する著書やマサチューセッツ州教育長(一八三七〜四八)としての業績によって、彼は当時から伝説的な人物であり、教育専門家からは無償普通教育の先導者として後に評価されることになった。

そのマンは、後の学校改革に重要な役割を果たすことになる聴衆を賞讃した時、まだ人生の最盛期にいた。彼は、ニューイングランドの進歩的な市民が学校改革を担い、新興世代の性格やモラルを兼ね備えた知的なリーダーとなることを望んでいると述べた。彼らは小規模校の統合と州による地域への干渉を望んだが、それに対してマン自身は、強固な学校システムを構築することは容易ではなく、その失敗の代償は大きいと警告した。当時、階級間の格差が広がり、特に都市部では、富裕層と貧困層、アメリカ生まれ(native born)と移民との間の社会的緊張状態を反映して、暴動や無秩序状態が日常的になっていた。しかしながら、大衆教育こそがアメリカに社会的調和を取り戻すことができると約束する。少数者のみが裕福になったために貧困が拡大しているが、コミュニティの結束が弱まる世の中で、学校はそれを強化できる。コモンスクールの主たる賛同者はそう述べたのであった。

マンは演説を終える前に、改革者仲間であるヘンリー・バーナード(Henry Barnard)を賞讃した。彼は、マンと同じくニューイングランド、正確に言えばコネチカット州生まれであるが、イェール大学で法律を学んだ。ただし教育者としての専門的なトレーニングは緒に就いたばかりで、当時すでに有名ではあったが、まだ素人同然と言ってよかった。多くの改革者と同様に、自身は私立学校出身であったが、公教育を擁護するようになっていた。当時の最も重要な教育課題は、貧困層のみならず全ての子どもが無償教育を享受できる、できたばかりの公立学校システムを市民が支持するかどうかということであった。確かに田舎の子どもたちもすでに学区の学校に通ってはいたが、そこは必ずしも無償ではなかった。それはニューイングランド地方だけに普及していたものの、東海岸中央の州ではまだ一般的とは言い難く、さらに奴隷制が存続していた南部ではほとんど存在しなかった。一七九〇年代以降、都市の貧困層は博愛主義的なプロテスタントが設立した無償の慈善学校に通うことができ、これらはその後階級の分け隔てのない都市の学校システムに吸収されていったが、その都市の「無償」教育は種類を問わず、貧困層が享受するものという階級の汚名を残していた。マンもバーナードも「安あがりで、ありふれていて、質が劣り、コミュニティ内のある階級向けの」学校システムを求めているのではなく、「大気や光が公共のものであるように、最高の公教育を望んでいる。なぜならそれは、最も安価であるだけでなく最も質が高く、誰もが近づけるというだけでなく誰もが享受できる教育だからである」。

南北戦争以前の数十年間に、病院から矯正院、児童保護施設から刑務所までが北部諸州に設けられ、次第に社会の中でなじみのあるものになっていった。教育や学校が重要だという社会の認識は、普通教育システムの構築を目指すマンや彼の支持者よりも先行していた。一八三〇年代には、すでに白人のアメリカ人は世界で最も識字率の高い国民になっており、都市の貧困層を対象とした慈善学校、授業料を徴収する学校や女子神学校、そして田舎の学区の学校といった様々な学校への就学者数は、マサチューセッツ州のような北部の州において劇的に上昇した。家族、教会、徒弟制度をはじめとした学習と社会化のメカニズムが若者の主な教育の場であったが、ニューイングランドの清教徒やその他プロテスタント諸派は、一七世紀以降学校での学習をずっと奨励してきた。一八世紀には、読み書き能力、計算能力といった基礎学力の価値が次第に重視されるようになり、それが公教育の支援をさらに後押しした。アメリカ独立戦争後、国および地方レベルの市民指導者たちは、共和主義的価値や市民権を促進するにあたって学校の重要性を力説した。歴史家カール・F・ケースル(Carl F. Kaestle)とマリス・A・ヴィノフスキー（Maris A. Vinovskis)が一九八〇年に先駆的な研究において明らかにしたように、いくつかの理由によりマサチューセッツ州の就学率、特に八歳から一三歳までの子どものそれは、学校改革者としてのマンが登場する前からすでに高かった。彼らは、「正確な規模はまだ不明ではあるが、一八三〇年代末から始まる教育改革以前に、アメリカ北東部の学校教育に対する一人当たりの支出額はかなり増加していた」と記している。

したがってその後の様々な教育改革は、すでに達成されていた比較的高い就学率のうえに築かれたと言える。マンや他の改革者は、学期の長期化、日々の出席率の向上、学校統合、教員の専門的訓練、さらにはその後数十年の間にかなりの成功を生みだすことになる改革の後援者を求めた。マンと彼の協力者のおかげで、公立学校の単線型を求める声は、北部諸州、特に入植者が長く暮らすニューイングランド地方ですぐに高まった。社会改善のための重要な支援が行われていた時期に公立学校はまさにその中心に位置づけられていたのである。一八三〇年代に、改革に熱心な人々は無償、すなわち税金によって運営される学校を賞賛し始めた。彼らの中には、後にペンシルベニア州の著名な共和党活動家となるタデウス・スティーブンズ(Thaddeus Stevens)、女性を対象とし、教育機会の拡大を主張したキャサリン・ビーチャー (Catharine Beecher)、後にインディアナ州の有力なコモンスクール主唱者となる福音主義派牧師のキャレブ・ミルズ(Caleb Mills)、また最も強い反対に直面し、その努力がほとんど実を結ばなかった著名な南部出身者もいた。世紀の変わり目から教育を通して社会を改良していこうとする関心が高まり、無数のパンフレット、演説、報告書、請願、表彰状、新聞の社説、書籍や論文が、共和国における教育の重要性を宣伝した。二〇から三〇もの教育関連定期刊行物も、特に白人の子どものために階級別に分かれていない学校システムを宣伝して、学ぶ理由を社会に浸透させるのに役立った。

フィラデルフィア、ニューヨークなどの都市では、労働者協会の機関紙の編集者たち、すなわち少数の熟練職人は、徒弟制度が衰退し、未熟練の工場労働者が増加したとして、若者の行く末を嘆いた。彼らは、階級別に分かれない、みなが同じ学校に通う共通の教育システムを設けて、無償学校に着せられた汚名を除くことを求めたのである。例えば、一八二八年フィラデルフィアの『メカニックス・フリープレス』では、ある雄弁な労働者が「若者を指導するのに、慈善寄付制度なんてものをつくるべきではない」と発言し、「個人の寄付」に依存するのではなく、「政府自らが設立して支援する」無償学校を求めた。また、オハイオ州では「裕福な人だけではなく貧しい人も含めて、みなを教育するコモンスクールをつくらないのなら、愛国者や慈善家の支援に応えたことにならない」と付け加える人もいた。さらに、一八三九年の『アメリカ大衆教育書』の中では、最近の移民が「教育に…明瞭な領域とフェアプレイを与えよ。そうすれば、救貧院、検疫所、病院は空になり、留置所や刑務所は収容者がいなくなるだろう。そして、国全体が賢明で勤勉、幸福な住民で満たされるだろう。不道徳、悪徳や犯罪、疾病、苦しみや貧困は、我々の地域から消え去り、健康、繁栄、裕福さを伴った道徳、美徳や忠誠は、我々の永遠の拠りどころになるだろう」と述べている。

公立学校は、キリスト再来後の世界平和や繁栄といった千年王国（キリスト教世界において、終末にあたってキリストが再臨し、千年間統治すると信じられている王国）の思想が多くの人々に影響を及ぼした時代に生まれ、南北戦争以前のアメリカを変容させた大規模な社会変動のバロメーターとなった。公立学校システムの拡大によって社会病理を癒そうとしていた北部の改革者たちにとって、都市、工場、外国からの移民は道徳上の混乱や社会的恐怖心を抱かせた。改革者たちの相矛盾する要求を反映して、学校は読み書き能力向上への貢献や勉学の場を提供しただけでなく、同時に道徳的な目的を強調して知的な部分を軽んじることにも賛同した。したがって、精神面と勉学に対するアメリカの曖昧な態度は、創設期の学校システムの中でみられることとなった。そこでは、アカデミックな科目のせいで活気のなさが支配的であった時でさえ、人格の発達や道徳的向上が優先された。一旦、その後長期間にわたって維持されることになる形ができあがると、改革熱心な市民はますます、個人の幸福や社会的進歩は大規模な公立学校のネットワークに負っていると考えるようになったのである。

一九世紀前半の社会

「寺院、ピラミッド、霊廟が古代文明のシンボルであったように、校舎と教会はニューイングランド文明の真のシンボルである」と、ある大学教授は一九世紀中葉に開かれたニューハンプシャー州憲法会議（State Constitutional Convention）で発言し、そこで彼は新たな州の役職、すなわち公教育を管理する教育長職の創設を訴えた。この教授は、学校は一旦設置されると自動的に動く時計のようなものではなく、誰かが操作し導く必要があると述べた。さらに、「改革者なくして州や世界の改革は実行されない。それは独創的な考え方とともに起こり、多くは関心を抱く支持者によって人々に示される」とも発言した。その動機が禁酒であれ反奴隷制であれ、あるいは平和主義であれ女性の権利拡大であれ、こうした社会改良のための改革運動は南北戦争以前に数多く起こったのである。

歴史家には、この重要な数十年間のアメリカの経済、社会、政治を形づくった変化と、学校改善のための活発なキャンペーンの背後にあった変化をとらえる幅広いレンズが必要である。一八二〇年代までに、多くのアメリカ人が、慣れ親しんだ牧歌的で農業的な世界観を崩壊させ、不安とともに活気をも感じさせる変化を経験した。南部では、奴隷売買が一八〇八年に正式に廃止されたにもかかわらず、綿繰り機の発明と綿の世界的需要の増加が、その奴隷制度に新たな生気を吹きこんだのである。一連の暴動に驚いた南部の指導者たちは、一八三〇年代にコモンスクールへの地元支援を減らしながら、奴隷を教育する者に罰金や罰則を重く科した。北部と南部との経済的な亀裂は深まり、両者の政府と教育に対する見方の相違を決定的にした。男女共学で全ての子どもが対象という無償公立学校の理念は、地域間の隔たりが大きいため、アメリカ文化としてではなく実際にはニューイングランドの文化であった。

国家形成の初期に、北部の広範な地域がより大きな商業的な文化に組み込まれたことによって、農民も都市労働者も、労働のリズム、規律、アイデンティティの変更を迫られた。農民は未だに、自らが育てた作物を自分で消費し、その余りを地元で売って物やサービスと交換していた。一八二〇年代に北部の農民は、農産物の約二〇％を市場で売っていたが、自給自足や自立が困難になっていった。政府(特に州政府)や私人が道路、橋、有料道路、運河や鉄道の改良に投資したので、他の全ての人たちと同じように、農民も変化の苦しみを経験した。安価な印刷物や電信はコミュニケーション革命を促し、それは輸送手段の改良とともに、膨張しつつあった国内を密接につないだ。ルイジアナ州の購入によって保証されたかにみえた独立自営農民の国家というトーマス・ジェファーソン(Thomas Jefferson)の大いなる野望は、生存競争や金儲けの魅力のために打ち砕かれた。アメリカの白人は共和主義的遺産、すなわち独立し、自由であるからこそ懸命に働いて家族を養えるようになるということを誇りにしていた。しかし、経済的変化により、家族という絆を維持したり自立したりすることがますます難しくなってきたのであった。

一九世紀半ばごろにはまだ大半の人々が農場や小さな店で働いていたが、アメリカ独立戦争から数十年後のニューイングランドに織物工場が出現したことは、初期段階の機械化や工場システムが存在したことを示していた。労働様式と社会関係に変化を及ぼすことになる新たな産業社会の到来に先立って、農場からの女性や子どもがそうした工場で働いた。機械が次々と熟練工に取って代わり、仕事をルーティン化して非熟練工の割合を容赦なく劇的に増加させた。靴屋のような昔からの職人はすぐに消え去り、また自立できなくなることへの恐怖心は裕福な白人労働者でさえ抱くようになった。このことは、北部と南部、自由民と奴隷の格差を認識させ、また労働条件の悪化は、最初期の労働組合の結成、労働組合の機関紙の創刊、社会紛争へと結びつき、それらは多くの人々に警告を与え、そこで白人労働者たちは社会改革に魅力を感じるようになったのである。

男子の徒弟制度の衰退は不吉な指標となった。西ヨーロッパでは何世紀もの間そうであったように、アメリカでも徒弟制度は若い白人男子が独立して一人前になるまでの一般的な教育方法であった。徒弟は親方のもとに住み込み、親方は職業上の「秘儀と技」に加えてモラルや規律も教育するという親権者的義務を有していた。徒弟は、思春期の初期から二一歳まで、責任感と自活能力を備えた大人になるための価値観と技能の両方を教わった。しかしながら、経済変動がこの慣れ親しんだ世界を崩壊させた。歴史家ウィリアム・J・ローラボー（William J. Rorabaugh）が示したように、徒弟制度は南北戦争前には次第にみられなくなっていった。かつて親方と徒弟は相互に金銭に還元できない義務を負っていたが、今やほとんどの労働者は需要と供給の世界でただ賃金のために働いた。独り立ちへの伝統的な経路は消え去り、したがって徒弟制度に従わずに家出をして富と名声を獲得したベンジャミン・フランクリン(Benjamin Franklin)の生き方は、市場で自由を得た者を待ち受ける正しい青写真ではないとしても、伝説となった。賃金労働者は、社会階級がさらに低い奴隷制の南部に暮らす人々の生活と自分たちの低下していく地位を比べながら、「賃金の奴隷」となることをますます恐れた。こうして北部の機械工の多くは、自由な人々、自由な土地、自由な労働、そして無償学校という新たな共和党のシンボルを後に支持することになるのであった。

また都市もアメリカ独立後に生じた劇的な社会変動の重要なポイントであった。エリー運河が開かれて新たに東部と西部の州がつながったことにより、一八二五年までに競争力が弱まってきたニューイングランドの農場から締め出された若者たちが都市へ流入した。一八六〇年にはアメリカ人の五人に一人しか都市に住んでいなかったが、南北戦争前の都市はアメリカ史において空前絶後の成長を遂げた。一八四〇年から一八六〇年の間に、ボストンの人口は九万三、〇〇〇人から一七万七、〇〇〇人に跳ね上がり、フィラデルフィアでは二二万人から五六万五、〇〇〇人、巨大都市ニューヨークでは三一万二、〇〇〇人から八〇万五、〇〇〇人までに急増した。ただし、こうした都市にまつわる問題は改革者の頭から決して離れることはなかった。経済成長とモラルの低下という極端の象徴としての都市は、億万長者と生活保護者の両者をのみこみ、富と貧困という極端な格差が広がっていることを示していた。

都市は、銀行、貸金業者、仲買人の本拠地であると言えたが、それは相互依存的で、不平等な社会の明らかな印であった。そこに多くの矛盾に満ちた悲哀の物語を見出す小説家、編集者、改革者がいた。美しいホテル、劇場、レストラン、立派な住宅は、共和主義の素朴さと美徳を侮蔑する上流階級の勃興を予告していると述べる批評家もいた。歴史家スティーブン・ミンツ(Steven Mintz)が論じたように、当時の人々は、都市ではっきりとみることのできた「社会崩壊の亡霊」を恐れた。派手に並んだ建物群は、周りから孤立している貧困層の困窮と鮮明な対照をなした。若者は従来の精神的よりどころを捨て去り、住むところのない浮浪児、浮浪者、スリや泥棒は通りを闊歩していた。都市での生活経験のない道徳主義者は、そこに存在する悪について際限なく語り、公的な対策を求めた。飢饉や地主の横暴、イギリス帝国主義の犠牲となったアイルランド・カトリック教徒の移民が一八四〇年代に何万人も東部沿岸に到着した時には、プロテスタントたちは、国民のモラルについて深く憂慮するしかなかった。

多くの市民が、社会改革のために自発的団体をいくつも結成させた。改革者は近代的な社会生活に潜む醜さやひずみを嫌悪したが、新たに設立された公的機関が有益な影響を及ぼすと楽観視していた。ただし、学者たちは、特に彼らの考えについて明確に反対した。というのは、彼らはおおむね中産階級であり、アメリカ生まれで、プロテスタントで、社会変動の行く末を恐れてはいるが、拡大する市場には長所もあると確信していると学者たちが思っていたからである。外国からのニュース、例えば、投票権の制限（アメリカでは白人男性以外は排除されていた）、教会や国家の抑圧的な権威、固定化した社会秩序の維持に関するニュース、その中でも特に一八四八年にヨーロッパで勃発した多くの革命が失敗に終わったというニュースは、彼らを脅かした。多くの歴史家が明らかにしているように、彼らは社会制度の改革を試みたのではなく、個々人を変えようと努めたので、貧困や不道徳な振る舞い、あるいは腐敗した政治に対処するために、学校に頼ったのである。彼らは、社会悪の解決策は個々人の手中にあり、成功と自分自身や社会秩序の改善のために躾や自己管理が必要だと考えた。

福音主義プロテスタントが、南北戦争以前の改革者の世界観の形成に最も影響を与えていた。ホーレス・マンは、彼が青年期に信仰していた清教徒カルバン主義を放棄し、主に上流階級が信仰していた、神の愛、人間の理性、普遍的救済を強調するユニテリアンとなった。そして教室が彼の説教壇であった。アメリカで最も有名な牧師の娘であるキャサリン・ビーチャーは改宗に失敗して最終的には高教会監督派となったが、彼女も女性教員の職業訓練や中産階級の家庭生活を擁護する社会改革者となった。改革指導者はほとんどが福音主義キリスト教徒であったが、刑務所や学校建設であっても、彼らは多方面に影響を与えた。哲学的、政治的あるいは気質的に異なってはいても、彼らは資本主義経済の驚異的な拡大を賞賛し、またそれに伴う社会的病弊も心配した。堕落した女性やアル中、あるいは無知な子どもは、自己改善に訴えたり、または宗教的熱意のある機関の懲戒権限を通して、矯正したり、目を覚まさせたり、教育できると彼らは考えていたのであった。

改革者の控えめな楽観論は、啓蒙主義とロマン主義のような一見矛盾する影響を含む多くのものから成り立っていた。プロテスタント諸派が、長い間北部諸州の社会生活に影響を与え、子どもたちが聖書的権威に確実にアクセスできるように、読み書き能力を身につけさせた。運命予定説というカルバン主義への支持が低下し、自由意志や堅実な労働による救済が強調されるにつれ、福音主義キリスト教徒は、個人改革や社会改善への見通しをもち、神の再来を期待した。したがって、プロテスタントの牧師が公立学校を強く支援し、教科書を執筆し、教育委員会や学校運営委員会の委員を務めたことは驚くにはあたらない。一八三八年から一八七九年までの間、ケンタッキー州の最初の一一人の教育長のうち一〇人はプロテスタントの牧師であり、教育の専門家が出現する以前はどの地域でも同様であった。

スコットランドの啓蒙主義（教権反対のフランスのそれではない）は、共和国初期の知的生活に決定的な影響を与えた。それは、特に大学の有力者や教養あるプロテスタント指導者に影響を及ぼして、普通の人々に自らの向上と正しい生活のための努力を促した。さらに、定義自体は困難であったものの、一九世紀中葉までのプロテスタントの主流派に明白にあった夢想的な見方も顕著になった。それは、子どもの善良さ、環境の力、そして地域の改革者のような地上における神の使者と神の慈悲深い行為を強調した。キリスト教徒の特質に関する演説や大衆向けの著作で知られるホーレス・ブッシュネル(Horace Bushnell)牧師は、コネチカット州ハートフォードでの中産階級向けの集会でこれらの理想を広めた。彼は、信仰復興運動には冷淡であったものの、女性の権利や奴隷制度廃止といった改革への情熱と、彼の仲間で政治的協力者でもあるヘンリー・バーナードのように中産階級の家庭生活を理想化し、洗練された子育て方法や公教育の慈悲深い働きを賞賛した。また彼は運命予定説と原罪説に批判的であり、全ての人々が自由意志を行使して「生まれ変わる(rise)」と信じて、アメリカ都市部に特有の階級間の分裂を埋めるためにコモンスクールと道徳改革を要求した。

一七九〇年代の終わりから宗教的熱狂の波が連続してアメリカに押し寄せた。一八〇〇年代初期に二万人以上の人々を魅了したケンタッキー州ケインリッジでのような、西部フロンティアでの野外集会の成功の後で、信仰復興運動は野火のように散発的に広まった。一八二〇年代と一八三〇年代には、エリー運河によって変貌したニューヨーク州ロチェスターなどの活気に満ちた商業的な町や都市では、信仰復興運動によって精神的な興奮状態に陥った。福音主義信仰では、バプティスト派、メソジスト派、長老派を最大の宗派とし、社会的高揚が原因でユニテリアン、クエーカー、他の宗教的な啓示を受けた男女が加わった。商業や初期産業資本主義が引き起こした物質主義が強まるにつれて、信仰復興運動家は市民に美徳の回復を求めた。有名なキャサリン・ビーチャーやハリエット・ビーチャー・ストウ(Harriet Beecher Stowe)の父親であるライマン・ビーチャー (Lyman Beecher)牧師は、信仰を同じくする多くの人々のために、一八三五年西部への拡張や産業発展の危険性と、教会と学校の影響がなければ、商業は人々のモラルを堕落させる可能性があることを警告した。ビーチャーは声を大にして、「我々は教育しなければならない！　我々は教育しなければならない！　さもなければ、我々は繁栄によって滅亡するに違いない」と叫んだのである。

市民の学校や学校改善への関心が高まっていった要因は、プロテスタントが教育について関心を抱いたことだけではない。共和主義的政治思想の理論家は、美徳と商業、私益と公益のように、市場との関係が全米に広がるにつれて公共スローガンの中によく登場するテーマを並置したのであった。ただし、改革者は多くの間違った経済システムを批判はしないので、それは、大酒飲み、妻への暴力、児童虐待につながるような道徳力の低下をもたらした。代わりに、彼らは個人の責任と義務に焦点を当てた。すなわち、もし人々が自分の失敗を認め、心を穏やかにすれば、神の慈悲が争いや永遠の罰から彼らを救うだろう。もし人々がその徳性を磨けば、直ちに成功も保証されるだろうと。一八世紀にベンジャミン・フランクリンが大衆向きの『プーア・リチャードの暦(Poor Richard's Almanack)』の中で教えた教訓である、懸命な労働、時間の厳守、正直さ、そして冷静さは、激しい社会変動の時代に貧困への転落を食い止め、家族や地域社会の絆を強めた。そのような基盤のうえで、福音主義派の改革者と世俗的気質をもった支持者は容易に同意できたのである。

中産階級の家庭に関して固定観念にとらわれたイメージを描く多くの改革者は、家族こそが社会の基盤であると述べた。絆の弱まった家族や不従順な子どもに関する嘆きはいつの時代にもみられたが、家族の絆が弱まったことへの不安は南北戦争前に高まった。男が次第に農場を去って町や都市へ移動するようになった時、作家や道徳家は別々の領域が存在することを強調した。すなわち、男性は家から離れて仕事をし、女性は家で世間の誘惑から子どもを守るという領域である。もちろん、実際には、有給であれ無給であれ女性の労働はどこでも家族の生き残りのためには重要であり続けていた。妻と娘は家の外でパートタイムの仕事をし、作物を栽培してその余剰を売り、そして時には紡織などの工場で働いた。中産階級家庭の正確な描写ではなかったが、別々の領域という虚構は、多くの改革関連の文献の中に存続し、家庭は女性の保護区、無情な社会からの避難所であると特徴づけられた。家庭での女性の育児への責任が強まる一方で、あらゆる階級の男性は温和で敬虔で、家庭での義務を果たす間は酒屋へは行かないことが期待された。その目的は、個々人を道徳的にし、神に近づかせることにあったが、福音主義のキリスト教徒は、競争社会で生き残るためには自制が必要であることを教え、教訓的な価値観を課すための力になったのである。

福音主義の意見は、家族、ジェンダー、および徐々に現れてきた公的機関に対する改革者の見方を彩った。社会制度の不平等よりも個人の過ち、欠点、無知に注目する点で、彼らは革命家ではなく改革者であった。不道徳な振る舞いを非難する一方で、貧困者や苦悩する人々に同情する者もいた。ホーレス・ブッシュネルほどの言葉遣いの優しい牧師でさえ、カトリックからの学校批判を聞くと怒りを爆発させた。ブッシュネルは一八五三年の祝日講話で、カトリック教徒や外国人がコモンスクールを好まないのであれば、この国から去ることを歓迎すると参加者に向かって演説した。日常生活へのプロテスタントの強力な支配力は、外国からの訪問者を驚かせた。すなわち彼らは教会員の増加、熱烈なテント集会、日曜学校協会、禁酒集団および宣教師協会を含む多くの自発的団体を生みだした宗教的情熱に驚いたのであった。政治家は国教会制度への反対を支持しているにもかかわらず、常にアメリカをキリスト教国家と呼んだ。フランス人作家のアレクシス・ド・トクヴィル (Alexis de Tocqueville) は、一八三一年のアメリカ訪問後に、「あらゆる年齢、あらゆる地位、様々な気質をもったアメリカ人が、永遠に団体をつくり続けている。何人かのアメリカ人は、社会で何か意見や考えを表明したいと思ったら、互いに仲間を捜し合い、見つかれば一緒になる」と述べた。集団になることが当たり前になると、アメリカの個人主義を和らげ、企業、教会、病院および学校の設立のような具体的な結果を産み出した。

重大な自発的団体のひとつは政党であった。いわゆる最初の政党と言われるものは、強い連邦政府に賛同した連邦主義者と強い州政府を望んだジェファーソン主義者であったが、一八二〇年代に消滅した。一八三〇年代になると、新しく創設されたホイッグ党が同時代のほとんどの改革者を惹きつけた。ホーレス・マン、ヘンリー・バーナード、そしてあまり有名ではない多くの者がホイッグ党員であり、活発な政治活動を行った。トーマス・ジェファーソンとアンドリュー・ジャクソン(Andrew Jackson)の政党である民主党は、政府の力の制限と(白人のための)より多くの個人の自由を求め、奴隷所有者やアイルランド系カトリック教徒のように、プロテスタントのホイッグ党員が自分たちの宗教と文化に敵対的であるとはっきりと結論づけた移民集団から慕われた。ホイッグ党は、有料道路や鉄道敷設のような州の支援と公教育や禁酒などの改革運動を支持することが多かった。歴史家ダニエル・ウォーカー・ハウ(Daniel Walker Howe)が、経済的に進歩的、かつ社会的に保守的と的確に特徴づけたように、ホイッグ党員は経済発展やモラル向上のための政府援助を良いことであると信じていた。また彼らは、市場経済は生活水準の向上を促すが、地域の結束を弱めるとも信じていた。一方、多くの民主党員もまた禁酒を良いことと信じ、多くの地域で公立学校を擁護した。したがって、公共政策について二大政党間で意見の分裂があるとするのは誇張であるかもしれない。しかし、党の指導者と党員の多くがアメリカ生まれで、中産階級で、プロテスタントで、都市と市場の発展を経験している地域に強いホイッグ党は、一八三〇年代から一八五〇年代初期の間、改革者の多数に受け入れられたのであった。

奴隷制度をめぐる党派的論争によって崩壊したホイッグ党に残った者といくつかの第三政党が統合して一八五四年に共和党が誕生したことは、改革の歴史においてきわめて重要であった。共和党は、経済と公共機関への公的投資に関するホイッグ党の見方を継承して、自由民、自由な土地、自由な労働、無償学校のための党として自らを設立した。アブラハム・リンカーン(Abraham Lincoln)という名の前ホイッグ党員は、文明と規律を高めるために公立学校を支持し、南北戦争後は急進的な共和党員となり、奴隷であった人々のために教育の機会を広く設けるよう要望した。したがってリンカーンの党は、コモンスクールの忠実な友として広く認識されてきた。北部での自由民労働者の台頭と南部での奴隷制度の激化、労働者階級の非熟練労働の増加、そして先例のない富と重度の貧困とともに発展した都市が、コモンスクール運動の高まりの背景をなし、政党政治の中にその居場所を提供した。ホイッグ党や共和党に引き寄せられた活動家は、福音主義の牧師が説教の中で説く指導や指示を一人一人の個人に与えることを望んだ。例えば、一八三八年にあるジャクソン民主主義者は、「普通の人が食べたり飲んだり、寝たり起きたり、子どもたちを躾たり妻にキスをしたりすることを、倫理や他の改革協会から許可と指導を得ずに試みることなどほとんどできない」と愚痴をこぼした。学校改善を通しての社会改革については、経済成長と拡大は歓迎するが、不和の時代にモラルと伝統がどうなるか心配だという人々に支持され、北部アメリカ人の理想となっていったのである。

コモンスクール運動

南北戦争以前、北部諸州のコモンスクール改革者はずらりと並んだ重大な社会問題を解決すると約束した。彼らは、講演、論文、論説、報告書、書籍の中で、公立学校の利点を強調した。「教育は社会に求められている。したがって、その費用は社会が負うべきである」とベンジャミン・O・ピアーズ（Benjamin O. Peers）牧師は一八三八年に講演で訴えた。「大衆教育は公益であり」、政府は全ての子どもに基礎科目やキリスト教のモラルを教える初等教育の機会を提供するべきであり、それ抜きでは共和国は解体するだろう。「全ての人が好きなように行動できる社会において、正しい行動を選択できるように教育することは最も重要である」。無数の著者が述べたように、強大だったギリシアやローマでさえ堕落や不道徳のために崩壊した。実際、経済的分裂が広がった時、公立学校は共通の基盤と社会調和の見通しを提供したのである。

ピアーズや改革に熱心な市民によれば、コモンスクールは、労働闘争の時代に先行きのわからない社会の安定と才能ある人々の台頭に不可欠な知識や価値観を学ぶ機会を約束した。トマス・ジェファーソンや他の理論家たちが説得力をもって記したように、特に白人の市民にとってコモンスクールは社会階級の固定化を防げると考えられた。カルバン派の教えに反して、子どもはお決まりの、あるいはある程度運命づけられた世界へは入らなかった。すなわち、不道徳な親をもつ子どもであっても、道徳教育が悪徳や犯罪の生活から彼らを救うかもしれなかったのである。「道徳の種が、子どもの人生の初期段階に彼らの道徳的本性に植え込まれなくてはならない」と『コモンスクール・ジャーナル』誌である寄稿者は述べた。その雑誌の編者であるホーレス・マンは、健全な精神的、道徳的な訓練が、都会的で商業的な社会での粗野な個人主義と気まぐれな行動に反撃しうると考えた。マンはアメリカのほとんどの都市が最初の職業警察官を雇い始める直前の、深刻な経済不況の時期であった一八四〇年の講演で、ヨーロッパにおいて専制政府が「一、〇〇〇の目をもつ警察に犯罪の芽を見つけださせ踏み潰させる」と述べた。翌年の報告書では「要塞、兵器工場、守備隊、陸軍、海軍は半文明の時代、封建あるいは専制国家で発明された安全と防衛の手段である。しかし、校舎は共和党戦線の要塞であり、もしこれが廃止され荒廃すれば、無知と不道徳があらゆる裂け目から群衆の中に流れ込むであろう」と彼は述べた。若者には、自制と道徳的抑制が必要であり、それが個人の行動を監視し、常備軍と国教会のない共和国には不可欠であった。「現在人々による暴徒、暴動、処刑、リンチ」の影響を阻止するには、無償の普通教育が広範に支援される必要があった。

マンは学校や社会についての彼自身の見解を数多く記した。伝記作家であるジョナサン・メッセーリ(Jonathan Messerli)が結論づけたように、マンは「次世代への巡回牧師」、あるいは拡大する公教育システムの不断の擁護者であった。しかし、彼はしばしば絶望に陥り、熟考の末、一八四〇年には「我々のまさにその気質からすれば、永遠に克服すべき堕落した満足感がある。我々の本能である永遠の偏見は、能力や節制から贅沢や酩酊まで、倹約から貪欲まで、正当な所得から不正な所得まで、名声への賞賛すべき望みや道理に適った自己評価から不浄な野望まである」と記し、人間は生来利己的であると結論づけた。したがって、若者は最も早い時期から美徳を学習する必要があった。マンが記したように、慈善を行う人間の能力は、幸いにも、禁酒運動、刑務所改革や他の社会で論争中の問題を通じて現れていた。しかし、彼は教室の混乱と外の世界の不道徳に敏感な、用心深い教育者であった。彼は、「文明とキリスト教を誇る現在の社会情勢においてでさえ、もし全ての人が全く罰を受けることなく自分の希望が一晩叶うと確信したならば、翌朝にはどんな世界が我々の前に現れるだろうか。利己的な願望が一旦限度を超えて、容量の限界まで膨らめば、それはまるで一滴の朝露が突然大洋の大きさまで増大するようなものであろう」と続けた。イギリスでラダイト〔手工業者〕が機械類を破壊したように、人種暴動や民族紛争はアメリカの都市に傷跡を残し、そこでは放火犯も社会を悩ませていたのである。それでも、マンは人間に慈悲心の種をまいたのは愛情に満ちた神であると論じた。悪行や不道徳は社会の最も暗い片隅に存続していたが、一体感のある家庭、学校や他の慈善施設は、最善の市民を育成するだろう。それらは、貴族制国家の「一、〇〇〇の目をもつ警察」のアメリカにおける代役であったのである。

共和主義の価値観は、残忍な階級間の争い、民族間や人種間の分裂、そして想像できないくらいの金持と言い表せないほどの貧困が共存する世界において当てにならないようにみえたが、公立学校は共通の価値観の核心を教えて社会的結束を推進すると期待された。北部ホイッグ党員と共和党員は、発展する自由市場社会の中で共和国を強固なものにするため、市民がその出生という偶然の産物ではなく、若者の系統的なトレーニングを要求すると発言した。私立学校は富裕層を他から隔離した。彼らは骨の髄まで反共和主義者だったからである。一八四〇年代以降多くの都市で台頭してきたカトリック学校は、別の集団、すなわち貧しい人々のために役立ちはしたが、共和主義ではなく、良心の自由や政治的自由に反対したローマ教皇への忠誠を誓っていた。対照的に、『コモンスクール・アシスタント』誌の編者は、一八三九年に「同じ建物で、同じクラスで、同じ本から、そして同じ教員によって」生徒に教えることは、モラルを強化し、全ての人々に対してより良い機会を保証するためにきわめて重要な手段であり、共和主義の価値観を最も反映していると主張した。そのような学校で個人の成績を褒めたたえることは最善であり、社会秩序を批判する者が誤っていると指摘した。そのカリキュラムは、読み書き能力と人格形成を強化し、社会階級の流動性と公共の福祉を促す一方で、社会葛藤や階級闘争の不安を和らげることにつながった。南北戦争以前に、公教育の目標や目的について首尾一貫した思考を共有する北部の教育指導者たちはそう信じていたのである。

一八二〇年代以降、多くの市民集団が教育の目的と学校のために地域社会が負うべき責任について新たに議論した。ホーレス・マンとヘンリー・バーナードはこれらの市民を「教育の支持者」と呼んだ。彼らは、村の牧草地で、プロテスタントの説教壇で、都市のまぶしい光からはるか隔たった長い間忘れられていた町民集会で、講演し、討議し、学校を改善するために人々を説得した。学校の管理者、地域の牧師、そして著名な教員と地域の指導者は、自分たちが正規の学校教育を評価する最初の世代ではないことを認識していた。彼らの多くは、もともとピルグリム・ファーザーズ(一六二〇年、メイフラワー号でアメリカに渡りプリマス植民地を開いたイギリスの分離派ピューリタン)や清教徒がアメリカに公立学校を計画しており、マンらが最近の数十年間で弱まったと主張した教育への公的支援を、現世代は回復する必要があると信じた。学校が衰退しているためその再生が必要だという表現は、当時ニューイングランドで広く耳にするものだった。ニューイングランドの著名な改革者であるジェイムズ・カーター(James Carter)は、一八二〇年代に一連の講演と著作で学校の状態を悲惨なものとして描いた。文化が衰退してしまうという悲嘆は、原罪の世俗的形態、すなわち堕落後の後悔の嘆きを意味した。このような由緒ある考えに訴えることは、重大な社会変動の後で何度も繰り返されることになった。

南北戦争以前の教育言説に大きな影響を与えたキーワードの中で、共和主義ほど広く行きわたったものはなかった。地域学校報告書、演壇スピーチ、学年制への嘆願、立派な建物や見栄えの良い教科書は、この神聖な単語とほとんどセットになっていた。それはコモンスクールの市民養成目的を下支えし、飽き飽きするほどの決まり文句となった。マサチューセッツ州民主党員で学校活動家でもあったロバート・ラントゥール・ジュニア(Robert Rantoul Jr.)は、一八三九年にビバリー機械工協会の会員を前に演説を行った。彼はトーマス・ジェファーソンと建国の父祖たちの言葉を繰返して、「知性や美徳は共和国にとって唯一の信頼できる基盤である」ことを聴衆に思い出させた。独立革命以来、全ての政治的党派や社会集団は、勇敢な共和主義者が君主の暴政と戦った一七七六年の基本方針を堅持すべきであると主張した。白人の機械工はなぜ高利貸を打ち負かさなければならなかったのか、なぜ労働者が奴隷にならずにきちんとした生活を送れるよう信用取引制度を改革したのかを説明してイメージをかき立てた。ジャクソン派は小さな政府のみが共和主義を維持できるであろうと述べる一方で、ホイッグ党員と共和党員は内的改善の中での適切な道徳指導と政府による投資が大きな繁栄と自由を促進するだろうと論じた。南部の大農場経営者は、奴隷の所有権を正当化するためにその単語を用い、資産家の権利を求めた。

教育関連書籍での共和主義に関する議論は、社会階級の議論に取って代わったが、それは歴史が共和国に冷酷であり、アメリカはこのままではその歴史と衝突するという共通の不安を増幅させた。カール・F・ケースルは、「一八三〇、四〇年代のアメリカ人は、独立革命世代から共和政府の脆弱性への不安感を継承した」と記した。共和国家は短命で、不公正な特権、腐敗政治、私的利害関係に脅かされるということは、独立革命から南北戦争までのお決まりの政治的スローガンであった。ジャクソン派は、人々から自由を奪おうと身構えている共謀者たち、すなわち彼らが現代の連邦主義者や貴族とみなす、銀行家、独占企業家、および大学出のホイッグ党員を激しく非難した。一般市民は、この共和国の安全性や永続性が危うくなっているということを、政治的なビラと感謝祭説教の中で教えられた。安価に印刷された読み物、すなわち技術の進歩や新たな流通経路による産物が市場に溢れた。それは、共通の意識の形成方法に関する新たな思想が大衆に受け入れられるよう競ったのである。

アルフェオス・パッカード(Alpheus Packard)は、一八三七年の冬にメイン州のフリーポートで行われたボードイン・カレッジ(Bowdoin College)教員協会の集会で講演したが、その講演はとても評判が良く、ノースヤーマスでも同じ講演を行った。そのタイトルは「優れた学区学校の特徴」で、ニューイングランド地方の田舎に点在する教室が一つや二つの小さな学校に言及していた。アメリカ独立戦争後、都市を除く北部では、「学区」が地方の学校組織の法的基盤となっていたが、パッカードはその考えをピルグリム・ファーザーズの知恵にまで遡った。ニューイングランドの誇りである「校舎はピルグリム・ファーザーズのひとつの特徴である。ニューイングランド人は、地球上のどこを歩き回っても、校舎は、故郷の光景の中で父親の炉辺の次に頻繁に浮かんでくるものである。学区学校が心の一部を占めていない者などほとんどいない」。

しかし、こうした時代は危機にも瀕していた。階級間の分裂は人々の調和を脅かした。男性の普通選挙権はほぼ実現し、それは一般大衆を教育するための重大な政治的変化であった。パッカードは、「さて、無秩序や混乱が広がることなく、また我々の最愛の政治組織が廃止されないと確信する根拠はいったいどこにあるだろうか」と尋ねた。「ここにいる皆さんに説明しましょう。あなた方の安全とは何でしょうか。治安法は、我が国の多くの場所で暴力と無法が蔓延《はびこ》っており、それが全国に広がらないようにしています。しかしその治安法は、施行される以前の財産と社会および市民生活の安全と特権を守る囲いを取り払ってしまい、全ての人々を混乱に陥れてしまうでしょう」。つまり、彼をはじめ多くの改革者たちは、宗教と教育だけがこの悲惨な問題に対処できると述べたのである。

都市部の市民が見出したところでは、慈善学校は正解ではなかった。かつて貧困層のための無償学校が存在したニューヨーク市などでは、多くの親は「自尊心と一種の誇りの感情」をもっていたため、自分の子どもたちを学校へ送り出さなかったが、その子どもたちは頻繁に通りをうろついて八百屋や積荷場から物を盗み、人々を悲嘆させた。しかし、市当局が、一八三〇年代終わりごろから一八四〇年代にかけて、自発的団体が管理する準公立の慈善学校から引き継ぐにつれて、それは貧しい子どもだけが通うところという汚名をぬぐい去り始めていた。ついには、これらの無償学校は公的資金のみを受け取り、どんな背景をもつ子どもも受け入れるようになった。南部では大衆教育のための準備が遅れていたが、北部諸州では、多くの公的支援がコモンスクールを活発に後押ししていた。教育は犯罪を抑止するとしばしば言われ、またパッカードは、全ての階級の子どもを一緒に教育するという運動は、そのシステムを「明白に共和主義的、完全に共和主義的」にするだろうと付け加えた。「富裕層の子どもと貧困層の子ども」が学校でとなり同士の席になれば、尊敬し合うことを学ぶだろう。学校では重要となる唯一の「区別」は個人の優秀さ、すなわち「優秀な価値(superior worth)」であった。「貧しい家庭で育った子どもが、裕福な家庭で育った子どもと同等か、おそらくもっと頻繁に優秀さを示す小さなバッジを仲間から勝ち取って大喜びでもち帰るかもしれない」。

共和主義は、南北戦争前の熱烈な政治討論を彩った。一八四〇年代と一八五〇年代のアイルランド系カトリック教徒の移民が、アメリカ生まれのプロテスタントの敵意に火をつけ、プロテスタントはコモンスクールを万人の解放(liberty)と自由(freedom)に結びつけて反移民のレトリックを溢れさせ、ピルグリム・ファーザーズや建国の父祖たちの記憶を辱める私立学校を非難した。ホーレス・ブッシュネルは、一八五三年に説教壇から「コモンスクールは自由な共和国の養成所であり、私立学校は党派と徒党、土地闘争や権力争いの場である」と宣告した。『ペンシルベニア・スクール・ジャーナル』誌のある寄稿者も同様に、「階級が高くても低くても、すなわち財産に恵まれた子どもでも生活保護者の子どもでも、庭園の真ん中に植えられた知識の木から豊かな果物を収穫し、等しくその啓蒙的、高尚な影響を受ける平等な権利をもっている」と社会階級の固定化を防ぐ点で公立学校を賞賛した。彼は特に都市部での無償教育に関する汚名に敏感であり、ホーレス・マンの言葉を繰り返して、コモンスクールは（その名前にもかかわらず）「子どもの教育のために設立された他の機関より程度が低い」ということではなく、「私たちが呼吸する大気が公共的であるのと同様にそれは公共的であり、その恩恵はそこに参加する人全てにとって無償である」と付け加えた。

後の世代が「貧困層」よりも「文化的に不利な」あるいは「危機的な」人々について議論するほうが抵抗感が少なかったため、共和主義的な論説は社会階級についての露骨な討議に取って代わった。しかし、著述家たちは時々経済搾取、モラル低下の恐れ、共和国家の脆弱性について敏感な論評をした。一九世紀の間、裕福な市民が公立学校を支持しないことが改革者たちを落胆させた。ホイッグ党の政治家は、裕福な人々が自分の子どもを貧困層と接触させたくないと考えていることを知っているので、彼らに市民としての責任について講演した。一八三〇年代にメイン州の知事は、楽観的に「私は、富裕層の子どもと貧困層の子どもが、一つの家族の一員として、一定期間隣り同士で座っているのを見たい。素晴らしい兄弟愛です」と発言した。その教室では、家庭の裕福さではなく個人の優秀さだけが重要であり、貧しくとも才能があって努力家の生徒は頂上まで登ることができ、社会階級の移動を保持できた。彼は、「幼い頃に、異なる階級の子どもが隔離されすぎているので、成長した時に互いに大きな誤解を生ずるのである」、より親密な「共感の絆がなければ、不信、羨望、そして全ての憎むべき感情によって社会はほとんどばらばらに分裂してしまう」と付け加えたのである。

富裕層と貧困層の格差が広がり、断続的な経済的混乱と不況が貧困層の若者に打撃を与えるような場合、社会の安定のために学校の役割を強調する論説が増加したが、優秀な者についても同様な論説が増加した。あるエッセイストは一八四〇年の『コモンスクール・ジャーナル』誌の中で、私立学校のエリート主義を攻撃し、公立学校にキリスト教的兄弟愛と共和主義の精神を吹き込んで「地位が高い人たちをおとしめるのではなく、低い人たちを高めることによる平等」を望んだ。ホーレス・マンは、多くの市民は革命ではなく社会的上昇を望んでいることを認識していた。したがって彼は、公立学校が社会的区別を解消するものではなく、人生で重要なのは優秀さのみであると保証することが共和主義を強化することにつながるであろうと力説した。

しかし、そのマンでさえ日曜学校とコモンスクールの両方が「この時代の優れた平等化へ向かうための制度である。上流階級の極意とは何か。それは、知は力なり、ということである」と論説している。当時の課題は知識を普及し、共通システムで卓越性を創造し、学校を「最も裕福な人に良質で、最も貧窮した人たちに開放的な」ものにすることであった。教育と経済の関係についての有名な報告書の中で、マンは慎重に比喩的表現を選びながらも、人々は社会的安定と経済的可動性を同時に手に入れることができると言った。教育は、「優れた平等化装置、すなわち社会という機械のバランスを取るハンドル」であった。したがって、学校は貧困層を上昇させ、成功者の財産と富を保護し、「社会の中の不自然な区分」を取り除くだろう。一部のアメリカ人は、学校がこれらの全てを、さらにはそれ以上のことをなしうると考え始めていたのである。

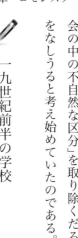

一九世紀前半の学校

そうした高尚な目標を達成するために、南北戦争以前の教育者たちは、学校がどのように約束を守るのかという点に関心をもった。輸送と通信の改良に多額の支出を要した時代であり、そのためしぶしぶ税金を払っていた人々が、そのポケットをさらに大きく開かなければならなくなった。一九世紀中葉までに、合衆国の大衆教育への投資総額は他の西洋諸国のどこよりも大きくなったが、教育のための献金皿が一杯になることは決してなかった。全ての子ども、少なくとも全ての白人の子どもに、学校で共通の体験をさせることは、校舎、教科書、教員給与への巨額の投資を意味した。結局、巨額の費用を要する原因は、国民の年齢構成の若さにあった。一八三〇年には白人の三分の一が一〇歳未満であった。南北戦争以前は、家の外にはまともな就職先がほとんどなかったため、北部の都市で、後の数十年間には地方でも、女性は次々と小学校教員になっていった。マンやビーチャー、また他の改革者たちは、女性は生来幼い子どもを教育する才能があると表現して、その家庭的な特質を賞賛し、また賃金が男性より安いので予算に計上しやすかった。彼女たちの肩には、この共和国を維持し永続させていくための倫理的価値観と感受性ばかりでなく、共通の学習課程を教える責任がおしかかってきたのである。

一八三〇年代には、共通のカリキュラムは通常わずかな基本科目を含んでいた。田舎の学区学校は、北部のほとんどの子どもが通っていた典型的な学校であるが、少なくとも読み書きと算数を教えていた。学年のない学校は多くの似通った特性をもっていたものの、この拡大途上にある共和国の田舎にはこうした学校は何千もあって、地理的な多様性が独特な文化を継続させた。例えば、生徒数がわずか五人から一〇人で、全員が兄弟やいとこの学校もあれば、多様な子どもたちがひしめいていたり、裸足で躾がなされていない子どもだけでなく、裕福で意欲があり他より抜きん出そうな子どもが通う学校もあった。学区のコモンスクールは、当初は納屋、裕福な農家の居間や新しい教会に置かれ、それらは多くの場合、新たな入植地に建てられる最初のコミュニティ施設であった。牧歌的な環境のもとで良好に維持された学校もあり、地元農民がその場にふさわしく費用も手頃だと考える質素な建物が典型的であった。一九世紀初期まで、田舎の男性教員は通常冬学期に教えたが、その時期の学校は、腕白盛りの年長の少年たちが農場での仕事がほとんどないために混み合っていた。比較的繊細とみられていた若い女性たちは、夏学期に教えることが多かった。

それでも、小規模で学年のない田舎の学校で働く大多数の教員を含めてどこの教員も、ほとんど同じ手段で同じ目標を追求していた。一八三〇年には、一度でも教授法を勉強したことがある、あるいはカリキュラムについて深く考えたことのある校長はほとんどおらず、長い間訓育的な教育実践があらゆるタイプの学校で一般的であった。ウォレン・バートン(Warren Burton)牧師は、後に多くのヨーロッパのスタイル、児童中心の教授方法を賞賛した人であるが、一八三三年にマサチューセッツ州の学区学校での子ども時代の経験を回想した時、自らも含めほとんどの子どもが読んで暗記した優れた有名な教科書の名前をいくつか思い出すことができた。また、特に残酷な校長から「私たちは時々髪の毛を引っぱられたり、鼻をつままれたり」、「耳をつねられて張り手された」ことも覚えていた。ホーレス・マンは優れた教員養成の主要な推進者として、教員養成機関である師範学校の開設を呼びかけたが、それはマサチューセッツ州でしばらくして開設されるところとなった。しかし、ほとんどの教授と訓育の実践は、バートンの子ども時代と似たようなものであった。コモンスクールの目的は変わらず、キリスト教的道徳観、規律、少数の科目を教えることであり、むち打ちを伴うプロセスであった。学校の規模、子どもたちの背景、教員の性格については地域的に多様であったにもかかわらず、一九世紀中葉のほとんどの生徒は教材を暗記して、背もたれのない椅子の横に立って暗唱することに学校時代を費やした。また、どこの子どもたちも、どんなに破れたり古くさかったりしても、家族が所有する、または入手できる教科書で勉強した。

教員は通常、この最低限の教科課程を学年に分けずに、部屋が一つしかない建物で教えていた。トクヴィルが『アメリカのデモクラシー(*Democracy in America*)』の中に記したように、アメリカ人は有用な学習や実践的科目を重視し、中世スコラ哲学の形而上学、カトリック教義そして貴族的な教育を非難していた。メイン州のある観察者は、地域コミュニティはカリキュラムの中核をなすものについておおむね合意していると述べた。彼は一八三八年に、「我々の学区学校で教えられるべき科目について質問されるのなら、それに対する返答は明白である。日常生活に役立つことはひとつ残らず教えられるべきである。読み書き、文法、算数および地理については言わずもがなである。これらの科目は我々の学校で定着している」と記している。学校によってはさらに歴史を教えるところもあったが、その他の科目の中では、観察者の評価は通常の科目を強調しがちであった。

カリキュラムは伝統の産物であり、また、大きな社会の巨大な変化の中にいる学校を安定させた。植民地時代以来、プロテスタントは聖書と宗教的印刷物に触れるために、読むことに価値を置いていた。「知は力なり」ということは、一八世紀までには聞き慣れた格言になっており、また、南北戦争前の著述家たちは、世俗的な目的を広げるためだけではなく、伝統的な宗教目的のために、無償教育機関の意義と読解の有用性を絶賛した。増加する読者人口は、新聞、雑誌、書籍で満たされた。一九世紀初期に無数の政治家と教育者が、優れた読解能力は市民、特に近年参政権を得た白人男性が法律を理解し、賢く投票し、市場でうまく買い物することに役立つと主張した。ノア・ウェブスター（Noah Webster）の青い背表紙の綴り字教本は、上級者の教養のための基礎を培う文字と言葉の世界を切り開くことで名声を獲得した。学校に通う人が増加するにつれて、綴り字の教本、入門書および読本のセールスマンが満ち溢れ、ウィリアム・ホームズ・マクガフィー（William Holmes McGuffey）牧師などの以前は無名だった著者の本を売り歩き、一八三九年代に出版されたマクガフィーの最初の教科書は、最終的に聖書に次ぐ売り上げとなった。

一八〇〇年にペンシルベニア州西部に生まれたマクガフィーは、長老派教会の叙任による牧師であり、彼の有名な教科書は彼自身の名前で呼ばれるようになった。歴史家エリオット・J・ゴーン（Elliot J. Gorn）によれば、様々な体裁の版があるマクガフィーの著書は合計五、〇〇〇万部売れたと言われ、兄弟、親戚、および近隣者に頻繁に手渡されるにつれて影響力を増していった。それゆえこの本は数え切れないほどの子どもたちに読み書きを教え、アメリカの何万もの学年のない学校の共通カリキュラムのようになった。読本には、山上の垂訓などの聖書からの引用、ハムレットの独白ばかりでなくパトリック・ヘンリー（Patrick Henry）によるスピーチも、ワシントン・アーヴィング（Washington Irving）やウィリアム・カレン・ブライアント（William Cullen Bryant）などのアメリカの作家による選集も含まれていた。それらは明白に道徳的宗教的価値を教え、正直さと美徳、勇気と愛国心、努力と勤勉さの重要性についての物語を含んでいた。さらに、当時のほとんどの教科書と同じく、それらは適切な振る舞いによって個人の幸福と社会的移動、あるいは少なくとも恥ずかしくない体裁を獲得する機会を増加させるという社会秩序の見方を提示した。マクガフィー読本の一八六六年版は、結果的に経済的苦難に陥るにもかかわらず、日曜日に働くことを拒絶する理髪師の話を含んでいた。土曜のある夜、理髪師が自分と同様に敬虔な顧客に対して彼の経済的苦悩の悲話を話すと、なんと自分自身は「詐欺師」が注目している遺産相続人であることを知ったのである。このように、小さな子どもたちは、勤勉、規律、正しい行いは自尊心、公的な名誉、および経済的成功に結びつくことを示す、空想的ではないが多数の物語に遭遇したのである。

それまで何世紀もの間、文章が書けることは公的機関で働く男性にとって特に重要であった。植民地時代のニューイングランドでは特別の教員によって教えられていたが、大多数は農民であり、彼らにとって文章を書くことは読むことより重視されなかった。ペン、インク、紙は高価で、伝統的に聖職者、商人、政府の役人および弁護士の仕事と関連するものであった。一九世紀初期のあまり規模の大きくない学校では、文章を書くことを教える教員を別途採用することはほとんどなかった。都市以外では、南北戦争前に学年のない教室が最も一般的であったが、その教員は一人で全ての子どもに全ての科目を教えた。ただ、文章を書くことが、読むことよりも重視されなかったと言っても、明白な運命に対するアメリカ先住民と外国の攻撃が退けられるにつれて、また郵便物の配達と輸送が速く信頼できるようになるにつれて、拡大していく国家の中でのコミュニケーションを増加させた。一八三〇年代以降でも、スチール製のペンは安くても入手しやすくはなかったため、書くことを教える際は羽ペンや石板で事足りるようにしなければならなかった。多くの親は、生活苦にあえいでいるにもかかわらず貴重であった高価な教科書代をすでに支払ったのだから、それで十分であると考えていた。

対照的に、算数は通商と貿易が資本主義と商取引を拡大させた近代初期以来、子どものために必要な科目とみなされてきた。三番目の「R」は商業および産業社会の中で生き残るための基礎となり、典型的に役立つ科目であった。「おそらくその重要性が全生徒に明確にわかる公立学校の勉強は算数をおいて他にない。毎日ではないかもしれないが、ほぼ毎週、若い算術家が自らの想像上の問題の解決をする際、卸売商の財産をつくるか失うかするぐらいの多量の品物を処理する。すなわち、彼は、ほとんどの資本家が処理したことのないような額の金銭に関して計算を行うのである」と一八四三年のある学校関係の雑誌の論説は述べている。多数ひしめく算数の教科書の中で最も人気があったのは、シンシナティのハイスクールと大学の兼任教員であったジョゼフ・レイ(Joseph Ray)によるものであった。彼の本は、若者に計算、複利、および英貨のアメリカドルへの換算のミステリーを紹介した。レイは若者たちに特定の畑での穀物の収穫高、影によって測定する木の高さ、非常に多くの綿梱包の採算性を確定する方法を教えようとした。

歴史と地理は全般的にあまり注目されなかったが、基礎的な小学校のカリキュラムを仕上げるのに役立った。この二科目には、植民地時代以来支持者がいた。当時は、帝国主義とアメリカ独立革命がより広い世界への好奇心を喚起していた。それらの教科書は、現代的視点からみると民族中心的で極度に愛国的であるが、政治的独立のための名誉ある闘争、ベネディクト・アーノルド(Benedict Arnold)の背信(独立戦争時大陸軍将軍であったが、自身の功績に対する不当な扱いを受け、さらに上層部との意見の対立を深めたことから国を裏切り、敵国であったイギリス軍に寝返った)、アメリカの制度の優越性、天然資源の豊富さを激賞した。ハートフォードやニューヘイブン、そして田舎のメイン州やオハイオ州の子どもたちは、自分たちの幸福な運命と対照的な地域の人々を知った。アメリカはキリスト教信仰を奪われた野蛮人で一杯の未開の大陸であり、イタリアは偉大な芸術遺産の地であるが教皇制度による奴隷の地でもあり、アイルランドは大英帝国とカトリック権力による不幸な場所であると学んだのである。

一八三〇年代までは、教科書の主な著者はアメリカ生まれのプロテスタントで、叙任された牧師であることが多く、大学の学長であったり、ホイッグ党員であったりもした。驚くことではないが、一八五〇年代以後の著者のほとんどは共和党員であった。コモンスクールのカリキュラムは穏当であったが、校長と教育長の多くはそれが共和主義的簡明さや平等という考えに基づいて建てられた家の礎石を反映していることを誇りにしていた。一八二〇年代が終わると、地球儀、地図、チョークと黒板などの新たな教具が市場に登場したが、教科書が主な学習課程を形づくった。教科書は知識を普及し、個人の責任を強調し、また、全ての生徒に信仰の共通の核を教えることにより社会的安定を目指した。一八五四年のサンフランシスコの学校落成式で、ある演説者は、公立学校は「世界で最も控えめな場所」であるが、そこは「人間の基礎を築く。それがあらゆるものに結実するため、公立学校こそが全てなのです」と訴えた。学校は、人々を道徳的に、生産的にし、自由の地で成功するであろう人々を自由にするのに役立つとみなされた。

教育指導者たちは、典型的な田舎の学校での個別化していた実践に取って代わる、学年別クラスの創設を欲した。早くも一八三一年には、そのような教室を組織する方法についての指針がボストンで登場し、アメリカ全土の都市で活躍している教育者がすぐに改革のための詳細な青写真を提示した。理想的な学校では、だいたい同じ年齢の子どもは一緒に進級していき、同じ本を読み、学年というはしごを登るにつれて難しくなっていく教材に取り組んでいた。しかし、これは同じ年齢の生徒を集めなければ困難なことであった。小規模で無学年または特定の学年だけの学校が、都市以外では依然として標準的であった。北部諸州では、一八四〇年代までに小さな村々や隣接する田舎の学区が合併して、大きな「統合」学校となり、学年制を採用した。これらは、村や小さな町、州の教育長事務局が発行した北部学校報告書の中で大きく取り上げられたが、一九世紀終わりまではその割合は依然小さなままであった。

都市の教員で、教育長も経験したメアリー・D・ブラッドフォード(Mary D. Bradford)は、彼女の回想録の中で、一九世紀中葉のウィスコンシン州における田舎の教育の性質を読者に思い起こさせたが、その描写はほとんどの州と共通したものであった。「保護者と教員にとっての基準となるか、もしくは学習進度の適切な尺度が得られるであろう学年制は存在しなかった」代わりに、「生徒は特定の学習を始め、できる限り速く先に進めた。進歩がみられると、そのことが次の担当教員に報告されたが、後任の教員は前任者の能力を疑うか、あるいは間に長期休暇を挟んだことで子どもの記憶に壊滅的影響があることに気づき、子どもにもう一度同じことを取り組ませることになり、全てがはじめからやり直しになった」と彼女は記している。子どもの中には暗記と反復練習が全部いやになって、手に負えなくなる者もいた。しかし、ブラッドフォードは当時のほとんどの改革者と異なり、学年制をとらない教室の長所を少なくとも一つは実際に目撃していた。「そこでは、空いた時間に、年下の子どもが年上の子どもの暗唱を聞く機会、それはつまり、聞いて、驚いて、賞賛して、そして自分自身が将来同じようなことを達成するという展望を見つける機会であり、学年別の学級編制では得られない情報が得られたのである」。

大都市のみが現実的な学年制の教室を編制する可能性をもっていた。最初の革新は都市で起こった。それは、学年別の教室、授業負担のない教育長の採用、女性小学校教員の採用、統一された教科書の登場、ハイスクールでの高度な知識の教授であり、最初のハイスクールは、一八二一年にボストンで（男子のみが対象であったものの）開校された。より規模の大きい学校の建築、より高い給料の支払い、そして野心的な教育者に魅力的な行政上の役職を置く基本的な官僚制度の構築のための富と徴税の基盤は都市に集中していたが、教育長の役職が普及して給与も上昇した南北戦争後は特にその傾向がみられた。しかしながら大多数の生徒にとって、現実の教育は田舎学区のコモンスクールの質素な建物と質素なカリキュラムに基づいて行われていた。多くの教育者と改革者は、それが共和国アメリカに重大な貢献をするとまだ信じていたのである。

「知は力なり」や、基礎的な読み書き能力は実用的ツールであるという議論がかなりあったにもかかわらず、南北戦争前の教育者は子どもの人格の鍛錬により関心を抱いていた。公立学校の設置者たちは、読み書き、および社会とその問題の思案を非常に好む、アカデミーや大学で立派な教育を受けた卒業者であった。ただし、彼らの関心は道徳的使命にあり、知的訓練がどれほど重要であっても、学校はそれのみに集中すべきでないと信じた。ラルフ・ワルド・エマーソンは改革者の多くを不快なものと受け取ったが、その彼でさえ教育の目標は生活することではなく人生について考えることにあるとホールの聴衆に訴えていた。裏取引や詐欺師が横行し、地理的移動を強いられ、身も心も打ちのめされた変化の時代には、人格が全てであった。共和主義と同様、人格は意味の曖昧な言葉で、例えば貧困層の道徳について話す時に間接的に用いられた。それでもなお、その言葉は共和主義的教育には不可欠の側面であり、勤勉で知的な生徒にとって経済的成功が可能であることを保証する方法であり続けた。成功は振る舞い方次第であり、ほとんどの仕事は高い学力や卒業証書を要求しておらず、指導的教育者は、教員でも行政官でも、有益な知識は経済的成功や個人の幸福を促進するが、学校で学んだ価値観はどの教科書の知識よりもはるかに価値があると信じていた。公式のカリキュラムは、「学校での教育のほんの一部分である。感情の基礎を思考の基礎に劣らず教えている。情操と情熱は知性より授業時数が多い」とほとんどの教育者はみていた。誠実さは卒業の日にどんな勉強の賞よりも輝くこととなった。

南北戦争前のアメリカ人は、道徳的に正しい振る舞いが学業達成に強く影響すると確信していた。ホイッグ党員と共和党員は、講演のたびに、知性と美徳を共和国の存亡と結びつけた。ただし、彼らは経済が全面的に拡大し、教会員が増加し、そして図書館と学校が普及していたこの時代でさえも、不道徳がはびこっていることを知っていた。普通教育の発展と安価な読み物が入手できることに誰もが驚嘆した。それでも改革者によれば、過度の飲酒、少年非行およびあらゆる犯罪が同時に発生していた。なぜこのようなことが起こってきたのだろうか。彼らは、人格が明らかに弱まってきており、教科の学習のみ行って道徳教育から離れてしまったのでは社会秩序と人間性の向上を保証するには不十分であると結論づけた。

著名な改革者や教育者によれば、基礎知識、共和主義、キリスト教および人格形成の普及等が公教育の利点であった。例えば、ジョージ・B・エマーソン(George B. Emerson)が一八四八年にマサチューセッツ州サマヴィルの学校竣工式で行った講演を検討してみよう。エマーソンはボストンで崇敬される教員で、著名な女子校を開校する前にアメリカ最初のハイスクールで教員を勤めた敬虔なプロテスタントであった。彼は人格形成を強調し、世俗的知識を超えたキリスト教の畏敬や道徳を鼓舞した。地元の式典には学校から溢れるほど多数の参加者が来場したので、彼らは近くの教会に移動を強いられた。その場所でエマーソンは、北部諸州の至るところでの教育関係者の無数のスピーチ、講演、および書籍で言及された意見を引用した。「コモンスクールは優れてキリスト教的な制度である。コモンスクールの同調者がキリスト教的基盤に立っていると感じるのは、彼らが最も貧相な小屋の貧しい子どもも、王子の宮殿から来る柔らかな上着を着た子どもも同じように扱うことを約束する時である」と、エマーソンは聴衆に語り、彼らは新たな学校に誇りをもった。公立学校は最良の私立学校と同じくらい優れたものになりえたし、社会的上昇への参加は神聖な義務であった。個人、家族、国民の健全性は確固たるキリスト教的価値観に依存していた。『ある教員の回想（*Reminiscences of a Teacher*）』において、エマーソンは「私はできる限りうまく教えたが、……教育の効果のことまで確信に誠実で高貴な人格を形成するという成果はほとんど出せないといつも考えていた。こうした教育では生徒たちの中をもって話せるようになるには、生徒の心を調べることが必要である」と回想している。

公立学校の活動家と教育者は二、三の中核的な信条から決して外れることがなかった。それらは、最も健全な倫理がキリスト教から、特にプロテスタント主義から来ること、敬虔さなしに学習することは危険であること、そして学校が心の訓練に関与する際は、優れて人格形成に焦点化すべきであるということである。教授のためのある入門書は、「あなたの教育が知的完璧さを全て備えていても、その子どもがキリスト教徒となることは言うまでもなく、本当の人間、純粋な友人、立派な親、高貴な市民になることを保証しないとしたら、その教育は何になるのでしょう」と述べている。ちっぽけな村でも発展著しい都市でも、教えることの道徳的目的が支配的であった。一八三〇年、あるフィラデルフィア市民は、コモンスクールは「個々人の関心事項の発展、公的な美徳の維持、才能への適切な認識、原理への神聖な敬意の保持、そして高い道徳的情操」を促進すべきである、と述べた。

南北戦争以前の改革者は、アメリカ人は人民として成功し改善していくだろう、特にもし学校が新興の世代に正しい価値と情操を授ければそうなるであろうとみなしていた。『アメリカの教育（*American Education*）』の中で、ベンジャミン・ピアーズ牧師は、教員は生徒が「頭だけでなく心も」もっていることを忘れてしまえば国が破滅すると予言した。ホーレス・ブッシュネルは一八五〇年代に「宗教抜きの教育は、美徳抜きの教育である。教育抜きの、またはそれと隔絶した宗教は冷淡で温情のない原理であり、伝播せず消滅してしまう」と発言している。悪徳と浪費が個々人の道徳観と公的秩序を脅かす世界には、若者が迷い込む悪への通り道に関する訓話が溢れていた。著述家たちは市民が直面する容赦のない選択を描き出すことに長けていた。一八四二年には、自称愛国者で公立学校の熱狂者で評論家であったオービル・テーラー（Orville Taylor）が、「人々を統率するには、兵士か教員、本か銃剣、軍隊生活と軍事行動かあるいは学校と教会、すなわち弾薬筒か投票箱が不可欠である」と発言している。

こうした激しい道徳化は州単位で出現した。道徳教育についての一八四八年の特別報告書の中で、メイン州教育委員会は、倫理的な人格が最も高度な者のみ教員として採用するように勧告した。「道徳教育の上手な教員は、通常、知的発達の教育にも優れている。その理由は明白である。倫理は秩序の親であり、また、秩序は知的成功にとって不可欠である」と同委員会は記していた。あるノースカロライナの州民は一八五〇年代、学校がキリスト教的価値観を教えた時にだけ、フェミニストの「精神的な幻覚」、「暴民主義と扇動主義による破壊、そしてモルモン主義と奴隷制度廃止主義という恐怖と恥辱」だけでなく、心霊主義と社会主義という「神なき教義」が消えうせるだろうと説明した。

慣例上、教員は神への祈りと欽定訳聖書の抜粋とともに授業を開始したが、注釈なしで読みあげるのが普通だった。これは有名な無宗派精神の一部であったので、プロテスタントはそうすることで自らの寛大さと心の広さに祝意を表した。プロテスタントは多数の宗派へ細分化していたが、通常は一定の根本的な真理について合意していた。カトリック教徒、不可知論者および無神論者は、もちろん物事を違った風にみていた。カトリック教徒はドイツ人と特にアイルランド人の移民によってその数が膨れ上がったが、学校でプロテスタント的価値観を教えることへの最も声高で多数を占める批判者であった。ここから悪名高い学校戦争と二つの主な要求、すなわちコモンスクールで宗派的慣行とみなされたものを廃止することと、新興の教区立学校システムの支援に税金を投入することにつながっていった。これら両方の考えをプロテスタント改革者は怒り、恐れた。彼らは、カトリック教徒の子どもに対して、プロテスタント聖書からの拾い読みを強いるような最も侮辱的なところは妥協したが、税金による支援の問題、実のところ一九世紀初期にカトリックの学校は時々受け取っていたのであるが、この点についての譲歩は断固として拒否した。移民の波が押し寄せて来る一八五〇年代まで、キリスト教的養育について愛を込めて書いたブッシュネルのようなプロテスタントの牧師でさえ、説教壇からカトリック教徒を非難した。コモンスクールは、プロテスタント的価値観の共有を反映しながら、キリスト教的で、かつ無宗派の機関であるべきであったのである。

「国の学校システムへの主要な反対が一つの宗教団体から起こり、そのほとんどが我々の土地で生まれた者ではなく、また我々の制度がもつ精神と全く異質の見解と習慣を多数もちこむことを、私はことのほか残念に思う」と、ある牧師は一八五三年に、『ペンシルベニア・スクール・ジャーナル』誌の中で新参者への典型的な反応として書いている。移民数が増加している(最も有名な)ニューヨーク、ピッツバーグ、ルイビル、その他数多くの町や都市では、カトリック指導者は「駄々をこねる宗派的な頑固者」で、コモンスクールの敵であるというレッテルを貼られた。ニュージャージー州ニューアークの感謝祭の説教では、アメリカを弱体化させる下劣な「陰謀」、すなわち「有毒な川がローマの七つの丘から流れ出ている」と警告された。コモンスクールが外国生まれの者を「アメリカ化」すべきであるということは、プロテスタントの大多数にとって明白であった。ミシガン大学でラテン語を教えていた別の牧師は、学校は基礎科目を教え、そしてただ共通のキリスト教的価値観を授けるという厳粛な義務があると述べた。「我々が望んでいるのは、メソジスト派のコモンスクールではなく、プロテスタントのそれである…そうでなければ、我々はすぐにメソジスト派の郵便局、監督派の裁判所、あるいは長老派の道を求めようと思うようになるであろう」。腹を立てたカトリック教徒が、学校は党派的だと信じたのは間違いであり、プロテスタント改革者によれば、教室は単に「民主主義共和国の安全にとってあまりにも不可欠な人格の均質性」を促進する場所であったのである。

コモンスクールの本質は、結局、近隣あるいは地域の全ての白人の子どもに、同じ教室で同じ教員が、同じことを教えることであった。多数決原理は、南北戦争以前の著述家や公立学校の活動家が主張したように、キリスト教(宗派的でないプロテスタントであったが)的価値観が支配することを決定づけた。プロテスタントは聖書を教科書として使用するかどうかについて口論し、またその実践は国内の何万もの学校で多様であった。しかし、ほとんどの市民にとって「キリスト教的」教えを排除することは考えられなかった。カトリック教徒は、道徳的に中立な学校は望まなかったが、彼らの教会の教えと彼らの版の聖書を反映して、神父や修道女から教理問答のスタイルで教えられるものを望んだ。

教科書は牧師や敬虔な男性(時には女性)によって書かれたが、プロテスタントに共通の信条を反映していた。そのため、公立学校の歴史の教科書は宗教改革を賞賛し、ローマの追随者を非難した。祈りと聖書の朗読に加えて、宗教的な情操は唱歌集と賛美歌集から溢れ出てきたが、これらはしばしば伝統的なプロテスタントの賛美歌や通俗的な曲の翻案を含んでいた。アサ・フィッツ(Asa Fitz)は学校賛美歌集や唱歌集の指導的編纂者であったが、神への祈りなどの宗教心をかき立てる教材を歌えるように歌詞と音楽にして生徒たちに提供した。これらも若者の人格形成に役立った。改革者たちが言及したとおり、カトリック教徒の移民が膨れあがるにつれて、それはますます大きな影響をもつようになった。

学校で使われる教科書はカリキュラムを決定し、教室での授業内容も決定したが、道徳と人格形成の内容で溢れていた。教科書は、大人の権威、道徳心および読み書き能力を強化しようとした大きな規律の一部であった。マクガフィー読本は一八三〇年代の第一版ではかなり宗派的で、すぐに宗教的基調を緩和したが、イエスの優しさ、黄金律の価値、正直さ、そして正しい行いについて教え続け、プロテスタントの信条を強調する文脈に沿っていた。それらは、エドガー・アラン・ポー（Edgar Allan Poe）、ウィリアム・シェークスピア（William Shakespeare）および『アイヴァンホー（Ivanhoe）』（『アイヴァンホー』は、スコットランドの作家サー・ウォルター・スコット（Sir Walter Scott）が一八二〇年に発表した長編小説。架空の主人公を歴史的な出来事に入れる手法を始めた）の一端だけでなく、ヒュー・アイドル（Hugh Idle）とトイル氏（Mr. Toil）のような印象的なキャラクターの対照的な運命についての明示的な道徳的教訓をも提供した。ジョセフ・レイの算数シリーズは有神論ではなかったが、私有財産と資本主義がどんなものよりも優れていることを前提とした多数の文章題を含み、金銭や投資の用語を教えた。将来の農民、職人、工場労働者や主婦は、老後のために貯金をすることの利点、家計の収支を保つ方法や、料理のための計量でさえ学ぶことができた。同様に、歴史はピルグリム・ファーザー、建国の父祖たちと開拓者の美談、および親英派、インディアンとローマニスト（カトリック教徒）の裏切りに関する道徳的物語であった。教科書は、裕福なのに必ずしも幸福感を与えなかったり道徳的にすることのない非人間的な経済や社会の力が、人間の振る舞いの昔からの統制を弱体化させたようにみえる世界でアメリカの若者に助言するものとなったのである。

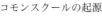

一九世紀前半の学校の役割

ほとんどの学校職員は、地元のお偉方であろうと国レベルの有名人であろうと、政治経済について共通の考え方を共有し、教室の子どもたちの生活を知らせる資本と労働についての見解をもっていた。それは授業日にはっきりと表現されており、お祈りから始まって、子どもたちが義務として尊重しているわけではない規則や規制によって始終統制されていたことであった。時間厳守は一九世紀、行儀や学識と同様、実際的な関心事であるだけではなく道徳的なものとみなされていた。時間どおりに出勤する必要は、職場にもたらされた重大な変化のひとつを示していた。生活の大半が、かつては季節、日の出と日の入り、あるいは作業内容によって決められていた仕事の習慣的なリズムよりも、今は時計の針によって統制されていた。時間意識は教育者に広まった関心事となり、通信簿には日々の出席(attendance)、履修登録(enrollment)、そして時間厳守に関する数字を含むようになった。その記録をつけるために多くの森が潰されたのである。掛け時計と腕時計は次第に安く大量生産されるようになり、特に裕福な都市の学区学校でより一般的となった。初期の公立学校は、貸し間、教会のホールや地下室、その他プロテスタント教会に似た建物に設けられた。すぐに、学校と教会のベルの響きは時計の振り子の音と鐘の音と同じくらいなじみのあるものになった。一八三九年、ある改革者は「時間を告げる何らかのものが全ての教室にあるべきであり、子どもたちが全員みられるように置くべきだ。息抜きの時間が近づいていることがわかれば彼らは安心するし、また時間を浪費しているという忠告によって彼らの心は刺激される」と考えた。時計のない質素な田舎の学校では、教員はカウベル〔家畜の首につける金属製の鐘鈴〕を鳴らすか鉄製のトライアングルを叩くかして、子どもたちに遊戯を止めて勉強を始めなければならないことを告げたのであった。

唱歌集は授業日に生活のリズムを与えた。歌うことはおそらく、退屈な私語なしで行う学習や教員と仲間に聞かせる際限なく続く暗唱を中断させたのだろう。歌唱の本もまた、明示的に時間厳守、忍耐、正直、などの労働倫理を補強する美徳を教えた。それゆえに、歌詞は若者をベンジャミン・フランクリンの説教にも似た永遠を思わせる価値観に結びつけた。伝統的価値観は、需給のリズムと笛とベルの音に統制される社会に道徳的な安定を提供したのかもしれない。『スクール・ハープ(*The School Harp*)』は、新興世代にとって我慢のいる価値観、義務と責任についてのおなじみのメッセージを発信したところが特徴であった。多くの歌と同様、「教室に行こう」は人気のある旋律で歌われ、「北斗七星を待ち」は過去と現在を結びつけた。

友よ、私のところに来てよ。こちらの学校はタダだよ。
授業では暗誦するので、私についてきてよ。
そう、毎朝楽しそうな顔が浮かんでいるよ。
教室に行こう。教室に行こう。
楽しいことが待っているよ。
教室に行こう。教室に行こう。
楽しいことが待っているよ。

『スクール・ハープ』の中には他にも、「そう、私は今算数を勉強しなければならない」、「教室を目指しなさい」、「禁欲の歌」など、同様の教訓的な意図をもつ歌があった。「怠惰な生徒の告白」は警告的物語を加えており、その「気まぐれ心」は学校に戻ることによって癒される心得違いの男の嘆きである。

当時は礼儀作法本の黄金時代であり、本自体がブルジョワ的振る舞いの表現となっていた。鼻をかむ時は袖ではなくハンカチを使用しなさい、人前でゲップやそれ以上のことをしない、礼儀正しく振る舞いなさいと子どもたちに語りかけて、大人たちは文化的衰退の不安と戦った。ただし、闘鶏、殴り合い、ゆすり、人種暴動、盗みや無秩序は勢いを増しているようであった。子どもは、礼儀作法に気を配って道徳的に生きるよう絶えず警告された。実際、メイン州からウィスコンシン州まで、学校理事会の年次報告書は、共和主義、キリスト教的倫理、若者に正しい振る舞いを身につけさせる義務についての説教のような文章であった。礼儀と道徳、賢明な労働と勤勉、正直と時間厳守は成功への唯一確かな道であり、国家の繁栄と個人の幸福への唯一の安全な道であった。

ハイスクールの生徒と大学生のために書かれた政治経済についてのめぼしい教科書はどれも、職場、教会、学校に時間どおりに行くことの大切さを強調した。熱心に働くことは極貧と不名誉への唯一の対抗手段であった。一九世紀中葉に『コモンスクール・ジャーナル』誌のある寄稿者は、「怠惰は、天地創造の朝以来、犯されてきた全ての罪の原因であった。イブはサタンに誘惑された時、怠惰な身なりをしていた。もしアダムが手を差し伸べれば、彼女は危害を避け、私たちは全て若く小さな子羊と同じくらい無罪であったはずだ」と主張した。当時の人は、労働は祟りで、罪の後に人間性を訓練するために要求されたものではないかと議論した。彼らは、勤勉に代わるのは貧窮者収容施設、矯正院および収容所であり、額に汗して生きることを学ぶことよりも魅力が少ないと言った。

一八四三年にホーレス・マンは「労働は祟りであると言われることがある」と言及する一方、「それはこの世で幸福になるためには避けられない条件であり」、そして「この祟りの回避にあくせくする者は、必ずより大きな祟りを被る」とも言っている。多くの教育指導者のように、マンは人々の才能と熱意は平等ではないと主張した。彼は、理想主義者や社会主義者であると非難されることを予期して、子どもたちが平等になって学校を後にすることはないだろうと強調した。しかしながら、学校は一人残らず機会を提供すべきであり、また、熱心な生徒が勉強面で全く表彰されないとしても、熱心に勉強した者は怠惰な者よりうまくできるようになるだろうと考えた。マンは、神は愛の行為として労働を設けたと信じていた。一八四五年に彼は、豊富な資源と機会に恵まれた地において、アメリカが「長子相続の特権が全ての者に伴っている『天与の経済』を尊び、アダムの息子と娘が一人残らず無限の世襲財産の相続人である」ことを熱心な労働によって保証されると述べた。アダム・スミス(Adam Smith)と古典派経済学の教えを引用しつつ、マンは神学的知識と世俗的知識を結びつけ、より多くの教育が「より勤勉で生産的な人々をつくる。知識と豊かさによって原因と結果の互いの関係が支えられる。知性は諸国民の富の基礎的な構成要素である」と結論づけた。

放課後も家でも夜遅くまで惜しまず勉強することによって新しい世代が生まれてきた。自己改善は道徳的、知的および物質的利益とともに不可欠のものであった。教え方の入門書はこの時代に増え、多くの著述家が教授学への新しいアプローチを提示した。ヨーロッパのロマンチストであるヨハン・ペスタロッチの追従者たちは「実物教授」の美点について重々しい専門書を刊行し、特に幼い子どもたちは、後に高次の思索をするための基礎を身につけるために、手に触れられる実物と自然界との接触から学べる以上に読書すべきでないと主張した。多くの作者が、単調な練習問題と暗記・暗唱という英雄的儀式を基盤とする典型的な学校の退屈で単調な特徴に不平の声を上げた。繰り返される不平にもかかわらず、生徒たちは依然として文法、山脈の名前、遠くの国の首都、重要な戦争の事実と名前と日付、普通の人が絶対に使わない単語のリストを記憶した。一八四〇年代のシンシナティの役人は、生徒たちはグラマースクールの終わりには、「難民(refugee)」や「ゆっくりとした話し言葉(drawl)」という単語だけではなく、「死への想い(thanatopsis)」、「大騒ぎ(orgies)」、「退屈(ennui)」という言葉も綴れなくてはならないと発言した。シカゴでは、「発散(effluvia)」、「対立(inimical)」、そして「三音節語(trisyllble)」が優れた語彙力をつくりあげるのに役立ったという。全米で、「張り合うこと」、他人を押しのけて秀でようとする願望の害悪への懸念に関する主張と反論が教育の定期刊行物を満たした。反対者は、クラスのトップになった生徒はうぬぼれて、あまり才能のない者の傷ついた感情への配慮を欠くと述べた。しかし実際には、綴り字競技のように、たった一人の生徒だけが最優秀に選ばれた。そして、勉強と暗唱は学ぶための唯一確かな方法であった。なぜならそれらが教室内においては全てだったからである。

ヒーラム・オーカット(Hiram Orcutt)は、一八五九年にバーモント州で出版した『コモンスクールの教員、親、生徒へのヒント：または学校生活経験の落穂（*Hints to Common School Teachers, Parents, and Pupils; Or, Gleanings from School-Life Experience*）』の中で、人格を最も豊かに形成し、よい学校にしていく方法についての日常的で冷静な助言を提示した。この著者の世代には典型的であったが、彼は教員に必要な全ての特性、すなわち常識、子どもへの愛情、教科への精通のうち、「道徳的でキリスト教的な人格」は不可欠なものであると説明した。彼は「学校では一つ一つの準備を体系的に行うべきである。一つ残らず時間が決まっているべきで、一つ残らず時間どおりであるべきで、すなわち学校が開く時間、それと一つ一つの学校活動の時間、学習の時間と休憩の時間、おしゃべりしてもよい時間と音を立ててはならない時間など、これらはいつも決まった時間にすべきである」と主張した。道徳的説得「だけで学校を統制していける」と思っているのは偽医者と理屈屋だけであると彼は言った。ほとんどの教育者と同様、オーカットは、罪に合わせた体罰は最後の手段として許容されるとみなした。ただし、いくつかの学校で時々みられる野蛮な慣習は弁護の余地がなく、「両腕を横に伸ばして重いものをもたせること、椅子のないところで座る姿勢をとらせること、腕立て伏せ、頭やその近くへの棒やむちを使うあらゆる殴打、子どもの肩を乱暴に揺さぶること、健康と生命を危険にさらすことは全く不適切である」。学習では、聖書が道徳的真理を教えるには無類のものであり、様々な科目が全て「道徳的情操に満ちている。実際、何にでも道徳はあり、暗唱する全ての教訓、全ての学校活動、学校生活の全ての行動、思索、そして感情の中にもある」と彼は感じていた。

南北戦争前の改革者は、犯罪対策、共和主義の防衛、および私有財産と公共倫理を脅かす無神論、社会主義、および外国のイデオロギーに対する防波堤として公立学校が存在することに合意していた。自制と徳性は他の何よりも重要であった。学校は共和主義に、専制国家の大衆を規制し統制した抑圧的な社会統制に代わる選択肢を提供した。懸命な労働はコモンスクールで教えられる重要な美徳のひとつであり、暗記と暗唱、宿題と規則・規制の過多への多くの不平にもかかわらず、オーカットが記したとおり、それが混乱や無宗教の恐怖への代案であった。「学習と暗唱は教育の望ましい結果を確保する主要な手段である。これらが教室での実践の構成要素である」。

南北戦争後、教員への批判が高まることとなった。カリキュラムは時代遅れで産業文化の実態と関係なくみえるようになっていったし、また新世代の教育者たちは公教育の目標と目的を再定義しようとした。オーカットはどの世代でも復活してくるであろう議論を予期して、子どもが熱心に勉強して頑張る誘因を取り去ってしまう教授法上の柔軟なアプローチについて警告した。多数の教育者が学校で聞かれるオウムのような暗唱を非難したが、その実践は毎年継続された。ほとんどの教育者にとって、知性は使うことで強くなる筋肉であり、それは田畑や工場で働く労働者の強い腕のようなものであった。オーカットは著書の中で「暗唱が強要されなければ、あらゆる学校でどれだけの内容が学ばれることになるだろうか。もし生徒が前もって、暗唱の時間のかわりに教員がずっと講義や質問をし続けるであろうと理解していたら、どれほどの知識や規律を懸命に学習して身につけることになるだろうか」と問うた。

一八五〇年代まで、北部のホイッグ党員、共和党員や他の市民活動家は、急速な社会的、経済的、政治的変化を経験してきた国家の力を模索する中でコモンスクールに頼ってきた。白人の子どもは、一年にわずか四、五か月、しかも一生のうち二、三年間だけ学校に通うことを許されたが、大多数がそのとおりにした。また改革者は、今より長い就学期間、より多くの複式学級や学年制のクラスの存在を予測していた。多くの教育者が自由民、自由労働および無償学校を旗印に集まり、もし南部もコモンスクールを建設していたら南北戦争を避けえただろうと結論づけた。彼らは、若者にコモンスクールは国民共通の宿命であったと教えたことだろう。しかし、南北戦争前の南部ではどこでも、無償学校の理念は伝統的に貧困層の子どもたちと結びついていた。歴史家ジョセフ・W・ニューマン(Joseph W. Newman)が記したとおり、注目すべき例外は、ニューオーリンズ、チャールストン、モービルおよびサバナなどのわずかな南部の港町にのみみられた。そこでのニューイングランド人は、連合主義ホイッグ党員であったが、連邦からの脱退以前の数十年の間だけ白人のための公立学校の先駆けとなるシステムを構築したのであった。

一般に、南部諸州は、最も貧しい白人市民の教育に対して熱心に取り組まず、北部からの文化の押しつけに対して警告した。サウスカロライナ州知事ジェイムズ・ヘンリー・ハモンド(James Henry Hammond)が、一八四三年に貧困層の白人向けの教育はいくらか提供されてはいるものの、「生活保護者はその対象になっているが、教育という利益をほんのわずかしか享受していない。自尊心から子どもを「貧しい生徒」として学校へ送り出すという考え方に彼らは反発するし、そのうえ子どもたちを家で働かせる必要がある。このような感情と貧困は主に権力によってのみ相殺できる」と記した。強制的に学校へ行かせることは誰も提案せず、北部の人でさえ反対であったし、それは一九世紀後半の義務教育法が十分に施行されなかったことが証明しているのである。

南部の人々にとって、黒人が読み書きを学ぶという亡霊は、人間はみな平等という恐るべき考えを惹起させ、奴隷制度の徹底的防衛のために全ての社会階級の白人を一体化させた。一八四〇年代から一八五〇年代にかけて、白人子弟のための無償公立学校の推進派は、南部、特にノースカロライナ州とバージニア州に存在していた。しかし、南部の人口密度が希薄なことや、既存の社会的取り決めに対する政府介入への恐怖感、および貧困層の白人対象であれ黒人奴隷対象であれ、教育への大農場主階級の敵意は、コモンスクールが往々にして北部的理想であることを意味した。人種的、社会的階級制を維持することに熱心な文化の中では、南部の全ての人々のためのコモンスクールという概念は、たとえ理論上でも不快なものであった。南部の指導者は、北部でも南部でも、無償学校が生活の厳しい現実を変えるだろうという考えにつくり笑いを浮かべた。彼らは、アメリカでは社会階級と人種的差異は常に重要であり続けると主張した。しかしながら、南北戦争後の平和が到来して連邦への南部の再編入が始まった時、新しい世代は変わりつつある世界での教育の位置づけについて新たに議論し直すことになった。学校は共和制を救い、人格を発達させ、道徳心を向上させ、精神を訓練するだけではなく、より大きな社会で未解決なものとして残された人種問題への取り組みに役立つことが期待されたのであった。

第2章　南北戦争後のアメリカとコモンスクール

一九世紀後半、外国人訪問者は、アメリカが公教育に没頭する様子に多大な関心を寄せた。イギリス人のR・W・デイル(R.W. Dale)は一八七〇年代に二か月間アメリカに滞在したが、彼はその期間に複数の学校を訪問し、多くの教育者と議論を繰り広げた。彼はそのことに言及した『アメリカの印象(*Impressions of America*)』の中で、「コモンスクール」を「アメリカの公共施設のうち最も特色あるもののひとつ」であると記している。デイルは、南北戦争直後で深刻な経済不況の時期にアメリカを訪れた。ワシントンDCのスキャンダル、失業率の問題、労働運動、共産主義運動、そして奴隷の身分から解放された自由民のためのコモンスクール建設に向けた奮闘など、これら全ての問題に関して熱い議論が繰り広げられていた。北軍の勝利により、公教育は有益な役割を果たすことになると強調された。

ヨーロッパからの多くの訪問者と同様に、デイルも、政府による束縛からの自由に対するアメリカの博愛と、公立学校に対する政府の積極的な支援という明白な矛盾の解明を試みた。市民は中央集権や政府による干渉をしばしば非難してきたので、結果として日常生活において伝統的な教会や連邦政府の影響はみられなかった。建国の父祖たちは教育に関する権限の大部分を州に委譲したため、連邦教育局(U.S. Bureau of Education、一八六七年に設立)はヨーロッパ諸国の教育省が一般に有する政策策定の権限をもたなかった。しかしながら、公立学校は国内の多くの地域に広まっていった。バーモント州やミネソタ州の田舎でも、あるいはニューイングランドやオールド・ノースウェスト〔一七八七年に合衆国議会によって編入されたオハイオ川以北の地方。現在のオハイオ州、インディアナ州、イリノイ州、ミシガン州、ウィスコンシン州とミネソタ州の東部を指す〕の町や都市でも、学校は近隣やコミュニティ生活の中ですでになじみのあるものであった。一八九〇年代にイギリスからアメリカを訪れた視学官も、旧世界と新世界が対照的であることを指摘し、州による教育管理が独特であり、しかもそれはアメリカ教育システムの基本原理になっていることを発見した。彼は、イギリスの素晴らしいパブリックスクールは貴族的特権の要塞である一方、アメリカに特徴的な中等学校、すなわち無償ハイスクールは、労働者となる時期を遅らせることが可能で、野心をもつグラマースクールの卒業生に公平な就学機会を提供しているようであると語った。

ホーレス・マン世代の千年王国への期待は、アメリカが大西洋岸から太平洋岸まで拡大し、産業が発展し、そして南北戦争の衝撃を被りながらも、何とかその特徴を維持し続けた。彼らの期待とは裏腹に、学校が社会的混乱や過激派の扇動、貧困といった問題を解決することはなかったが、文化の融合や社会改善に対する期待は依然として学校の中核をなしていた。元奴隷を対象とする教育への奮闘に示されたように、読み書き、倫理訓練、市民教育の重要性は明確であった。一八七二年インディアナ州のある町の学校レポートに「コモンスクール――我が国の希望」と簡潔な題字がある。一八九〇年代初めにノースダコタ州グラフトンの『コモンスクール』の編者は、共和国の運命はなお人々の手にかかっていると語った。学校が無償であれば可能となる知識の幅広い普及のみによって、無秩序や独裁支配を迎え撃つことができると彼らは結論づけた。すなわち、「良き教育の上に良き社会を築け」である。

歴史家は伝統的に一九世紀最後の三〇年間を学校改革の谷間、つまりホーレス・マンやジョン・デューイによって象徴される時代よりも重要度は低いとみなしてきた。しかし、南北戦争後の時期は、本来魅力的な時期であり、コモンスクールの発展過程や長期にわたり展開された改革運動の中核をなしていた。公立学校は、アメリカ史という人間のドラマにとって重要であった。合衆国は血まみれの南北戦争を耐え抜き、都市、産業、移民は考えられる以上に生活面を変えるのに役立った。多くの市民にとって、当時の重要な課題は、カトリック教徒の出現から、産業雇用のための訓練、連邦への南部の再編入まであったが、こうした問題に焦点を当てる際、学校が何の役割も果たさないとは思われなかった。

実際、南北戦争後の数十年という歳月は、近代公立学校システムの成立に貢献した。学校は国家建設、文化的・地理的統合の礎であり、若者に対する当時の支配的価値観を社会化する基礎となった。南北戦争以前と同様、教育指導者や改革者は、社会変化における学校の位置づけに関して議論を繰り広げた。明らかに、学校は、安定したより良い社会の建設の中核をなしていた。経済や社会変化の中核を担う都市において、学校職員は、システムの根底にあるプロテスタントの価値観に関して繰り返されるカトリック側の不平を退け、自らの政治的権威を強固にした。一八九〇年までに、彼らは階層制の産業社会を反映した組織改革を強行した。均質で潤沢な資金を有するシステムをつくり上げるために精を出す多くの教育指導者は、都市に多大な期待を寄せていた。膨張していくシステムの中で、彼らはその方向に沿った形で自らのキャリアを形成していった。都市よりも多数の家族や子どもたちが生活していた地方では、都市で起こった教育改善という考え方に攻め立てられた。そして、学校も南部の再編入を取り巻く一触即発の出来事に不可欠であった。南北戦争後の数十年間は単なる谷間ではなかったのである。

南北戦争後の社会変化

一九世紀終盤、教育者はコモンスクールという財産に誇りをもっていた。彼らはホーレス・マンの時代を称賛し、無償の公立学校が国内に普及していくのを誇らしげにみていた。ただそれでも、彼らはほかの市民と同様に、将来とその変化に関して不安を抱いていた。学校は地方ごとに管理運営されるため、都市の政治家から、税金を安くすることやカリキュラムを最小限のものにすることを望む農民まで、あらゆる政治的影響力にさらされていた。チャールズ・ダーウィン(Charles Darwin)の進化論、自然淘汰、生存競争を受け入れるにせよ拒絶するにせよ、農業時代の田舎に出現したコモンスクールが、近代社会で繁栄するために順応する必要があることを、多くの市民は同意していたのである。

一八六九年ペンシルベニア州ロックヘブンの教育長であったアルバート・N・ラウブ(Albert N. Raub)は、目がくらむほどのペースで進行する社会変化に対して、多くの市民が懸念を抱いていると繰り返し主張した。『教員と保護者による平易な教育に関する対話(*Plain Educational Talks with Teachers and Parents*)』の中で、彼は共和国における教育の役割や、学校は道徳教育を中心とすべきこと、そして無味乾燥な教育方法を改めることの重要性を強調した。ラウブは、初期の解説者と同様、経済や科学技術の進歩の影響は不明確であると認識していた。アメリカ国民は確かに技術による恩恵を享受してはいたが、その機械化は伝統や日常慣れ親しんだ風習を絶えず衰えさせた。ラウブは「どこへ行っても、ハンマーや鋭利な物の音、ホイッスルの鋭い響き、あるいは忙しく動くスピンドルの音が我々の耳に鳴り響く」と記している。西洋諸国においては、産業革命によって、彼らの行く手の全てを再構成する社会の力が生まれた。アメリカ人は、あらゆる分野で様々な発明に魅せられた。市民が博覧会へ群がった産業革命期、フィラデルフィアでもバーミンガム〔アラバマ州〕でも進取の気性に満ちたベンジャミン・フランクリンの記憶は生き続けた。特に哲学者や社会理論家でない限り、アメリカ国民には、現実的、つまり思索よりも行動を起こす性質が備わっていた。彼らは、一八六〇年までにすでに二万七、〇〇〇件の特許を取得し、その四〇年後には、大企業の資金援助でなされるものが増加したために一〇〇万件に達した。

最初の巨大な法人は鉄道であり、これらは国家建設や市場拡大の中核をなした。鉄道は、国有地の付与、大規模な民間投資、石油、石炭、その他の採掘産業との企業利権の結びつきにより、その存在感が増した。安い国有地と一八六九年の大陸横断鉄道の開通によって、西部は白人移住者に開放され、その結果、無数の先住民が殺されたり、追放されたりした。その鉄道は国内経済の統合に貢献した。鉄道のおかげで、テキサス州の家畜をカンザス州の家畜飼育場へ移動し、豊富な農作物の加工や分配のためにシカゴのような都市へ輸送し、例えばアラバマの綿花、ピッツバーグの鋼鉄、ダコタの小麦、カロライナのマツのような無数の未加工原料や加工品を、拡大する国内外の市場へと運ぶことが可能となった。まさに鉄道によって近代経済は誕生したのである。

事実上、石炭、石油、ガス、鉄鋼、電話、電気、食品加工や流通などの近代経済と関連する産業の独占は、南北戦争後に始まった。それらは、カルテル、トラスト、その他の合法的、あるいは法適用外の戦略によって独占支配が確立した。ロックフェラー（Rockefeller）、ウェスティングハウス（Westinghouse）、エジソン（Edison）、ヴァンダービルト（Vanderbilt）、カーネギー（Carnegie）はよく知られた名称となったが、これらの家系は、巨額の財産と権力のために崇敬、もしくは嫌悪された。また、労働面も劇的に変化した。一八六〇年から一九〇〇年まで製造労働力は四倍になり、当時の全労働者のうちの四分の一が工場で勤務し、そのほとんどが非熟練工であった。こうした変化は猛烈な勢いで起こった。『ペンシルベニア・スクール・ジャーナル』誌の編者は、一八九〇年に「森全体がまるで魔法にかかったかのように運び去られてしまい、ついに我々の山には木がなくなり、川には魚がいなくなった」と記している。多くの石炭が層をなすキーストン州〔ペンシルベニア州の愛称〕は、産業革命の推進に大いに役立ち、ピッツバーグはアメリカ経済力の象徴となった。国内の他の地域では、鉱山の町は枯渇し、石炭鉱山は採掘と撤退が繰り返され、採掘し尽された土地は見捨てられ、近隣の四〇エーカーの土地が次の採掘対象となっていった。編者はこのような様子を「金持になるための激しい競争」と表現したのである。

南北戦争後は北部を中心に産業が発展し、経済曲線は上向きとなったが、それは激しい振り子の動きを伴うものであった。合衆国が直面した深刻な不景気は、まず一八七三年から一八七七年までの間に生じ、その後一八八四年から一八八六年にかけて再び悪化し、さらに一九三〇年代以前では最も深刻な不景気の波が一八九三年から一八九七年の間に押し寄せた。これら全ての不景気はヨーロッパ諸国の物価下落と結びついて生じたものであり、国際市場が統合されていたことを反映していた。一九〇〇年に南部は、合衆国全体の工業製品のうちのほんの一部を生産していたにすぎず、順次産業化が進行していったとはいえ、まだ田舎で農業を中心とした国内で最も貧しい地域であった。しかし、南北戦争後のアメリカの産業面における成長は目を見張るものがあった。アメリカは、一八七〇年には優れた産業力を有するヨーロッパの大国、すなわちイギリス、ドイツ、フランスの後を追っていた。しかし、その三〇年後には、アメリカの産業力は、それらの合計よりも強くなっていたのである。

アメリカ産業の発展は、一九世紀初頭にニューイングランドを流れる川に沿って、ゆっくりと始まった。初期の織物産業の工場では、農家から出てきたばかりの女性や子どもの労働力に頼っていた。ヨーロッパ諸国の多くは、公有地の囲い込みや農場の合併によって、地方に住む数百万人が、農場労働者から都市の産業労働者への転換を強いられた。しかし、アメリカは土地が豊富であった。南北戦争後、人々が中西部の草原やグレートプレーンズ（ロッキー山脈東麓からミシシッピ川にかけて広がる大平原。小麦・トウモロコシの栽培や放牧が盛ん）の土地を耕したり、太平洋側に移住したりしていくにつれて、産業と農業が発展していった。一八七〇年から一八九〇年までの間は農業従事者の割合が五三％から四二％へと低下したが、二〇世紀初頭までその実数は増加していった。

市民は、工業化と移民の増加によって都市が繁栄することについて不安を抱いていた。先導的教育者の一人であるA・E・ウィンシップ（A. E. Winship）は、都市で過激な労働運動が発生した一八九四年に、バーモント州教員協会で講演を行った。彼は、世界は「田舎から誕生したが、都市で人間化された」という説明から講演を開始した。彼は「キリスト教主義の不安と人間の期待は巨大都市の中で生まれた」ことを主張したが、ここで言う都市とは商業と工業が繁栄している場所であった。富の集中と文化の中心である都市は、悪行や犯罪、またニューヨーク市に設立された民主党の政治団体であるタマニー派（アメリカインディアンの名称にちなんで創設され、中産階級を代表して活躍した協会。一八六八年に会長のW・ツイード（W. Tweed）が市政を支配し、汚職により富を蓄積したためタマニーはボス政治の汚職の別語とされもした）のような支配集団が集まる場でもあった。「前途有望な政治家、哲学者、慈善家、聖職者の使命は、都市の悪行をその美徳から振るい分けること、役人の生活を説明すること、地方選挙の不正を取り除くこと、そして、都市の商業的、工業的、社会的エネルギーを人類の進歩と結びつけることである」。ほとんどが田舎であったバーモント州でさえ、都市に目を向けていたのである。

都市は、伝統的に商業、運送業、政治の中心であったが、すぐに産業発展が明白な特徴となった。例えば、一八八〇年までにオハイオ州の労働力の六〇％は製造業に従事し、町と都市に集中していた。歴史家のウォルター・リヒト（Walter Licht）は、労働の統合、市場のニッチ、その他の要因が産業の発展を不規則にしたと説明した。一九世紀の終わり、ペンシルベニア州北東部は無煙炭で優位を占め、一方ピードモント地方（北はニュージャージー州から、南はアラバマ州にかけて広がる丘陵地域のこと）南部では織物工業が栄えた。ニューヨーク、シカゴ、他の主要都市には先導的な産業もあったが、全体としてはきわめて多様であった。都市は、鉄道、郵便、電信、後には電話によって、予測不能な景気変動を伴う複雑な市場へと結びついた。市民はどこでも、都市成長の社会的帰結、すなわち家庭と労働の区別、特定地域における移民の孤立、貧富格差の拡大について懸念を抱いた。一九〇〇年までに、都市で工業製品全体の九〇％が生産され、したがってその生活水準は向上したが、同時に階級間闘争の恐れも生じたのである。

このように、社会の変化は時代や場所によって様々な形で経験された。科学技術の革新、機械化、都市の成長、移民、市況、そして政府の政策は、田舎で農業中心の国家という従来の外観を変えるべく相互に作用した。二、三〇年の間に、アメリカは目覚ましい工業化を遂げたが、その労働力は主に移民と都市にあった。一、一〇〇万人の新たな移民は、一八七九年から一九〇〇年の間に到着した。例えばスカンジナビア人やドイツ人がミネソタ州あるいはウィスコンシン州へ移り、チェコ人がテキサス州へ移動したように、ヨーロッパからの移民は、依然として田舎や小さな町に移住していた。しかし、北部の工業都市には、職を探す何百万人という人々が集った。賃金が安いことや、労働組合がないことが原因で、南部に移った移民は比較的少数であった。

一八七八年までに、北部の著名な教育学者で、オハイオ州にあるヒラム・カレッジ（Hiram College）の学長でもあったB・A・ヒンズデール（B. A. Hinsdale）は、人々の心の中の思いを繰り返し述べた。それは、「社会は日ごとに複雑になっていき、生活上の問題も日ごとに難しくなっている」。このことは特に人口の多い工業都市にあてはまり、社会闘争が今にも起こりそうであった。一八七〇年代の不況期、全国の鉄道ストライキには、秩序回復のために国家の軍隊が動員された。一八八〇年代、主に賃金や労働条件の改善を要求したストライキ、工場閉鎖、操業停止が一万件以上も発生した。一八八六年にシカゴで起きたヘイマーケット広場の暴動では、労働デモの際に何者かが投げつけた爆弾によって警察官が数名殺害され、この事件は日常生活にアナーキズムの弊害をもたらした。犯罪の証拠がないにもかかわらず、八人のアナーキストが裁判にかけられ、有罪判決を受けた。四人が絞首刑となり、一人は自殺をし、そしてその他の三人は投獄された。一八九四年、五〇万人の鉄道労働者は、労働運動に対する政府による鎮圧に積極的だったプルマン社(Pullman Company)に対してストライキを行った。政治経済学者は、不況や経済恐慌は、資本主義社会のサイクルのもとで必然的に生じるものとみなしていた。家計の収入のうち四〇%を子どもの労働力に頼ることを強いられていた労働者は、貪欲さや、政府の堕落、そして不公平な労働実務によって苦痛を感じていた。昔の共和主義者が抱いた労働に対する尊敬の念、誠実な労働者に対する公平な賃金、そして労働者が抱いた経済的自立に対する夢は、新たな現実と衝突する結果となった。労働組合の指導者や急進的な活動家は、畑、工場、鉱山で働く人々のために公平性を求めたが、ほとんどの仕事は特別な技術が不要で、将来性が見込めず、労働者の離職率は高く、家庭は安定性を失った。

　多くの産業労働者が外国人であったことは、生粋のプロテスタントにとって特有の問題を引き起こした。しかしながら、多くの教育学者、学校職員、市民は、コモンスクールは移民の子どもたちを吸収・同化してくれると信じていた。『アメリカの無償学校システム(*The Free School System of the United States*)』の中で、フランシス・アダムス(Francis Adams)は、公立学校は「あらゆる国から子どもたちを受け入れ、彼らをアメリカ国民にするところ」であると主張した。同様に一八八三年、インディアナポリスの『エデュケーショナル・ウィークリー』誌は、「身分や階級の消去はコモンスクールにかかっている」とみなした。自民族中心主義の偏見にまみれた散文を綴っていた西海岸の反カトリックの聖職者でさえも、一八九〇年には同化の過程を止めることはできないと主張した。彼は、学校へ「子どもたちが通うことにより、イギリス人、スコットランド人、アイルランド人、ドイツ人、デンマーク人、ノルウェー人、イタリア人、フランス人、これら全てがアメリカ人となる」と述べた。あるシカゴ市民は、旧世界と新世界が学校で出会う時はいつも、社会的な団結という結果を導くであろうと付け加えた。

そのような楽観主義のもとでさえも、その一方で恐怖心も消えることはなかった。一八六〇年代の著名なオハイオ州共和党議員で、後に大統領在任中に殉職したジェームズ・A・ガーフィールド(James A. Garfield)は、積極的に公教育を擁護し、さらに連邦教育局の創設に関わった。彼も多くの共和党議員と同様に、移民の教育は避けられないものであると考え、「我々は、公立学校の光を彼らにも浴びせなければならない。彼らを聡明で、勤勉で愛国心の強い市民にしなくてはならない。さもなければ、彼らは我々を彼らのレベルにまで引き落とすことになるだろう」と述べた。経済不況期で、労働運動が発生し、外国に対する嫌悪が増加する中で、教育者や社会問題の解説者は、共和制の不安定さを懸念した。彼らはアメリカが同じ人種で構成され、正直さや懸命な労働、個人の責任が尊重されていた単純で好ましい時代を想像した。一八八七年、ミシシッピ州の小さな町ラクロス(La Crosse)出身の教育者は、『ウィスコンシン・ジャーナル・オブ・エデュケーション』誌の中で、アメリカは古代ローマのように新たな「大量」移民の到着と同時に没落するかもしれないのは、これは現代の移民が野蛮人であり、「ヨーロッパのくず」であり、「私設救貧院や刑務所」出身者であったからであると述べた。

南北戦争後、連邦教育局長官に提出された州や地方からの報告書によれば、多くの地域が神経質になっていたことが確認できる。何千ものアイルランド人、ドイツ人、その他のヨーロッパカトリック教徒が東海岸へ到着したことだけでも十分否定的なことであったが、特に多くの中国人をはじめとするアジアからの移民が西海岸に到着したことは、アメリカ生まれの人々にとっては驚異でもあった。南北戦争後の再編入期の教育局長官で、熱烈な共和主義者であったジョン・イートン・ジュニア(John Eaton Jr.)は、長期にわたり公教育を支持してきた。しかしながら彼は、中国人に関して、一八七二年にカリフォルニア州やその他西部の州による報告書から、「彼らの勤勉さは必要であるが、しかし多くの点で彼らの存在は嫌われている」ことに気づいた。イートンは、学区は人種別の学校を設置できるけれども「黒人、モンゴル人、インド人は公立学校への入学を認められない」とするネバダ州法を引用した。公教育に関してネバダ州の教育長は、全米教育協会(National Education Association：NEA)の会議で、特定の集団は公立学校のカリキュラムを学習すべきではないという意見を示した。つまり、「英文学、建築学、法学は中国人にとってほとんど役に立たないが、園芸、洗濯仕事、料理に関する知識によって、彼らは自分の生計を立てる手段を得ることができるのである」。

カリフォルニア州出身の女性記者は、一八七六年に「人種に対する偏見は根強い。人口の少ない山間部の学区など例外はあるにしても、基本的に中国人は公立学校へ通うことを許可されず、校長は、中国人が税金をしっかりと払い、彼らの子どもに何らかの形で教育を施すことを要請された時でもそれを無視していた」と語った。一八六〇年代から一八七〇年代にかけてサンフランシスコでは、中国系アメリカ人の子どもは公立学校から排除され、また、移民によってその数が増えるに伴い、日本人の子どもは後に排除や差別に直面することになった。追いやられた集団は、劣悪な学校へ通うように差別されるか、あるいは完全に排除されていたので、同化は一般的な政策であるとは言えなかった。最終的に全米を困惑させることとなった一八八二年の「中国人排斥法(Chinese Exclusion Act of 1882)」は、一般民衆の態度を反映していた。一八八五年、カリフォルニア州最高裁判所は、中国人の子どもにも教育を受ける権利があると判決を下したが、人種統合学校へ通うことは認めなかった。

アメリカ生まれの人間にとっての「移民」のイメージとは、一般にアイルランド、ドイツ、あるいはオーストリア＝ハンガリーなどのヨーロッパから北部の諸都市に定住したカトリック教徒であり、したがってアジア人に関しては恐怖心を抱いていた。彼らの労働によって国家は豊かになったが、彼らに対する偏見はおさまらなかった。カトリック教徒の移民はすでに、東海岸の多くの町や都市で、その民族的、政治的様相を一変させており、多くの教区学校を創設することによって、また、そうした学校に対する公的資金の活用を再び要求することによって多くの市民にショックを与えた。今日では公然とした反カトリック思想が衰えているとすれば、一九世紀のその悪意に満ちたさまを思い起こすには何らかの想像力を必要とする。その反感は、多くの尊敬を集めた中産あるいは上流階級のプロテスタント牧師によるカトリック地域に対する無遠慮な揶揄から、聖職者や修道女についての恐ろしい小説、南北戦争後の移民排斥運動の復活にまで及んでいた。「ローマカトリック教徒」についての言及は、主な定期刊行物、新聞、政治広告を賑わした。一八八九年と一八九〇年には、リチャード・ハーコート(Richard Harcourt)牧師が、サンフランシスコに集った群集を前に、カトリックの脅威についての講演を行った。彼は著書である『陰謀――アメリカの公立学校(*Conspiracy: The American Public Schools*)』の中で、コモンスクールの起源をピルグリム・ファーザーズまでたどり、それに対抗するバチカンによって繰り返し行われた策略について概説し、コモンスクールの壮大な歴史を詳細に示した。彼は、ロザリオを使って祈ることから教区学校の教授法まで全てをあざけり、カトリックを「共和主義に対する脅威」と呼んだ。名高い政治漫画家であるトマス・ナスト(Thomas Nast)は、その本のイラストを担当した。その中にはアイルランドのサルが国を動かしている西暦二〇〇〇年を描いたものがあった。

共和主義を先導する者にとって、警戒はつきものとなった。反カトリック主義は、一八六〇年代以降大胆で自信に満ちたカトリック指導者への反発という面をもちながら、根強く生き続けた。実直な司教や司祭は、多くの教会学校、学校基金の部門を要求し、強制的な聖書通読と侮辱的な教科書の排除を求めた。これは教育の実と同時に多くの敵も生み出した。シンシナティの有名な法的決着では、聖書通読の時間を学校で確保することに関して、長期にわたる争いの末に敗れた。一八七〇年代、ニューヨーク州ポキプシー市の学校職員は、生徒のほとんどが貧困層であり、彼らが過密に在籍していた教区学校の閉校に直面して、独自の実験を始めた。彼らは名ばかりの料金でカトリックの学校を借り、維持費を提供し、質の高いカトリックの教員を雇うために教会指導者と協力した。これは一八九〇年代後半まで継続し、それを悪魔との妥協と呼んだ人たちにショックを与えた。カトリックの移民が民主党の中で勢力を増してくると、移民排斥主義者の熱も上昇した。節制を求める法律やその他の個人の自由権への侵害に反対することに加え、北部の民主党員は、ほとんどが教区立ではなく公立学校へ通っていたカトリック児童をより公平に扱うことを要求した。

移民排斥主義は、その多くがカトリック教徒であるメキシコ系アメリカ人が居住していたニューメキシコ州で加速し、その周辺地域で盛んになった。ある記者は、イエズス会は自らの組織のために税金を使い、そこでは無力な学齢児童が「聖衣」の前で頭を下げていると非難した。芝居がかった台詞はさておき、一八九〇年代まではスペイン語が普及した学校が公立学校として認知されていた。しかしながら、南北戦争後にアングロサクソン系アメリカ人の移住者が増加すると、カリフォルニア州、南西部、その他の征服領土では、メキシコ系アメリカ人は彼らの宗教、貧困、肌の色による多くの差別に直面した。都市のメキシコ系アメリカ人は、スペイン語話者のために隔離された区域に住み、十分な教育を受けることはできなかった。テキサス州のエルパソでは、公立学校は一八八〇年代初めに設置されたが、入学を許可されたのは英語を話す生徒のみで、スペイン語を話す生徒はメキシコ系予備学校(Mexican Preparatory School)に通うことを強いられた。生徒は英語とその基本をマスターしたが、下層階級の職に就くことになった。カリフォルニア州や南西部では公立学校システムが普及してきたが、資金が乏しく分離された学校が一般的であった。貧困、文化的疎外、民族的あるいは宗教的な差別は多くの子どもの通学を妨げたが、トゥーソンやその他のコミュニティに暮らすスペイン語を話す市民の子どもや外国人の子どもは、状況が許すならば英語やその他の基本科目を学ぶために学校へ通った。多くの保護者もまた、教養や伝統的なカトリックの教えを奨励する教区学校へ通った。

カトリック学校の発展の程度は地域によって様々であったが、それは公教育の擁護者を立腹させた。南北戦争以前から、教会は教書によって、カトリック信者に対して公立学校に代表される世俗教育や無神論教育の危険性と問答式教授法の必要性について警告をしてきた。教区学校は複数の町や都市に設けられたが、コモンスクールのため貧民や移民の支持が伸びなかった。ボルティモアの第三回教区総会(Third Plenary Council of Baltimore)(一八八四年)では、アメリカ司教が地方の教区に対し、多くの教区学校を建てることを促したが、その学校は南北戦争後に移民が加速的に増加する中で、簡単につくられたのであった。自らの言語、文化、宗教が保護されることを望んだため、教区学校を建てる際にドイツ人のカトリック教徒は特に存在感を増したが、一方アイルランド人は、後のイタリア人のように、美しい教会を建てるために投資を行い、学校建設にはほとんど興味を示さなかった。移民排斥主義者は、この違いに気づくことはなかった。

反カトリックは、共和党が再び勢力を盛り返すのに役立った。一八七〇年代中頃に国家が南北戦争後の再建に疲弊してくると、民主党の力が強くなり、ユリシーズ・S・グラント(Ulysses S. Grant)政権の政治腐敗は、戦場での勝利を色あせさせてしまった。一八七五年、グラント大統領は宗教学校のために公的資金を用いることを禁ずる法案を議会へ提出した。その法案は否決されたが、後にその基本条項は州憲法の修正条項として約三〇州で法律となった。オハイオ州における初期の州知事選で、グラントの継承者であるラザーフォード・B・ヘイズ(Rutherford B. Hayes)は、民主党をローマのちょうちん持ち(shills of Rome)と呼んだ。このように毒された国において、移民排斥主義は一八八〇年代から一八九〇年代にかけて様々な場所に広まった。一八八九年イリノイ州とウィスコンシン州の共和党員は、英語を教授言語とする私立教育に関する規則を是認したが、これによってドイツ系アメリカ人のルター派とカトリック、民主党は同規則と選挙での政敵を押さえつけるために結集した。反カトリックは盛衰を繰り返したが、一八九八年のスペインとの戦争が昔の偏見を蘇らせた。オハイオ州出身のもう一人の大統領候補者であったウィリアム・マッキンリー（William McKinley）は、民族や宗教の偏見に関する広い支持に基づき有力となった。

比較的移民が少数で、自由を抑制されてきた南部の教育者でさえ、移民を誇張して示した。南部の新聞は、北部の産業闘争とカトリック教徒の拡大を報じた。一八八八年に、後のデューク大学となるトリニティ・カレッジ（Trinity College）の総長であったジョン・F・クロウェル（John F. Crowell）牧師は、工業化の進んだ北部からはほど遠いノースカロライナ州ウィンストンの学校の開校式で演説を行った。彼は、「移民は大きな問題であり、その最大の目標は公立学校にある」と叫んだ。ポーランド系でも、イタリア系でも、イギリス系でも、全ての子どもはコモンスクールに属していると彼は述べた。さもなければ、彼らは「最も絶望的な施設、すなわち刑務所」へ入ることになる。翌年、アラバマ州ハンツビルで刊行された『ティーチャー・アット・ワーク』という雑誌の編集者は、「社会の平和と秩序、そして我々アメリカ社会の安全のために、直ちに二つのうちの一つがなされなければならない、すなわち外国からの移民の流入を防ぐか、あるいは彼らを我々の思考の基準まで教育する学校を提供するかである」と明確に述べた。

移民、工業、語られない貧富で満ちていた都市は、一九世紀終わりの三〇年間で数え切れないほど多くの教育者、道徳家、政治家の想像をかき立てた。都市は、アメリカを世界で最も豊かな工業国にした。しかし、多くの市民はそれを政治的堕落、モラルの低下、そして昔のアメリカが目指した本来の道との衝突ととらえた。A・E・ウィンシップがバーモント州で大衆に向かって発言したように、都市はそれでも潜在能力に溢れていた。国家が成立した時、ピューリタンはアメリカが「丘の上の都市」となることを望んだ。新たな世代の学校改革者にとって、拡大する都市は、社会が大きく変化する時代の中で公教育システムを組織し、管理し、強化するための新たな思想の中核となるべく約束された場所となった。

都市と農村の変化

「政治史を学ぶ学生は、我々の政治形態の大きな欠陥には、都市行政との結びつきの中で生じたものもあると述べる。幸運なことに、このような事実があるにもかかわらず、アメリカにおいて最も優れた働きをする学校には都市の学校もある」と、一八八五年に連邦教育局長官のジョン・イートン・ジュニアは発言した。都市は、学年別の教室、無償制ハイスクール、そして専門化された学校管理という新たな教育思想に関する実験室であった。女性のためには、結婚するまでは小学校教員のような低賃金の仕事が数多く存在した。男性に関しては、例外的ではあったが昇進の機会は広がっており、それが教育長としての任命につながることさえあった。

イートンは、誰よりもうまく昇進の機会を得ていった。一八二九年ニューハンプシャー州サットン(Sutton)生まれの彼は、農場で育ちながら学区学校やアカデミーで教育を受け、一八五四年にダートマス・カレッジを卒業した。クリーブランドで校長として二年間を過ごした後、トレドの公立学校の教育長となり、ワシントンでその有用性が認められてきた統計学を学んだ。一八五九年彼はアンドーバー神学校に入学して司教に任ぜられ、その後南北戦争中は北軍の従軍牧師を務め、一八七〇年に連邦教育局長官となる前、戦後再建の初期段階に南部で働いた。このように南北戦争後に有名となった教育者は、長期間にわたって都市と関係を築いていた。イートンのように有名な教育者は、都市の一般党員から昇格して、コモンスクールへの献身を誓う男性の共和党員が多かった。

教育専門家に対して、都市は田舎よりも多くの機会を提供したが、田舎の質素さと農業生活を奨励する国家では、それは常に曖昧な位置づけに留まっていた。移民、カトリック教徒、工業化の中心地であった都市は、コミュニティが調和や繁栄の中で人々を結びつけていたと想像される心地よい過去とは対照的なものであった。一八六〇年代後半、ホーレス・グリーリー（Horace Greeley）は、人々が屋内の配管業、「パン屋のパン、ガス、劇場、そして路面電車」を楽しむために都市へ流れ込み、神から授かった田舎の美しさ、すなわち「オークとマツの木の間でさわさわ音を立てる長い渓谷は、活力のある音を発する」を忘れてしまうことを恐れた。ジョサイア・ストロング（Josiah Strong）牧師は、一八八五年に現地のプロテスタントを対象に講演を行った際、都市を「我々の文明にとって深刻な脅威」と叫んだ。客観的な立場をとるイギリスからの訪問者であるジェイムズ・ブライス（James Bryce）でさえも、数年後に「都市の統治が、合衆国における明らかな失敗であることは否定できない」と記している。

都市の統治に関するステレオタイプは、賄賂で動き、煙草を吸い、不健康なタマニー派の民主主義者であったが、イートンは、たとえ大都市の教育委員会であっても、そのような人たちを正直で、公共心をもつ献身的な人として擁護した。実際、「アメリカや世界で最も優れた教育者の中には、都市の教育長として働く者もいた」。例えば、ウィリアム・T・ハリス（William T. Harris）は、教育長としての一八六八年から一八八〇年までの任期中に、セントルイスの学校システムが教育名所となるように努めた。その教育専門家の膨大なリストには、高齢のジョン・D・フィルブリック（John D. Philbrick）も含まれていたが、彼は長い間ボストンで教員や教育長を務め、一八四〇年代の終わりには地元の学校で学年別学級を先駆けた。腐敗や党派心の強い政治も含まれていたが、都市の学校は改革や創造を好む優れた指導者を惹きつけた。

一八八五年、フィルブリックは、都市の学校に関する報告書の中で、その成果や可能性を明確にした。彼は、他の教育者と同様、都市、工場および移民が基本的にアメリカ人の生活の外観を変えたことを強調した。都市は、増加する子どもの数に応じて迅速に学校を建設することができなかった。しかし、それでも彼の目に都市は希望と革新の場として映った。さらに、世界にその名を知られるボストンやシカゴは「その人口を超えて、統合的な福祉を」つくり上げたと彼は主張した。というのは、そうした都市は「富、文化、科学、企業および社会的そして政治的影響力の中心であったからである。都市の役割は、間違いなく現在に比べて将来さらに重要になるだろう」と主張した。例えば「患者のいない医者」や「依頼人のいない弁護士」のような利己主義的な人々は、より強力で利益をもたらす踏み石として教育委員に立候補することがあった。しかし、フィルブリックは、複雑な教育問題を扱うために教育長に専門知識を要求するようになった教育委員会に勤めるのは、結局、イートンのように善意のある正直な人であると主張した。

強い権限を求めた教育指導者たちは、学校に関する素人の権力を嘆いた。学校は、どこも地方による管理に頼っていた。その管理委員会は、教育委員会(school boards)、学校理事会(school trustees)、理事(commissioners)、監察(visitors)あるいは監督(directors)と様々に呼ばれた。一八九七年の『エデュケーショナル・レビュー』誌への寄稿者は、その名称が何であっても、都市ではそれらが管理していると述べている。ひとつの極端な例としては、ピッツバーグには三七の地域教育委員会から選ばれた三七人で構成される中央教育委員会があった。多くの町や都市には、委員が一般投票で選ばれ特定の区域を代表する非常に大きな教育委員会が存在した。シンシナティには三〇人の委員で構成される選挙区に基づいた中央の委員会があった。ほとんどのコミュニティでは、候補者は公認候補者名簿上で選挙を行い、任期は二年か三年とされており、高い交代率を保証していた。選ばれた者には、教員の採用、教科書の採択、建築契約について最終決定権が与えられた。

一八九〇年代までに、改革という名のもとでの「政治」を排除するために、意思決定に関して教育委員会の規模を縮小し、選挙区を基本としていた選挙を区分けせずに行うよう変更し、さらに市長や市議会に教育委員会の委員を任命する権限を与え始めた都市もあった。歴史家ディヴィッド・B・タイアック(David B. Tyack)が言及したように、それらの改革は、結局、教育と政治の分離に努めるのは無駄であるということを明らかにしたが、権限を中央に集め、専門知識を高めるプロセスは多くのエリート改革者にとって魅力的であった。デンバーでは、選挙区制を採用しない選挙で選ばれた六人の委員のみで構成される委員会があった。カンザスシティとクリーブランドでは、市長が次第に多くの意思決定権をもつようになった。しかし、教育委員会の委員となった素人(州によっては女性も立候補する権利を獲得したが、ほとんどが男性であった)には、最も重要な決定を下すための法的権限があるのが一般的であった。その後、評論家は、多くの委員が天使のような人とはとても言えないと批判した。というのは、彼らは単に自分の財力を並べ、裏で取り引きを行うことによって投票者の機嫌を取り、学校教育にはほとんど関心がなかったからである。全てではなかったとしても、中には公平無私の公共奉仕という概念を確実に欠き、より高い地位への道筋だけを求める者もいたのである。

教育委員会の委員と教育長は、歴史的文脈において同様にみられるべきである。多くの専門的権力を有する教育長は、商工業分野のそれに相当する者のように、結局中央集権を可能とする全てのメカニズムに賛成した。ボストンのフィルブリックは、「行政に関しては、その傾向は中央集権化および権力の永続性に向かう。行政に関する過度の地方分権が、無償学校システムのすべての部門の改善に対する障害の一つであったことは明らかである」と主張した。このような全体像を反映して、一八八一年の『ニューイングランド・ジャーナル・オブ・エデュケーション』誌は、市街地において、「実入りのよい仕事を管理し、市の指導者を出現させ、各選挙区の無能なお気に入りの子弟で教室を満たした政治家によって、柔軟な教育委員会は利用されてしまった。この過度なえこひいきは、村や地域の学校にとって不幸なことであり、有害なマラリアのように、教育システム全体の効果的な作用を失わせる」と非難した。

教育長は専門知識によって、自分たちが政治に無関心であること、すなわち子どもたちの幸福のみに関心を抱くことが可能となると一貫して主張したが、彼らは非常に政治的で、中央集権や大企業にみられる官僚主義を好んだ。多くの学者が指摘したように、一八八〇年代から九〇年代までに成長したエリート改革者同盟は、強固な中央集権化と教育委員会の少人数化、選挙区の排除、教育長の権限強化を要求した。世紀の変わり目には、雑誌や新聞は、三つ揃いのスーツを着て、鎖付きの金時計を身につけた博識なニューヨーク市のウィリアム・マクスウェル(William Maxwell)のような都市部の教育長を写真入りで特集した。

政治的スキャンダルの時代、すなわち、クレジット・モビリア(Credit Mobilier)、ボス・トウィード(Boss Tweed)、そして一八七〇年代の共和党による南北戦争後の再建が中断された時代に、エリート市民の中には、民主主義や一般男性選挙権を信頼せず、共和制が衰退する中で、都市の行く末に影響を与えた者もいた。中産および上流階級に生まれたアメリカ市民は、大衆政治を拒む傾向にあり、民主党による都市への移民流入を特に否定した。彼らは、民主主義の弊害を指摘し、公務員制度改革や選挙権の制限、出自と学歴に敬意を払うような「良い政府」を是認した。強い権限を求める教育長は、そうした意見を受け止めた。彼らは、なぜ教育に関して特別の能力をもたない多数の素人に影響力をもたせるのかと尋ねた。結局、教育長とその部下は実際に学校を管理したが、教育委員会の一二選挙区から選ばれた地域の弁護士、会社員あるいは熟練労働者は、町全体ではなく地元で起きた問題ばかり気にかけていたからである。

南北戦争後の都市の教育委員会は、教員の採用、建物や教材に関する契約、政策全般に関して大きな決定力を有していた。都市の制度が複雑になりすぎたため、素人だけでの管理運営は困難であると発言する改革者もいた。都市は、専門家や管理者に対して大きな信頼を求めた。こうして、メイン州ポートランドの教育委員会委員は、一八九一年に都市が地方の学校よりも複雑な社会問題に直面し、それによって教育者は優れた学年制、クラス分け、カリキュラム計画といった新制度を導入することになったと報告した。教育長は、教育委員会の素人ではなく専門家のみが、幅広い読書や専門的対応、他の都市の指導者との関わりを通して、最新の教育学的認識を維持することができると主張するようになった。他の人たちは、委員の質を高めるために、市全域の選挙で選ばれる小人数の教育委員会を求めた。

都市の学校の行政管理に起きたことは、市政の大きな変化を反映していた。選ばれた職員は、公共事業を改善し拡大するという絶え間ないプレッシャーに直面した。技術者、科学者、その他の専門家は、ヨーロッパの都市より優れた都市のインフラを建設し維持するのに不可欠であった。納税者はしばしば経費に関して不平を述べたが、通常は下水道、道路舗装、道路照明、より堅固な橋、安全な飲料水、公園や運動場を拡張し、地方予算の大半を占める教育に関して、近隣の子どものために多くの学校を建てることを主張した。したがって、高給な教育長による権限強化は、産業革命における労働の分配、階層制度、中央集権が自然で最も効果的となった大都市において生じることとなったのである。

農村から都市への住民の移動や海外からの移民により人口が激増したことで、学校を十分に整備することが多くの都市での深刻な問題となった。アメリカにはなお子どもの数が多く、教育費は増加していった。一八五〇年には人口の半分以上が一九歳未満の子どもであり、一九〇〇年でもその数は四六％を占めていた。アメリカ生まれの中産階級の白人女性の出生率は、一八〇〇年頃から減少し、南北戦争後のアメリカ生まれの労働者階級人口や移民人口の増加分よりも少なくなった。労働者が田舎から都市へ、農業から工業へ移動するにつれて、多くの人々は、今や村の牧草地においても工場の煙突が教会と同じくらいなじみのあるものとなった世界の子どもたちへ向けて訓練の仕方を思案した。一八八〇年代、シカゴ、ニューヨーク、フィラデルフィアの何千人もの子どもたちは、学校での居場所を見つけることができなかった。というのは、学校は登校した者から受け入れていったため、欠席した子どもは自分の席を失い、その席は補欠人名簿に名前のある子どものものとなったのである。多数の大都市で登校した子どもたちは、混み合った教室で、短時間の授業を受けていた。

このような深刻な問題があったにもかかわらず、都市はなお教育改革を導き、南北戦争以前からみられたその影響力を維持した。一八二〇年代の最初の無償制ハイスクール、その後にゆっくりと広がった学年制教室、小学校教員としての女性の採用、システムを管理運営する教育長という役職は、全て北部の町や都市で誕生した。これらの改革は、一八六五年以後多くの都市に普及し、さらに全国の地方の学校にとっても大きな希望として推奨された。ただし、共通の教育課程や完全な学年制は十分に達成されることはなく、教育者は支出を抑えながら多くの教室や建物を建設するというプレッシャーに直面していた。また教員は、教室には様々な子どもたちが存在し、全員が勉学上の成功を獲得できるわけではないことを知っていた。一八七〇年、シンシナティの二年生のクラスには、アパラチア地方の貧困層や、ドイツ系二世の中産階級に生まれた子どもが在籍していた。学習に無関心な子どももいたが、大きな困難にもかかわらず将来の成功のために学習する子どももいた。どこでも同じであったが、シンシナティでは、特定地区の学校は中産階級のアメリカ人の子どもが圧倒的に多くの割合を占めており、その他の地区では英語を母語とする子どもはほとんどいなかった。このことは、公平性に加えて秩序と予測可能性を約束する学年制の教室を要求するのに役立った。単一教室の学校は時代遅れで、急成長を遂げる都市の子どもの増加に対する万能薬とは言えなかった。産業は職務の専門化と管理的統制によって前進したが、なぜ学校にこの方式を適用しなかったのであろうか。

家族の移動が頻繁に行われるようになるにつれて、年齢別学年制とクラス分けは、達成が困難であったとしても、魅力的なものとなった。ホーレス・マンの時代以来、統一された共通のカリキュラムを学ぶことは、少なくとも全ての白人の子どもにとっての民主主義の目標や共和国の権利とみなされ、生徒の入れ替わりが頻繁であったとしても、標準的なカリキュラムは人々に支持された。南北戦争後、南部の町が急速に発展したため、地方の優れた公立学校は、新たな住民の支持を得るのに学年制の教室が効果的であるとみていた。一八八三年に『ノースカロライナの教員（*The North Carolina Teacher*）』誌は、南北戦争前の北部で主張されていたことを繰り返して、学年制学校は地域の繁栄の証であり、「良い教育の利点とは、全ての人に対して無償であり、これを実践する町は新たな住民を常に惹きつけるだろう」と言及した。

一部の生徒を対象とした特に重要な革新は、学年制の頂点に位置づく無償制のハイスクールであった。南北戦争以前にそれは、中産階級を惹きつけるための重要な改革であった。ハイスクールが私立学校と同様に立派な中等教育を提供することができ、しかもそれを無償とするなら、公立学校制度の向上と維持に不可欠な中産階級の支持を得られるであろう。（多くの学校でラテン語の授業は開講されていたが、）ハイスクールは古典的なものよりもむしろほとんどが現代的なカリキュラムを提供して、低学年に基礎科目を組み入れた。それらが北部の広範囲の中産階級に受け入れられるようになると、南北戦争後の南部で徐々に増加してきていた私立学校を衰退させていった。さらに、南部のハイスクールは大部分が白人のみを対象としており、ほとんどが大きな町や都市にあった。一方、北部では、ハイスクールは幅広い層を受け入れており、学力水準の維持と共和国の目的のために、入学試験に合格した生徒は誰でも入学することができた。逆に言えば、たとえ金持であったとしても、入学試験に合格しなければハイスクールに入ることはできなかった。受験資格として、受験者は出身校の学業成績、将来性そして人格を証明したグラマースクール校長の推薦書が必要であった。

ハイスクールは階層制度の頂点に位置していたが、世紀を通じて議論の絶えない機関のままであった。というのは、ハイスクールは白人の中産および上流階級のわずかな子どもたちしか教育せず、たいていは（適切な雇用機会を欠き、小学校の教員になることを希望した）女子生徒のためのもので、そして高価であった。都市のハイスクールは、最も美しい当時の公共施設のひとつであったが、批評家は、高い経費によってわずかな子どもたちのみを教育することは、無駄で共和制に反すると嘲笑《あざわら》った。それらは、公立学校をハイスクールより低い段階の学校にしようとして敗訴した訴訟に象徴される困難な時代に特に非難された。一九〇〇年以前、中等学校卒業者のうちわずかな者のみが大学に進学したが、学生を確保するために次第に近づいてきた大学にハイスクールが支配されていると批評家は述べた。一九世紀を通して、ホイッグ党および共和党政策の象徴としての無償制ハイスクールを特に非難する民主党員もいた。つまり、それは、理論上全ての人々に開かれていたが、実際には税金の恩恵を少数者だけが受けることになる中央集権的で階層的機関となっていたからであった。

こうした批判にもかかわらず教育者は、教育を保証する場を考えた時、都市や学年制の学校、ハイスクール、カリキュラム革新へ注意を向けた。教育リーダーという新興階級にとって、都市は影響力を誇示する理想的な場所であった。一八三五年にコネチカット州イーストキリングリー生まれのウィリアム・T・ハリスほどこの重要さを証明し、あるいは例証した者はいなかった。イェール大学入学前に様々な学校で教育を受けてきたので、ハリスは学位を取得せずに大学を去り、新たな生活を求めて西へ向かった。何回かの錯誤の後、彼はセントルイスで教員となり、すぐに校長に昇進し、それから教育長となって一八六八年から一八八〇年までそこに勤めた。セントルイスの公立学校の生徒数は、一八六〇年には一万二、一六六人であったのが二〇年後には五万一、二四一人まで急増した。ハリスが全国的に有名になることと、国の注目を浴びるようになる地方のシステムが発展することとは同義であった。

ハリスは、今では一人の保守主義者として大半は忘れられるか、あるいは捨て去られてしまっているが、知識人向けの雑誌『思弁哲学（*Journal of Speculative Philosophy*）』に編者として初期の論文を発表した、ホーレス・マンからジョン・デューイまでの時代の国レベルの最初の学校リーダーであった。ヘーゲル（G. W. Friedrich Hegel）およびドイツの理想主義哲学の研究者であったハリスは、彼の知的関心という点において同時代の典型的な教育長とは異なっていたが、都市での仕事を通じてその存在を際立たせてきた。アフリカ系アメリカ人を含む全ての人のためのコモンスクール、および共通のカリキュラムという考えの支持者であったこの労働組合支持者の共和党員は、その後（一八八九年から一九〇六年まで）記録的な長期間にわたって連邦教育局長官を務めた。彼は事実上、教育に関する全米規模のあらゆる最高レベルの委員会の委員であり、数多くの著書や講演によって、国際的な人物となった。ハリスが一九〇九年に亡くなった時、彼の公立学校に関する思想を時代遅れで保守的であるとして拒む新しい世代のリーダーに、教育リーダーとしての権威はすでに渡っていたが、ハリスは全盛期には知識人の中の有力者であり、共通教育の原理を支持するのは彼一人ではなかった。セントルイスの教育長として執筆した報告書で、彼は読みに関して、都市に由来する新たに組織化された教育実践を本格的に指導できる意欲的な教育の専門家を求めた。

五〇歳以上の多くの教育者と同様、ハリスは、コモンスクールの理想という遺産と、無償で税金によって運営される公教育は壮大な共和主義の偉業であったという信念を受け継いだ。彼は、読み書きが普及したことや、より安く新聞や出版物が手に入るようになったことで多くの一般人が文章を読めるようになったことに驚いた。彼は、「印刷されたページは、身分の低い市民に対して時間と空間に魔法の力を与える強力なアラジンのランプである」とたとえた。実際、彼は、無償制公立学校設立期に、その教育がもたらすものへの興奮を、初期の世代と共有できる人物であった。セントルイスの学校は、他の都市の教育制度と同じく、慈善学校として始まり、それらは様々な社会階級の人々にとって魅力的なものに映り、一八五〇年代には無償となったのであった。ハリスによれば、アメリカの公立学校は、読み書きの能力と学習を促進するのに役立ち、最も才能のある子どもに報酬を与え、それによって、ヨーロッパに蔓延する社会階級の固定化を防ぐことにつながった。彼は、都市は労働と生活に刺激的な場所であり、その学校制度は共和国の維持、そして近代社会の形成に不可欠であると考えた。政治経済に精通していたハリスは、顕著な繁栄をもたらした産業労働の分業化が都市の学校システムの組織化や管理をうまくこなすはずであると信じていた。

ハリスは、ジョン・デューイが三〇年後に繰り返すことになる言葉を用いて、一八七二年に公立学校は「小さなコミュニティ」であると主張した。したがって、学校は「蓄積された共通の考え方」を身につけ、「同じ土俵」で競う、基本的なアカデミック・カリキュラムに触れる機会を生徒に与えるべきであった。多くのヘーゲル学派と同様、彼は、産業化が日常生活にますます影響を与えるようになった世界で、個人は大規模な公共機関と関係することによって多くの自由や機会を見つけるだろうと考えた。また、彼は、保守的な批評家から雄弁に男女共学を守り、人種統合を支援し、無償ハイスクールを擁護し、カトリックを認めた。さらに、ドイツ哲学および文化の信奉者として、特に幼児教育の分野で、ヨーロッパ大陸からの新たな教育学的理想を擁護し、通常のクラスよりも競争が少ない環境で道徳教育や学問的な訓練を施す公立幼稚園を国内で最初に設置することによってセントルイスを有名にした。彼は、(ドイツ系アメリカ人であることが多かった)教育委員会の共和党員と提携して、公立学校で外国語を教えることについて何度も擁護した。彼は、もし生徒全員が通学するようにならないか、もしくは新たに設けられたドイツ語の授業によって私立学校在籍者が激減しなければ、公立学校は広まらないだろうと推測した。この戦略は、多くのドイツ人を抱える都市で実施された。重要なのは、ハリスは自らの過去に誇りをもつが、子どもに英語をしっかりと学習させ、新たな国で成功することを望む移民の保護者に共感的であったことである。

通学させることで確実に文化的同化を進める一方、母語を尊重していたという点でドイツ語を学ばせることは、移民の子どもたちがアメリカ文化に適応するのに役立った。さらに、それは文学、哲学、科学、歴史に関するドイツの偉業を理解させた。ハリスは、アメリカに押し寄せる移民を恐れることなく、一八七四年に「我々はみな一つのコミュニティで暮らしていかなければならず、家族、商業、社会の交流、そして市民権の問題は、我々をともに結びつける」と記したように自信に満ちていた。初期世代の改革者と同様、彼は、私立ではなく公立学校が、複雑で多様な文化が混在する社会においてコミュニティや社会的団結を築くための最良の手段であると信じていた。セントルイスや他の都市での学校方針を決定する際のドイツ人のように、全ての集団が成功したわけではない。ハリスの主張やドイツ語クラスの普及を妨げることを試みたセントルイスの民主党員は、他の外国語を教えないのは不公平であると述べた。一八七八年、彼らは多くの費用がかかることは理解していたが、一般の人々が全ての外国語のクラスをなくすように求めることを期待して、ゲール語、フランス語、ヘブライ語の導入を要求した。ただし、歴史家であったセルウィン・K・トロエン(Selwyn K. Troen)は、この政治的戦略が全くの裏目に出たことを強調している。セントルイスのドイツ人コミュニティや彼らの友人の対応は迅速で印象的であった。というのは、学校でドイツ語クラスの開設を求める請願書に四万人が署名し、ハリスの主張の正しさを立証したのである。

ハリスの評判は、都市によってもたらされる機会のおかげで広まっていった。彼は、一八七五年にはすでに全米教育協会の会長となり、年次大会の主役であり、全国的に有名な人物であった。セントルイスの教育委員会も、彼が毎年執筆した教育トピックを扱った厚い報告書を数千部印刷することにより、彼の評判を上げた。その報告書は全国に配布され、さらにドイツ語も出版された。ハリスは、実験や改革の実施に適した都市での新たな世代の教育リーダーを代表していた。確かに都市の学校には、特にカリキュラムと教育実践の不足を指摘する批判者がいた。しかし、新興階級の男性専門家にとって、学校は自らの試みを実践でき、キャリアを築き、変化する世界に教育を適応させられる場所であった。田舎の学校や村で働く人でさえ、自分たちが救済されるかどうかは、都市に基盤を置く教育指導者にかかっていると教えられたのである。

社会の変化と学校改革

一八八五年、ジョン・D・フィルブリックは、「現代文明は急速に画一的かつ単一的になりつつある」と述べた。これは都市の指導者の間では共通の展望であった。北軍の勝利によって国粋主義は強まり、都市や工場は政治経済を変化させ、そして鉄道が南部の高地や西部のあらゆる境界まで伸びていった。グレート・プレーンズのインディアンたちは、アングロサクソン系アメリカ人の文明やその騎兵の侵略に力強く抵抗したが、白人の入植、野牛のパイソンの群れの滅亡、軍事力によって、結局彼らは敗北し、殺されるか特別保留地に追いやられた。機械生産もしくは学年制学校によって表現された「画一や統一」へ向かう風潮がそうであったように、決して完成はしなかったが、国家統合は抗うことのできないもののようであった。

都市の繁栄、すなわち産業社会は、アメリカを世界的強国にしたが、ほとんどのアメリカ人はまだ田舎あるいは村に住んでいた。歴史家ディヴィッド・ダンボム(David Danbom)が示したように、一八七〇年から一九〇〇年の間に、農場は二六六万から五七四万に増加し、耕地面積は二倍以上となった。都市や産業の拡大ほど目立つものではなかったが、農業は社会変容の結果としてほとんど衰退せず、逆に根本から変革を遂げた。それは、自給自足を非現実的なものに、マコーミック(McCormick)の刈取機のような高価な機械への投資を一般的にした複雑な輸送機関や販売ネットワーク、中間業者やクレジットシステムと結びついて商業化された農業の世界にますます変容した。一八七〇年代までに、都会の雰囲気が広まるにつれて、モンゴメリー・ウォード(Montgomery Ward)〔アメリカの大手総合小売り業チェーンだったが、倒産して現在はオンラインショップのブランド名となっている〕は、カーテンからピアノまで、工業製品の多くをリビングルームへもち込んだ。農民は、過剰な消費財を生産する都市の労働者に食料を提供したのである。

都市が発展したにもかかわらず、一九世紀後半では大半の人々は、主要都市以外の地域で生活しており、彼らの子どもたちは小規模で簡素な学校に通っていた。それらは、多くが学年制ではなく、統一されたカリキュラムを欠き、教員は通常一生の仕事ではなく、短期間のものとして働いていた。州の教員集会や全米教育協会での講演者は、田舎の学校の欠点を嘆いた。こうした専門家は教育に関する論説を支配していたが、それは通常高潔な生き方としての農業の重要性を丁寧に論述することから始まり、「田舎の学校問題」に対する多くの不満を述べて終わるものであった。

その解決は、また別の問題でもあった。南部、南西部、グレート・プレーンズ、ファー・ウェスト〔アメリカの極西部地方。グレート・プレーンズ西方の地域〕に広がる国土、そしてオールド・ノースウェストさえも、国家統合の力に反して未開拓のままであった。今や辺境を包囲する鉄道の接続によって成長した町や都市がそうであったように、採鉱、畜産業、商業や産業によって発展した西部の町は繁栄した。南北戦争、綿価格の低下、頻発した不況による経済荒廃に陥った南部でさえ、遅れを取り戻した。奴隷制度や自由労働に関する討論は、数十年の間内政を定義するのに役立ち、連邦への南部の再編のため多くの政治家が尽力した。地方の教育者や国レベルの監視者は、一八七〇年代に南部の町が急成長したことによって、学校の組織、管理、教授法に関して北部方式を採用すると予測した。

一八七〇年代の終わりに南部は重大な岐路に立った。連邦軍は公民権施行から手を引き、急進的な共和党員は議会での影響力が弱まったため、南部の民主党は州政府に対する支配力を取り戻した。そこで、人種隔離政策は絶大な支配力をもち、その後の数十年間に慣習と法律によって補強された。したがって、北部の教育指導者間での「画一や統一」に関する議論の大部分は、あらゆる地域、特に以前南部連合国であった地域の田舎の生活の厳しい現実と衝突した。フィルブリックでさえ、「都市の学校と田舎の学校は、あらゆる点で等しいわけではなく、等しくなることは不可能で、そしておそらく等しくある必要がない」と気づいた時、都市の青写真と地方の現実の違いを認識した。確かに、「田舎の学校問題」は消えなかったのであった。

一八八二年には、『ニューイングランド・ホームステッド』誌の中のある著者が、田舎の学校の質が低いことを警告した。そのうちの多くが、「不適切に、無関心に、もしくは下手に教えられていた。都市とは対照的に、ほとんどの学区には「貧しく、落ちこぼれたハイスクール」のみが存在していた。ほとんどの田舎の学校は、正式あるいは標準的なカリキュラム、あるいは学力の進歩を測定する統一的な方法を欠いていた。その結果、都市では主観的な見解や経験則に基づいて個人の進歩の評価を行うことは、正確さと均一性が重要となる産業界において信用されなかったため、田舎の教育者は通知表や卒業証書を発行しなかった。田舎の生徒は利用できる教科書を使って自分なりに勉強し、習得した内容を教員に向かって暗唱することを教育と呼んだ。質の高い学校への補助は、ニューイングランド地方で急激に人口が減少したことによって特に困難となったが、田舎の教育に対する関心は広範囲に及んでいた。一八八三年に、ある教育者は、南部インディアナ州教員協会員の前で田舎の学校を例によってに嘲笑した。フージャー(Hoosier)(インディアナ州の俗称)では、全児童のうち八〇%が「田舎の学校に通い、オハイオ州とミシガン州では三分の二、テネシー州では八分の七、そしてアイオワ州では一〇分の九が田舎の学校に通っている。つまり、一一州の八五%が無学年制学校に通っているのである」。また、彼は明らかに落胆して「今までに誰が田舎の学校で何を終えたのだろうか、という疑問はしばしば出される」と付け加えた。都市の発展に目を向ける他の教育者も、訓練を受けた教員や統一基準、小規模学区廃止を望んだ。

一八八九年に『ジャーナル・オブ・エデュケーション』誌の編者は、「学区制は学校生活における暗黒時代の遺物である。それには自己本位と偏見という全ての不道徳が含まれている。アメリカを愛するすべての人は、それに関して戦うべきである。その社会制度のもとには優れた学校もみられたが、それらは学区制度があったにもかかわらず存在したのであって、学区制度があったおかげではない」と述べた。都市以外の学区は、たいてい統合に激しく抵抗していた人々が住む小規模地域であり、それはアメリカの地方自治に対する信頼や中央集権に対する懐疑を示していた。しかし、教育専門家による学区システムへの厳しい見方は、教育に関する当時の論文、講演、書籍を特徴づけた。さらに州教育局は、田舎の学校を学年制にし、教科書を選定し、学校実践を改善するための指導者を配置した。これには成果もあったが、地元の人々は、改革、高い税金、教育リーダーや役人の決まり文句である学区統合に抵抗した。一八八三年にワシントンでジョン・イートン連邦教育局長官は、いくつかの州で町や郡の統合を含む学校統合を奨励したが、望んだような結果は得られなかった。ミシガン州（正確には辺境の州ではない）には、四一一の学年制学校と六、一一五の複式学級学校があった。統合はあまり評判が良くないと知っていたので、イートンはほとんどの州でその割合は大きく変わらないと考えていた。

物書きたちは、一般に都市の将来性と田舎の学校への批判とを比べた。北部の人は、特に南部の田舎の教育を品位に欠けるものとしてしばしば発言した。一八八六年の『ウィスコンシン・ジャーナル・オブ・エデュケーション』誌の寄稿者は、南部の田舎の学校を「言葉にできないほど劣悪である」と表現した。この人は、ジョージア州の教員は「完全に能力に欠ける」とも主張し、「しかし、四等級の読本や九九の表以上のことはほとんど教えられず、これらさえも教え方はひどく下手であった」。南部の田舎の至る所で、「校舎は小さく、窓のない小屋であり、隙間があるために隙間風が通るようになっている。特に有色人種の子どもたちが通う学校には手の加えられていない教会が用いられ、最も必要となる机や教具さえ備わっていなかった」。注意深い著者たちは、アメリカの田舎の幅広い多様性を認識し、同じ町や郡の学校であってもかなり異なる可能性があると理解していた。ある田舎のコミュニティでは、特定の移民集団が多数を占めたため、当然外国語が教室に響きわたっていたが、他の地域の田舎の子どもたちは英語のみで教えられていた。

数百万という子どもたちがアメリカの公立学校の門を叩いたので、教員や子どもの経験は時と場所によって必然的に異なっていた。田舎の子どもについて語ることは、その家族が白人である者やアフリカ系アメリカ人である者、またアメリカ生まれである者や移民である者等様々であり、さらにその私的財産も異なるため、メイン州でじゃがいもを、グレート・プレーンズで小麦を、そしてテキサス州で牛を育てる者を一般化するようなものであった。通学によって、多くの生徒はやる気をそがれ、身体や精神を制限された。一九世紀の後半には、田舎の教員はまだ教科書に頼っており、暗記と暗唱を強調し、子どもの感覚を鈍くした。しかし、他の生徒にとって学校は天の賜物であった。教室が一つの学校は、読み書き能力を普及させただけではなく、全ての生徒ではないにしろ、多くの生徒を活気づけた。『中部辺境の息子(*A Son of the Middle Border*)』の中で、作家ハムリン・ガーランド(Hamlin Garland)は、南北戦争後アイオワ州で育った子ども時代に、田舎の学校でどのように新たな知的展望が開けたのか愛情を込めて記した。また、彼は「我々の読本は、年長の少年の話で出てくる話題を通俗に堕することのないようにする唯一の抑止力であり、私はマクガフィー(William Holmes McGuffey)教授に、彼の尊厳や文学の優美さ、あるいは彼の選集への私の深い感謝を知らせたい」と記した。ガーランドは、彼の想像が文学や詩によってときめき、「アイヴァンホーの隊列、あるいは聖地でサラセン人と戦ったリチャード獅子心王の軍隊の船首漕手の頁」になったことを覚えていた。教育者であり、また作家でもあるハーバート・クイック(Herbert Quick)もまた、マクガフィー教本の選集のおかげで「良い文学の影響を受けた」アイオワ州の学区学校の教育に関して温かい記憶をもっている。

学校教育が知識を開放するにしても閉ざすにしても、そしてそれが成功しても失敗に終わっても、人口が西へ移動するに伴って学区学校は増加し続けた。また、南北戦争以前のように、田舎に住む子どもはどこでも、同じような学校に通った。それらの学校は、未だに素人が管理し、主財源は地方税であった。都市と比較すると、カリキュラムは統一されておらず、最低限の内容のみが教えられ、無学年制で、教員はほとんど管理されず、生徒の通学には天候、農場の仕事、親の関心、その他の個人的な要因が影響した。しかし、一八九六年『エデュケーショナル・レビュー』誌への寄稿者は、田舎の学校を非難する人々は、都市が厳密には完璧ではないことを思い出すべきであると述べた。また、「大都会であるニューヨークには何万という子どもたちがいるが、彼らにとって十分な校舎のスペースがない。学校描写の中には、未開の田舎の学区を都市の学校と比べて楽園と理解する場合もあった」と記した。

一八九〇年代に、多数の州や地方、国レベルの教育組織は、田舎の学校を改善する似通った方法を提案した。それらは、師範学校の卒業生を(給料の高い都会の職業の魅力にもかかわらず)教員として雇うこと、均一なカリキュラムを作成すること、郡または町の教育長を任命すること、そして学区を統合することを含んでいた。ただ、南北戦争後に田舎の人口や農家の数が増加したという人口動態は、その提案の大部分を非現実的なものにした。一方、村や小規模の町は都市の例に従うことを試みたが、不完全なまま終わった。人口二千〜三千人の町は教育長を雇ったが、その教育長はハイスクールでパートタイム教員として教え、学校を学年制にし、系統的なカリキュラムを確立し、教員と生徒のための入念な規則や規制を公表し、都市のハイスクールで主流を占める代数、化学、ラテン語などの高度な科目を教えるためにあらゆる努力をした。しかし、田舎では、たとえ建物が修復した小屋のように洗練されていなくても、徒歩圏内に小規模で地元で管理できる学校が存在することを農民が望んだので、教室が一つあるいは二つだけの学校が標準的なままであった。多くの農民が貧困、害虫、干ばつ、やせた土壌、生産過剰、そしてデフレや金融引き締め期における作物価格の下落に瀕して生きていたのである。

一八九五年に州学校システム委員会は、統計的に不完全な点もあるが、テキサス州で八〇%、インディアナ州で六五%、ウィスコンシン州で五八%というように、無学年制学校の割合が多くの州で依然として高いままであると全米教育審議会(National Council of Education)に報告した。一方、繁栄していたマサチューセッツ州では、その率はわずか一〇%であった。他の地域でも、一八八〇年代と一八九〇年代に多数の講演や論文のタイトルとなるほど「田舎の学校問題」は関心が高かった。一八九七年ミネソタ大学の学長は、都市の学校と田舎のそれとを対比し、前者が全ての点で有利であると主張した。彼は、田舎の学校の教員は訓練が不十分で、施設は最悪で、その学期は非常に短いと述べた。彼は、「ニューヨーク州やオハイオ州のように伝統があり財政的にも豊かな州では、二五%から五〇%の学校で、わずか一〇人以下の生徒しか通っていない。このような状況では、多くの無駄が生じている」と嘆いた。また、彼はプレッシャーの中で質の高い仕事を追求するため、都会の福祉事業ボランティアのように、理想主義に燃える若い大学生を地方へ送ることを促した。多くの教育者が、外部の介入なしでの改善をほとんど期待していなかった。例えばセントクラウド出身の別のミネソタ州民は、一般的に「改革が必要であるとすれば、師範学校、研究所、郡教育長職から始まるに違いない」と信じていた。

主要な教員組織で活動した指導的な立場の教育者にとって、南北戦争後の南部ほど積極性に欠ける地域はなかった。再建政策は、様々な意味で国家再統合のための政府の取り組みの中心であり、田舎でも実行された。初期の奴隷反乱の後、南北戦争以前の南部の議会は、奴隷に読み書きを教えることを法律上禁止した。奴隷や彼らに同情的な白人は、奴隷地域に多数の不法学校を設け、自由な黒人は可能な限り読み書き能力を向上させたが、奴隷解放時の黒人の非識字率は九五％近くであった。また、公立学校の欠如により、貧しい白人は本や現代的な交流の世界へのアクセスを制限されることになった。労働力の必要性や白人優越論への関心が、その他の全てに優先したので、白人エリートは彼らを教育することに対してはほとんど興味を抱かなかった。

南北戦争後、最も貧しく軽蔑されていた南部の元奴隷は、元の南部連合国に無償公教育を普及させるために戦った。一八七〇年代初期は、その将来が明るくみえ、自由民事務局(Freedmen's Bureau)を通じて、連邦政府は多数の学校を設立することに対して調整を行った。例えば、北部のプロテスタント宣教団は、北部の教員(しばしば女性であった)が南部の学校で働くための支援を行い、また、南部の共和党員は、公教育に関する権限を定めた州法の改正を支援した。さらに、アフリカ系アメリカ人への教育支援は顕著であった。奴隷解放後の最初の要望は、土地の所有、白人と同等の経済的自由、自立であったが、それらを目標として追い求めるために、教育へアクセスし、読み書き能力を身につける必要があった。奴隷解放後の一八七九年、ハリエット・ビーチャー・ストウは、南部の黒人は「飲み屋ではなく教室へ急いで行った。すなわち、彼らはパンを求めるのと同じように綴り字教本を求め、生活必需品を求めるように教員を求めた」と述べた。遅れを取り戻すためにアフリカ系アメリカ人は自分の子どもを学校へ送り出し、その割合は貧しい白人より高かった。

ところが、南部に対する連邦政府の関心が低下したことや、北部において急進的な共和党の影響力が減少したことに伴って、南部の民主党員は一八七〇年代に地盤を「回復」し始めた。彼らは、有名な鉄道ストライキが発生して、連邦軍が南部から撤退した一八七七年までに、州や地方政府の大部分の支配権を再び獲得した。タデウス・スティーブンズやその他の急進論者は、人種間の社会的平等ではなく、全ての人がその「功績や行為」に基づいて判断される世界を望んだが、それは叶わなかった。南北戦争後のニューオーリンズの短期間を除き、南部の学校は人種ごとに分離され、世紀末までに黒人差別は南部社会全体で確立したのであった。

忠実な共和党員で、公教育信奉者であるジェームズ・A・ガーフィールドは、一八八一年に大統領就任演説を行った際、シェークスピアの悲劇の中に出てくる幻のように、消えてなくなる色あせた夢を引き合いに出した。彼は聴衆に向かい、「奴隷制度から市民権を有するまで黒人の地位を向上させたことは、一七八七年の憲法制定以来、我々がみた最も重要な政治的変化である」と述べた。両人種とも熱心な労働と自助を信じており、多くの貧しいアフリカ系アメリカ人の生活はすでに貧困からは脱け出し、法的に平等な保護がなされれば、さらに多くの人がそうなるであろう。ガーフィールドは、普通教育には「健全な影響」があると主張した。彼は、「承継のために知性と美徳によって後継者を教育し準備をさせることは、現在生きている者の高尚な特権であり、神聖な義務である。この善行においては、社会階層や人種は考慮すべきでなく、党派心は未知であるべきである。『小さな子どもはそれらを導く』と宣言する神託に新たな意味を見つけよう、すなわち、小さな子どもたちは、共和国の運命を支配するだろう」と述べた。

子どもがどのように扱われるかは共和国の運命に影響を与えたが、それはガーフィールドが予言した方法ではなかった。連邦最高裁が鉄道での人種差別を是認し、設備が平等であるならば人種差別は許されると主張した一八九六年に、南部の白人は人種的抑圧に関する入念な手段をすでにつくり上げていた。特に北部出身の白人教員は、アフリカ系アメリカ人とともに、脅迫され、撃退され、殺されることもあった。クー・クラックス・クラン(Ku Klux Klan)〔アメリカの人種差別主義的秘密結社〕やその他の自警団員が校舎を焼き払った。いったん南部の民主党員が勢力を回復すると、連邦政府は、以前奴隷であった者が新たに勝ち取った市民権を保護することができなかったのである。黒人の市民は、自分の子どもが学校や学習に対するその他の手段へアクセスできるよう努力した。ただし、コモンスクールという北部の急進的な夢が人種政策というなじみのない精神風土の上で確実に衰えるのを、貧困や白人優越主義が助長したのであった。

何百万人の白人と同様、アフリカ系アメリカ人の恐ろしいほどの貧困は、確かに苦痛を蔓延させた。「新たな南部」は、ピードモントの工場町、ウェストバージニア州とテネシー州の鉱山、そしてバーミンガムの製鉄所のように産業化していたと歴史家であるエドワード・L・エイヤーズ（Edward L. Ayers）や他の学者は記している。しかし、以前と同様に、ほとんどの南部の人々は農業を行っていた。多くの農場を所有する人々は、自分たちの経済的政治的な権力を復活させ、それは黒人の土地所有、産業的な職業へのアクセス、その他の機会を最小のままにしていた。南部があまり産業化しないことから、南部の指導者は、地域は貧しいままで、南北戦争の経済的影響によって経済は悪化し、一八七〇年代初めに西側世界を襲った農業恐慌が生じるだろうと考えた。小作制度（Share-cropping）や作物留置権システム（crop-lien system）（農民にお金を貸して先物の利益を得られるというシステム）は、貧しい黒人や白人を農業へ縛りつけた。というのは、それらによって最善な農地を所有する裕福な白人からある程度独立することができたが、農産物価格が急落した際はその日暮らしの生活を余儀なくされたからである。多くの田舎には存在しなかったアフリカ系アメリカ人の学校へ財政支援した州が失敗したのは、人種的偏見が原因であったが、全般的な景気の悪化という問題もあった。一九〇〇年、南部では一人当たりの収入は北部の半分以下であったが、子どもの数は北部の倍であり、国家の最も貧しい地域であった。二元的な学校は経済的合理性をもたず、特に黒人の子どもが通う人種別学校の財源は常に不十分であったため、彼らは危険にさらされていた。アフリカ系アメリカ人が納める税金は白人の学校を支援するために用いられ、教育に関する課税や州による対策へ伝統的に反感を抱いていた地域にさらに害を与えるものとなった。

また、北部も黒人の移住や平等に関して寛容ではなかった。南北戦争以前、北部の黒人は非常に貧しい地域に住んでおり、健康管理は不適切で、職業上の差別に直面し、職員の配置が不完全で、隔離された学校に通っていた。ジェファーソンがそうであったように、自由に土地を所有していた農民が支配していた中西部の州は、黒人の移住を法律によって禁止したり、あるいは妨げたり、地方の公立学校へ黒人が入ることを制限した。多くの人々が、奴隷解放によって北部への移住者が増加するのではないかと懸念した。南北戦争後、多くの教育者は世論に耳を傾けるのではなく、むしろ人種隔離に同意した。移民の同化に関して熱心に話す人々は、たいていアフリカ系アメリカ人が含まれる場所については線引きしたのであった。

一八八四年にニューイングランドの『ジャーナル・オブ・エデュケーション』誌の編集者は、南部の「有色の」少女がバッファロー・ハイスクールで最も高い学業の栄誉を勝ち取ったと気取って言及した。確かに「私たちは重要な学校、師範学校、ハイスクール、カレッジレベルの学校をめったに訪れませんが、これらの学校にはこの段階の有望な生徒は在籍していません。南部の有色人種の富裕な階層のうちの多くは、北部に子どもを送り、教育的にも社会的にも上昇して故郷で影響力のある指導者になるために戻ってきます」。しかしながら、同誌は南部の人種差別主義者にもその頁を割いており、彼らはもし人種統合を強いれば南部は全ての公立学校を閉鎖するであろうと主張している。北部の教育者やジャーナリストは、遠回しに、北部の偽善という問題を取り上げることもあった。一八八二年には、人種的に分離されていたブルックリンの黒人の親が白人の子どもの通う学校への転校を願い出た。編集者は、少女の現在の学校は「一方には遺体安置所、他方には監獄、背後には蒸気のカーペット叩き器があり、近隣は一般に非難されるべきところである」と述べて同情した。その要求は拒否されたが、後に編集者は次のように言及している。「人種の問題は、これまでなかった我々北部の町や都市において問題とすべき時代が到来した。公立学校の人種差別撤廃を主張する人々は、南部では本当の人種差別が存在しているのに、彼らに何も言ってこなかったのである」。

人種隔離の「実質的な原因」は、北部のジャーナリスト、政治家、教育者ばかりでなく南部の名士によって国家の前で誇示された。公費でアフリカ系アメリカ人を教育することに賛成する人々も、また反対する人々も、どちらもメイソン＝ディクソン（Mason-Dixon）線〔ペンシルベニア州とメリーランド州の境界争いを解決するため一七六三年から六七年に英国人Ｃ・メイソンとＪ・ディクソンが測量した境界線で、奴隷制度廃止前は、一般自由州と奴隷州の分界線とみなされた〕の南部における拭い去ることのできない人種差別を受け入れていた。黒人のためにより多くのコモンスクールを支持した南部の人々は、北部の人々が移民に対して責任、自助、倫理、私財や法と秩序に対する尊敬を教えたように、彼らを教育することを主張した。しかし、南部の白人の教育指導者の間には、奴隷から一歩開放された自由民がその進化のはしごを渡るには長い道のりがあるという考え方が広まっていた。奴隷制度は道徳に反するが、黒人に対して、働くこと、命令に従うこと、キリスト教徒となることを教えるのに役立ったと述べた。アングロサクソンの発明品である近代制度は、奴隷制度が省いていたところを拾わなければならなかったので、人種隔離は不可欠であった。一八九一年に行われた白人によるアラバマ教育協会の会議において、ある講演者は「イタリア人や、地位が低く卑しいスラブ人種でさえ、そのうち同化されるかもしれない」と述べた。しかし、白人と黒人は、「ディビーズ（Dives）とラザロ（Lazarus）〔聖書ルカの書の中に出ている金持（Dives）と乞食（Lazarus）の呼称〕のように、行き来できない広い割れ目によって区別された」。豹が身体の模様を変えることができないように、「エチオピア人もその肌を変えることはできないのである」。

一八七四年の『スクライブナーズ・マガジン』誌に、バージニア州の教育長であるウィリアム・H・ラフナー（William H. Ruffner）牧師は、「全ての磁石のＳ極同士が引き合うことを求めるような議会法は、最近まで奴隷制度を合法としていた南部の諸州において人種を混合させて教育を行うことを求める法律よりも不合理ではない」と記した。ラフナーは、全米教育協会で演説を行った際、黒人は、社会的上昇というメッセージに肯定的に対応する者とともに、「おおいに改良可能な人種」であると後で付け加えた。しかし、「一つの階級として彼らは無力で無知な性質をもち、したがって社会において非常に危険な人種である」。彼は、そのみじめな生活により社会的上昇に長い時間を要する貧しい白人に関しても同様なことを感じた。ラフナーは、将来白人と黒人は社会的調和の中で生活し、結婚さえするが、そのような発展過程には数百年かかるだろうと推測した。アフリカ系アメリカ人は低能で、過度に肉欲的で、不道徳で、迷信的であるということが、彼らの子どもを教育するべきかどうかを議論していた白人の間で信じられていた。

人種統合に反対したのは揺るぎない人種差別主義者であり、教育者が愚かにも元奴隷を高めることを試み、綿畑で働く彼らに給料の高い仕事に就くための教育を行おうとするなら、人種戦争が生じると警告した。一八八九年サウスカロライナ州の長老派牧師は、教育を受けた黒人は「それまでと同様の黒人であり、それは生皮を金で飾り付けるのと同様である。すなわち、教育を受けた黒人はそれを受けない者より不快なだけである」と述べた。北部の人々が貧しい白人に関して述べたように、多くの人は読み書き能力を身につけるほど黒人の犯罪率は上昇すると主張した。懐疑的な南部の人々は、かつて女性に関して述べたように、アフリカ系アメリカ人は小さな脳しかもっていないと信じていた。彼らは、ラフナーの黒人の学問的進歩や達成に関する主張を却下したが、それは黒人の行く手に障害物を横たえることになる特筆すべきことであった。サウスカロライナ州チャールストンの『ニュース・アンド・オブザーバー』誌は、世紀の変わり目の後に、白人による人種差別主義的意見を武骨に要約している。「率直に、そして正直に言おう。南部の大部分の白人は、黒人に対して自分たちと社会的あるいは政治的に同格な市民となるための教育を行うという考えをもっていなかった。白人たちは、黒人が自分の使用人となることを望み、黒人がアメリカにおいて従属的地位を占めることを望まない場合、黒人は早くアメリカを去るか、あるいは少なくとも南部から去れば、いずれにせよ良い結果となる」。

アフリカ系アメリカ人の大部分は、法的、社会的、そして経済的障害があったにもかかわらず、その土地に縛られ、自己決定権、教育へのアクセス、アメリカンドリームの実現のために闘いながら、南部に住み続けた。レオン・F・リトワック(Leon F. Litwack)や他の学者は、黒人の親が教育に関して素人ではないことを強調したが、教養ある若い黒人にとってのビジネスチャンスは乏しいことを認識していた。しかし、教養を身につけることには多くの利点があった。算数を知ることは、教育を受けた不誠実な白人に欺かれることを防ぐかもしれないし、文字を読めることは聖書を読むことや印刷物に触れる喜びと同様に、法律や契約に関する理解を深めるかもしれない。以前奴隷であった子どもの中には、学校を卒業した後に待ち受ける残酷な現実について両親が心配したことを思い出す者もいた。誰が教育を受けた黒人を雇うだろうか。教員だけは正規の教育を必要としたが、農業も説教も学校の卒業証書を必要としてはいなかった。

しかし、多くの白人が学校に入ることを阻めば阻むほど、それだけ多くの解放された人々は教育を追求する価値があるものと考えた。自由な土地、自由な労働、そして無償教育に関する考え方は、南北戦争の戦場で勝利を収め、コモンスクールと社会的地位、自由、機会といった北部の概念とのつながりは、アフリカ系アメリカ人にとって失われてはいなかった。それは快適な生活をほとんど保証しなかったが、教育は彼らの子どもたちに新たな展望を開く可能性を秘めていた。以前奴隷であった者が、その子どもたちが統合学校に通う権利を獲得するために戦った際、彼らは黒人が管理する学校や、再建期に子どもたちのために白人教員に代わって求められた黒人教員の利点を理解した。統合が不可能であったり、あるいは望ましいとは限らなかった場合、彼らは、白人に強いられた分離であっても、排除よりはましと十分に結論を下せるほど教育を評価した。学ぶことは無知であることよりもよかった。上級の学校教育は、良い職業に直結せず、一九世紀の終わりに近づくにつれて強まっていった人種差別主義を弱めなかったが、アフリカ系アメリカ人は、教育機会が多くの一般市民よりも乏しいかあるいはなかったにもかかわらず、教育を擁護した人々を尊敬していた。

奴隷として生まれたブッカー・T・ワシントン(Booker T. Washington)は、彼の有名な自叙伝である『奴隷からの上昇(*Up from Slavery*)』の中で詳しく述べているように、自由の身になることや自身の人生をより良くするために教育を利用するという決意によって、多くの人々を励ました。ワシントンは、バージニア州での幼少期における最初の記憶は、読書したいと思ったことであり、したがって彼は「共通の本や新聞」を理解することができたと読者に語っている。奴隷解放に続き、全ての年齢のアフリカ系アメリカ人は読み書きを学ぶのに適した学校に集まった。彼は、それを「学校へ行こうとする人種」と呼んだ。W・E・B・デュボア(W. E. B. Du Bois)は、北部生まれで、ハイスクールを卒業後、ハーバード大学で博士号を取得したが、人種分離の改善に消極的で、市民権の擁護に積極的であり、ワシントンの強力なライバルであった。強調する点は異なるものの、彼もまた教育の重要性を強調し、テネシー州の田舎の黒人学校の教員としての経験を痛切に記した。その学校は、農民がトウモロコシを蓄えていた粗末な丸太小屋であった。デュボアは、「私は学校が好きで、子どもたちが教員の知恵に寄せていた素晴らしい信頼は、実に見事であった」と振り返っている。人々に最も適した教育のタイプに関する意見は一致しなかったが、ワシントン、デュボア、他の黒人指導者はみな、教育へのアクセスはより良い生活に貢献できると考えていた。奴隷であった両親のもと、大家族の中で自由の身として生まれたメリー・ジェーン・マックロード・ベースン(Mary Jane McCleod Bethune)は、「読むことを学んだ時、全ての世界は私に解放された」と発言した。

「田舎の学校問題」は南北戦争以前の南部連合国で明白であった人種差別をその後も引き継いだが、教育が恩恵か、あるいは危険な実験であるかは、多くの南部の白人にとって不明瞭なままであった。ほとんどの北部の教育者のように、南部の白人教育者は、公然と人種線（color line）を支持し、コモンスクール・システムを構築するための最善の方法に関する国の議論に加わった。革新的な教育者は、町や都市の制度が優れているという結論を下した。そこには、近代の（北部の人々による）理想がみられる。すなわち、学年制の教室、ハイスクール、統一カリキュラム、専門的指導である。ミシシッピ州クリントン出身のある教育者は、一八八四年の州教員協会の会合で、田舎の学校は最悪であったが、都市の学校は最高であったと述べた。教育者の集会、本や学校の定期刊行物において、同様のことがアラバマ州、ノースカロライナ州、そして他の南部の諸州でも言われた。都市には富が集中し、多くの生徒が集まり、農場から田舎の子どもを引き寄せ、それが全国的な傾向となっているという不満があった。一八八八年、ジョージア州に住むある白人は、田舎に住む人が町や都市へ移動することに驚き、そのような人口の流出を防ぐためにより良い学校をつくるべきであると主張した。田舎の学校の改善は、二〇世紀初期の数十年間を通じて改革者の中心的な課題のひとつとなった。

社会の変化は、南北戦争後のアメリカの風景とコモンスクールを劇的に変化させた。ナショナリズムの台頭や都市の産業化、統合された経済にもかかわらず、地域間格差は長い間アメリカ人の生活を特徴づけた。北部の人々はコモンスクールの美徳を賞賛し、国内の人種問題を軽視し続ける一方で、南部を文化的・教育的僻地と呼んでいた。たとえ進歩がみられたとしても、また小規模な経済基盤において学校関連に割く予算の占める割合が大きくても、南部は北部より教育に関して遅れをとっていた。平均的な南部の子どもは、北部の子どもより在籍日数においても在籍年数においても少なく、教育発展を遂げたにもかかわらず、アフリカ系アメリカ人の学校への登校は多くの場合不十分で、皆無の場合もあった。学校教育がほとんどの人々の生活にとって、わずかな部分を占めるにすぎなかったことを忘れることは容易である。ただ、どこにでもいる労働者階級の子どものように、黒人の子どもたちは、畑でも工場でも、その労働力となる以前に、幸運にも二、三年間学校教育を一般に受けることはできた。その後二、三〇年の間に、急進的な共和党員や宣教師の熱意や、以前奴隷であった人々の献身的な努力によって、不完全ではあるが公立学校が南部に登場することとなった。

一九〇〇年までに、コモンスクールはバージニア州、ノースカロライナ州、他の田舎の州で一般的となり、一方で町への広がりは、学年制学校、ハイスクール、その他の革新がより多くの子どもを惹きつけていたことを意味していた。ハリス長官は、世紀の変わり目の国家の年次報告書において、公立学校の著しい成長を賞賛した。一八七〇年には、五歳から一八歳までの子どもたちのうちの五七%が学校に在籍しており、三〇年後には、その割合は七二%まで上昇した。学校への登校日数は、地域間でも地域内でも異なっていたが、南部は未だに遅れをとっていた。しかし、全国的な平均登校日数は、一三二日から一四四日まで伸び、一八九〇年代にハイスクール在籍者数は急激に増加した。地方予算の大部分は学校に割かれることが一般的であり、公立学校の資産は今や五億ドル以上と評価された。二〇世紀に入り、二五万棟の公立学校の校舎は、正規の教育に対する信頼の証拠であった。

一八六五年以後の公立学校の拡大は、産業化し都市化する時代における主な社会的、政治的、経済的動乱と密接に関連していた。また、南部でさえも、都市、工場、商業主義的農業の世界におけるコモンスクールの性質、目的、運命に関する全国討論に参加していた。戦後、多くの観察者は、コモンスクールが当時の偉大な業績のうちのひとつであると確信した。新たな教授法、新学習指導要領(new course of study)、大衆教育の目的に関する新たな思想は、一九世紀から続く認識を競い合わせ、教育思想やその実践に対して新たな主張を行うこととなったのであった。

第3章「新教育」

一九世紀を通して、子どもの本質、教室の運営方法、学校の目的に関する新しい思想が、次第に教育言説を支配するようになった。児童中心主義の教授法やカリキュラム実験を強調する大まかに進歩主義教育と呼ばれてきた「もの」は、伝統に対する大きな批判の一部となり、学校の形式主義に対して反旗を翻《ひるがえ》した。定義が多様である進歩主義教育は、依然としてその擁護者と批判者を抱えている。後者は、経済的観点からの生産性の低さ、若者の不道徳さ、さらに学力低下の面から進歩主義教育を批判している。大手の新聞には、ジョン・デューイという名前がその運動の背後にある邪悪な守り神として時折登場している。それは、たとえば彼が体裁のよい教育や子どもたちが喜ぶことだけをさせ、教授や子育てに関する大人の権威を失墜をさせていると批判している。一八七〇年代から「新教育」と呼ばれてきたものは、進歩的(児童中心主義的)教育であり、それは最初から論争の的であり、素人か教育専門家かには関係なく議論が継続していたのである。

疑いなく、何か魅力的なものが一九世紀の教育思想界に出現した。子育てや教室内での指導方法に関する伝統的な形式に対して批判する人々は、子どもの本質、そして公立学校制度にみられる時代遅れの実践を狡猾な概念として非難した。福音主義的で黙示録的な散文の中で、詩人から政治哲学者まで、あるいは教育学者から心理学者まで、といったような様々な市民が、子どもや彼らの最善の学習方法を新しく発見したと宣言した。それらには多くの相違点があったが、全て印象的な規範を創り出してきた。それらは、「子どもたちは受身ではなく、活動的であり、学習者でありうる」、「子どもたちは無垢であり、『善』であり、堕落していない」、「男性ではなく、女性が子育てや若者を育てるのに最善である」、「疑いもなく、早期教育は全ての相違を生み出す」、「書物ではなく、自然が最善の教育者である」、「厳格な躾や懲戒ではなく、優しさや慈善の心が家庭や教室で満ち溢れるべきである」と主張しているのである。そして最後に、カリキュラムは時代遅れの実践の痕跡を排除するために、大きな改革が求められると結論づけている。以前の教育でまかり通っていたことは、感覚を麻痺させ、自然に反し、致命的で、子どもたちに対する罪であったと全ての人が合意していた。

こうした見解は、一九世紀を通して書籍や教育雑誌、演説の中で表明されてきた。学校を改善するよりも非難することのほうが容易であったが、「新教育」の精神は、南北戦争勃発前の一時期、宗教的な復興運動やユートピア思想を信じる人たちの実験のうねりによって、絶えず新しい活気が与えられてきた国家を如実に反映していた。南北戦争後、教育方法の変革を求める声は高まり、力強い歌声を奏でるようになった。そして、それは子どもを称賛する歌を歌い、誤った酷い考えを基盤とした「古い教育」は「新教育」に取って代わらなければならないと主張した。それらを主張する人々は、次第に「新」ではなく、「進歩」という語を使うようになったが、明確かつ首尾一貫した定義をもつことなく「進歩主義教育」という語を、国を代表する教育用語辞典に加えたのである。

この新教育の起源については、当初から熱心に議論されてきた。英国の詩人ウィリアム・ブレイク(William Blake)がフランス革命の勃発時に出版した『無垢の歌（*Songs of Innocence*）』では、子どものころから自らの霊感の中心に宗教的な幻覚があると指摘していた。他の有名な子ども擁護者は、子どもたちは単に自然の理に従っているだけだとも言っている。多くの人々にとって「座右の銘」となるような言葉を数多く残しているスイスの教育改革者であるヨハン・ハインリッヒ・ペスタロッチについて、彼の思想がどこで産まれたものかは率直に言って不確かである。ペスタロッチ自身は、ルソーの『エミール（*Emile*）』（一七六二年）の影響や彼自身がなすことによって学んできた経験を認める一方で、一八〇一年に「私の見解は、私が墓の中に入っても霧の中でしょう」と書いている。しかし、彼は「それは私にとって聖なる霧である」と結論づけている。彼の代表的な作品である『ゲルトルートはいかにその子を教うるか（*How Gertrude Teaches Her Children*）』（一八〇一年）は、ベーコン（Fransis Bacon）の経験主義、ニュートン（Isaac Newton）の機械論的な見解、そして彼の指導者であるジャン・ジャック〔・ルソー〕（J.J. Rousseau）の矛盾した主張を思い起こさせた。しかし、ペスタロッチは大部分の教育学の巡礼者と同様に、彼の使命を神から与えられたものと考えていた。聖なる霧に包まれてもなお彼は神聖な光を放っていたのである。

児童中心に考える進歩主義の起源を覆い隠す歴史的な雲を取り除くことは、今なお挑戦的な課題として残っている。アメリカでは、それは南北戦争前後の北部中産階級の男女によって進められた人道主義的な運動の一部であった。そしてそれは、家族の規模や中産階級の文化内での新しいジェンダーの役割、プロテスタンティズム内での宗教信仰の柔軟化という変化により可能となった。新しい教育は、禁酒や奴隷制度反対のような南北戦争前に起こった他の社会運動と同様に、痛みや苦しみの緩和や道徳的・知的な前進、社会的な安定や向上を求めた。加えて、児童中心主義の思想は、ヨーロッパで出現したロマンティシズムの伝統を入念に取り入れた活動家を通して広がっていった。スイスのアルプスやドイツの森、英国の湖水地方から大西洋を渡ってやって来たこの思想は、こうした改革者たちに強く印象づけた。その結果、教員の一部は新しい教授法を実験し、いくつかの学校は幼稚園を開設し、伝統的な管理教育を弱体化させるための新しい方法を導入した。児童中心主義に賛同した教育者の希望は、最終的には鋭い伝統の岩の上で多くが崩れ去ったが、彼らの道徳改革運動は近代世界の教育思想の本質を永続的に変化させたのであった。

児童中心主義教育の背景

児童中心の進歩主義は、一九世紀初頭にヨーロッパやアメリカ社会を変革するために始められた重要な社会的・理知的な変革の中で出現した。一九世紀の中頃に社会は田園、農業、重商主義から市場、商業、産業資本主義に移行し、都市はそれと歩調を合わせて先に進んでいった。アメリカとフランスで起こった革命は、多くの市民に公正な社会実現という夢を呼び起こさせた。その社会とは、理性、普遍的な法則、科学、進歩という啓蒙主義的な考えに基づくものであった。歴史家トーマス・L・ハスケル(Thomas L. Haskell)は、アングロ・アメリカンの改革運動に関する研究においてアダム・スミスの時代に最も成功した資本家の中で、クエーカー教徒など異議を唱える宗教的なグループが過度に道徳的な改革や高揚を導いていたと、説得力のある議論を展開している。彼らは、他のプロテスタントのグループや世俗の改革者とともに、平和主義、女性の権利、奴隷制の廃止、子どもや犯罪者や精神病患者に対するより慈悲深い接し方など、多くの人気のない運動を支持した。ハスケルは、人間の苦悩を増すことになるが、社会的絆を広く強く構築し、共感、同情、社会的行動を促進する新興資本主義の中で増大する思いやりの精神を因果的に説明した。

人道主義が発展するには多面的な原因があるにしても、大西洋の両側での改革運動は、一九世紀後半の政治革命によって生じた社会変革や人間改善のプロテスタント主義、宗教とは関係のない約束のうちでの運動家の結束を反映していた。こうしたことによって、一九世紀中頃の少数派の声や中産階級の活動家の中から児童中心的な精神の高揚が出現したのである。例えば、北部中産階級の家族の生活や文化の展開を考えてみよう。アメリカの南北戦争後の数十年間は、中産階級の核家族化が進み、両親は子ども一人ひとりにより目が行き届くようになった。そのような家庭でのジェンダーの役割は、都市においては明確に分離されていた。そこは社会変革の中心であり、子育てを含む母親の家事労働を強化していた。一九世紀半ばには、中産・上流階級のプロテスタントの会衆は原罪を軽視し、天罰よりもキリスト教的な養育を強調した。穏健な非カルバン主義者の見解は説教で取り上げられ、子育てのマニュアルが示された。人口動態、ジェンダーの役割、経済、宗教的イデオロギーが同時に変化したことで、北部の中産階級の一部が、子どもや教育についての新しい思想を受容しやすくなったのである。

児童中心主義教育への憧れが広がったことで、ヴィクトリア朝時代の素朴な感傷に陥り、また一八世紀の物理・人間発達科学の回想へと立ち戻ることとなった。子どもの発見は、ルソーやワーズワース(William Wordsworth)のロマン主義と同様、ロック(John Locke)やニュートンの合理的な思想と大いに関係していた。進歩主義教育はヨーロッパが生み出した子どもである。歴史家であるヒュー・カニンガム(Hugh Cunningham)が論評するところによれば、ロックは才能や運命ではなく、教育や環境を通して、子どもの思考は変化し改善することが可能と論じることによって、表面上はキリスト教の子どもの罪に関連する格言に挑戦したのである。またロックは、最も適切な教育を判断するために、個々の子どもを観察する必要があることを強調したが、これは児童中心主義の考え方の基礎となるものであった。次に、ニュートンは、自然の法則を発見するという展望を与えてくれたが、それは森羅万象を支配し、世界を知り、その運命を可能な限り改善する人間の能力に対する希望を生み出してくれた。いわゆるロマン派の詩人や作家が自らの子ども時代への叙情詩を記す以前の一八世紀中葉には、すでにイギリスの福音主義のプロテスタントが新しいジャンルの読み物をつくり上げていた。それは、子ども用の賛美歌からの多くの文学作品まであり、それらの内容や教訓的な方法は、ロマン主義とはかなり異なっていたが、それでも若者への関心は高まることとなった。子どもたちは、一般に小説や人気の読み物に興味をもつようになり、市場が拡大するにつれて、おもちゃ屋が増加し、商品が中産、上流階級に売れるようになった。

功利主義者、合理主義者、店主、信仰復興主義者の動機は全く多様であったが、なおも強まる子ども時代の重要性は一九世紀の終わりには明確になっていた。当時は、政治改革やロマン主義の多様な緊張感が混ざりあって生み出された民主主義的な理想により、子ども時代を礼賛する思想がつくり上げられていった。芸術家や詩人、教育者らからなる啓蒙的なサークルの中で、子どもについての新しい思想が大きくなってゆくにつれ、それは社会にも急激に入り込んでいった。ルソーの先導を受けて、生まれながらにして善である子どもは、アダムの過ちによってではなく、人間のつくった制度によって堕落したとみなす者も現れた。ルソーによる過激な宗教批判に衝撃を受けた幾人かの思想家でさえ、子ども時代は救済準備期間、または大人への準備期間であるかどうか疑問を抱くようになった。ロマン主義者、超越主義者としてその世界を後から知った人たちは、子ども時代は、大人の堕落した生活よりも優れており、神聖なもので、神秘的なものだと考えていた。ブレイクは、子どもたちの無垢さを引き合いに出し、ワーズワースは彼らの「本質的な敬虔さ」に言及した。子ども時代は、善なるもの、人生の特別な時間、永久に気高く、本質的に熟慮の価値があるものということの隠喩となった。ラルフ・ワルド・エマーソンは、彼の処女作である『自然(*Nature*)』(一八三六年)で、「太陽は、人間の目のみを照らしているだけではなく、子どもの目や心の中で輝いている」と述べている。彼の見解によると、子どもは「永久のメシア(救世主)」であった。

それにもかかわらず、ヨーロッパのロマン主義とアメリカの児童中心主義の関係はとても複雑である。ロマン主義に関連する語彙の起源は、非常に曖昧さを残している。文化史家レイモンド・ウィリアムズ(Raymond Williams)が説明したとおり、一七世紀までに、ロマンスという語に由来する形容詞の「ロマンティック」は、「冒険、騎士道、恋愛」を扱う中世の詩で特に使用されているが、すぐに感傷主義、無節制、想像への要求といった暗示が加えられた。一八八〇年代限定ではあるが、学者たちは一七九〇年代から一八三〇年代のヨーロッパの作家、詩人、芸術家の独自の運動をロマン主義と呼んでいた。また「自然」というキーワードを明確に定義している人もいない。したがって、統一かつ単独のロマン主義運動が存在しなかったように、歴史家が統一かつ単独の進歩主義運動を発見できなくても驚くには値しないのである。

ウィリアム・ブレイクは、理性に関する彼らの信念ゆえにロックやニュートン、ボルテール(Voltaire)を軽視し、同様に物質主義的、宗教的変節ゆえにルソーを嫌っていた。しかし、彼はルソーの制度への敵意については共感していた。つまり、学校を教員が鳥に鳴くことを教えようとするような監獄と結びつけ、結婚や政府、軍隊など他の制度を邪悪なものと信じていたのである。ブレイクとワーズワースは、子どもは善であり無垢であるとみなし、アメリカとフランスでの革命は彼らの異議という政治的な熱意に火をつけた。ブレイクは、恐怖政治の後、自身のラディカルな政治観を保持し、「無垢の歌」のパロディである「経験の歌(Songs of Experience)」というタイトルの詩を書き、「人間の魂をもった相反する二国」を表現するために、一七九四年にはそれらを同時に出版した。ロンドンで生まれ育った彼は、ワーズワースの自然に対する見解を決して共有しなかったし、湖水地方からの有名な詩人のように政治的に保守的にはならなかった。

一九世紀には、多岐にわたるヨーロッパのロマン主義が、アメリカの児童中心主義思想に影響を及ぼした。ルソーやワーズワースの刺激的な言葉は、古くからの教育を攻撃し、そのための道具になった。それは、無垢な子どもに対して人間的で思いやりのある扱いを求めていた。しかし、ロマン主義は人間の本質、社会、社会改善への矛盾した見解をもち、個別的で一貫性がなく、どんな教育的な理想郷に対しても青写真を提供することはなかった。アメリカの北部で、より人間的で、児童中心主義的な学校システムをつくり出そうとしていた人たちと、ヨーロッパのロマン主義の作家、詩人、芸術家は、異なった時期・場所で成年となっていたことになる。彼らは、望ましいとは言えない過去の子育てや教育を考え直す機会や改革者への刺激を与えていたが、教育機関に疑いをもっていたロマン主義者は、教えることや学校資金を集めること、定期的に保護者と付きあうことによって引き起こされる難題には直面していなかった。ロマン主義は、アメリカ側には役立ったが、ヨハン・ペスタロッチやフリードリッヒ・フレーベル(Friedrich Froebel)(一七八二〜一八五二)のように教育や学校に対して、多くの文献を書き残した人たちのみが目に見える影響を及ぼすこととなった。ただし、そのような時代でさえ弟子たちは、彼らの思想を北部の都市文化の中で明確であった要求に適応させていき、それらを元の文脈から切り離していったのである。

一九世紀中葉のアメリカのロマン主義は、子ども時代の甘美さ、調和性、神聖さ、そして自然派の詩人、進歩的な聖職者、多彩な空想家の間で広まっていた見解を雄弁に、感動的に記述していた。超越主義者であるラルフ・ワルド・エマーソンとヘンリー・ディヴィット・ソロー(Henry David Thoreau)は、学校に関して何か人工的なものを見出し、皮肉にもそれが二〇世紀の何千もの人たちに彼らの名前を広めることとなった。単純な文学的分類ではその天賦の才が誤って伝えられてしまうウォルト・ホイットマン(Walt Whitman)のような詩人は、制度的に無感覚になるのではなく、自然な学習方法を称賛した。エマーソンやソローのような先達と同様に、ホイットマンは体罰を激しく非難し、『ブルックリン・イーグル(*Brooklyn Eagle*)』の編集者として、より良い教授法を求めた。彼は、詩の中で、書物の中の事実を暗記するよりも朝顔をじっくりと見つめることを好み、人間の知性よりも直観を向上させ、遊ぶことを喜び、教育者の傲慢さを冷笑している。

しかし、その一方でホイットマンは学校が普及していることも認識していた。彼は、一八七四年にニュージャージー州カムデンの新しい学校の熱心さについて、『学校に関するある老人の考え(*An Old Man's Thought of School*)』を記している。

私が見た輝いた瞳
若い命は、神秘的な意味を含んでいる。
一団の船、不朽の船のような校舎や設備
無限の海に向って、もうすぐ出航する。
魂の航海へ
少年少女だけで？
ウンザリする綴り方、書き方、計算のクラスだけで？
公立学校だけで？

ホイットマンは、こうした問いに否と答える。教会と同じく、学校はただ単に「レンガやモルタル造り」ではなく、「魂が生き生きする」場所であり、「将来に向けた光と影」の場所である。このように教員や学校は少年・少女時代を見るのである。

ペスタロッチとフレーベルの影響

アメリカの新教育支持者は、国内外のロマン主義関連文献の大規模な収集に喜びを見出していた。ペスタロッチやフレーベルほどの影響を及ぼしたヨーロッパ人はいないが、ただしその影響を受けた人たちからでさえ、彼らの考えは実際には拒否されていた。スイス生まれのペスタロッチ、ドイツ生まれのフレーベルは、母性愛や精神性、幼い子どもを教育する自然の方法、多くの進歩主義者に受け容れられやすい情操の重要性を強調した。シンシナティの元教育長エマーソン・E・ホワイト(Emerson E. White)は、一八八九年にハイスクールの卒業生に「ペスタロッチとフレーベルの理論と方法は小学校に浸透し、科学や他の近代的な知識は大学にも入り込み、中等教育を通って下の段階に向っている」と話している。これはおそらく、卒業生を驚かせたであろう。なぜなら、当時彼らの勉学上の成功は、暗記と暗唱の果てしなき繰り返しによってなしえたからである。しかし、ホワイトのような教育者の多くは、自らの技術向上を望み、変革は海外からの新しい思想のお陰だと本当に考えていた。『ザ・スクール・ジャーナル』誌へのニューヨークやシカゴの寄稿者は、教育改善は、「ペスタロッチ主義の波が我々の国に押し寄せた」後だからこそ可能であったと述べている。

確かに、一〇年ほど前、ホーレス・マン、ヘンリー・バーナードや他の穏健な教授法の推進者は、ヨーロッパから広がったロマン主義思想を熱心に宣伝した。それらは、暗記、教科書、体罰、近隣学校の一般的な特徴を激しく非難した。ホイットマンが述べているように、子どもたちは、「神秘的な意味の宝庫」であり、役に立たない知識で埋め尽くす空の器ではない。しかし、明らかに悪いほうに向かっていたようで、彼は一八七四年の詩で、学校の「ウンザリする」方法を暗にほのめかした。学校での実践を変えることは単純な問題ではなかった。マンは、ロマン主義のもとでの学習にもかかわらず、子どもたちが学校で学んでいること、教科書を暗記することによって得られる知識を明らかにするために、一八四五年にボストン市内の学校での試験を支援し、将来標準テストを実施しようとした。記述テストについては、南北戦争後、特に都市で盛んになってきていて、ハイスクールへの入学のためには、機械的な暗記が重く課せられるような厳格なテストに合格することが求められていた。また、暗唱は、一八七〇年代には、全てのレベルの学習において普及していた。遊びではなく働くことの価値、喜びながら物事をこなすのではなく規律を学ぶことは、大部分の学校の重要な目標として残っていた。教科書のセールスマンは多くの在庫を売り歩き、教員は鳥かごの鳥たちに歌わせていたのであった。

アメリカの児童中心主義の活動家にとって、ペスタロッチやフレーベルは、教授法に関する現状への不安を裏づけてくれた。一七四六年に中産階級の両親のもとに生まれたペスタロッチは、田舎者の女性に対する彼自身の理想主義的な見解を通して、自然を称賛し、女性や母性の精神的・実践的な重要性を高めた。町並みや工場が景色を変えていったために、一九世紀のアメリカ北部の中産階級の人たちにとっては、これは心地よい音楽となった。フランス革命の熱狂者であったペスタロッチは、他の初期ロマン主義者と同様、その激しい展開に対しては、尻込みをしていた。そのため、将来への希望を、政治的な急進主義や紛争にではなく、教育や社会協同に集中させようとし、その結果、都市派の改革者が彼を思うがままに変化させていくことにもなった。一八〇〇年代の前半、社会主義者のロバート・オーウェン(Robert Owen)は、ペスタロッチの文章と大陸のモデル校が、スコットランドのニューラナーク村とインディアナ州のニューハーモニー村での彼自身の革新学校と共産主義実験のためのインスピレーションの源であることがわかった。この有名なスイスの教育者は、神秘的であるが、明らかにキリスト教的な世界観ももっていた。このことは、資本主義のアメリカにおいて学校建設を推進している中産階級の改革者への影響力を強めた。彼の著作は、汎神論の趣をもち、自然主義とキリスト教のイメージを融合しており、それは他のロマン主義者にも共通したことであった。彼は、伝統的で大人中心の教育を批判し、子どもの無垢さを訴えることとは別に、全ての母親に「彼女の胸の中で、神の名を片言で話すよう」子どもに教え、昇る太陽、さらさらと流れる小川、木の枝、花の輝き、露のしずく全てを愛するよう子どもに伝えることを求めている。

ペスタロッチは、多くのロマン主義者と同様、自然を女性、生命の贈与者、神聖および善の同義語としてとらえた。教育者としての女性の役割を高めることに関しては、多くのアメリカ人の理解を得ることができ、小学校の教員の大部分を男性から女性に移行させることに成功した。多くの劣悪な学校実践の源としてのイエズス会やローマ法王に対するペスタロッチのありふれた中傷は、教育改革者の中での彼の人気を貶めるのにほとんど影響を与えなかった。ペスタロッチは、子どもたちが感覚、経験、見慣れた具体的な目標と接することを通して学んでいくと発言したので、彼の人気は確かなものとなった。北部のプロテスタントの中産階級にとって、彼のメッセージの中には、実用的で慰めとなる何かがあったのである。

しかしながら、ヨーロッパでのペスタロッチのモデル校を訪問し、彼の著作を読み、また彼とともに教えた人々は、指導が絶対的なのではなく、そこに霊感があることを悟った。そこで、彼の後継者はすぐに、師の理想が実践よりも重要であると主張した。確かに、ペスタロッチの学校は名声を得ていたにもかかわらず、彼は母親たちを教育し、家庭に基礎を置いた教育の改善を強調した。ただし、そのことによって彼の理想を学校に広めようとする人たちが活動をやめることはなかった。興味深いことに、彼の主張が必ずしも一貫していなかったことにより、反対の立場に立つもの同士が彼に賛同していることもあった。頭、心、手を教育するという彼の主張は、大衆に対して職業教育を求めていくことにつながった。ラルフ・ワルド・エマーソンのような人たちは、手工業のための学校を支持したが、仕事のためだけではなく、人生のための教育を主張した。加えて、ペスタロッチの教育科学的探求は経験論や合理主義の精神を思い起こさせるが、他の教授上のシステムと同じように厳密に実験された正規の方法、つまり実物教授(object teaching)に関する多様なあり方を確保するために、大西洋の両側の弟子たちを鼓舞することとなった。

実物教授は多くの教育病理を治せるものとされ、ヨーロッパとアメリカのロマン主義教育者の集約された要求となった。ペスタロッチが、有名な彼の半自叙伝である『ゲルトルートはいかにその子を教うるか』において、ロマン主義が繰り返し説明したように、「言葉よりも実物」で幼い子どもたちは教わるべきであり、したがって、啓蒙された大人は、本や暗記、さらに過去から引き継がれた通常の教授法を控えめにすべきだと説いた。その代わりに、彼らは自然の世界や見慣れた実物を利用し、若者を教えるために身近な教材を使うのである。本の抽象概念は、感覚を通して学ぶ子どもにとっては無意味である。それは多くの初期の教育理論家が指摘したポイントであったが、ペスタロッチは自らの方法で主張した。「科学の時間に自然に対する生来の好奇心を引き出すよう、子どもたちをアヒル池に連れて行ってはどうでしょうか。算数の時間は、味気ない教科書の数式を計算させるよりもむしろ、農家の庭の鶏の数を数えさせてはどうでしょうか。地理や歴史を教える時に、周囲を観察し、探検し、理解させたらどうでしょうか」。ペスタロッチにとって、こうした活動は、川の名前や山脈の高さや文法や歴史上の戦いの日付けや地下の鉱物の不可解な名前を記憶させるよりも、よほど自然であり優っていたのである。

ペスタロッチ主義者が主張するように、その後身近な実物が教科書に取って代わっていった。例えば、教員は学びの出発点として、ごくありふれたかごをクラスにもち込む。そして、それを隠しておいてヒントだけ与えて、子どもたちにこの実物の名前を尋ねたり、描写させたりする（それは、蓋がついている。それは、幅があり、ある形をしている。それは茶色をしている。それは、物を入れるために使われている、などである)。ペスタロッチの後継者の一人は、生徒に懐中時計を見せた先生は、新教育の不思議さを浮き彫りにできることを付け加えた。「先生は、時計を示して、これは何ですかと尋ねました。それは時計です。では、それをよく見て下さい。時計のいくつかの部品の名前を私に教えて下さい。時計の針。そうですね。では違う部分を教えて下さい。ガラス。みんなも繰り返して。『時計に、針とガラスの部分があります』」。教員の指示による、歌を唄うような訓練は実物教授と明らかに共存できるが、ペスタロッチは、感覚の訓練、つまり実物との相互作用は、言語習得に先行しなければならないと教えた。豚の絵、ミルクのバケツ、貝殻のコレクション、書きものをする紙、サンドペーパー、ヨーロッパの地図は、子どもの学習に対する自然な興味を呼び起こす。また、こうした学習は、大きさや形、色や生地、液体か固体か等、あらゆる「現実」を教える。それは決して、単なる教科書や知識ではないのである。

しかしながら、ペスタロッチは、他の教育改革者と同様、世間を変化への障害ととらえていた。『ゲルトルートはいかにその子を教うるか』では、子どもたちを思いどおりに利用できると思っている労働者階級の両親との言い争いや、またペスタロッチが教科書をあまり使わないことに不満をもらすモデル校に勤める教職員との言い争いも含んでいる。彼は、貧しい人々をあまりロマンティックに描いてはおらず、親たちは言葉遣いが悪く、伝統的な躾や宗教的な正当性を好むと言及している。「もし貧しい人たちに考えが伝わりにくいという経験をしていないのなら、貧しい人たちの周りにいる人に前に出てきてもらい証人となってもらおう」。彼が標準的な本や教義問答集を不要にしようとしている時、親たちは「子どもたちに新しい教育方法を試してもらいたくないということを会合で決めた」。中産階級の市民は自らの子どもで試したかもしれない。特に貧困層の大部分の両親は、実物よりも学校での伝統的な教授法を好んだ。当時、進歩主義的な教育者は、貧困層からの無気力、無関心、抵抗に直面していた。その貧困層の人々は、伝統に固執し、ブルジョアの改革に疑念を抱いていたのである。

一方、フレーベルの思想と実践は、児童中心主義の支持者を刺激し、一九世紀中頃には、継続的に再構築されていった。それはちょうど、失敗に終わった一八四八年革命の後にドイツ移民が幼稚園の思想を普及させていった頃であった。一七八二年にドイツ諸州のひとつであるチューリンゲンで生まれたフレーベルは、啓蒙主義とロマン主義関連の著作の折衷的な読書や、林務官としての研修、およびナポレオンに抵抗した軍隊への在籍経験から自らの思想を形成していった。彼は、ペスタロッチとともに学び、いくつかの学校で教えながら、彼と同じく母性や女性性、自然の摂理に沿った早期教育の重要性を強調した。教室での授業を卒業し綿密で象徴性の高いものへとつくり上げ、フレーベルは、当時注目され広まっていたキリスト教汎神論の影響を受けながら幼稚園をつくり上げた。ルター派の聖職者の子どもであるフレーベルは、幸せとは言えない子ども時代を過ごしたが、象徴的世界の中で精神的には豊かな世界で育ってもきた。同じような境遇のスイス人よりも本好きであった彼は、「プロビデンス（神からの啓示）からの要請を受けいれた時」、教員となった。彼は幼い子どもを教育する際、抽象性よりも先に具体性を、書物よりも前に経験を強調したと人々や弟子たちは述べている。自然主義とキリスト教的敬虔さを合わせながら、彼は幼稚園を「庭園に例えて、神様の恩恵により、熟練した知的な庭師によって育つ植物は自然の法則に従って涵養されていく」と表現した。

皮肉なことに、ドイツ諸州のひとつであるプロシアは、一八五一年に幼稚園を一時的に廃止した。それは、フレーベルが亡くなる前の年であり、宗教的、政治的な急進派や女性活動家が、それを支持したためであった。フレーベルの幼稚園は、自然の心地よい音、人間の善性、社会的な調和、神聖さ、母性主義を融合して教授上のシンフォニーを奏で、ペスタロッチの幅広い教育哲学と同じくらいアメリカでは受け入れられ、柔軟性をもって実践されていった。中産・上流階級の女性は、道徳を論じる改革者であろうと子どもを自由にしたいと考える人たちであろうと、彼女たちがしたいことをフレーベルの中に見つけることができた。著名な先験(transcendentalist)論者であったエリザベス・ピーボディ(Elizabeth Peabody)は、幼稚園の先導的な支持者となったが、曖昧か、規範的であるかのどちらかであるフレーベルの著作はほとんど読まなかった。フレーベルは、ペスタロッチや他のロマン主義教育者と同様に、直接ドイツの理想主義哲学者からも影響を受け、二ダースくらいの「恩物」や「オキュペーション」(オキュペーションはデューイなどにも継承される概念であり、主に体験活動を伴う学習活動を指している(訳はないので片仮名表記とする))を考案したが、それらは実物教授を超えていくための一連の教材であった。彼は、多様な親しみのある実物を用いた。例えば、ボール、ブロック、棒、粘土など、子どもたちがそれを使って遊んだり、どの年齢でも学べる日常的な事物であった。ただ、彼はそれらを全く新しい方法で利用しようと考え、幼い子どもたちに色、形、動作をより多く教えることを望んでいた。なぜなら、正しく計画された幼稚園は、創造性や自己表現を教え、また社会的秩序の感覚や神性への認識も教えられると信じていたからであった。

フレーベルの後継者は、しばしば見受けられる彼の散文的な文章に混乱したとしても、多様なオキュペーションの背後にある特質には当然のことながら惹きつけられた。フレーベルの哲学的な信念はとらえどころがないと認識されてはいるが、たとえ彼が意図した適切で正確な順序で教えられていなくても、教授学的な実践は明確であった。例えば、最初の恩物である、たぶん毛糸でつくられたボールは、最も貧しい家庭でさえ見つけることができる非常に親しみやすい事物であった。それは、形や動作、色について教えることができ、フレーベルも「ボールで初めて遊んだ時、子どもの生活そのものを知ることができる。そして同時に、外の世界も子どもに知らされる」と記している。最初の恩物の後、教員たちは、複雑さを増した学習のための教材システムの一環として、ブロック、球、円錐、棒、豆、粘土や他の形態の教材の利用を推進していく。子どもたちは、ゲームやお話を通して、これは面白いと単純に考えるかもしれない。しかし、彼らは形而上学的な体系、神性、子どもたちの内面の統一性、外の世界、自己表現、自己抑制を教えられてもいる。活動の表面的な単純さの背後に、深い「学び」が隠されているからである。

ペスタロッチの後継者が、オリジナルの考えとは異なったものに固執したように、フレーベルの後継者も実質的に師が高度に形式化した恩物やオキュペーションを再編してきた。アメリカの幼稚園の支持者は、いくつかの競合する集団に分かれ、それら全てが真の信奉者であると主張していた。フレーベルに忠実に従おうとした者もいたし、行き当たりばったりの集団もいた。幼稚園の教材の販売では(汎神論者を増やすためではなく、資金を得るためであったが)、統一的な教育実践を保証することはできなかった。フレーベルは、幼稚園を全ての子どもたちのものにしたかったが、その点アメリカの公立学校は重要な例外であった。ただし、それにもかかわらず、ゆっくりとしかその方向に進んでおらず、そのうえ都市の貧困者のためにつくられた幼稚園は、階級という汚れたレッテルを抱え込まなければならなかった。北部の中産階級の人々にとって、私立の幼稚園は彼らの子どもたちの成長に役立っていたが、それは、貧困層の人たちとの早期の接触を避けるためでもあった。一方、労働者や増加していく移民にとって、慈善のものか公立の幼稚園であるかにかかわらず、その目指すところは躾と道徳の向上にあった。ペスタロッチやフレーベル、そして彼らの随従者によって、ゲーム、お話、遊び、インフォーマルな学習経験は、教育活動のレパートリーとなったが、伝統的な方法や児童中心主義教育に対する偏見の弊害は長く続くのであった。

新教育のアメリカでの展開

南北戦争後、アメリカの改革者は、子どもの生活の中での教育の大切さを強調してきた保守的な作家や理論家の名前とともに、ペスタロッチ、フレーベル、そして他のヨーロッパのロマン主義者をしばしば思い起こさせた。新教育の支持者は、多くの相違点があったにもかかわらず、幼い子どもは丁寧に自然の法則に従って教育されるべきであり、本を通してではなく感覚的な経験、実物と接したうえで学ぶことが一番であると主張していた。増加する公立学校の教授活動を人間味溢れるものとし、活気を与えることを望んでいる人にとって、ペスタロッチの実物教授がその解決策と言えた。幼稚園の支持者はすぐに、子どもたちのための庭を整え、耕すための最善の方法を討議した。そして、多くの改革者が、学校で手工芸の授業の実施を要求したが、これは伝統的な教授法や学習への挑戦であった。ただ、ヨーロッパの改革者がすでに経験したことと同じく、彼らはみな悪戦苦闘することとなった。

しかし、子どもの擁護者は辛抱した。偉大なるヨーロッパの思想家たちは、もし全米の学校で若者が手工芸をするならば、大部分の教育的腐敗は正されることを証明したとアメリカの先導的な手工芸の推進者であったカルヴィン・M・ウッドワード(Calvin M Woodward)は発言した。これは、階級間の闘争、産業上の疎外や都市での暴力をなくすために、「あなたは今まで、綴りの本や語彙目録、文法、単語や定義という連綿と続く寄せ集めに対して嫌悪感を感じる心をもった人に出会ったことがありますか。そんな時、あなたは二人の博士、一人はヨハン・ペスタロッチ、もう一人はフリードリッヒ・フレーベルを尋ねたことがありますか。言葉ではなく、ペスタロッチによって指示された事物を教えていくことの驚くべき効果をみましたか。話すのではなく、フレーベルの指示のもとでなすことによる様々な実践の効果をみましたか」。とウッドワードが一八八五年に尋ねている。

他の北部の活動家と同様に、カリスマ的な存在であるフランシス・W・パーカー(Francis W. Parker)もまた「古い教育の鎖」を壊したいと望んでいた。マサチューセッツ州のクインシーで一八七〇年代に教育長に就任した教員・校長上がりのパーカーは、南北戦争当時北軍のために戦って中佐の階級まで出世したが、全国的に著名な新教育の推進者となった。彼は、オウム返しのような教授法や教室の中で感情的に教えることを非難したことで広く評された。多くの教員は、自然な教授法が勝っていると考えられた時、(地図や地球儀など)授業に必要な器具の不足のような取るに足らない事柄を心配していたと彼は報告している。スイスの師の言葉を明確に引用しつつ、「私たちは、小石、貝殻、木の葉、花、そして自由な空すらもっていないのでしょうか」とパーカーは尋ねている。エドワード・シェルドン(Edward Sheldon)は、実物教授を万能薬と考えており、ニューヨーク州のオスウィーゴにモデルとなる師範学校を設立し、そこは進歩的な教員にとってのメッカとなった。伝えられるところでは、ペスタロッチについて学ぶ以前に、自分自身の理論を考案して、子どもを近くから観察し「児童期の法則」を発見しようとした。海の向こう側の彼によく似た人物と同様、彼は自然や実物よりも本や言葉に対して強く結びつく古い教育を激しく非難した。

ペスタロッチ、フレーベル、シェルドン、そして彼らの支持者はみな、子どもたちの自然な発達を明らかにすることや本当の教育科学をつくり上げることを望んでいた。シェルドンによれば、既存の教授法は「きわめて不完全」であった。なぜなら、それらは子どもを、または自然を本当に理解していなかったからである。法則や教授法の強調は、直観や感覚を尊び個々人は一人ひとり精神的な存在だと考える人たちにとっては、矛盾しているようにもみえる。しかし、古いものを捨て去り、新しいものを歓迎する改革者の熱意は、どんな葛藤をもみえなくしていた。新しい学校システムで働く教育者と同様に、彼らは秩序や予測可能性を称賛したが、大部分の教員はカリキュラムや教授法について誤った考えをもっていると信じていた。改革者は、観察や鋭い洞察力を通して、自然の流れに沿った系統的な教え方を工夫してきたのである。

シェルドンは、オスウィーゴを新教育の手本となる場所にしようとして、新しい教育法則の先導役としてのアシスタントを任命した。その一人は、M・E・M・ジョーンズ(M.E.M.Jones)であり、ロンドンで幅広い教授経験をもち、本を読むことよりむしろ、実物と関わることを重視する典型的な「為すことによって学ぶ」の支持者であった。「感傷主義は、何年もかけてこの国で土台を固めてきた。単に、『読み・書き・計算』以外に、私たちが学校でやることはたくさんある」と一八六九年に彼女は発言している。本質との「親密性もまた、多様な形態の中で、重要な教育成果であり、自然の秩序の中での実物の知識は、言葉の知識よりも重要である」とも述べている。

教授方法に関する競合相手となる入門書は、南北戦争前にすでに存在していた。そして、その戦争は世紀を通して続いた。新教育の支持者は、伝統的なコモンスクールのカリキュラムを非難し、子どもたちに対する精神的に残酷な行為を擁護しようとする人たちを告発し、教科書による支配や体罰の乱用、暗記や暗唱、記述テストの強調のようなありふれた実践をとがめた。特に、ペスタロッチは、他州に設立された新しい師範学校に奉職する多くの教育リーダーたちを鼓舞した。例えば、イプシランティにあるミシガン教員研修学校のA・S・ウェルチ（A. S. Welch）の書簡によれば、彼女が新教育の支持者であり、『実物教授（*Object Teaching*）』（一八六二年）という著書を、未来の小学校の先生を導く手助けとして発表したことがわかる。多くの入門書と同様に、彼女の本はしばしば、「問答形式」に依存しているが、さらに生き生きとした教授法を求めている。ひとつの例として、簡単に入手できる実物を勉強することによって教える方法を記しているが、これは実際に使える新しい教授法の例証であった。

教員：みなさん、今日は鼻について勉強しましょう。最初に、黒板に書いてある言葉を書いて、それを完全に言えるようになるまで発音しましょう。よくできました。さて、鼻のいくつかの部分の名前を言ってみましょう。あなたの額と鼻がくっついている少し下の、この長い部分は、鼻筋と呼んでいます。この部分は何と呼んでますか、皆さん！

子ども：鼻。
教員：では、鼻の最後の部分は、鼻尖と呼びます。これは何と呼びますか。
子ども：鼻尖。
教員：この二つの穴は、鼻穴と呼びます。これは何と呼びますか？
子ども：鼻穴。

他の進歩的な教科書も同様に、何百もの革新的な授業方法を掲載している。例えば、球体、円錐、足し算、引き算、そして他の身近な教室の話題である。それは、古い教育方法が敗北したと信じている人たちにとっては、本当に天からの恵みだった。「単語、単語、単語。黒くて動かない絵では子どもは触ることができない。それでは彼はいったい何に関心をもつんでしょう」と一八六五年にある人物が批判したが、この人物は伝統的な教授法は「自然の悪用」だと言っている。

実物教授に関する入門書はその数を増やし、時々、版を重ねてもきたが、ライバルたちは、学校は改善を求めているものの、小石で遊んだり、かごを測ったり、自然と語ったりすることは、学校がすべきことの範囲外であるとしぶしぶ認めている。彼らは、「子ども時代の法則」の発見について公表することはやりすぎであると考えていた。一八六五年にフレドリック・S・ジュウェル（Frederick S. Jewell）は『学校自治（*School Government*）』という本を出版した。それには非常に重々しい副題が付けられており、読者に『懲罰に関する最新の理論と管理計画への批判（*Critiques upon Current Theories of Punishment and Schemes of Administration*）』を訴えかけていた。進歩主義教育に関する一般的な批判に関して、ジュウェルは「思慮深い教育者ならば、我々が想定する改善の全体的な傾向が、書物を単純化し、生徒が論理的に思考する過程の全てを念入りに考え、教員をより細かく支援できるようにするであろう。つまり、私たちは勉強を簡単にするためのシステムを実践に適用しているのである」と述べている。彼は、子どもたちが自分を信頼することをどのように学べるのかを考えていたが、「簡単ではなく、同意できるというわけでもないが、それはいつも賢明で、最善のものである」として、実物教授が助けにはなるが全くの万能薬ではないことを知ってもいたのである。

同じ時期に、セントルイスで教育長になる少し前のウィリアム・T・ハリスは、子どもの本質やカリキュラム、教授法について議論されている事柄を思案していた。アメリカには、ハリスほどヨーロッパ大陸の哲学について真面目に学ぶ学者はすでにいなくなっていた。彼は、ドイツ哲学、文学、科学、教授法を習得していた。ルソーは、自ら主張する無神論、急進的な政治、女嫌いによって、アメリカではペスタロッチやフレーベルよりも影響力が弱かった。彼の子どもに関する説は、一九世紀中ごろまでのブルジョアのプロテスタントと矛盾がなかったが、ハリスは、公然とルソーの見解を咎めるべきものとして退けてしまっていた。彼はまた改革者は理想的であり、自己批判をしないとも考えていたのである。

ハリスは、子どもがなすことによって学び、標本を利用すること、例えば後にセントルイスの小学校のカリキュラムに加えられた科目である自然科学の教授法の改善を助ける実物教授の支援に同意した。それにもかかわらず、彼は新しい教授法には重大な制約があると結論づけた。ハリスは「普遍的に必要のある実物とは、どんなものなのだろうか。私たちは、普遍的な理解、神、心、理性、真実を提示することができるのだろうか。そうでないなら、政府、宗教、心の科学は、実物教授によってあまり助けられることはないだろう。それに対して、それらはそれ自体魂の深い反映を求めている」と一八六六年に言及している。実物教授は、他の方法と同じように、価値があると同時に、紛れもなく欠点もあった。理想的な考えは、時折教育を惹きつけ、優れた洞察を大きな計画に変化させる。そして、「独創性を伴う奇抜さ」に困惑するとハリスは自覚していた。

ハリスは、学校は過去の英知を教えるべきであり、全ての人に共通の知識、基本的な知識・技能を提供すべきであると主張した。各世代が人類のもつべき知識を蓄えることに貢献するが、実物教授はこうした目的を発展させるだろうか。確かに、教科書は退屈で、教員は生徒に刺激を与えず、学習活動は難しく、楽しくなく、時折その実現が不可能となる。しかしながら、一八七〇年代後半、ハリスの教育長生活が終わりに近づいてくると、彼は万能薬を求める人々が新しい方法を無批判に採用しすぎると結論づけてもいた。「教科書による教授法を非難することが、この国では一般的となっているので、大部分の学校は教授方法として、実物を使った授業を採用しようとしているように思える。教員は、読み書きを教えるための教授法よりも、『天然の木』の虫や岩や化石の標本をもっていることを誇りに思っている。しかも、文法や計算を含めて全ての教科に『実物教授』が適用可能と話すことが流行しているのである」。

ペスタロッチやフレーベルの弟子たちは、子どもたちが書物より自然のものから多くのことを学んでいるという発見に幻惑されているようにみえた。彼らは印刷された単語を嘲笑し、彼ら自身の教授上の関わりを見失った。書物を批判することは、新教育の中心的な考えを思い出させてくれ、学校に関するおおよそ全ての批判だけでなく、幼稚園から手工芸学校までの新しい教育プログラムにも賛同していた。活動家は、感覚的な経験を教育の基本と考えており、超越性、直観、感覚を強調していた。また、彼らは、若者への教育で書物や文法、教義問答主義の重要性に疑問を投げかけたヨーロッパのロマン派の言葉を引用してもいた。例えば、『エミール』で、ルソーは読書を「子ども時代の最も深刻な災難」と呼び、一八〇一年にペスタロッチは三〇年間も本を読んでいないことを自慢していた。さらに、ワーズワースは、冗談で、「本だって！　それは退屈で、終わりのないトラブルだよ／森のムネアカヒア〔ヒワのひとつの種名〕の声を聞きに来なさい……光の当たるほうへ来なさい／自然をあなたの教師にしなさい」と皆に本を捨てることを勧めていた。児童中心主義教育の反アカデミックという重圧は決して消えることはなかったのである。

幼稚園の発展

ハリスは保守的という地位を確固たるものとし、実物教授に噛みついたにもかかわらず、アメリカで最初の公立幼稚園の設立に尽力もした。彼は、児童中心、ロマン主義的な見解を軽視したにもかかわらず、子どもの早期教育に対する関心をかすんだものにはしなかった。アメリカにおいてヘーゲル研究の第一人者であったハリスは、セントルイスの教育委員会でドイツ人の共和主義者と仲良く仕事をし、そこで彼らの母国で着想された改革に関心をもつこととなった。一九世紀後半の段階で、大部分の州でほんの一握りの地域しか公立の幼稚園を設置しておらず、学校への入学を六歳以上の子どもにしか許可していなかったからである。教育者、医者、教員、地域のリーダーたちは、いくつかの理由から幼い子どもたちへの公的な教育に反対していたが、結局、最初の公立幼稚園が一八七三年にセントルイスで開設され、ドイツ系移民が多く暮らす中西部の都市がそれに続いた。教育改革を長年引っ張ってきたマサチューセッツ州のコミュニティでは、最初の公立幼稚園数校に対してすでに財政援助がなされていた。世紀末までは、多くの事業が依然として私的なものであったが、都市では、公立、私立の両方の幼稚園の設置を進めてきた。実物教授により幼稚園は新教育の主要な場となり、セントルイスは主たる実験場のひとつとなった。

幼稚園に関する有名なガイドブックは、手、心、精神の調和的な発達を誇りとする「子どもたちの天国」について語っていたが、活動家はそこに進行中のユートピアをみていた。一方、教育改革への批判者は、直接の知識ではなく、誇張されたレトリックに満ちた本や話から学校を判断していた。セントルイスの最初の公立幼稚園は、堤防沿いの工業地帯内の最貧地区で開設された。ハリスや彼の支持者によると、そこでは家族やコミュニティが、教育や社会化のために機能しなくなっていたので、幼稚園は犯罪、悪習、暴力を振るう両親から子どもを救い出し、そのことは都市の学校では広く知られている幼稚園の使命のひとつとなった。そこで子どもたちは、自制心、時間厳守、道徳的価値、権威や社会的協調を学んだのである。ハリスは、エデンの園のような場における遊びの重要性や、性善説を基盤とした子どもの学習についての大袈裟な宣伝文句に対して、フレーベルではなくへーゲルを引用した。彼は簡潔に「子ども、幼児の神聖化は、実践に移すうえでとても危険な考え方である」と述べ、ロマン主義的なイメージに魅了されることなく、都市で生活し働いた。そして、信念と政治的な必要により、大衆教育の伝統的な目標を幼稚園と結びつけることとなった。

セントルイスでの実験の成功に最も貢献した人は、スーザン・ブロウ(Susan Blow)であった。彼女は、一八七〇年代初頭からボランティアとして教え始め、新教育の伝道師の多くがそうであったように、信心深く、エリート出身で、家庭教師から教わり、最も優れた私立学校で教育され、フレーベルにならって福音主義に改宗した。エリートの女性はどこでも幼稚園の設立、維持、存続のため中心的な役割を果たした。セントルイスでは、教員は常勤となる前に、最初はボランティアとして幼稚園での作法を学んだ。一八八〇年までに一六六人の幼稚園教員が給料支払い名簿に登録され、六〇名のボランティアによって支援されていた。教室を観察する訪問者は、明るく塗装され、家庭のような教室を見ることができた。そこでは、歌から折り紙まで、サイコロ・ボール遊びから編み物、粘土細工まで様々な教授方法を実験していた。学習は活動的な過程である。フレーベルと彼の支持者、競合する幼稚園は、子どもたちに協調性、手先の器用さ、時間の概念、空間認識、手と目の連携を教えるための多様な方法を考案した。幼稚園は、「子どもたちの天国」とまでは言えないにしても、教訓的な方法、丸暗記、教科書重視といった伝統的な教授方法とは確かに異なっていた。

ただし、幼稚園に対する大衆の無関心は、それへの反対意見と同様に一般的であった。都市の多くの幼稚園は貧困層のため慈善組織により運営され、一方私立は富裕層のために運営されたため、二〇世紀後半まで公教育の一部とはならなかった。ただ、一八七〇年代の最も有名な実験場であったセントルイスでは、この問題はすでに露呈し始めていた。怒った納税者や政治的な敵対者は、幼稚園に対して口うるさいキャンペーンを始め、その設置は法的にも公教育の本来の目的から逸脱していると主張した。それらは、無駄な歳出として、あるいは親の責任を弱める託児所のように彼らにはみえたのである。また、世界恐慌が地方の経済を弱体化させるのに伴って、その関心は徐々に高まっていった。ミズーリ州の最高裁は一八八三年に反対派を支持したため、幼い子どもを教育するために公費を使うことは厳しく制限され、そのことが幼稚園の普及に歯止めをかけることとなった。

ただそれでも、それ以前には幼稚園は盛況で好評を博していた。それらは一八七〇年代の終わりまでにセントルイス市内全域に広がり、一八八〇年には八、〇〇〇名もの子どもが在籍して、目覚しい成果を上げていた。ハリスとブロウは、幼児教育の歴史にセントルイスの銘を刻んだが、そこの幼稚園は全国的に注目され、論争を巻き起こしもした。『ニューイングランド・ジャーナル・オブ・エデュケーション』誌で、ある専門家は、幼稚園をその背後にある原理が社会統制に似ていることを認識せず、「無秩序な託児所」と言い切った。それらの地元のコミュニティでの性質が何であれ、セントルイスの幼稚園は念入りに研究され、全国に影響を与えた。女性は、幼稚園の普及に不可欠な役割を果たし、ボストン、ボルティモア、シカゴ、その他の都市での教員と指導主事は、セントルイスの卒業生が多かった。慈善的な労働者、セツルメント事業の活動家、婦人キリスト教禁酒同盟(Women's Christian Temperance Union)のリーダーは、様々な理由、例えば、子どもを守り、教授法を実験し、働く母親の子どもの世話を提供する理由から幼稚園を支持した。

他の改革と同様に、多くの人が多くのことを幼稚園に期待した。超越主義者やロマン主義者は、子どもの善性を尊重する環境で自然の法則が支持され、調和のある方法で育まれる場所として注視した。彼らは、注意深く耕された庭では、子どもの器用さが根づかないと信じていた。対照的に、ハリスとブロウは感傷主義を嘲笑し、幼稚園が初等学校として成功し、複雑な産業社会で協調的に生活していくために必要な価値観や技能を全ての社会階級の人に教えることを望んでいた。玩具製造者であるミルトン・ブラッドレー（Milton Bradley）もまた、他の通信販売の業者とともに、社会改革の展望に魅了され、一八七一年に幼稚園の教授用パックの販売を開始した。このように利益と進歩はロマン主義の改革と矛盾するわけではなかったのである。

プロテスタント信仰復興運動の時代、無数の教育者や市民の中で、児童中心主義の改革者は、学校は社会を改善し、もしかしたら完全な社会をもたらすかもしれないという福音主義的信念を深めていた。神秘的で、半宗教的で、キリスト教的なイメージは、特にペスタロッチやフレーベルなどのヨーロッパのロマン主義において卓越して見出されるが、アメリカでも豊かに表現されていた。多くの活動家は、ひらめき、個人の救済、人間の解放を求める宗教的な巡礼者に似ていて、孤児や幼い子どもを教えるためのモデルとなる学校を調査するためヨーロッパに赴いた。宗教的な雰囲気は、幼稚園や手工芸学校のためにロビー活動をする人々や、新教育運動のために広範囲にわたって文章を書く人々を包んでいた。幼稚園と実物教授に関して全国的に指導的な立場にある人たちの中で、ウィリアム・ヘイルマン（William Hailmann）による一冊の幼稚園マニュアルの表紙は、美しく輝く聖母マリアで彩られたものであった。生まれ故郷のスイスで、ペスタロッチ主義者の教員から学んだヘイルマンは、一九世紀中頃にアメリカに移住し、多くの公立学校や私立学校で教鞭をとり、多数の書物を出版し、さらに傑出した学校管理者となり、生粋のフレーベル推進派となった。

一八九〇年代までに新旧の教育論争は形骸化し、ほぼ過去のものとなっていた。ルイーザ・パーソンズ・ホプキンス(Luisa Parsons Hopkins)は、ボストンの指導主事であり、『新教育の精神(*The Spirit of the New Education*)』を出版していたが、他の改革者と同様に、一八九二年に彼女は学校の「中世的慣習」や「本のみを利用した教育」に対する不自然な先入観を攻撃した。加えて、ある幼稚園を訪問した際、あることにひらめいた。教員と彼女の付添い人は、嬉しそうに歌い、楽しそうに教室での活動に従事し、「精神的なバプティズム」を促していた。彼女によれば、場の雰囲気は言いようもないほどの温かさで、ほとんど神聖ですらあった。「子どもたちの表情は、本当のインスピレーションと興味で明るくなり、教員の目の前で輝いていた」。教室の壁にはよくできた聖母の複製がかけられており、救世主としての母親のイメージを醸し出していた。

教員であろうと行政官であろうと、教育委員会のメンバーであろうと活動的な市民であろうと、誰もが新しい社会運動に魅了され、改革者たちは、実物教授や幼稚園、さらに伝統的な教育者が傲慢で無責任と呼んできたひとつの目標に突進する改革を支持した。「新教育の使徒」とされるフランシス・W・パーカー大佐(Francis W. Parker)は、『ペンシルベニア・スクール・ジャーナル』誌で、「もしもパーカー大佐(Col. Parker)が正しいならば、我々のほとんどが間違っていることになる」と明言している。ウィリアム・T・ハリスは、一八七〇年代に公立の幼稚園の設立や小学校で科学教育を推進したが、児童中心的な進歩主義者は彼を保守的だと攻撃した。というのは、彼は新教育のユートピア的な主張に疑念を抱いていたし、子どもに対する甘い見解を退けていたからであった。彼がコモンスクールのカリキュラムを擁護し、新教育のもう一つの側面である手工訓練を全国の学校で重視するという思想を拒否したことも、進歩主義者の間で彼の名声を高める助けにはならなかった。

手工訓練の普及

アメリカの新教育の先導者は、自らが教育・カリキュラム改革の先端にいると考えていた。実物教授と幼稚園を推進することに加えて、彼らは手工・産業教育、つまり現実世界と学校を結びつけるための改革も支持した。児童中心教育の支持者の多くは、書物やアカデミックな教授が学校の中心であると主張した人たちを軽蔑したにもかかわらず、自分たちは優れたアカデミックな教育を実践していた。彼らの生活は、書物を通して豊かになってきたが、大衆に対する基礎的な人文・教養教育を支持する人たちを嘲笑していた。こうした改革者の大部分は非常によく教育されていたのは確かであり、男性は大学で学び、一九世紀後半には大学院にも在籍し、一方女性は優れたアカデミーで個人指導を受けていた。ただ、書物を通した学習への信頼を社会が誇張しすぎているとも彼らは考えていた。カルヴィン・ウッドワード(Calvin Woodward)は、セントルイスで長い間、科学技術と数学の教授であったが、全国的に著名な新教育、特に手工教育の推進者でもあった。ハーバード大学から学士号を授与された彼は、アカデミックな教育のいくつかの側面を擁護しており、手工教育がもしも正規カリキュラム外で教授されるならば、それは二流の地位を運命づけられることになるとも考えた。心理学の創設者の一人であり、大学院でデューイの指導教授の一人であったG・スタンレー・ホール(G. Stanley Hall)と同様、パーカー大佐は西洋世界で最も進んでいると認識されていたドイツの大学で自分の研究を継続した。また、ウィリアム・ヘイルマンやスーザン・ブロウ、その他の改革者は申し分のないアカデミックな訓練を受け、彼らの生活を読書や教育の意味を熟考することに費やしたのである。

新教育の中での反知的な考え方は、それでもなお明言されていた。伝統からの攻撃に対して防御する立場にある幾人かの批評者は、書物を愛してはいるが、学校で支配的な位置を占めている教科書には信頼をおけないと主張した。ただし、それ以外の人たちは、教科書と本とを区別していないようであった。例えば、ボストンのルイーザ・ホプキンスは、『新教育の精神』における典型的な美辞麗句に飾られた文章において、「排他的な書物による教育の伝統」を非難し、「子どもを失われた過去に縛りつけ、脳の活動や思考表現を中世の形式に閉じ込めており、子どもを不必要な書物の知識の受領者にしている」と述べた。「そうした中で、幼稚園のみが自然の学習、少年には木工、少女には料理や裁縫を教えて、気持ちや心と手をつなぎ合わせていた」。彼女は、「私たちはもはや私たちの学校から本の虫が出て来ることを欲しないが、活発な少年少女たちは全身で目覚める」と結論づけた。昔風の学校は消え去ってしまわなければならないのである。

ちょっとしたユートピア主義以上のものが新教育を特徴づけた。定義やプログラムに統一性が欠けていたにもかかわらず、新教育は、確かに広く議論されてきた手工訓練を意味することが多かった。新教育に関する多くの書籍や論文は、アカデミックな伝統による締めつけに不満を述べていたが、その締めつけは、手工訓練が弱体化することを望んでいたのである。ある教育長は、一八八八年の『センチュリー・マガジン』誌に、手工訓練はここ五〇年間の教育における「最も偉大な進歩」であると語った。また、あるフィラデルフィアの人は、手工訓練は子どもたちに、美しさ、技巧、そして集中することの価値を教えるとも言った。さらに、「もし教育の目的が、人生における様々な関わりでの効率性であるならば、手工訓練によって成長するのが最善である」とウィリアム・ヘイルマンは述べたが、それは個人的な責任や他者への尊敬の念を教えたからであった。一方、シンシナティの教育長であったエマーソン・E・ホワイトは、「手工訓練が天国への唯一の道だと幾人かの熱狂者が主張していたのを聞いても私は驚かない。他の全ての主張は、そのための飾りにすぎない」と皮肉っぽく言った。

南北戦争後、学校は国家の罪悪を治せるとさえ考えられてきた。身体、精神、心を統一することは、南北戦争や人種的、階級的な差別によって荒廃した人々に訴えかけた。手工訓練が救いの力になるという信念は、古代の西洋哲学への反応でもあった。というのは、それは心と身体を分かつ形而学上の体系によっていたし、新教育が再統合させると信じられていたからである。そのうえに、教育はユートピア主義において、神聖なものとされ、それは、プラトンの『国家』、フランシス・ベーコンの『ニューアトランティス』、トーマス・モアの『ユートピア』によって例示されていた。例えば、モアの歴史に名高い島の子どもたちは、読書だけではなく手仕事にも熟練している。知識階級に加わるために上級レベルの学習をする人はほとんどいないが、架空の土地では、精神的な仕事と大衆のための肉体的な仕事の分離はほとんどなかったのである。

南北戦争前には、公益に関して異なった見解をもつ市民たちは、手工訓練のある学級を好んでいた。ラルフ・ワルド・エマーソンは、彼の超越論的な見解に、手工業労働学校を含めていた。他の福音主義改革者は、孤児、非行少年少女、数百人の犯罪者のためにかごを編んだり、箒をつくったり、木工をしていた。実物主義や幼稚園の初期の支持者は、教育は本のみではなく、それを超越すべきであると言っていた。南北戦争後、手工訓練と産業教育という用語は、時折同義語として用いられたが、多くの産業的な課題の解決方法を模索していた多くの市民を惹きつけた。彼らは、現実の仕事と一般的な道具の使い方を学ぶことを混同したが、知識人たちは、多くの子どもたちが「心を通わせた手」をもち、言葉ではなく、事物とともに考えると発言し始めていた。手工訓練は後に、平凡な革製品のコースとして発展したことは、一九世紀の目を見張る主張を曖昧なものにした。一九世紀後半の先導的なユートピア小説であり、同世紀でのベストセラーの一つであったのは、エドワード・ベラミー（Edward Bellamy）の『顧みれば（*Looking Backward*）』（一八八八年）であった。それは、ボストンの紳士であるジュリアン・ウェスト（Julian West）の架空の物語を語っていて、彼は不眠症のため、二〇〇〇年まで目を覚まさないという催眠術をかけられた。目覚めると、労働者の問題は解決され、手工訓練はアカデミックな教科とともに教えられていたのである。ゆりかごから墓場までの社会主義という天国のウェストの案内人であるリーテ博士は、その時間旅行者に、「読み、書き、九九の表以上の精神的な準備をしない一四、一五歳の子どもを解放しないで」二一歳まで教育されると説明している。

一八七〇、八〇年代に手工訓練や産業教育は、多くの都市コミュニティに広がった。裕福な女性とボランティアの組織は、無料の裁縫、料理教室を開設し、地方の教育委員会はそれを時々採用した。そのようなクラスは、時には貧困層を、時には女性全体を対象としていた。一八八六年のボストンでの料理教室を訪問した一人は、「産業教育」を通して少女に教えられる本当の知識を観察した。料理は、生徒の興味、学習の楽しさ、有用性を引き出した。彼女たちの「熱心な顔は喜びに満ちており、食用油を熱している鍋を見るために、ストーブの周りに立っていた」とその訪問者は回想している。試行錯誤の末、少女たちは「魚肉団子やマフィンを調理する油を熱するタイミング」を学んでいた。「ふやけたドーナッツや油まみれのジャガイモ」から「さよなら」するためにである。

一八七〇年の不況が地方のコミュニティを直撃したため、労働者は失業し、ストライキや集団暴力に加わった。資本家は失業を労働者の怠惰や、過度に「書物に偏った」学校のせいにした。確かに、カリキュラムはアカデミックな科目に集中していたが、教育者は依然として、勤勉や時間の正確さ、道徳的に正しい行いを重視していた。大規模な製造業に従事するビジネスリーダーは、南北戦争後の学校はもはや従順で責任ある労働者を育成していないと非難した。福音主義の伝道者と多くのビジネスマンは、（工場労働者が逆の行動をとる時には、）労働の威厳を教え、幸せで豊かな時間に価値を置くよう学校に要請した。

産業化の進んだ北部において、商業や溶接の授業、さらに新教育の別の教材を学ぶ対象が、全ての子どもなのか、特定のグループのそれなのかについて、改革者は明確な意見をもっていなかった。幾人かの著作によれば、手工訓練は、貧しいアイルランド人の移民やフランス系カナダ人、ニューイングランドのいくつかの町の産業プロレタリアの中核の人たちにとっては最善であった。一八九二年に『シカゴ・インターオーシャン』誌は、ホームステッドとピッツバーグでの労働争議により、雇用者間に、市場が必要とするよりも多く存在する徒弟訓練を拒否した技術的に劣る労働者への関心を再び甦らせたと論じた。労働組合のリーダーが訓練された労働組合不参加者と呼んだニューヨーク商業学校に五〇万ドルを提供したのは、J・P・モルガン(J. P. Morgan)に他ならなかった。「もしもアメリカの少年が熟練工になる機会を得ようとするならば、私たちは多くの、質の高い商業学校を置かねばならない。そこでは手、目、心が全て同時に教育されることになる。我々がそれを整えた時、ストライキや労働争議は減るだろう」と新聞記者は論じている。

北部のビジネスリーダーは、アメリカの最大のライバルであるドイツが優れた職業学校制度を有しており、グローバル経済において不公平なほどの優位を保っていると一貫して主張していた。産業博覧会は、ヨーロッパからの最新の発明品や手工訓練の実例を展示したため、逆にアメリカの学校は遅れているというメッセージを強めることとなった。他のボランティアの団体とともに、産業界は小学校やハイスクールでの手工訓練を教育委員会に要請し、民間企業にも資金提供していた。一八九三年の大恐慌で、アメリカの銀行家協会は、技術・職業教育の最新状況を研究するために一人の教授をヨーロッパに派遣した。帰国したその教授は、ハイスクールの堅苦しいアカデミックな状況にやはり疑問を抱くことになり、少なくとも特定の子どもたちのための商業系のハイスクールの設立を主張した。

移民や労働組合の急進派、訓練を受けていない不安定な労働者への恐怖心が、北部の雇用者を悩ませたが、南部での労働者問題は、実質的にかつての奴隷や彼らの子どもたちに関する問題であった。大部分のアフリカ系アメリカ人は、学校でのアカデミックなコースでの勉強を望み、当然のことながら、自由、機会、社会的地位と長く関わってきたコモンスクールを受け入れた。彼らはアカデミックなものにしろ、職業的なものにしろ、分離された黒人学校への財政援助に失敗したが、南部に暮らす多くの白人は、自由になった黒人の子どものための、手工訓練や産業教育を称賛した。他のコミュニティのリーダーと同様に、教育者は、綿花畑から都市へ白人黒人の別なく労働者が脱走することや彼らの悪習について常に不満を漏らしていた。また、多くの白人は、奴隷には道徳心がなく、少なくとも「野蛮」で「怠惰」なアフリカ人に重労働の価値を教えなければならないため、鞭を使わない新しい躾の方法が必要だと考えていた。例えば、一八八九年に(白人の)アラバマ州教員協会での講演者は、黒人はもし彼らが「十の戒律と手工芸」を学びさえすれば、彼ら自身向上することができると結論づけていた。

黒人への平等な(あらゆる)教育を否定するというカラーラインの維持は、支配的な南部の関心事として残っていた。しかし、新教育は明らかにメーソン=ディクソン線の下にその居場所を構えた。一八八八年のニューオリンズでの教育・産業会議に出席したアメリカ生まれのチャールズ・L・フライ(Charles L. Fry)牧師は、アメリカ人が移民を心配するように、参加した講演者たちはアフリカ系アメリカ人について心配していたと記憶している。南部の人々は、黒人が本による学習以上のものに取り組めるようになることを望んだが、それは、アフリカ系アメリカ人が「土壌や農作物、様々な取引、馬や牛に関する実践的な情報」、そして最も重要なことは、仕事をして勤勉になる方法を学ぶ必要があると信じていたからである。アフリカ系アメリカ人は、改善する能力があるが、彼らは「表面的で、非実践的で、有害無益である本の生かじりの知識」をほとんど必要としていないと牧師は発言していた。

一八九五年の『ディクシー・スクール・ジャーナル』誌で言及されていることによると、「手工訓練は、若者の犯罪抑止に効果的な手段のひとつ」として最近提言されている。そして、この提言は、「その恩恵に浴している」北部諸州の教員協会が、アフリカ系アメリカ人や白人の貧困層に現実的な教育を提供して、怠惰と犯罪を撲滅する改革を援けるという解決策の可決に導いた。旧南部連邦の多くの白人は、アメリカ人が危険で馬鹿げた考えを連邦再建の間に奴隷の頭に植えつけたと信じていた。一八九八年にノースカロライナ州のある人物は、「彼らのうちの何人かは、非常に狂信的で、自由の間違った概念を繰り返し語り、人種的な先入観を煽り、貧しい黒人の精神的な可能性や、本や聖書を理解するための情熱的な願望に関してロマンティックな考えを広めているため、望ましい存在というよりも害悪である」と語っていた。また別の著者は、黒人は仕事を完全にこなし、鎖につながれた囚人や牢屋や刑務所を避けるために、また「狂気の街」の悪徳から離れるために、農業もしくは「産業教育」が必要であると言及した。

南部の教育者は、アフリカ系アメリカ人から市民権の痕跡を制度的に取り除こうとする地域にロマン主義思想を適用した。ペスタロッチは、一度、同じような課題に直面したことがあると言われているが、それは「貧しく、怠惰な、救いようもないスイスの小作農」をどのように良き存在で、勤勉な市民に変えていくかという課題であった。例えば、「世界の全ての人々にとって、特にノースカロライナ州の私たちや黒人にとって、ペスタロッチの原理は、指針となり、モデルになるに違いない」とある南部の人物が発言している。全国の新教育支持者は、アフリカ系アメリカ人は子どものようであるが、改善の余地は十分あるという行きわたった信念を共有していた。『ノースカロライナ・ジャーナル・オブ・エデュケーション』誌の、ある執筆者は「無能な使用人の重荷や不平はいったい誰に対してのものなのか」と問うている。幾人かの南部の人たちによると、かつて黒人の少女が奴隷制度のもとで学んだ奉仕するための技能は、今は学校で教えられなければならないことになる。

白人の指導者たち、とりわけサミュエル・C・アームストロング(Samuel C. Armstrong)は、バージニア州のハンプトン学校を開設した一八六八年から、「産業教育」を南部の黒人市民の教育と訓練において最も期待のもてる改革として普及させた。数え切れない教育者、ビジネスリーダー、博愛主義者は、アームストロングの使命感の強さ、人種の向上に関する信念、白人至上主義への支持を称賛した。ウィリアムズ・カレッジの同窓生であり、かつての学生組合の長であったアームストロングは、ハワイ州のプロテスタント使節団の息子であったが、そこはヒロ手工労働者学校が新教育の良きシンボルとなっているところであった。多くの白人の同輩者と同様に、彼はアフリカ系アメリカ人を、単純で、従順で、迷信深く、不道徳で、生得的に怠惰であるが、正しい導きがあれば、社会的に向上できる資格があると考えていた。ハンプトン学校は、農業、家政学、大工仕事、レンガ積みのコースを提供し、その一方アカデミックなものは軽視していた。ハンプトンの最も著名な卒業生であるブッカー・T・ワシントンは、自助努力、勤勉、産業教育の面で先導的な黒人の先駆者となった。彼は、一八七五年に勉学を修了させると、政治を顧みることなく、南部経済に不可欠の存在となるよう黒人たちに語りかけたが、それは、貿易を学び、節制、勤勉、同じ美徳を受け入れることによって、アメリカ人の勤労観を自分のものにすることを意味していた。一九〇一年の自叙伝でワシントンは、ハンプトンで過ごした日々以降、「生徒に労働者の威厳を教えない南部の人種別学校に我慢できなくなった」と振り返っている。あまりに多くの黒人が、古典的な教育を求め、プロフェッショナルとしての仕事を夢見ている。黒人の野心を尊重する一方で、彼は、改革者の間にあったアカデミック志向への努力を中傷している。

ワシントンの自叙伝である『奴隷より立ち上がりて（*Up from Slavery*）』の一節で、一八八一年アラバマ州の黒人地帯のタスキーギ学校の創設を詳述している。その学校は、ワシントンと同義語のようになり、アームストロングの影響を反映していた。ワシントンは、確かに一部の黒人が古典、あるいは近代的な上級の教科を勉強すべきであると信じていたが、それにもかかわらず、多くの「大きな本」を読み、「多くの仰々しい教科」を求める元奴隷を嘲笑していた。彼が南部を旅していた時に見た最も悲しいことのひとつは、「ハイスクールに在籍していた若者が、部屋が一つだけの小屋の中に座り、服には油がつき、全身が汚れており、庭は雑草だらけにもかかわらず、フランス語の文法の勉強をしていた」ことであった。あまりに多くの生徒が「長く、複雑な文法や数学の『法則』を暗記」することを楽しんでいたが、これらの法則を日常生活に適用する考えや知識をほとんどもっていない。対照的に、タスキーギとハンプトンは「実践的な知識」を倹約、正直さ、衛生と同様に教えていたのである。

全国で手工訓練と産業教育は万能薬となっていたが、それらは、仕事の倫理を教え、浮浪を止めさせ、労働力を活用し、心と身体を結びつけ、学校を実践的なものにし、気乗りしない子どもたちを退屈な教科書から救い出した。学校はどこでも心を訓練してきたが、身体のほうは無視する傾向にあった。幼稚園や手工訓練は、実物教授の支持者と同様に、両者とも必要であると声を大にして、繰り返し主張した。それらには、常に合意されたカリキュラム計画や合理性を導いてはいなかったが、その後一九〇〇年代初頭の白熱した議論を予測させるようなものであった。その議論とは、アカデミックな教授や共通性の擁護者と、職業的なコースを伴った誰に対してもより経験的で子どもを中心とした教授法の信奉者との間のものであった。

「おそらく多くの関心を引き出し、鋭く、批判的な討議を誘発する教科など、産業教育や手工訓練以外にはないでしょう」と一八八四年の全国教育協会の会合に出席した参加者の一人が語っている。ただし手工訓練や産業教育の明確な定義に合意する者は誰一人いなかった。例えば、「パルチザン」は「木製の手斧から蒸気エンジンまで実際に動かしながら」全てを展示した。カルヴィン・ウッドワードは、手工訓練を英語やアカデミックな教育とつなげ合わせるように強く主張したが、展示の出品者には、目が見えない人、耳が聞こえない人、話すことができない人、「心が弱い」人のための学校からの展示が含まれていた。手工訓練と産業教育には、身体的、精神的な弱者と暴力犯罪や少年非行への教育との否定的な連関があったが、その一方で全ての学校を最新のものに保ち、最善の価値を教え、本に偏ったカリキュラムを弱体化させることが望まれていたのである。

ブッカー・T・ワシントンと同様に、新教育の支持者たちは、教育を受けたにもかかわらず仕事をやめたり、農作業に適応しなかった若者の風刺絵を描いた。彼らが言うには、手工訓練は、アカデミックな勉強よりも民主的である。なぜなら、それは生徒にとって、日常に近く、社会で必ず必要となる仕事への準備となるからである。一八八三年に『エデュケーション・ウィークリー』誌のある寄稿者は、平面や四角を使うことによって、問題を解決することを生徒に教え、気持ちの面、精神的な面を訓練することは可能であり、暗算もしくは不定詞のドリルでの問題解決と同じであると意見を述べた。また、文法を勉強するよりも、ワゴンをつくる方法を学んだほうがよいと、ある人物は全国会議で発言している。ウッドワードの手工訓練学校が、一八八〇年にセントルイスで開設された時、「強い精神と技能的な手」がモットーであって、それは「人生の全ての活動が本から学ばれる」という信念を論破することを反映したものであった。

多くの都市の学校が、少年への木工作業、少女への料理と裁縫等の試験的なプログラムを一八八〇年までに開設した。そして、手工訓練ハイスクールが、トレド、シカゴや他のいくつかの都市に設置され、最初のうちは私的な援助も受けた。為すことによって学ぶ、そして文字や本だけではなく、事物を学ぶことに生徒を従事させるという思想は、ロマン主義的な伝統から直接脱却し、ゆっくりと都市の学校を形づくっていった。そして、一八八六年に鉄鋼業界紙の『エイジ・オブ・スチール』に活動家が記したところでは、一旦「頭と手」が同時に教育されたなら、子どもたちは「生活していくために、より良い準備をするために」学校を離れるであろう。一八八〇年代、九〇年代にメイン州ポートランド、インディアナ州インディアナポリス、ウィスコンシン州リトルグリーン・ベイからの報告書を読んだか否かにかかわらず、新教育がすでに多くの学校に普及していたことは明白であった。連邦教育局長官は、一八八八年に二万五、〇〇〇人の少女がフィラデルフィアで裁縫クラスを履修したと報告している。絵画クラスは多くの街や都市で一般的なものであったが、手の器用さと空間関係の感覚を教えていた。正確には、どのように絵画や折り紙（幼稚園）、裁縫、木工の授業が、実際の「産業教育」を構成していったかはあまり記録されてはいないが、多くの学校で、ろくろ細工や金属加工、革製品製造を教えていた。

全国の何千もの学校が手工訓練と産業コースを追加したが、当然のことながらその変化には強力な抵抗もあった。多くの教育者、特にセントルイスのハリスは、カリキュラムがすでに一杯であり、新しい建物や教員の給与が財源の多くを浪費していると考え、改革者が望んでいる実践的なコースは本当に実践的なのか疑問に思っていた。多くのロマン主義教育者の英雄であったラルフ・ワルド・エマーソンでさえ、教育の目的は人生を切り拓くことであって、生活することではないと雄弁に語っていた。一八八七年の『アラバマ・ティーチャーズ・ジャーナル』誌での論稿で、「新しい南部」の中心でロマン主義が全く存在しないアフバマ州バーミンガムの教育長であったJ・H・フィリップス（J. H. Phillips）は、「教育のパンとバター」の拡大を、「実践的で、有益だという嘘の考え」として攻撃し、産業教育をただの流行と切り捨て、アメリカであまり進展していない「物質主義」を推進するだけだとも発言した。

手工訓練と産業教育が一九世紀の後半に、顕著な発展を遂げた一方、伝統のほうも簡単に消えることはなかった。多くの教育者や市民は、学校が退屈で教科書は消滅しつつあることに合意したとしても、それでもその方向に反対する声明を公にしていた。伝統的な教員は、いつも大多数であるが、アカデミックな教授に子どもたちを集中させると主張するために、時代遅れや心が狭いと呼ばれる時には、怒りを露わにしていた。ハリスと同様に、多くの教育者と一般市民は、学校は性格形成と基本的な教科を教えることに集中し続けるべきだと信じていた。ゲイル・ハミルトン（Gail Hamilton）というペンネームで、人気のエッセイスト兼作家になったかつての教員、メアリー・アビゲイル・ドッジ(Mary Abigail Dodge)は、彼女の著書『私たちのコモンスクール・システム(*Our Common School System*)』(一八八〇年)で、自然や子どもの無垢さを称賛したが、都市の労働者階級を対象とした商業学校を求めるロマン主義教育者の目的に疑問を投げかけていた。実際、特定の仕事のため子どもを準備させることは不合理で、非民主的だと多くの著者が発言したが、それは学校の規則が、「男性は庭師か鍛冶屋になり」、「女性は夫人用帽子店の売り子か看護師になる」ような教育をするようほとんど教員に求めてはいないからであった。エマーソン・E・ホワイトは一八七〇年の連邦の国勢調査に記載された三三八もの職業を指し、どの職業を学校は教えるべきなのかと発言している。ハリスは、コモンスクールが職業学校に転換しようとする試みを非難し、提案の傲慢さを強調している。彼は、一八八〇年に「ある子どもをみて、いったい誰が、彼が成長した時に、どの職業についたらよいかを教えることができるのか」と彼は尋ねている。

ドッジや他のコモンスクールの擁護者は、大部分の子どもたちは数年間学校に行くだけであることを強調し、「私たちの青春時代の多くを費やすこの時期が知的な追求に専念できる唯一の時間である」と彼女は結論づけている。彼らが成長した時、彼らはパンを得るために仕事を探さなくてはならない。それより前に、機械の仕事を始めることで、精神的な文化のための時間を短縮してしまうことを残念に思う。彼らが必要とするであろう全ての学習をさせよう。最も熱心な手工訓練の支持者は、大衆のための商業学校を求め、実物教授や幼稚園、商業科に理想像を求め、学校と職場の直接的なつながりを求める。しかし大多数の学校の教員は、手工訓練コースを追加したが、共通カリキュラムは取り除くべきではないというドッジの主張に基本的に賛成していた。

しかし、手工訓練や産業教育、職業教育を好む人たちは、個々の戦いには敗北しても、この争いには必然的に勝利すると信じていた。一八八七年、ウッドワードは「確信の非常に大きな波が我々の全土に打ち寄せてきた。我々は、我々の旗印が一つだけでも掲げられるまで新たな、本当の戦いを続ける」と宣言した。二年後、『ジャーナル・オブ・エデュケーション』誌の編集者が、幼稚園、手工訓練、産業教育は普及したのかという論を展開した時、疑いなく彼は「歴史ある学校のカリキュラムは新しい事物の秩序に適応しなければならない。そして仕事にとって精神的、道徳的に最善の方法を彼らに適応しようという見解とともに、産業教育は最大多数の最大幸福の方向に向かわなければならない」と記している。同じ雑誌の一八九七年の号は、『手工訓練』は新教育の最も大きな業績のひとつであると断言していた。学識豊かな人は、それを軽視し、嘲笑し、冷やかし、最後に彼らはもともとの勝利者のように宣言した」と述べている。これは、変化に賛同する批判にもかかわらず、強固にとらえて離さない伝統の力を伝えるものであった。

一九世紀後半のカリキュラム改革

一八九〇年代までに、伝統の擁護者と新しいものへの熱狂的支持者は、カリキュラムの本質や教授方法の文化、産業社会における学校の位置づけに関して、少なくとも一世代分議論に費やしてきた。彼らが読んでいた書籍や雑誌、彼らが関心を向けていた産業的、教育的慣習、彼らが訪問した教室によって、市民は学校が教育改革の証人であるか、もしくはそれとは反対の結論に達することができた。多様で、拡張する国家としてのアメリカは、当時の合言葉であった「教育変化」を確信したり、否定したりする多くの事例を有している。一八九六年に『スクール・ジャーナル』誌への落胆していた寄稿者は、「教授学の研究は、３Ｒ人間と呼ばれている人たちによって軽視されていた。彼らは、教えられる科目と秩序を維持する方法を知れば十分であると言っている」と記している。ペスタロッチ主義者は、嘆くことしかできず、戦いへと戻っていった。多くの教室の訪問者は、「死んだコモンスクールの状態」は依然として、支配的であることを発見している。どのように新教育はカリキュラムや教授学に影響を及ぼすのであろうか。

教育行政の分権化により、変化が地区ごとにゆっくりと起こった。それが早いのか、遅いのかはわからなかったが、一八八八年、ある教育者によれば試行錯誤の連続であったという。「3R人間」は、生徒が実際に何を学んでいるのかという合理的で冷静な評価はほとんどできないけれども、アカデミックな教科は依然として学校の中心に留まり続けていたことを明らかにしている。個人を尊重し、伝統の典型と言える教科書、記憶、暗唱に基づいた教授法を都合よく忘れている田舎の学校を称賛し始めた改革者もいた。都市では、社会変化が最も急激で、批判者が定期的に無意味な規則や規定、そして古典的なコースが回復しつつあったことを悲しんでいた。

一八八二年、ジョン・M・グレゴリー（John M.Gregory）は、教育長官によって要請された基本的な「コモンスクール研究」に関する報告書を刊行した。彼は、多くの人たちがすでに知っていることを強調した。七つの基礎科目が、教育課程の中心を構成しているが、これには、スペリング、リーディング、ライティング、算数、地理、英文法、時にはアメリカの歴史が含まれている。都市の学校は、田舎の典型的な学校よりも幅広いカリキュラムだったが、これらの基礎科目は維持されている。グレゴリーは、多くの批判者と同様に、それらがしぶとく生き残っているのを残念に思っていた。彼は、算数を大人がどれだけ知る必要があるのか、地理はどうであろうと問うている。多くの授業で「あまりに多くの難問を与える」ことになるからである。グレゴリーは、良い教授法や、化学、植物学、物理学などの多くの科学分野を加えるよう求めた。当時のハイスクールについて知る誰もが、科学はペスタロッチ主義のやり方ではなく、教科書や古い形式の教授法で教えられていることを知らないのが問題であった。古いものを非難し、新しいものを歓迎することは、教育者の中で儀式的なスタイルとみなされたが、教室での実践に対しては乏しいガイドでしかなかった。

改革者の間での「学習内容」についての熱い議論は、どこでも暗記や暗唱、教科書に頼っている学習方法という現実を明らかにした。3Rsと一握りの関連する科目は依然として支配的であった。大きな町や都市の学年制を採用している教室においてのみ統一したカリキュラムが採用されていた。ただ、学年制の学校でさえ、学習への準備ができていない田舎の若者、移民の子どもによって混乱していた。そして、準備状況に違いがあり、将来の夢も異なっている国内育ちの若者は、統一した教授方法を不可能にしていた。ハリスは、長官としての在籍期間、部下に二九の異なった都市の初等教育のカリキュラムを調査するよう指示した。一八九〇年代の初期、田舎の小学校の教室では、リーディング、ライティング、スペリング、文法、算数が多くの時間を占めていた。傾向は明確ではなかったが、多くの時間が、地域によって異なる多様な科目に費やされてきた。例えばアラバマ州のモービルでは、教室で過ごす時間の一九％はリーディングに、一六％はスペリングに、七％はライティングに、一〇％は文法に、一九％は算数に費やされていた。また、残りのうち、七％は絵画に、五％はアメリカの歴史に、一一％は地理に、六％は自然科学に費やされていた。ただし、音楽、道徳と作法、外国語、体育、公民という他の科目に関する調査は残されていなかった。

学年制を採用している都市の学校ではどこでも、田舎と同様に、アカデミックな分野に集中していた。絵画、化学、体育、音楽はカリキュラムに組み込まれていたが、確かにそれでは詰め込みすぎで、教育者にとっては、古いコースを取りやめなければ、新しいものを加えることができないという一般的な不満があった。しかし、全国的に事例として取り上げられた大部分の小学校は、3Rsに集中していた。聞くところによれば、ミネアポリスでは、音楽は七％以上の時間を費やしていたがこれは高い数値であった。一方でニュージャージー州のエリザベスでは、もっと典型的な数字で四％であった。両者とも絵画には六～七％の時間を割いており、これはこの調査では平均的であった。モービルと同様に、両方の都市はリーディング、ライティング、そしてこれに近い科目であるスペリング、文法、算数に集中していた。

学校は何を教えるべきなのか、教員は子どもをどのように動機づけ、指導し、評価すべきか、将来を視野に入れて子どもたちを教育し社会化する一番の方法は何かについての議論は長い間盛んであった。カリキュラムは、固定的ではなく増加する一方で、ただし古い科目が優勢であった。過去と同様、学校は読み書きができ、法を遵守し、道徳的に正しい市民を育成すべきだと教育者は依然として信じ、敬虔さは学校についての全ての議論の全ての側面で聞かれた。南北戦争後、ナショナリズムの復活に伴って、大部分の学校に国旗が掲げられ、忠誠心の誓いや他の愛国的な儀式が盛んになった。国民的英雄の写真の複製は、教室の壁に飾られ、特に、ワシントンやリンカーンのような肖像画が多かった。そうした中、ロバート・E・リー・デイ(Robert E. Lee Day)は、メーソン=ディクソン線の下で南部連合国の新たな取り組みを加え、それは節制ある指導であったが、おおむね普及して学校の責任で行うことのひとつとなった。ただし、国家を形づくってきた過去や努力に対する敬意にもかかわらず、批評家は多様な学校改善を主張し続け、しかも、どのようにそれを進めていくかに関して意見の一致はみられなかったのである。

一九世紀後半の批評家は、学校は彼らが通っていた時ほど厳格ではなくなったと不満を表明していた。また、雇用者も、将来の労働者は怠惰で、単語を綴れず、字が下手で、文章を誤り伝えていると表明していた。これに対して、多くの教育者は改善を約束し、伝統的な教育課程の周辺にあった新しい科目を加えた。一八九〇年代までにハイスクールがマイノリティの生徒にさらに対応しようとした時、入学者は「算数、地理、アメリカの歴史、綴り、正しい順番での書き方を含めた文法の分野に精通」すべきとある専門家は主張した。そのような知識は、通常、教科書から獲得されるものであり、生徒によって暗記され、クラス全員の前で暗唱され、競争のある、時間が設定された試験の対象であった。

記述式の試験は、一八七〇年代までに都市や学年制の学校において一般的となったが、ロマン主義の改革に抗い、児童中心主義の活動家の悩みの種となるもので、こうした試験ほど彼らの感情をかき乱すものはなかった。もしも教育長が、生徒の記述試験の成績によって教員を評価するのであれば、教室は自然の方法や多様な教授法で満開の庭になることはない。その代わりに、学校は工場のようになり、人生の重荷となり、子どもたちは機械の歯車と化すであろう。ロマン主義の批評家は、例えば、労働者が敬意をもって日常的に扱われ、相当の給料を得ている工場や、教員が自然の方法で教え、全ての子どもが才能を開花させられる学校など実在しない世界を想像していた。彼らにとって、正しいか誤っているかしかない記述試験は、心を無感覚にさせ、整然とした教育内容を準備する古い教育を象徴していたのである。

南北戦争前の学校の大多数は、生徒の進歩を判断するために多様な方法を利用していた。しかしながら、大多数の生徒たちは、教材を暗記し、教員の満足のためにそれを暗唱し、より難しい教材や新しい教材に進んでいった。口頭試験は、大部分の学校、特に何万という田舎の教室で教員の主観的判断による中心的な評価方法であった。教員は、単語の綴り競争や、保護者や地域の重要人物の前で、学校のアカデミックで優れた能力を強調するための学校博覧会を支持した。教員は公開試験の前に生徒に質問したが、その練習は嘲笑の対象となったにもかかわらず、ほとんど廃止されなかった。南北戦争の後、工場が生産性を測るための方法を採用するようになると、特に都市の学校でも客観的な生徒の成果の測定方法を考案し始めた。一八七〇、八〇年代までに個人の進度を判断し、次の学年に進級することを支援するための、毎日、毎週、毎月実施される多様な記述・口述試験を都市の学校は利用した。また、ハイスクールの入学試験は一般的になった。

その後、記述試験が流行することとなったが、G・スタンレー・ホールは、依然としてロマンティックな理想主義の考え方を取り入れていた。彼は「子どもの心の中身」について調査し、ボストンの若者に牛などの牧畜動物に関する基礎的な知識がに欠けることを確認したため、一八八二年に新しい方法を加えたが、過剰な試験と試験の誤用への不満は、都市部で試験への不信感を生じさせた。ただ、それにもかかわらず、それらの導入により、二〇世紀初頭には重要な変化が起こったということだけは明白だった。南北戦争後、鉄道から他の主要な産業まで、測定、コミュニケーション、量的な分析は洗練されていき、生徒の知識に対する理解は、数的な評価や他者との比較によって、正確に測定できるようになった。これは最終的にアメリカ人の学校評価の方法に継続的に影響を与えることとなり、親指ルール(親指での体罰の方法)、教員の個人的な、あるいは専門的な判断、口頭での暗唱は、学校に対する公的な評価を高めた。ロマン主義の教育者は、これ以降、新しい教授法は古いものに優っており、非現実的な夢ではないことを経験によって証明しなければならないことを自覚することとなった。

しかし一八七〇年代までに新教育の擁護者は、特に都市における進歩的な教授法に真の希望をみることとなった。チャールズ・フランシス・アダムス・ジュニア(Charles Francis Adams, Jr.)は、マサチューセッツ州クインシー郊外で教育長としてパーカー大佐の骨折りの宣伝に一役買った地元の教育委員会で革新的な進歩主義者だったが、広く普及している教授法を激しく非難した。パーカーが登場する以前、典型的な教員は「無意識に自分の生徒をオウムに替えており、教育上の茶番劇を演じていた」とアダムスは言及し、パーカーをカリスマ的で救世主的な存在であり、彼が支持する実物教授はこの無意味なことを終わらせてくれると考えていた。そこでは「子どもたちが次々と州や国の境界線や州都、主要都市や川、あなたが越えてきた湖や、あなたがボストンからカルカッタ、ニューヨークからセント・ペテルズブルグまで旅してきた間の港について話し始める」。しかし、伝統的な教授法は国内のあらゆる場所でみることができた。また、クインシーでのパーカーの滞在は短く、一八八〇年にボストンに移動し、新教育のためのもう一つの戦いに直面した。その時まで、多くの町や都市での記述試験は、教科書に隠れた秘密を生徒がどの程度理解しているかを評価したのであった。

試験に対する批判は、改革者を饒舌にした。教員は、子どもに親指での体罰を用いた「お決まり」の方法で「機械的」に教えた。他のものは、ロマン主義の隠喩を思い出させ、「温室法」が若者の実を結ばずに萎ませると表現した。一八八七年の『キャロライナ・ティーチャー』誌によると、専門家の世界において繰り返し聞かれた事柄であるが、記述試験は全ての子どもたちの生活を乱した。伝統的で、ほとんど宗教的ですらある個人に対する崇拝は、その当時の激しいプロテスタント文化に浸透し、義務と個人的な責任を強調していた。ロマン主義と先験主義は、個人の理想化を強め、都市の教育長は南北戦争後影響力を拡大し、批判者に対しては、テストの得点は個人にとって名誉なことであるし、その利益は成績が提示されることによって明らかにされると述べた。

都市の学校は、ますます通信簿、クラス内での順位、進級、優等生基準のための記述式の得点に信頼を寄せていた。その結果、生徒をあまりにも受動的にし、教員を「評価のための機械」にしてしまうと非難された。職人の世界から未熟練労働の世界、自作農から都市の居住者までの長く痛みを伴う移行の途上において、学びの庭での「機械」への反感は、大衆的・民主主義的な心情を引き出した。「パーセント熱」が学校を直撃したと、多くの取るに足りない批評家が述べ、また、メアリー・アビゲイル・ドッジは、一八八〇年に都市は「管理的」で「機械的」な方向に移行していると不満を述べている。テストによる攻撃で、「工場の手が機械に追われているように、生徒は勉強に追われている」。それは、全て詰め込み、詰め込み、詰め込みであり、例えば、一八九三年に作家エドワード・エバーレット・ヘイル(Edward Everett Hale)は、ボストンの学校の目的が、五万個の同質の洗濯ばさみを生産することと同じなのかどうかを尋ねているほどであった。

ロマン主義、現実主義、もしくはそれらを混合した考え方であろうとなかろうと、改革者は、教育に実行不可能なことをしばしば望んできた。一八八七年、「公立学校機械(Public School Machine)」と名づけられたエッセイで、イリノイ州ウィネトカの教育者が、社会は学校に非常に混乱したメッセージを与えたと批判している。市民は、誰にとっても平等な権利を求めているが、彼ら自身の子どもには特別な注意を払ってほしいのである。彼らは教員を聖母マリアのような人物として崇拝するが、教えるのに不適格な学校委員の親戚を雇用している。そこで「教員は何をするのか」。教員は、労働の組織、階層性、分業が政治経済の原動力となっている都市において、個人をどのように大事にすることができるのであろうか。

一八八〇年代から一八九〇年代にかけて、多くの学校制度のもとにいた教育者は、最終的に試験、そして競争的な理念を擁護した。一八八四年、ニューイングランドの小規模都市の教育長は、進級テストは、人生の他の全ての障害物と同様に、規律と勤労のみを求めていると発言した。記述試験の過度の使用はチェックされるが、結局口述試験は教員によって主観的に評価され、平気で批判されていた。一八八九年にアラバマ州フローレンスでの教員会議での講演者は、記述式の競争テストの流行に関する批判を止めるべきだと信じていた。なぜなら、「大人の生活は、絶え間ない試験」だからである。その講演者は、生き残り、昇進するための戦いは、アメリカ社会において一般的であり、「学校においても、社会階級においても、誰かは一番になるに違いない」ことを指摘した。その一年後シカゴの前教育長は、ロマンティックな言葉でもって、学校の競争について表現した。「評価によって生徒が前に進むように、根付きを良くし、雑草をよく刈り取っていたら、彼らは実を結ぶことを望めるかもしれない。試験によって、果実は結実する」。成功は「元気づける」ものであり、失敗は努力を引き出し、将来の成長を導くというわけである。

記述試験の批判は、一八八〇年代の後半から一八九〇年代の前半に盛んとなり、活用方法の再考を促した。その結果、学年制における大部分の生徒は、テストの得点や毎日の暗唱、教員の意見など幅広い指標によって評価されることとなった。エマーソン・E・ホワイトは、一八九〇年代の論争に関する詳細な報告書の著者であるが、批判によって記述試験の限界が広く理解されたと信じていた。しかし、ドリル、暗記、機械的な教授方法は、どこにおいても依然として一般的なものであった。例えば、ある人が個人を尊重しているとして賞賛した無学年制の田舎の学校は、画一的な、学年別のカリキュラムがないため共通の記述試験が不可能であったとしても、彼らは詰め込みを強調していた。田舎の教員が都市に魅力を感じたのは、高い給料や学年制を含めた改革の進行と質の高い生活への評判のためであった。一八九五年全米教育協会による田舎の教育に関する報告によれば、大部分の師範学校の卒業生は、進歩的な教授法を研究し、情報を集め、都市に押し寄せている。つまりヒエラルキーと秩序が制度の柱となっていたのである。

一八九〇年代を通して批評家は伝統的な教授法について非難し続けた。外国からの訪問者は、多くの教室を視察した後、暗記への深い依存状況にショックを受け、「少年が、次々に立ち上がり、アメリカの一八人の大統領の名前、在職期間、主要な功績を記憶しているとある教室で聞いた。他にも、少女が主要な発明家や発見者の名前、それぞれの業績を述べながら、順番に暗唱した」と記している。一八九三年にジョセフ・メイヤー・ライスが旧来の教育を攻撃した有名な『アメリカの公立学校(*The Public School of the United States*)』が出版されるまで、改革者は一世代分の伝統を根絶するのは難しいことだと認識していた。小児科医であるライスは、都市の学年制学校でしつこいほど繰り返される長々とした日常問題を分数表にした。そこでは、子どもが理解できない教材を暗記し、教員はグラドグラインドのような冷酷な人物やチャールズ・ディケンズの『ハード・タイムズ(*Hard Times*)』に出てくる高圧的で事実に取り憑かれた校長先生に似ており、詰め込みは王様であった。教育の定期刊行物の読者は、重工業の州であるペンシルベニアの産業教育に関する徹底的な研究から多くを学んだ。そこでは、大部分の学校は「実践的」なカリキュラムを教えずに、若者が工場労働に対する準備をしていないのであった。

新教育の支持者はいくつかの成功を収めたが、世紀が終わりに近づいても問題は依然として残っていた。一部の都市のカリキュラムは実物教授によって充実していたが、それは幼稚園においてもみられ、多様で良質の手工訓練のクラスでより多く行われ、自然学習や遠足は多少知られてもいた。ライスでさえ、都市の制度における一筋の光明について言及していたほどであった。インディアナポリスやネブラスカ州カクロプセイの小学校指導主事や一時期オスウィーゴで学んだ実物教授の愛好者は、思いやりのある、自然な教授法を「アメリカ中」に普及させる手助けをしたが、おそらく他の場所では困難であったろう。初期の進歩主義は、カリキュラムや指導方法を変えるか否かに関して全ての町村、都市に拡大した全国的な討議を刺激しもした。しかし、新教育の支持者は、改革の種を育てることに失敗してしまったと知った。歌うたいドリル、3Rsの拡大版、質疑応答教授法、教科書の頻繁な利用は大部分の学校で残ったのである。

一八九一年連邦教育局長官の文書では、ハリスは、暗記を過度に強調することが依然として学校に対する主要な批判内容であると述べていた。教員訓練のための書籍は実物教授に役立っていたが、その多くは暗唱を止めさせる方法を示さず、それらを実施する多様な方法(個別、小集団、クラス全体が一緒に口ずさむ)を示していた。ニューヨークの地区のテストか年に一回の進級テストかにかかわらず、問題集は依然として教室での戦いに向けた準備をしようとする人のためのものであった。新教育への批判者は、教科書や一般的なアカデミックな教授に関する反知性主義的な仮定への批判を続けていた。一八九三年に観察者が言及したとおり、全ての「主唱者」が「砂山や泥」の有用性について語っていたにもかかわらず、伝統的な教授は依然として最も理解されていた。新教育の支持者が「本の番人」を日常的に嘲笑《あざわら》い、『ジャーナル・オブ・エデュケーション』誌の編者は「本物の自然や仕事の代わりに本の内容の観念的なことを教える者は、新教育運動の流れの中では地位が低かった。それは、精神的な趣を提唱し、彼らの手工の中に神が見えると話している。しかし、子どもや一般の人々は、聖書の一文、ビーチャーやドラマンド〔William Henry Drummond（一八五四〜一九〇七）、アイルランド生まれのカナダ人詩人。代表作は『ハビタント（*The Habitant*）』（一八九七年）である〕の散文、ボナー〔Horatius Bonar、スコットランドの牧師・賛美歌作家・詩人〕やホイッティアー〔John Greenleaf Whittier、アメリカのクエーカー派詩人、奴隷制廃止論者。炉辺（fireside）の詩人の一員として、位置づけられている〕の詩のように、景観や川、湖、山、花、鳥から生き生きと神がもたらされるのであろうか」。いかにこうした言葉に関する好都合な人たちが信じようとも、「世界の多くの知識は……本にあるのであり、……本の情報量以上に教えてくれる学校はない」のであった。

新教育の先駆者は、彼ら自身の極度に黙示録的で、ユートピア的で、救世主的な見解でわれを忘れさせた。大部分は、学校理事会や教員が伝統的カリキュラム、本、教授学に価値を置くため不満が溜まっていて、それは多くの教員がかつて教えられた方法でもあった。皮肉にも、実物教授や幼稚園、手工訓練の先駆者は、公式、規則、質疑応答形式に向かうことになったが、奇妙にも形式主義への非難と直観および個人的表現に高い価値を置くことで始まった運動と結びついた。ロマン主義思想をプログラムに移行させることは、明確に矛盾していた。批判者は、多くの幼稚園や手工訓練に関わる教員が着実に教え、指導書や入門書から教えていることを報告した。加えて、近代的な「科学教育」が二〇世紀初頭に出現した時、その支持者は同じように新教育の世紀だと期待した。それは、ペスタロッチとその弟子を身震いさせるような事実発見型経験主義に基づいていた。

最も有名な新教育の理論家たちが、非教員であったり、もしくは教員であっても教室を早々と去ったりしていることは偶然ではないだろう。スーザン・ブロウは、講義を通して数百人もの教員に大きな影響を与えた。エドワード・シェルドンは、有名な師範学校の指導役として数年間も過ごした。ウィリアム・ヘイルマンは、いろいろな地位の高い職位で講義をし、行政官として活躍した。彼女に教員についての思い出を尋ねたら、若き日のジョン・デューイは、手に負えない少年をコントロールすることができず、学校での祈祷で普通よりも長く祈っていたという。しかし、パーカー大佐のようなカリスマ性のある改革者は、使徒とは呼ばれなかったし、何も予言しなかった。彼らは、生徒であろうと教員であろうと、教室が退屈で、死んだようであることを発見するよう多くの人に働きかけた。時々、改革者は、彼らのカリスマ性は他者に影響を及ぼし、官僚制を変化させるのに役立っていると考えていた。南北戦争後、規模や複雑さにおいて成長してきた機関は、これらのリーダーたちの生活に矛盾した影響を及ぼしてきた。規模の大きな機関はキャリアの面で、個人的に力を付与し、世界に衝撃を与える可能性があった。しかし、彼らは同時に学校に対する権限を制約されてきた。それは、数のうえでは成長していたが、しばしば中心的な役割を無視していたのであった。

　おそらく、多くの改革者が教室を去ったのは良いことであった。彼らは、巡回講義や会議の意見表明の場で、先導的な役割を担った。特に男性の場合、校長や教育長、師範学校や大学で教授としての役割を運命づけられていた。彼らは、論争の場に立ち、教育的な展望を調査し、物事を整理するために提案した。ある人が、新旧どちらの教育を好もうとも、それは、影響力やお金、地位を求める人にとって、教室を出た後の一般的な上昇への道であった。皮肉なことに、実際の学校を変えられなくなる地位への移動は、改革者にとって最も誇るべき瞬間であった。南北戦争後の学校を取り巻く戦いの先導的な戦闘員であったハリスのみが、眼鏡をかけ多くの著作を著したヘーゲル主義者で、彼の世代の中で最も長く生きたが教員から教授には転職しなかった。しかし、彼は二度と教室にも戻らなかった。

　一九世紀後半までに、新教育の支持者はそれでもなお、全く新しい語彙、子どもやカリキュラムについて考える方法、学校教育の目的について考案した。彼らが話し、実施しようとしていたことは、未来の児童中心主義の活動家に重要な遺産を手渡した。世紀が変わるまでに、多くの学校評論家は、子どもは受動的ではなく、活動的な学習者であるべきで、教員は支配者ではなく、有用なガイドであり、カリキュラムは、過去に留まり続けるのではなく、変化する社会に対応すべきであり、生徒を眠りにつかせてしまう多くの不適格な教員について何かすべきであると発言した。一八九七年に『私の教育学的信条(My Pedagogic Creed)』が出版された時、デューイは新教育に関する精神的で、神秘的で、宗教のような側面を提唱し、「教師は、いつも本当の神の預言者であり、神の真の王国の門番である」と結論づけた。改革という言葉は、新しい世紀には世俗的になったが、教育における千年王国の信念は決して消えなかったのであった。

第4章　民主主義、効率、学校の拡大

ペンシルベニア州の教育長ネイザン・C・シェーファー（Nathan C. Schaeffer）は、一九〇六年に「教育はアメリカ人の共通の信条である」と記していた。市民が多くの教育政策に反対する一方、学校は「全てのアメリカ人が信じるたったひとつの機関」となっていた。同年、教育学の若手教授ウィリアム・C・バグリー（William C. Bagley）は、知識が社会の発展や改善に必須の要素であり、「教育は人生に関係する語彙の中で最大のものである」と認めていた。数え切れないほどの教育学者、新聞や有名雑誌の編集者、世紀の転換期における社会改革者が、学校はその社会的・経済的な機能を直ちに増大させると予言していた。都市化や産業化、大量の移民による複雑化した世界を生き抜き、成功を収めるのに必要な価値観や技能を家庭や教会だけでは子どもに教えることはおそらくできないとも彼らは述べていた。フロリダ州タラハシーでは、『サザン・スクール・アンド・ホーム』誌の題字に「南部の全ての事は人々の一般教育に依っている」と楽天的に添えられていた。

外国からの訪問者は、教育や広範囲に行きわたった公教育制度へのこのような信仰に驚嘆した。教育と産業発展を調査する代表団に同行してアメリカ国内を回ったヨーロッパのある人物は、出会った市民は公教育の重要性を熱心に語っていたが、おそらくアメリカ人は「福祉国家における」公立学校の役割を誇張しがちであると結論づけていた。ただし、その市民たちでさえ、その後数十年間の公教育の目を見張るような拡大は想像の範囲を超えていた。一九〇〇年から一九五〇年の間にアメリカの学校の年平均開校日数は一四四日から一七八日に増え、小学校と中等学校の就学者の合計は一、五五〇万人から二、五七〇万人にまで増加した。公教育に対する国民一人当たりの投資額は一・二％から二％まで劇的に上昇し、学校はコミュニティでの最大の予算項目となっていた。一九三〇年にアメリカの急進的な教育学者として知られていたジョージ・カウンツ(George Counts)は、アメリカ人は教育や「個人の潜在能力」への信仰が「純朴」であると記していた。

カウンツはその数年前、「我々は中等教育普及への不満の声をすでに耳にしてきている」と記していた。一八九〇年代以降、一〇年ごとにハイスクール就学者数が倍増してきたことは多くの人々を驚かせた。一九世紀の多くの教育学者は、ハイスクールは主要な選別機能をもった機関のままに留まるだろうと考えていた。というのは、多くの家庭で一般的であった児童就労が教育期間の延長を妨げ、一部のホワイトカラーや専門職だけで何らかの上級の学校教育が必要とされていたからである。ところが、一九三〇年代までに弱年者向けの労働市場が崩壊し、児童労働防止法と義務教育法が強化されて徐々に施行された結果、ハイスクールは、かつてはそれより下の学年とは区別されたものであったが、大衆教育の拡大とともにその階梯をそのまま延長するようになった。教育学者は、アメリカの「大都市」では、ヨーロッパの「国」よりも多くの中等学校の就学者がいることを自慢していた。一九〇〇年には五一万九、〇〇〇人の生徒がハイスクールに就学しており、外国からの訪問者を驚かせたが、さらにその半世紀後には五七〇万人という信じられない数の若者が在籍したのであった。

ただし、完全な教育制度を構築したと考えるアメリカ人はほとんどいなかった。二〇世紀前半の学校への不満は広く知られており、登校日数が増加したことや、学校が広範な社会的・経済的な機能を担っているとみなされるにつれ、その不満は増大した。世界恐慌の際に、資産価値の目減りや税収の減少、高い失業率が地方予算を逼迫させたが、州はそれでも学校への支援を増加させた。にもかかわらず、豊かな学区と貧しい学区の財政支出の隔たりは大きいままであった。一九四〇年代の末までには、田舎や南部、産業が衰退してきた北部の都市で、当面の救済策が見当たらない最も貧しい学区が見受けられるようになった。連邦政府の教育への財政支出の割合は約一％で、その大部分の使途は職業教育プログラムであった。先見の明がある何人かの批評家は、郊外と都市、南部の黒人差別において顕著であったアフリカ系アメリカ人向けと白人向けの学校といった分断にも焦点を当てた。人種統合、教育に関する連邦政府の役割、そして都市と郊外の対照的な運命に関する関心が公共政策の中心となるのは、第二次大戦後のことであった。

二〇世紀中頃までの学校制度の顕著な発展に、一般大衆が一様に満足することはほとんどなかった。多くの市民は就学者数やカリキュラム内容、社会サービスの急激な発展に誇りをもっていたが、その一方批判も多かった。批評家の中には、止むを得ないこととはいえ、学校が社会を反映していると認識し、以前は存在しなかった解決困難な経済・人種・社会問題の改善能力が学校に備わっているということに疑いの目を向ける者もいた。学校は公共善を促進しうるのか、あるいは特権のある家庭の子どもの有利さを含めて現状維持に留まっているのか。改革者たちは、学校が非常に保守的な機関であると批判し、カリキュラムの改編や生徒の立場に立った教授方法による学校改革を試みた。加えて、全ての地域で学校教育が拡大しているにもかかわらず、保護者や納税者は聞き慣れた問題、すなわち、子どもが立派に社会化され、従順で、3Rsを修得しているのか、学力水準は低下していないか、児童中心主義の教育（よく進歩主義教育と言われる）は権威や勤勉さ、個人の責任感の尊重を後退させたのではないかということを心配した。劇的な発展や変化の時代にあって、学校は厳しい調査や、時には激しい非難を受けたのであった。

子どもの本質や、カリキュラム、教授目的、改革の見通しに関する議論は、世紀の変わり目の後に特有のものと思われていた。伝統主義者は、進歩主義を自称する人々に対して、専門家の会合や教育委員会、新聞や雑誌上で攻撃した。二〇世紀の幕開けの頃には、学校改革はすでに国家的優先事項となっていた。若き日のジョン・デューイは、一八九七年に『私の教育学的信条』の輪郭を描く中で、教育はアメリカ「社会の進歩と改革の根本的な手段である」と記していた。その後の数十年間に公立学校の使命は、教育制度内外からの、時に矛盾し、時に非現実的な改革要求に直面することで、曖昧にならなかったが折衷的なままであった。学校は、個人のニーズや関心、潜在能力を明確にしたり促進したりするとともに、社会秩序を安定させ、集団の規範を教え、高い水準を維持することも期待された。また、学校は若者の3Rsの習得を保証するとともに、彼らを就農させ、アフリカ系アメリカ人の北部への移動を阻止し、若者を失業させないといった全ての問題を解決できると思われていた。実際一九〇六年にある教育専門家は、「国の生活がうまくいかなくなった時、人々はいつも学校に救済策を求める」と記していた。

初等・中等学校のネットワーク拡大を精査する前に、二〇世紀初頭において国家を再構築した大改革をまずは正しく評価しなければならない。当時は新しいアメリカの再出発期であった。過去と同様に、学校改革は、核となる価値観や偉大な社会を構成する国家規模での話題のひとつであった。地方レベルの教育改革は、社会改善に向けた多様な運動に埋め込まれていたので、学校や社会に関して異なる見解をもつ市民が衝突した。学校を民主的で思いやりのあるものとすることを望む人もいれば、業務効率や科学的管理を反映させることを望む人もいた。このような対立は、二〇世紀前半の学校改善の最大の過ちであり、国内の著名な知識人や教育リーダー同様、地域の学校改革者を分断した。このことは、一九〇〇年代初頭の学校教育論議で明らかになったが、改革が宙に浮いていると述べたスタンフォード大学の著名な教育学部教授エルウッド・P・カバリー（Ellwood P. Cubberley）は、一九〇九年にアメリカ人は「教育の進歩に関する新時代の出発点にいる」と宣言したのであった。

進歩主義の時代

歴史学者は、だいたい一八九〇年代頃から第一次世界大戦までの期間を進歩主義の時代と一般に認識してきた。その時代は多様性や、改革政党と任意団体、市民活動家の連携に特徴づけられ、安易な説明や描写は難しくなっている。彼らは、世紀の変わり目の改革者たちの動機をいろいろと解釈し、一九六〇年代以前の進歩主義改革者とは、都市や工場、外国人移民のせいで身分が不安定なことに悩んで生来の中産階級から溢れてしまった人々であると信じる者もいた。その後学者は、一八九〇年代までにまずは産業界で、後に学校等の様々な機関で、その規模や複雑さを増したホワイトカラーの「新しい中産階級」の職業目標に焦点を当てた。一九八〇年代までに、それらとは異なる観点に立つ学者は、進歩主義の基礎をなす道徳や宗教上の衝動に焦点を当てたが、小都市の信心深い共和党員の家庭で育った多くの改革者は、罪と社会的不正義の現実を信じ、最終的には慈善行為や社会改革に喜んで応じた。

ほとんどの歴史学者は進歩主義運動は一種類だとは思っておらず、典型的な進歩主義改革者のみに光を当てることは妥当とは考えなかった。ロマン主義や複雑な事象にラベルを貼ることと同様、進歩主義も一枚岩ではなかった。進歩主義者の中には、セオドア・ルーズベルト（Theodore Roosevelt）や、平和主義者でセツルメント（知識や財産をもつ者がスラム街に住み込み、調査をしながら生活に困窮している人々と生活をともにし、人間的な接触を通じて地域の改良、社会福祉の向上を図る事業の拠点となる施設）運動員のジェーン・アダムス（Jane Addams）、ジャーナリストのリンカーン・ステファンズ(Lincoln Steffens)のように国内で著名な人物も含まれていた。同様の複雑さが、州や地方レベルにも存在し、改革者の家庭背景は多様であり、精神上の異なったニーズや社会目的、異なった属性を有していたのである。第一次世界大戦以前には無数の改革者が、自らの著書の中で「進歩」や「進歩的」のような言葉を用いたが、例えば、ジョン・デューイは、「古い教育」や「伝統的」学校教育と対比させて、一九世紀の名残で決して新しくはない「新教育」や「進歩主義教育」について概括した。その後の教育学者や理論家は、明快さと一貫性をもってこれらの言葉を用いることはなかったが、現実の複雑さを扱いやすいものとして単純化する際に決まって用いていた。

他の改革熱と同様、教育と学校改革は様々な活動家を惹きつけたが、改革者は社会正義や民主主義の促進を教育の役割として強調する立場と、業務効率や科学的管理を強調する立場に分かれていた。双方の立場とも、進歩と人間性の向上が学校の中心的役割と信じていたが、人間の本質、民主主義と効率、良き社会が含意するものに関する見解は対照的であった。改革者を自称する人々は、同じ事象に直面しながら異なる現実をみていた。例えば、ミルウォーキーのある社会主義労働指導者は、セツルメント運動員や自由主義者と協力し、資本主義の不正義を緩和するための学校給食プログラムを援助したが、教育委員会の多数派を支配していた銀行家は、経費を心配し、人権としてではなく、人的資本への投資として無償給食を支援したのである。民主主義を強調するか効率を強調するかで競合するこれらの改革の立場は、しばしば主導権争いをすることとなった。

改革は時代の試金石であり、多くの原因から生じ、意見も多様であったが、二〇世紀前半の学校改革の最も重要な争いの場は、昔から教育実験の場となっていた都市に他ならなかった。ニューヨーク、シカゴ、デトロイト、ミルウォーキー、ルイビル、バーミンガムで起こったことは、州、地方、全米の教育会議や、学校改善を試みた多数の書籍、論文、講演で広く言及されたが、そこには学校改革に向けた複合的な理由があった。南北戦争期以前の都市は、社会改革や教育改革のるつぼであり、有名大学で新設された教育学科の調査対象となるにつれ、数が増してきた教授や大学院生の重要な研究の場となった。また教育事象は多くの学問分野の著名な学者も注目した。ウィスコンシン大学だけでも二、三人挙げることができ、例えば、社会学者のエドワード・A・ロス（Edward A. Ross）、政治経済学者のリチャード・T・イーリー（Richard T. Ely）、歴史学者のフレデリック・ジャクソン・ターナー（Frederick Jackson Turner）である。

一八九〇年代までに行政や組織中枢の改革が多くの都市で起こり、家庭背景の多様な子どもの就学が増加したことで、研究に魅力的な場が提供された。世紀転換期までには、ほとんどの都市の教育委員会が中央集権化され、エリートに支配されていた。すなわち、企業のガバナンスモデルに感化された素人の教育委員は、大学で科学的管理や業務効率の教育を受け、それに魅了された教育長に監督と政策調整の権限を委任したのである。一九世紀の彼らの先祖の多くと同様、州教育局の教育リーダーや専門誌の編集者、有力な学校管理者は、都市の学校は将来の先駆者であると想定していた。著名な大学教授も都市の改革、例えば組織の階層モデル、専門性の向上、小規模校の廃校をどこでも模倣する必要があり、特に世界恐慌直前期に何万とあった一教室しかない田舎の学校に必ず適用すべきであると信じていた。

一八九〇年代にアメリカの国勢調査官が「フロンティア」は遂になくなったと宣言した時、田舎から都市に向けて加速しつつあった移住に焦点が当てられた。都市の不道徳や贅沢、経済依存といったトーマス・ジェファーソンの古い警告にもかかわらず、その後の三〇年間の都市の発展は、まさに驚くべきものであった。その発展はどこでもあったことだが北部や中西部の州で最も顕著に起こった。未だ農村色が色濃く残る南部では、政治家や作家も田舎からの間断のない移住の流れを嘆いた。一九二〇年代初頭に初めて農村よりも都市（少なくとも二、五〇〇人が暮らす自治体）に分類された地域に住む人口が上回った。ただ、ペンシルベニア州のスクラントンやアイオワ州のディビュークと比べてニューヨークやシカゴのような巨大都市が多様であったように、生活の質や構造は場所によって明らかに異なっていた。都市には多様な人間の経験領域が含まれ、それはペンシルベニア州北東部の炭鉱の町のスロバキア人やイタリア人、その他新移民の生活から、ピードモント台地のより均質なアメリカ生まれの白人工場労働者まで、あるいは南西部の採鉱地や国境の町の英国系、メキシコ系アメリカ人、その他の移民の混血までといった範囲にわたっていた。

全国がシカゴだったというわけではないが、無限の多様性を含んだ都市の広がりと地方の表情がアメリカ全土を変えた。一九一〇年ごろまでに無数の農場が拡大したが、産業全体に占める農業の割合は低下した。農家は大規模になり、資本の集中化と競争力強化が進んでいた。煙草や綿の価格が短期間に上昇し、その後暴落したことで、南部の農業従事者は同じような恩恵を受けることはなかった。ただし、進歩主義の時代に北部の農業従事者は、食料価格の上昇で相対的に成功を収めた。第一次世界大戦までに南部のアフリカ系アメリカ人と同様、白人は都市に移住していった。若者への統制力が失われるにつれて、アメリカ農村の健全性に関する懸念は増大した。多くの「アメリカの楽園」で勤勉さや積極性、自立心が自然発生したかのように、農家での生活は徳の高い生活と同等視されていた。セオドア・ルーズベルトによって一九〇八年に設立されたカントリーライフ委員会(Country Life Commission)では、なぜ多くの聡明な若者が故郷を離れるのか研究されたが、貧相な学校やサービス、経済的困難や資産の減少、都市の娯楽や仕事の魅力は、田舎を空洞化させる要因となったのである。

一九二〇年以前の都市の発展には多くの原因があった。教育学者は、他の市民同様、農業従事者や田舎の人々の状況、悪徳や誘惑の本拠地であった都市にいる自らの運命を懸念した。このことは、一八八〇年代以降、都市に流入した外国移民集団への社会の警鐘に匹敵するほど人々を脅かした。一八九〇年から一九二〇年の間、主に中央ヨーロッパやヨーロッパ西部から一、八二〇万人がアメリカに渡った。人口増加や農業の営利化、政治的抑圧を含む様々な要因から母国を離れたこうした移民は、近代産業の時代となった時期のアメリカにやってきたのである。熟練労働者は、技術がないか十分でない労働者に基盤を置くようになった産業社会でわずかな割合となった。近代産業を強化した全ての主要な収奪的産業が、カルテルやトラストの独占を通して自らの力を強化した。常に成功したわけではないが、冷酷に労働組合を解散させたり、職工をより規格化したりした。労働者の高い離職率やストライキ、労使間が緊迫した産業は、進歩主義の時代を通してありふれたものとなり、階級闘争の懸念を強め、社会主義政党や過激な労働組合の誕生に拍車をかけた。

これらの「新しい」移民は、主に北東部や中西部の都市に定住した。その定住の過程は、たいていは労働者階級の仕事であったが、その就労を支援した家族や友人のお陰で容易なものとなった。ニューヨークの縫製、ベスレヘムやピッツバーグの製鉄所、デトロイトのフォードの施設ほど有名ではないが、限りなく多様な機械作業場や工場が、多くの移民にとって最終的な行き先となった。また移民たちは、石炭の運搬、小型トラックの荷降ろし、靴の修理、ぼろ布の回収、街路や家庭清掃の職に就き、さらに他の移民よりも良い教育を受けていた場合、都市や産業が拡大するアメリカにおいて、事務員や販売員、教員のようなホワイトカラーの地位に就いた。ニューオーリンズやアトランタにおいては、移民がいなければ黒人迫害に集中していたであろうアメリカ生まれの白人指導者の敵意を彼らがあおったようなことにもなった。

新移民に関するどのようなことでも、例えば宗教（主にカトリック、時にユダヤ教）、習慣、言語等は、恐れる仲間うちを集めた。当時異なる人種と一般にみなされていた。スラブ人、イタリア人、ギリシャ人、ユダヤ人は、隔てられた都市の区域に住んでいたが、そのことは、彼らが「アメリカの」生活に融合しないという懸念を重くしただけであった。エルウッド・P・カバリーは、新移民を道徳的に堕落しており、文化的に不快であると感じた多くの人々の中の一人であった。彼は、一九〇九年に「これらのヨーロッパ南部や東部から来た人々は、彼らの前に移住してきたヨーロッパ北部の人々とは全く異なっている」と記した。「読み書きができず、従順で、独立独行や独創力に欠け、アングロ・チュートン〔アメリカ建国の本流を自任するゲルマン系イギリス移民を指す〕の法や秩序、統治に関する概念をもたない彼らが移住してきたことは、国家の蓄積を著しく減じさせ、市民生活を堕落させた」。カバリーのこうした言及は、当該問題に関する極端な論調というのではなく、一九二〇年代初頭において、移民の全体量を急減させ、中央ヨーロッパやヨーロッパ南部からの移民を実質的に収束させ、時代を画するものとなった移民制限法を形成した自民族中心主義の思考を代表した言葉であった。

同時代における多くの人と同様、カバリーも、新しい移民のほとんどが都市に居住し、「集団や共同社会で居住し、自国の習慣や慣習、儀式をその場に築く傾向にある」と認識し非難を込めて記していた。一九一〇年には一五〇万人以上の子どもが教区学校に就学していた。一九一〇年の国勢調査を研究した学者は、親がアメリカ生まれであれ、アメリカで生まれた子どもは高い割合で教区学校か公立学校に進学し、たいていは一三歳まで就学しているということを発見した（アメリカで生まれていない子どもの場合、数値はずっと低かった）。例えば、一九一〇年では、一〇歳から一三歳のアメリカ生まれの白人の平均就学率は九二・九％であった。アメリカ生まれでその割合を下回ったのは、七〇・一％だったアフリカ系アメリカ人、七二・一％だったネイティブ・アメリカン、六二・九％だったヒスパニックだけであった。これらの三グループは、不釣合いなほど貧しく、政治的に無力で、たいていは教育への十分な公共投資がない田舎に住んでいた。

イギリス人、アイルランド人、スカンジナビア人、ユダヤ人、イギリス系カナダ人の親をもち、アメリカで生まれた一〇歳から一三歳の子どもの就学率は九五％以上を記録し、フランス系カナダ人、ドイツ人、イタリア人、ポーランド人、ロシア人の親をもちアメリカで生まれた子どもの場合も全て九〇％以上であったことも非常に印象的であった。一〇代半ばになると、アメリカ生まれの親をもちアメリカで生まれた若者のほうが、就労するために自分の子どもに学校を離れるよう要求した移民の親をもちアメリカで生まれた若者よりも、より高い頻度で就学していた。しかし、そのような概括は、アメリカ移民のモザイクを無視している。ユダヤ系アメリカ人は学校の到達度を強調するとともに、社会的流動性を控えめに扱い、家計により早く貢献することを若者に期待する他の集団と対照的に、宗教的・文化的な道理を学校で教える時間を延ばした。学校教育に多額の投資を行ってきた国家から移住してきた日本人とルーマニア人の家族も同様に、学校の到達度を非常に重視した。

主にハワイ諸島や西海岸に居住したアジア系移民は、進歩主義の時代のアメリカの生活変化に不可欠な役割を果たした。ヨーロッパからの多くの移民同様、彼らも多様な集団であったが、公立学校を社会化や英語の獲得、若者が社会階層を上昇するための手段であるともみなしていた。学校の目的は、第一次世界大戦中に強化された「アメリカ化」や同化であった一方で、多数派の白人による地域的な偏見により、南部の黒人や南西部のメキシコ人同様、アジア人やアジア系アメリカ人も分離された学校に就学させられた。一九〇六年、サンフランシスコの教育委員会は、それまで白人の子どもとともに近隣の学校に就学していた日本人の子どもに、中国人の生徒や一部の韓国人を主な対象としていた「東洋人学校」に転校するように命じた。日本人からの抗議は、国際的な衝突を引き起こした。日本軍の勇敢さと野望を認識し、またカリフォルニアでの移民に対する敵意を懸念し、セオドア・ルーズベルトは、東京の指導者に対して、移民の割合を自主的に低下させるように個人的に交渉し、それに成功したが、同時に日本人の子どもの分離を撤回するようアメリカ国内の地方官僚を説得した。白人多数派の悪意に満ちた人種主義や彼らの政治的なリーダーシップがあったにもかかわらず、その後の数十年間の日系二世のアメリカ人は公立学校で優秀な成績を残したが、白人社会において差別的な雇用慣行が広く蔓延していた。

国内の都市への移住や、アメリカへの移民の大量流入、増大した産業労働力の影響は、アメリカの農村や農業を遠い過去のものにしたことは明らかであった。産業化は一様な道のりでなかった一方で、変化する経済的・社会的見通しは、社会秩序における公立学校のような基本的機関の位置づけに関する重要で困難な問題を必然的に引き起こした。商店の売り場同様、教室においても、民主主義や正義の理想と、効率や社会秩序が優先権を争った。新教育と旧教育の擁護者との間の同じような争いも再び激化したのであった。

都市の発展と学校を取り巻く諸改革

都市が中央集権化された行政制度を導入し、高度な専門的技能の権威を高める一方で、多数の改革志向の市民は、これらの発展に反対するボランティア組織に参加した。経済的・社会的効率よりも社会正義や民主主義に関心のある彼らは、地方の近隣住民やコミュニティと学校をより密接に結びつけようと試みた。その過程において彼らは、進歩主義の時代を通して改革運動に独特の趣を加えたのであった。

エリートの学校支配に反抗した市民は、時に自分たちのことを階級闘争的な争いに没頭しているとみていた。もちろん、社会主義者は、階級対立の視点から多くの都市の教育委員会や学区の中央事務局の当時権力を握っていたエリートビジネスマンや専門職の陰謀であるとして非難した。例えば、一九一〇年までに、ウィスコンシン州ミルウォーキーの急進論者は、労働組合の政治部門であった社会民主党の構成員を教育委員に選出させ、最終的には教育委員の三分の一を占めることに成功した。社会主義者としてアメリカで初めて国会議員となったビクター・バーガー（Victor

Berger)は、学校での民主主義に対する戦いを、資本主義に反対する労働者(と自由主義支持者)のより大規模な闘争の縮図とみていた。バーガーは一九一五年に、「二つの理想が教育界の覇権を争っていた」と記した。資本主義者による運動は、「学校を訓練された親方や、一覧表やタイムレコーダーで管理する「効率的な」規格化された賃金奴隷の製造工場にした」。こうした特権の力と対立したのは、バーガーが言うところの、「学校を、社会生活の一部にし、子どもを早く自由人に成長させることに特化させた」多言語で様々な人がいるセツルメント運動員や組合、女性クラブ、都市の自由主義者であった。

また、通例社会主義者ではなかった都市の活動家も多くの改革を推進した。彼らは他のコミュニティ集団と協調しなければ、教育委員会や市議会、市長への影響力をほとんどもてないことを認識した。ミルウォーキーの社会主義者は、空理空論家ではなく、必要に応じてセツルメントや他の市民指導者、女性や親の集団、民主党と連携し、一八九六年にウィリアム・マッキンリー率いる共和党に破れてすでに解散していた人民党の元党員と協力した。彼らは、同時代の人々が言うところの「広範な学校利用」を要求して、多くの運動場を建設し、貧困層のためのサマープログラムを開始し、労働者階級のための成人向け夜間コースを開催するために、協力して教育委員会の候補者を擁立したり、官僚への陳情書を起草したりした。ただ、これらの集団の構成員の動機は非常に多様であった。中産階級のクラブに入っている女性や社会主義指導者、左派の労働指導者、自由主義のセツルメント運動員、イエスの名のもとに貧困層救済の社会活動を求める福音派のような宗教的な理想に鼓舞された人々は、彼らがしばしば非難していたビジネスエリートや専門家もそうであったように、子どもの最善の利益のために戦っていると思っていた。社会主義者は、自らの学校改革要求を資本主義への大きな抵抗に結びつけていた。しかしながら、社会主義の草の根運動家たちは、民主主義のほうに傾きながら、またビジネスをより効率的に計算高くする方法から遠ざかりながらも、体制内改革を望んでいたのである。

組織化された女性たちは、二〇世紀初頭の子どもの福祉や学校改革において欠かすことのできない役割を果たした。例えば、リチャード・T・イーリーは一九〇二年の初頭、『ザ・カミング・シティ（*The Coming City*）』の中で、「二〇世紀の都市で特別に優れた仕事が発展するのをみる時はいつでも、女性が何かしら関係していると確信できる」と鋭く指摘した。彼は「女性が子どものことを考えるという家族の理想に向かっている時は別として、我々がビジネスとして市政について語る時、女性は冷静で断固としていた。また、女性がひとたび目覚めれば、何かが起ころうともきっとやり続けるだろう」と続けた。都市の慈善活動組織の活動が長期にわたると、進歩主義の時代に女性は、自らを「無党派」であり、子どもの福祉を気遣っているだけだと発言していたが、自意識を強くして政治的になった。一八九〇年に結成された全米規模の全米婦人クラブ連盟（General Federation of Women's Clubs）は、二〇世紀初頭には会員数が一〇〇万人を超えたが、それは始まりにすぎなかった。アクロンであれオマハであれ、地方支部では学校参政権、すなわち地方の学校選挙に投票することや、教育委員会で働く女性の権利獲得を推進した。そしてそれは、一九二〇年に合衆国憲法の修正第一九条〔女性参政権〕が議会を通過する以前に、いくつかの州では合法化された。さらに、地方や州、地域の様々な集団が、教育を含む無数の市政改革に積極的に影響を与えた全米婦人クラブ連盟を支えた。

ただし、一九〇〇年には全米婦人クラブ連盟の会長は、上流階級の堅苦しい集団からフェミニストの活動家まで広がった何千とある地方のクラブと接触を保つことが困難であると気づいた。それでも、「世界中の仕事が自らの仕事となり、優れた家事は四面の壁からなる部屋に留まらないということに、多くの女性が常に気づいている」ことは明らかであった。ある女性活動家は後に、南部の黒人差別から、彼女が古い格言と呼んでいるものを引き合いに出し、「国民の生活に現れてほしいものは、公立学校に登場させなければならない」と発言した。他の州と同様、マサチューセッツ州においても、クラブの女性たちは、校庭や運動場、手工や裁縫のクラスのためにロビー活動をしていた（そして、しばしば資金援助した）。つまり、至るところに存在する彼女たちの同志と同様に、教室を塗装し装飾したり、貧困層に食事を提供したり、学校改善を要請したりするための資金を調達したのである。一九〇四年オハイオ州の女性たちは、全ての教育の最前線における女性の積極的な活動の「偉大な覚醒」を報告した。彼女たちは、多くの本を貸し出す図書館や、効果的な児童労働防止法、（厄介な大人から若者の犯罪者を隔離する）少年裁判所を求めた。一九一四年に全米婦人クラブ連盟の講演者として登場したジェーン・アダムスは、組織に加入している女性はほとんど独力で「公立学校のための幼稚園と家政学、児童労働の禁止、市のサービス改革、移民、森林、衛生的な食べ物、女性を保護する立法、水や鉱物資源の保護、職業訓練、鳥の保護、移動図書館とアートギャラリー、売春の禁止」やその他の社会改善に責任を負っていると主張し、彼女は連盟の会員を喜ばせていたが、誇張の中には根本的な真実も含まれていた。第一次大戦前夜、クラブ会員の中には、ニューヨーク州知事から「幅広いことに関心がある社会主義者」と称された時にたじろいだ者もいたが、州知事は、男性政治家に対して人間味のある福祉の実現に向けて州の責任を拡大するよう圧力をかける女性を賞賛した。

様々なボランティア集団に参加していた中産階級の女性の多くは、一九世紀最大の女性グループであった婦人キリスト教禁酒同盟（Women's Christian Temperance Union）で政治的な最初の経験を積んだ。同盟以外の女性では、既婚女性による授業が禁止されているために失職していたが、学校への関心は失っていない元教員たちであった。一般に女性は、多くの母親クラブや（彼女たちが支配していた）初期の父母・教員協議会、その他の市民協会の特徴であった改革と友愛の精神によって扇動されていた。全米規模のＰＴＡの先駆けとなった全米母親議会（National Congress of Mothers）は、一般人の間での教育改善に対する中産階級の関心の高まりを反映して一八九七年に結成された。その会長であったアリス・マクレラン・バーニー（Alice McLellan Birney）は、子どもの人生を改善することにおいて女性には特別な役割があるとして、「割合としては幼稚園一園に対して、百の、いや無数の刑務所や拘置所、少年院、養護施設、病院がある。それにもかかわらず、社会ではそれらの施設がもっと必要だと叫ばれている」と述べた。母としての衝動は明白であったようである。「自然は、男性にはたくさんの仕事への義務を与えているが、女性には子どもの養育しか与えない。したがって、女性が、新しく生まれた魂それぞれに最高の発達を促進する環境を提供するために仲間を頼る責任感に男性が気づくように導くことは自然なことである」。

女性活動家の指導者の中には、ジェーン・アダムスやエレン・ゲイツ・スター（Ellen Gates Starr）が一八八九年にシカゴの貧しい移民地区にハルハウスを開設したことに始まるセツルメント運動から参加した者もいた。どの都市においても、セツルメント運動員は、数名の男性もいたが、とりわけ女性の新教育への関心を刺激する一助となった。都市にある何百ものセツルメントが二〇世紀初頭までに開設され、それらの多くは移民の貧困層であった近隣の子どもに、無償の幼稚園、朝食や昼食、裁縫や手工訓練クラス、管理された運動場、休日学校を提供した。大学での教育を受けた、これらの都市での伝道者は、読書室や夕方の一連の講義、成人向け英語クラス、労働案内所も設け、また、アダムスを含め、大勢のセツルメント運動員が教育委員会で働いていた。二〇世紀初頭までに、セツルメントの活動家や女性組織は、公立学校に類似したプログラムを設けるために、労働組合や社会主義者、その他の都市部の自由主義者と協調したのであった。

全米母親議会に対してバーニーが言及したように、子どもの養育と福祉に対する責任は伝統的に女性が負っていたが、それまでの都市において、それほど公然と活動的な女性をみることはなかった。当時の多くの都市の教育委員会における議事録や公表された会議録は、体罰反対にせよ、また学校の朝食や昼食のプログラムに賛成にせよ、他の社会福祉改革にせよ、女性のロビー活動キャンペーンの見本で満たされていた。『チャイルド・ウェルフェア・マガジン』誌は、地方の母親グループやＰＴＡの活動家としての役割を定期的に記録していた。全会員が白人のアトランタ母親議会(Atlanta Congress of Mothers)が、幼児死亡率や子どもの栄養学、「社会の道徳的向上」に関する公開講習会を後援していた一方で、デンバーの母親クラブは一九一一年に積極的に社会センターを是認した。デモインでは、ある母親グループが図書館の分館設立を、そして一九一二年には学校のプール設置を支援した。他のクラブでは、母親への補助金のため、そして極度に出し惜しみする教育委員会から新しいプログラムを守るための嘆願書を集めた。ペンシルベニア州のエリーにおいて、地元のＰＴＡは、運動場や社会センター、衛生的な水飲み器、幼稚園への補助金増額のために学校の資金を支援する有権者をつなぎとめた。無数の保護者や女性グループ同様、テキサス州オースティンの母親サークルは、もう一つの新たな福祉プログラムである学校での健康診断を強力に支持した。一九一九年ミズーリ州スプリングフィールドでは、バウワーマン学校サークル(Bowerman School Circle)が、七五〜一〇〇人の子どもにつくりたての昼食を原価で提供していた。教育委員会が調理設備を提供したが、グループが「全てを管理している」ということであった。

女性が参加した要因は何だったのか。貧困層への強力な社会的義務感に動機づけられた信心深い女性もいたが、その一方で貧困の破壊的な影響に悩み、犯罪や社会の混乱が拡大すること、特に移民コミュニティにおいて増加することを懸念する女性もいた。遺伝が移民や貧困層を不道徳や犯罪に傾かせるという自然主義者の観点を確かに共有している人もいたけれども、ほとんどの人は何らかの基本的な点で環境の力を信じていた。それでも他の女性たちは、女性の養育やケアという伝統的な社会規範を自らの専門的な利点に変えた。例えば、セツルメントの仕事はソーシャルワークに発展した。クラブの女性やセツルメント運動員は、女性の社会的な活動範囲を政治や学校を含むものに広げ、フェミニストや完全な参政権支持者となった。多くの女性は母としての価値観を強調して、一般大衆が空腹の子どもに食事を提供し、管理された運動場を設け、その他の点では市政の社会的責任を拡大することに賛成を表明した。

ボランティア組織は、進歩主義の時代を通して学校改革の活力源となった。ほとんどの都市と同様、オハイオ州のトレドでは、母親議会や保護者組織など、様々な市民集団が、学校の広範囲な活用や自由化された教育内容を求めてロビー活動をした。一九〇〇年に完全教育リーグ(Complete Education League)と称されるグループが結成された。その集団は、幼稚園や運動場、手工訓練クラス、新教育のその他の事柄への補助金を増額するように当時中央集権化が進んでいた教育委員会に圧力をかけ、委員が拒むと、選挙でその委員の落選を働きかけた。リーグの構成員は、普段の教室では教科書や暗記、暗唱に力点が置かれているという意味での「伝統的な教育」を遠慮なく攻撃した。同リーグの最初の出版物である『完全教育(*Complete Education*)』では、トレドの急進派市長サミュエル・M・「ゴールデンルール」・ジョーンズ(Samuel M. “Golden “Rule” Jones)が教育改革運動を指導するのを支援するために雇用していたブルガリア人移民のストヤン・V・ツァノフ(Stoyan V. Tsanoff)による論説が組まれた。ツァノフは、知的な才能の育成が重視されすぎてきたことに不満を述べていた。「リーグは、知識の獲得が教育の一部にすぎず、運動場や幼稚園、コンサート、絵画展覧会、才能や情緒を刺激し訓練する全ての種類のエンターテインメントが文化の不可欠な部分であるという事実を重視するという最高の責務に配慮している」という出版物にはアメリカ民主主義の詩人ウォルト・ホイットマン(Walt Whitman)の詩を賞賛するジョーンズの論考も組まれており、「兄弟愛と姉妹愛」や神の父性を賛美するホイットマンのトレードマークで結ばれていた。

進歩主義者の精神的で宗教的な側面には、トレドの風変わりな市長の見解以上に素晴らしいものはみられない。一八四六年にウェールズで生まれたジョーンズは、三歳の時に家族とともにニューヨーク州に移住してきた。ほとんど学校教育を受けなかったが、思いがけない結果で無一文から大金もちになった典型的な事例となった。彼はペンシルベニア州の油田やオハイオ州のガス田で働いていた。そこで、後にロックフェラー・コングロマリットによりジョーンズから買い取られることになるオハイオ州ライマのガス会社を購入できる幸運に恵まれた。彼はトレドで彼の発明品のひとつである油井ポンプを大量生産するアクメ・ズッカー・ロッド会社（Acme Sucker Rod Company）を設立し、その会社でかなり潤うことになったのである。それからすぐの一八九三年に不景気に見舞われたが、彼自身の言うところによると、彼は求職中の多くの誠実な男性の窮状にショックを受けた。彼らの窮状は、彼が空腹で野宿をした油田での若かりしころの痛ましい記憶を蘇らせたのであった。

大学卒業後のジェーン・アダムスの転換期同様、ジョーンズの精神的岐路は劇的な人生の変化をもたらした。彼は工場のタイムレコーダーを取り去った後、壁に次のような標語を掲げた。「本社管理規則：他の人にして貰ったことには、必ずお返しをすること」ジョーンズは賃上げ、労働時間の短縮、有給休暇制度を実施し、労働組合と女性参政権を支持し、資本主義を批判し、地上の楽園を夢見た。新人の共和党員として一八九七年に市長に選出されたジョーンズは、政党に属するのを拒み、一九〇四年に亡くなるまで無党派で職に尽くした。彼はいつも都市の有力紙、民主党や共和党、商工会議所から非難されたが、その彼自身は、自分を正式に支持しない団体は聖職者組合だけであると皮肉を述べた。

ジョーンズの奇抜さは全米の新聞を賑わし、ゴールデンルール市長は時代を代表する伝説的な社会正義擁護者の一人となった。彼はゴールデンルールの力を示して、企業の貪欲さに反対し、安価な交通輸送運賃のために戦い、警察から警棒を取り上げ、莫大な私財を寄付し、市長としての自らの給与を貧困層に寄付した。ジョーンズはタイムレコーダーに象徴される効率主義を批判し、従業員の給料袋に記した小さな説教で、人類愛や社会的平等を説いていた。彼は工場に運動場や社会センター（Golden Rule House）、コミュニティバンドを設け、最新の運動を子どもに教え、伝統的なメソジストの賛美歌に自ら歌詞をつけて人類愛の歌をつくって歌うことを楽しんだ。ジョーンズは、社会主義者や無政府主義者、セツルメント運動員、社会的福音派の聖職者を講演のためにゴールデンルールハウスに招待した。ジェーン・アダムスも講演のために招待された多くの来賓の一人であり、彼女は喜んで応じた。『ハルハウスでの二〇年間（*In Twenty Years at Hull House*）』の中で、アダムスは、地方の急進派の勉強会での講演後にスタンディングオベーションを送ってくれたのはジョーンズただ一人であったと回顧していた。

彼の世代の多くの活動家同様、ジョーンズは、新教育の実践なしに良い社会は実現しないと確信していた。彼の完全教育リーグは、クラブに参加している女性や活動家の保護者、その他の改革者たちの多くを惹きつけ、候補者を公職に選出し、運動場や学校を増築するためのロビー活動を成功させた。ロビー活動では、朝食や昼食プログラムの増加や、投票所や会合場所としての学校の広範な利用に関する意見もみられた。演説や市長としての報告書において、ジョーンズは、運動場や幼稚園、手工訓練と裁縫のクラス、学習過程での子どものための活発な役割を擁護した。『完全教育』は、詰め込み教育や暗記、体罰、教育の知育の肥大化を批判した。トルストイ（Lev N. Tolstoy）やエマーソン、ホイットマンらのロマン派の作家を引用しない場合、ジョーンズは、ペスタロッチやフレーベルの伝統的な方法に倣って、神と自然を結びつけた独自の詩をつくり上げた。

木々は芽生え、鳥たちがさえずる。
花々が咲き、春を告げる。
古い物語が新しい物語を再びつくり上げた。

神が天国から見守り、全てがうまくゆく。

アメリカのあらゆる都市では、そのようなカリスマ指導者がいない都市であってすら、教育改革や改善への関心が目に見えて高まっていることが目撃された。一九〇〇年代初めには、民主主義の強化とするにせよ、より生産力の高い労働者を輩出するにせよ、公立学校の「社会的」役割を強調する書籍や論文が激増した。学校における社会福祉プログラムを広範囲にわたって記したクラレンス・A・ペリー（Clarence A. Perry）は、多くの町や都市が、夜間学校や休日学校、運動場、レクリエーションホール、社会センターに補助金を支出していることを発見した。フォークダンスや木工を教えたり、英語クラスや歴史に関する短期コースを提供したり、水道や公共衛生、その他の市民の関心事に対して専門家と提携した講習会シリーズを開催したりする学校もあったり、投票日に投票所として機能する学校もあった。ペリーの有名な著書の題名『学校設備の幅広い利用（*Wider Use of the School Plant*）』（一九一〇年）は、教育の著作で商業的なたとえで訴えていたが、彼も市民の活発さに感銘を受けていた。当時は、当惑させられるほど多様なグループが学校で出会っていた。例えば、フィラデルフィアの家庭と学校連盟（Home and School League）に加入している多数の親が参加する公式行事や、ボストン家庭と学校協会（Boston Home and School Association）（年間二、五〇〇人以上が加入した）が後援する会合、地方の体育館で活動していた無数の体育チーム、社会センターや多様な教育革新に一層の公的補助金を要求する学校拡張連盟や、教育や産業に関する組合であった。

何人かの社会活動家にとって、学校の校舎（学校設備とも呼ばれた）のより広範な活用は、それを社会センターと同義にするもので、優勢となっている教育の中央集権化指向への反発でもあった。学校制度は、多様な水準の情熱を伴った前述したような福祉に関する提案を含んでいた。一九〇九年に中西部のある教育長は、「各都市はそれぞれの方針に沿って社会センターの考え方に取り組んでいる」、「社会センターという語は未だ何か一つのことを意味するものではない。『類型』はまだ設けられていないのである」と述べた。ほとんどの町や都市において、社会センターは子どもや大人が学校で放課後に、校内で催される運動ゲームや、公開講習会、実験的なコース、伝統的な学級の組み合わせを含む多様な活動で利用することを意味していた。他の全ての新制度同様、これらの社会センターへの支持には、多様な動機や期待が背景にあった。運動は学校の外で始まり、中央集権化された教育委員会の教育長や官僚は、常に素人の影響を避けようとした。けれども、資源の効果的な利用を支持していたクラレンス・ペリーは、教育委員会で働くビジネスマンは、「高額な学校施設を半分以下しか利用していないことが、ビジネスの現場で支持されている考え方と一致しないとみなし始める」と信じていた。彼らは部外者と同じ改革を支持することが時々あったけれども、民主主義と効率双方の支持者の激しい争いは続いた。

最も有名な社会センターの試みは、ニューヨーク州ロチェスターで行われた。女性や労働者、社会主義者、社会運動室等、多様な自発的集団からの圧力に応え、地方都市の議会や教育委員会は一九〇七年、学校の広範な利用を承認し、夕方や週末に一般市民が立ち入りやすくした。エドワード・J・ウォード(Edward J. Ward)はセンターの管理者に任命され、地方での議論に巻き込まれるにつれ、すぐに全米に名を知られる人物になった。地方紙の記者は彼の支持者を「種々雑多な社会主義者、自由主義者、不満の主唱者が勢ぞろいしている」と称していた。キリスト教系の社会主義者であり聖職者でもあったウォードは、自由な言論と、地方の社会センターを形成する際は地域住民の関与が必要であると深く信じていた。彼は、最大限の参加者を得るために、演説家として誰を招待するかの決定を含めて、夜の活動を支える地域住民による市民クラブを形成するように大人たちに奨励した。社会センターは大変人気を博し、ロチェスターで学校の広範な利用が行われるにつれ、多数の子どもや大人を惹きつけた。

自由な言論へのウォードの支援や彼自身の左派的な社会観は、全く議論の余地のあるものであった。例えば、いくつかの町や都市では、社会センターは第一に移民をアメリカに帰化させ、その地位を高めようとしたし、多くの教育委員会も宗教的、もしくは「特定の主義に偏った」議論を禁じた。しかしながら、ウォードは都市の近隣地域に社会センターを設立し、開かれた議論を支持した。ロチェスターのセンターも人種的に統合されており、ジョーンズと数名の都市の急進派が支持した「ゴールデンルール」が唯一の政策となった。地方の市民クラブは、自分たちの講習プログラムを立案した。そして、社会主義者や無政府主義者が現れ、市長や学校当局を含む地元の政治家を批判した時に議論はすぐに起こった。ウォードは擁護したが、それは自由な言論と民主主義の代償であった。しかしながら、実際に行われたのは、一九〇九年に開催された日曜仮面舞踏会（異性装同様、安息日を冒瀆するという非難を導いた）を含めて、社会センターでの二、三の議論の余地がある活動だけであった。そして、ウォードは解雇され、自由な言論は束縛され、社会センターの予算は削減され、それによりロチェスターの試みは終了した。その後、ミルウォーキーの社会主義者がウォードを社会センターの顧問として招いた。彼は、後にウィスコンシン大学のエクステンション・ディビジョンで数年間働き、アライグマ州（ウィスコンシン州のニックネーム）全土に自らの考えを広めようと試みた。

一八九〇年代から第一次世界大戦の間の多くの教育改革者同様、ウォードも革新の巨大な中心地であった都市に引き寄せられた。彼は、地域に端を発する教育改善や福祉改革を促進し、ますます複雑になる産業世界における教育の目的や意義を議論した大規模な市民活動家の運動の一翼を担った。『新教育（*The New Education*）』（一九一五年）の学校の変わりゆく思想や実践の調査において、急進派経済学者スコット・ニアリング（Scott Nearing）は、古い教育を完全に時代遅れのものとし、新しい、もしくは進歩主義的な代替教育をより魅力的なものとした社会転換の時をアメリカ人は生きていると結論づけていた。「教育の新しい基礎は、一九世紀の産業界で形づくられた変革の中にある。その変革により、村での生活は都市の小住宅に変質し、技能工や工具の利用は、未熟練工で事足りる機械に取って代わられた」と彼は認識していた。肯定的な変革の例は数多くあるが、その変遷は冷淡なものに映った。「新しい世代の考えを形成し、鍛え、磨くことが学校で行われているのに、この変革の前面に学校を押し立てるのはいくら何でも無理なのではないか」と彼は疑問に思ったのである。

劇的な変化が進んでいる都市のイメージは、学校における民主主義と効率の明確な役割を定義しようと奮闘する改革者の意識の中に常に現れていた。多くの革新は、一般大衆にその起源があり、少し後で学校を運営する専門家や専門職の管理下に置かれた。都市は、セツルメント運動員や多様なボランティア団体が教育の試みや社会活動に従事する教育改革の中心であった。一八九四年に教鞭をとるためにシカゴ大学に赴任した若手の大学教員ほどこの刺激的な環境の恩恵に浴した者はいなかった。その若手大学教員とはジョン・デューイのことであり、彼は、学校と社会、民主主義と教育、教育理論と実践の関係の最も綿密な研究のいくつかを著した人物であった。地方の同世代の多くの少年同様、デューイも都市に移住してきた。都市は彼らの気持ちを高ぶらせる場であったと言える。

デューイの時代

ジョン・デューイは、一八五九年にバーモント州バーリントンに生まれた。その年は、チャールズ・ダーウィンが『種の起源』を出版した年であった。デューイが学校教育に実際に与えた影響は、ダーウィンが生物学と科学に与えた影響に比べればわずかであったけれども、彼はアメリカの最も有名な哲学者となった。ハイスクール卒業後、デューイはバーモント大学で学士号を取得し、学校で教鞭をとった後、ボルティモアのジョンズ・ホプキンス大学で博士号を取得した。その後、ミシガン大学とミネソタ大学で教鞭をとった後、彼は一八九四年に新設されたシカゴ大学に移った。他の北部の都市同様、シカゴも産業化し、職やより良い生活を求める移民や農村の人々を惹きつけて人口が急増していた。一八八六年のヘイマーケット広場の暴動は、多くの市民にとってシカゴを悪評の高いものとしたが、デューイは、自らの哲学思想を形成する際に、都市の豊かな知的・社会的資源を活かした。歴史学者のロバート・ウェストブルック(Robert Westbrook)が我々に思い起こさせてくれるところによれば、デューイはシカゴの魅力を発見していたのである。彼は妻のアリスに「町はいたる所に波及し、誰かが進んでそれを解決してくれる、もしくは解決する代わりに湖に捨ててくることを願っている問題で溢れているようにみえる。私は、田舎の村に留まっている以上に、物事を客観的にみようという考えをもたなかった」と語った。デューイにとって、哲学は抽象的な観念の研究ではなく、生活とその問題に携わる方法となっていた。

ジェーン・デューイ(Jane Dewey：ハルハウスの共同設立者として知られる)は、一九三九年に出版した自身の父の伝記上における描写において、彼の「教育における指導力としての民主主義への信念は、ハルハウスとジェーン・アダムスのおかげで、より鋭く深い意味合いを有していた」と記した。ハルハウスでは、ずらりと並んだ社会サービスや保護者と子ども向けの革新的なコースの試みが行われ、デューイもシカゴに移り住む前は、時々そこで講習を担当した。彼は、セツルメントや都市の学校での教育改革に積極的に関心を寄せ、一八九六年に大学構内に実験学校(Laboratory School)を設立した。彼は妻とともに一九〇四年まで積極的に実験学校に関わった。彼が学長と論争した一九〇四年は、一九三〇年に引退するまで教鞭をとったコロンビア大学の哲学部に就いた年でもあった。

デューイの名は、教育の試みや改革と同意語となり、彼を進歩主義教育の父と称することを主張する人もいた。そして、彼は、彼の著書を読んだことがなく、彼の哲学を「なすことによって学ぶ」や「児童中心主義教育」の標語に単純化する人々により、崇拝されたり軽蔑されたりする曖昧な名声を享受した。彼の信奉者の中にさえ、彼が旧教育と新教育の両方を批判していたことを理解していない者がいた。自らの著書において、デューイは対照的な立場を併記し、それらを批判しつつ新たな総合的観点や教育問題の見方を提示していたのである。おそらく、新教育の同志は、自らの願望で、デューイが児童中心主義の理想を批判していたことを無視したり控えめに扱ったりする一方で、彼の伝統的な学校教育への批判を引用していた。デューイは決して名文家ではなかったけれども、地方の保護者や地域住民向けの連続講習会で自らの教育に関する考えを明確に示し、一八九九年に出版した『学校と社会（*School and Society*）』と題した小さな本に著した。実験学校での革新的な実践の広範な文脈や理論を概説したその本は、再版され、彼の発展的な知的世界への有効な入門書となっている。

その時期に教育について書かれた無数の著作同様、デューイは、当時の数十年間の劇的な社会の変化を強調することから話し始めた。産業主義は手工業を破壊し、科学技術は生産を活気づかせ、輸送システムは国際市場への進出を促した。このことは教育にとって非常に大きな問題を有していた。地方の農村ではかつて、ほとんどの子どもが家庭や家族農場で、生産や生活の糧を得ることや、社会関係を学んでいた。学校は集積されたその時代の英知を教えるために創設されてきていたが、歴史的にみれば、学校は子どもの生活において小さな役割しか果たしていなかった。しかしながら、古い教育の批評家は、学校に関する不自然なものが増えていること、すなわち、学校の重要性は増しているものの、学校が「学ぶことから引き離された場所」となっていることを的確に力説していた。子どもの経験やコミュニティ、大規模な社会からあまり切り離されていない学校を創設する方法がないことは、近代教育の基本的なジレンマであった。

デューイは自らの講義を通して、公立学校に対する聞き覚えのある批判をし、そこでは教員の権威や生徒の受動性が支配していると述べた。教科書は至る所にあったが、子どもの関心や経験とかけ離れた知識で構成されていた。教員は子どもにどの頁を暗記するのかを語り、子どもは指名された時に立ち上がり、知っていることを答えると座り、成績をつけられる。そのようなパターンといつもの手順はごく普通のものとなっていた。規律は教員や親の体罰による外的な脅威で強化され、学習への子どもの自然な関心を引き出すのではなく、失敗への恐怖や進級したいという願望と引きかえに良い学業成績をとることが奨励された。誰もが「幾何学的な順番で配された見苦しい机の列が並び、ほとんど身動きが取れない位詰め込まれており、机はほとんど同じ大きさで、本や紙や鉛筆のための空間しかない」典型的な教室を認めていた。デューイの講義を聴講したり、著書を読んだ地方の親たちは、おそらく同意して頷いていた。ほんの数年前、ジョセフ・メイヤー・ライス(Joseph Mayer Rice)も、醜聞を暴く本の中で、シカゴの公立学校ではドリルや機械的な教授法が規範となっており、全米で最悪の状況であると主張していたのであった。

教科書はうまい具合に生徒に知識や無数の人類の経験の産物、社会の相互作用を提供し、時に数世紀前のことも知らせてくれる。しかし、教育的な手段として教科書には明らかな限界があった。子どもたちは世界の集積された知識を生み出す活動から引き離され、教科書は子どもたちの当面の生活から乖離した題材しか提供していなかった。教員が若者と知識の源を結びつけ、そのうえで学習と日常生活を結びつけることはどうすれば可能なのか。多くの学校でみられる機械的な教授法を排除することは、民主主義社会の全ての市民にとって重要な知識を教えずに済ませることではなく、新たな教育戦略を見出すことを意味していた。あまりに長い間、学習に関する子どもの関心を「引き出す」というよりむしろ、子どもの頭に事実を「詰め込む」ことが教育を支配していた。

対照的に実験学校では、子どもたちが、人々が過去にどのようにして生活の糧を得て生活していたのかといった、様々な職に関する学習に参加し学んでいた。それにより、都市の子どもが本の中でしか読んだことのないこのような過去に関する抽象的な知識に生活を戻す一助となった。デューイは、自分の学校にいる子どもたちが、他のことをする合間に、羊を育て、羊毛を刈り取り、それを紡ぎ、衣服をつくっているのは奇妙に思われるかもしれないと説明していた。しかし、このことは、学校が現実の世界からわき道にそれることや、ロマン主義の教育者に従うことや、単なる楽しみになっていることを意味しない。羊毛の産地を学ぶ以上に基本的なことは何なのか、または衣服はどのようにしてつくるのかということである。子どもたちはプロジェクトでともに活動し、単なるアカデミック科目ではなく、家庭菜園の生活に伝統的に不可欠な社会的協働を教え合った。実験学校では、子どもたちは農夫になるためではなく、食物や化学、地学について学ぶために作物を校庭に植え育てた。ハイドパークのかなり裕福な家庭からきたこれらの子どもは多くの知識を獲得した。ただし、彼らは独創的・積極的に教育に関与することで、教科書や伝統的な教育にはあまり頼らなかった。子どもたちは卵をゆでる方法を学ぶために料理本を読んだが、それぞれの試みで関心を高め、観察力を強化した。民主主義社会と同様に、効率は犠牲にされ、積極的に学習に携わるには時間と忍耐力を要した。

職業について学んだ生徒は、羊飼いや料理人、まして実験施設の科学者になるためではなく、仕事の本質への見識を得るためにそれを身につけた。こうした教室での試みも実験学校での手工訓練も、職業教育と混同されてはいなかった。労働者階級のための狭義の職業訓練の擁護者の中には相違点を見失う者がいたとしても、デューイは職業の学習と職業準備を明確に切り離した。『学校と社会』やこの点をより強調した後の著書において、デューイは、子どもは過去と現在の人々がどのように生活の糧を得ているかを学ぶべきであるが、公立学校は「子どもを何か特定の職業に就かせるため準備」すべきではないと述べていた。例えば、校庭の作物栽培は、化学や地学、歴史等、多くのことを同時に教えたが、園芸家を育成することを目的とはしていなかった。木工も新たな産業秩序のための職業訓練形式ではなかった。

デューイは、独創性のない教室や、ボルトで締められた椅子、元気のない生徒という古い教育の記憶に残る印象を記したけれども、『学校と社会』では、新教育も鋭く批判した。デューイは伝統的な学校教育への主要な批判を明らかに支持していた。人々はしばしば反対の結果を伴いながら、他者への直接的な対立の中で自分の考えを形づくると彼は認識していた。例えば、学校が教員の権威を過度に振りかざしたり、ドリルを過度に信仰していると適切に指摘した改革者は、結果として子ども時代の感傷性にひたり、子どもを喜ばせることを好んだ。目的のない教育は、一定の慣習的な機械的学習による暗記を全く改善するものではなく、極端な考えは安易にその反対のものを生み出した。何人かの人が信じていたが、デューイは決してロマン主義の教育家ではなかった。デューイは確かに、ヨーロッパの児童中心主義のロマン主義者やアメリカにいる信奉者の貢献に敬意を払っていた。彼らや、一八九〇年代、学習過程に子どもの関心を中心に置くことや相互に密接に関連する科目の価値を強調したヘルバルト主義から学んだことは多かった。しかし、彼らも洞察を万能薬としてきており、デューイは実物教授のような早期の革新が学校を変質させようとしていることに疑いを向けていた。他の批評家も記していたように、年少の子どもは実物から多くのことを学ぶかもしれないが、これらの講義はありふれたものとなり、小学校の最初の学年から段階を追って教えられた。神秘主義や象徴主義に包まれていたフレーベルの幼稚園もまた、類似した運命を経験したのであった。

デューイは、『学校と社会』の冒頭に述べた重要なテーマを多くの著書において詳しく述べていた。受動的な生徒で満たされ、教科書に支配されている教室を望む伝統主義者や、教員の指導や権威に監視されない子どもの自由を賞賛するロマン主義者とも明らかに異なる道を彼は一貫して求めていた。『児童とカリキュラム』（一九〇二年）の中でデューイは自らの立場を明確に述べている。「概して、未熟な子どもと成熟した大人を不公平に比較し、前者をできるだけ早くかつ多く解放されるものとみなすことが『旧教育』の弱みであった。他方、子どもの現在の能力や関心を決定的に重要なものとみなすことに『新教育』の危険性があった。実際、子どもの学習や到達度は、不安定で流動的だった。それは、日々刻々と変わるものである」。

デューイはほとんどの教室での退屈な手法を嘆く一方で、新教育への批判も彼の研究の中心となっていた。『教育における興味と努力(*Interest and Effort in Education*)』(一九一三年)において、彼は書名に込めた対照的な理想に関する二通りの考え方の誤謬の要点を述べ、ロマン主義教育者の批判に数頁を割いた。彼は以前と同様に、「体裁の良い」教育や感傷的なこと、学習過程に努力という言葉は消えるなどというあり得ない考え方に警告を発した。彼は無味乾燥で面白みのない教授学を終わらせようと試みていたペスタロッチやフレーベルの見識を賞賛したが、同時にペスタロッチの考えを、融通が利かず、形式的すぎ、フレーベルの考えを神秘的で観念的すぎるとみなしていた。主要著書である『民主主義と教育』(一九一六年)の中で、デューイは自らの教育哲学の一部を述べていた。彼は再び二通りの考え方を批判し、学校は若者に知識を伝えるだけでなく、「より良い未来の社会」の構築を支える「主要機関」でもあると主張していた。

『民主主義と教育』の出版に先立つ数年間、デューイは、非民主的な学校イニシアチブへの反対を公言していた。一八九〇年代に退廃した区の指導者を都市の教育委員会から解任した後に、行政改革主義者は、教員を犠牲にし、権力を単に校長に移しただけであったと彼は皮肉を込めて記していた。彼は、大企業に無批判で、労働者階級の子どもを分離された職業ハイスクールに編入しようとする「社会効率」の主張者に声を大にして反対していた。初期の何冊かの本よりも明示的に、『民主主義と教育』では、経済的不平等や不正義を批判し、民主主義は一連の抽象的な概念ではなく、「関連する生活の型」であり、ひとつの生き方であるとデューイは強調していた。また、民主的な学校では、全ての子どもが「自らの経済的・社会的」運命の支配者となるべきであると彼は主張していた。成長や潜在能力を限定し、最底辺の仕事に向ける教育過程に特定の子どもを導くことは滑稽なものであり、「民主的な社会は、人間的な基準を有した学習コース形成の活用にその維持がかかっている。教授科目の選択への主要な影響が、狭義には一般大衆のためを考えているとはいえても、エリートの高度な教育、すなわち、特別な教養を有した階級の伝統のためを考えた功利主義的な目的となっている場合、民主主義は繁栄することができない」とデューイは結論づけていた。いつものように、散文は異彩を放つものではなかったが、文意は明確であった。学校は学問教育の中心というだけではなく、子どもが権利の尊重と他者の意見を学び、民主主義社会で生活するのに必要な社会全体の価値観や理想に接する社会的な機関であるとの考えを彼はずっと維持してきた。

第一次世界大戦以降、デューイは別の哲学的関心も抱いたが、多くの人が学校の狭量な手法を批判することを鼓舞し続けた。一九二〇年代には私立の「進歩主義学校」が栄え、それらの設立者は自らを鼓舞し導く存在としてデューイをみていた。しかしながら、一九二八年の進歩主義教育協会(Progressive Education Association)に先立つ主要な演説において、デューイは聴衆に、多くの児童中心主義の学校は、系統化されたカリキュラムや大人の権威から利益を得ていると述べていた。これらの学校は、特にデューイを支持していなかったし、彼の教育哲学を反映してもいなかった。その一〇年後、七八歳になったデューイは、教育に関する自らの最後の著書において、もう一度誤解を解こうと試みた。『経験と教育』において、デューイは一九世紀末に初めて体系的に探求したテーマに回帰した。再度、彼は、旧教育と新教育の短所に焦点を当て、旧教育を暗記と暗唱、「固定された机の列」「一本の鎖に繋がれた手順」と、新教育を訓練されていない自由、目的のない活動、子どもらしい衝動への賞賛と同一視した。デューイは、伝統的な学校に関して同様にそのやりたい放題ぶりを生涯書き綴っていたけれども、それでも進歩主義や児童中心主義の教育との結びつきを保っていた。多くの人々は彼が語り、信じていたものを理解するのに苦労した。例えば、一九二〇年には、全米で指導的な立場にあった教育史家が、デューイの哲学を「社会効率」だけでなく、フレーベルや「体験学習」と関連づけていた。

しかし、誰もが忘れていたのは、多くの同時代の人々同様、デューイが都市の環境の中で、自らの考えを案出したということであった。社会や経済の変革の中心であった都市は、それが実験学校においてであれ、セツルメントや公立学校においてであれ、教育の考えを検証する重要な実験室となっていた。都市の学校は、その対象が広がるにつれ、学校を形成し、改善し、管理することを望む多様な改革者を惹きつけた。デューイの都市での経験は、学校は社会の進歩と人類の向上にきわめて重要であり、またアメリカの民主主義の維持と拡張に不可欠であるという確信を強めただけであった。しかし、都市と都市の多様な社会変革に注目していた他の人々は、全く異なることを学んでいた。

カバリーの活躍

伝記作者によれば、カバリーは決してジョン・デューイや哲学者の急進的な、もしくは見当違いな信奉者と混同されることはなかったと記していた。ディヴィッド・B・タイアックが説明しているように、彼は黒幕であった。すなわち、行政官を訓練し、教科書を執筆し、学校調査を実施し、地方学区に助言していた。彼の散文も明確であり、文意には異議を差し挟む余地が少なかった。デューイは哲学を現実的な問題に役立たせたかったが、カバリーは自らが現実的な問題に徹底的に携わっていることに疑いを向けることはなかった。カバリーは、二〇世紀初頭における改革への異議を唱えたため、有名な哲学者デューイと対になっていた。デューイもカバリーも、多くの著書を残し、進歩や進化論的成長、社会秩序における公立学校の重要性を信じていた。また、両者の思想は、都市に集中していた社会発展や経済成長の影響のもとに形成されていたが、類似点はそこまでであった。デューイは新興の産業秩序に注目し、そこに欠けているものを見つけたが、一方、カバリーは、リンカーン・ステファンズの言葉を実証するために、将来を見越し、そしてうまくなしとげた。学校が、社会効率の概念や運営のビジネスモデル、専門家の監視や管理で導かれているなら、そのとおりであったかもしれない。

一八六八年にインディアナ州北東部の村で生まれたカバリーは地元の学校で学び、一八九一年にブルーミントンにあるインディアナ大学を卒業した。大学在籍中、短期間田舎の学校で教鞭をとっていた。卒業後、同州のビンセンス大学に移る前に、短期間カレッジで教鞭をとり、ほどなく学長となった。彼の専門家としての昇進はとても早かった。彼は、サンディエゴの教育長に就任し、そこで何人かの委員会委員と悶着を起こし、専門的な問題に素人が干渉することを好まなくなった。彼の恩師であり、ブルーミントンでは指導教官であった有名な進化論の生物学者で、当時スタンフォード・リーランド・ジュニア大学の学長であったデイヴィッド・スター・ジョーダン(David Starr Jordan)は、その後すぐに、一八九八年に新設されたパロアルトキャンパスの教育学部教授として彼を採用した。一九〇五年にコロンビア大学のティーチャーズ・カレッジで博士号を取得したカバリーは、スタンフォード大学の教育学部設立と強化に尽力し、また自らの長いキャリアの中で教授として、学部長として働いた。彼は多様な課程を教える一方で、教育史や学校管理の分野で主要な著書を残し、影響力を発揮した。

カレッジ在籍中、カバリーは物理学で有名となり、ビンセンス大学では、教育分野に集中する以前に好きな分野であった地理学を教え、研究を続けていた。多くの同世代の人々同様、彼の人生の中で起こった経済的・社会的な変革に畏敬の念を抱き、それを進化論的成長と進歩の表出とみなしていた。生物学からは、人生は生存と出世のための継続的な戦いであることを学んだ。個人同様、社会組織も、競争と変革に順応するなら、耐えたり栄えたりするということである。また、企業は、区分けされた労働者や、職務の専門化、職制、生産性と利益を最大化する中央集権化を利用した。これらの科学的・経済学的真実を教育的な管理や組織、監督に適用する方法が、カバリーの著書の集大成の核となった。

彼の社会的・教育的見解を簡潔に述べた初期の著書『変容する教育概念(*Changing Conceptions of Education*)』(一九〇九年)において、カバリーは科学技術や産業化、移民、都市化がいかに国家を変質させたかを強調した。アメリカは、「常に増大している人類の尽力の専門化や、解決すべき新しくて困難な社会的・産業的問題を伴い、はるかに複雑な文明社会となった」。『学校と社会』の中でデューイが言及していたことも含め、他の同世代の人々も同じことを言っていた。しかし、教育や都市、アメリカの民主主義へのカバリーとデューイの見解の何と異なることか。一八九〇年代中頃、デューイがハルハウスで教育の試みを学び、実験学校を開校していた一方で、カバリーはサンディエゴの教育長として働き、教育委員会で素人委員に自らの権威に従うよう説得を試みていた。カバリーは決してトップダウンの世界観を失わなかった。『変容する教育概念』の中で、彼は新しい移民や素人統制、多くの「民主主義の悪と短所」を説明していた。歴史と行政に関する彼の著書の改訂版でもこれらの偏見は緩和されなかった。彼にとって、都市は主要な社会効率化や科学管理の場のままであり、デューイや多くの草の根で活動する改革者が信じていたような民主主義の実験室ではなかった。

カバリーにとって、大部分が都市に存在していた大企業は、社会の段階的変革の最高の形態であった。多くのエリート改革者同様、彼は学校が可能な限り大きな会社を模倣することを望んでいた。彼は教育委員会の集権化、区の代表者の削減、科学的管理の見識に魅了されている有資格教育長を任命することに一貫して賛成していた。カバリーは、人気のあった教科書『公立学校行政(*Public School Administration*)』の一九一六年の初版において、学校は「ある意味、素材(子ども)を加工し、生活の様々な要求に合致する生産物につくり上げる工場である」と強調していた。それは、彼や他の教育学者が世紀転換期以降、自らの立場を特徴づけた言葉、「社会効率」そのものであった。「製造業の仕様書は二〇世紀文明の需要から生じた。そして、仕様書に沿って生徒をつくり上げることが学校の仕事である。このことは良い道具や専門的な機械、仕様書に沿っているかを確認する生産物の継続的な尺度、製造業における無駄の排除、生産活動の多様性を必要としている」と続けて述べていた。カバリーが先駆者となった分野である近代の学校管理の理論を導くのはそのようなものであった。

カバリーの教育観において、都市は特別な役割を果たしていた。無秩序に陥る非常に大きな危険性にもかかわらず、都市は、学校、特にその行政組織が最高の発展を遂げた場であった。当時の数十年の主要な教育の業績は、最も才能ある人々が都市に集まっていたので驚くことでもないが、都市で達成されたと彼は繰り返し述べていた。改革者たちが時代遅れのものとして取り上げた田舎の学校は、都市から多くのことを学んだ。『田舎生活と教育(*Rural Life and Education*)』(一九一四年)の中でカバリーが述べているように、田舎の学校は独自の学区を統合し、中央集権化し、行政の権威を高めない限り、「発展が止まった状態で」つらい思いをすることになる。大企業を意図的に模倣することや、社会の変化に適切に順応することを通して、都市の学校は進歩したからである。

ただ、アメリカの農村が衰退しているとしても心配する必要はないとカバリーは述べていた。田舎の学校と異なり、都市の学校は、格づけされ、十分に養成された教員がいて、質量ともに十分なカリキュラムや職業プログラム、特別教育クラスを有し、最も重要なことは、養成された専門家が、有能な軍隊の指揮官のように全事業を監督していたことであった。「もちろん、軍隊には優れた技能を有した軍曹や副官が必要である」ことに彼は同意していた。「しかし、大尉がいなければ、効果的に活動できないだろう。農村や村の教育軍の唯一最大の弱点は、より大きな統率力と見識を有した大尉や大佐がいないことである。多くの大佐と大尉を擁し、広い見識と効果的な個人の力量を有した大将の指揮下にある都市の教育軍が戦う時、都市の軍は明らかに統率力で敵に勝る」。必然的に、農村の最も優秀な教員は、低賃金や乏しい労働環境に疲弊し、自らの職を捨て、都市に移り住むこととなった。誰が彼らを責めることができただろうか。そして、カバリーは一九二九年に、数ある都市の役人の中でも校長は最も高給な職のひとつであることに誇りをもち、かつ、最も重要な職と考えていた。

多くの教員や草の根で活動する改革者、ジョン・デューイのような反体制派の人々が、エリート統治にあまり魅力を感じていなかったのに対して、カバリーは統合と中央集権化に賛同していた。彼は、区単位の選挙をなくすことで、より良い階級の市民が教育委員に選ばれ、実務上の独立した意思決定権を校長やその職員に正しく委任すると信じていた。カバリーは、一般選挙で選出された人々はより質が高いと断言しており、したがって「近所に住む社会主義者（socialistic ninth）」や「歓楽街の人々（red-light fourth）」、政治運動員、党利にしか関心のない政治家、利益供与を貪る人々はその役を担わなくなる。当時の学校には、「工場主や商店主、銀行家、土建業者、大規模業務の専門職員等、大規模事業の仕事を巧みに担っている人々」がいるとカバリーは満足そうに述べていた。彼らは学校を企業原理で運営しようとしていたからである。カバリーは、川岸の「黒人区」選出の人を決して気にしない「トラック運転手」や「政治家、酒場の主人、教育を受けていない比較的無知な人、二流の職に就いている人、女性」に好意的な選挙制度を誰が好むだろうかと、従来のシステムへのいかなる回帰にも警鐘を発していた。

驚くことではないが、企業やその職階級管理を賞賛していたこのスタンフォード大学の教授は、一般市民が大きな潜在能力を有している、あるいは既存の社会秩序のもとで妥当とされる地位以上に価値があるということには疑いの目を向けていた。デューイが、知能テストの誤用や限られた職業訓練、その他の非民主的な傾向を心配していた一方で、カバリーはそれらを望ましい革新と改革として賞賛していた。彼は、民主主義をコミュニティでの生活を広げたものとしてではなく、おそらく私心のない専門家による規則とみなし、投票も含めて、学校業務への社会全体の参加に懐疑的であった。一九一四年に彼は次のように述べていた。「民主主義は、良い統治と効率的な行政を意味すべきである。それにより、我々が納めている税金の最良で最大の効果が保証されうる。しかし、このことは、そのような統治を保証するための人材の全員、あるいはその大部分であっても、一般市民が選出すべきであるということを必ずしも意味しない」。

カバリーの同僚のルイス・ターマン(Lewis Terman)は、人間の到達度や潜在能力における遺伝的な基礎を強調する知能テストの開発で世界的に有名になった。アメリカ教育史におけるカバリーのランドマーク的な著書『アメリカの公教育(*Public Education in the United States*)』(一九一六年)の「行政の進歩」に関する項目において、科学は、「我々が自由で平等に生まれてくるのではなく、自由で不平等に生まれ、不平等はずっと残り続けるだろう。我々が現在目の当たりにしている学校は、子どもを知的に成長させることはできない。学校は、子どもがすでにもっていた知性を訓練し、発達させ、有効なものとするだけである。これは子どもの人種や家族の問題であり、学校や行政の民主的な形態の恩恵とは全く関係がない」ということを説明した。この教科書は、重版を経て、第二次世界大戦までに一〇万部以上を売り上げた。

一九二〇年代までに、知能テストの誤用や、出身階層・人種・民族への偏見に関する全米的な議論が百出した。ウィリアム・バグリーやジョン・デューイ、ジャーナリストのウォルター・リップマン(Walter Lippmann)は、貧しいマイノリティの子どもをアカデミックの程度が低い教育課程にトラッキングすることを含めて、疑問の残るテスト結果の適用を厳しく非難した。左派の批評家の中にも、集権化された教育委員会の代表的ではない特徴や、いくつかの職業プログラムの非民主的な性質を非難し続ける人がいた。当時自らのキャリアの中で最高の地位にいたカバリーは、その非難を無視していた。彼は、知能テストが信頼できるものであり、職業教育が社会の効率を向上させ、社会の指導者が全ての人々にとって最善のものを知っているということに自信をもっていたのである。『州学校行政(*State School Administration*)』(一九二七年)の中でカバリーは、子どもの人生を狭め、その「成長と発達」を制限するという理由で、何人かの批評家が職業教育を非難していると認識していた。しかし、彼はほとんどの子どもが、「本で学習することと対照となる実際の物事について教育される」必要があるという当初の主張を繰り返した。彼の著書の中で最も売れた『公立学校行政』の一九二九年の増補版において、差異化されたカリキュラムや職業教育、専門家の指導は、全米中の学校の規範となるべき都市の学校で一般的にみられたと断言していた。

カバリーは、自らの人気のある教科書の中で、最良の技術者によってつくられ、良く教育された効率的な専門家や行政官に整備されている、なめらかに機能するエンジンにも似た都市の学校のイメージを考案していた。それは現実を的確にみたものでも、一般に受け入れられていたものでもなかったが、容易に模倣された。小さな町の生活やプロテスタントの信仰、商業文化の実態を暴いていた人気小説家シンクレア・ルイス(Sinclair Lewis)にとって、校長は標的にしやすかった。『メイン・ストリート(*Main Street*)』(一九二〇年)の中で、彼は、ミネソタ州プレーリーの校長だったジョージ・エドウィン・モット(George Edwin Mott)を「中国清朝時代の官吏」にたとえた。ニューイングランドのある村を接収した極右主義者の話『イット・キャント・ハプン・ヒヤー(*It Can't Happen Here*)』(一九三五年)の中で、情報とプロパガンダ担当の大臣は元教育長のエミール・スタブマイヤー(Emil Staubmeyer)であった。彼は「規則を徹底する人で、『教員』の資格をもった、すぐに悪ガキの替わりに成熟した大人を平手打ちできる」とした。彼は、「インフォーマー(Informer)」

と名づけられ、「人間黒板(human blackboard)」と称された初期の村の新聞を編集していた。

小説家以外の人々は、ふんぞり返った官吏を激しく攻め立てた。一九〇六年という早い時期から「社会効率」の理想を擁護していたウィリアム・バグリーは、一〇年後にその主張を記し、行政改革者は誰も「約束の地」に導かないと表明した。彼は、一九二〇年代に知能テストの濫用を批判し、折りたたみ式のふた付き机に座っている学部長をからかい、公立学校教員とアドミニストレーターの間の経済や地位の格差を恥ずべきことであり、「文明世界のどこでも知られていない」としていた。ティーチャーズカレッジでバグリーの同僚で左派だったジョージ・カウンツが、集権化された教育委員会の排他的な性質を公然と非難したことにカバリーは非常に驚いていた。一九三〇年にカウンツも、「効率崇拝」や、学校組織がビジネスモデルを無批判に受け入れていることを批判し、世界恐慌が深刻化するにつれてさらに標的としていった。彼は、「野心的なアドミニストレーターが効率的との評判を熱望し、銀行家や大企業の重役と間違われることを誇りに感じる」ことは恥ずかしいことだとみなしていた。

カーネギー財団の教授法の向上(Advanced of Teaching)部門の長であったウィリアム・S・ラーンド(William S. Learned)は、一九三二年にハイスクールの質への辛らつな批判をしていたが、ハーバード大学で招待講演があり、これらの批判に適切な指摘を加えることにした。その昔、教育の専門家は、自らの理想的な計画が健全な教育思想を反映しており、実際に実践することができると単純に想定して、効率性について語り、手の込んだ行政的な手法のフローチャートを発表した。「教育は、アドミニストレーターの言うところの純粋なものにも、整然としたものにもなりえないということを見落としてしまう。アドミニストレーターは学校やカレッジを形式的な庭園の一種と考えていた。短く刈られた芝生、正確に刈り込まれた垣根、紋切型に規格化されたチューリップは行政の喜びであった。教育的観点からはそれらは不可能であり、達成可能であったとしても、鑑賞するには醜いものとなるだろう」と彼は聴衆に語ったのである。

醜くても美しくても、カバリーや学校行政の創始者が擁護した行政改革は、二〇世紀前半のアメリカの学校に明らかな刻印を刻んだ。彼らは制度構築者であり、何よりも効率や専門的な管理に関心があった。結局学校は工場の模造品となっていたかもしれないが、テストや生徒のクラス分け、カリキュラム改革、行政の専門家や管理の新しい計画は、特に都市において顕著な影響があり、社会変革のるつぼであった都市は、教育革新の試験場だった。一八九〇年代までに、多くの一般市民が、都市行政の中央集権化傾向に反対し、古い教育の質に飽き飽きしていた。彼らは、新しい学校プログラムや教授法、社会サービスを求めて闘った。これにより、ジョン・デューイのような知識人が、劇的な変化を遂げていた民主主義社会における学校の役割を洞察することが可能となった。彼は支配的な二つの立場から離れた見解を有していたが、いくつかの特別な論点、すなわち行政の集権化やテスト、職業教育中心主義については、地域企業や産業管理のイメージで学校を再構築する急激な改革に反対していた。彼がシカゴに着いてから一九五二年に亡くなるまでの間に、都市の小学校や特にハイスクールの就学者数は激増し、その制度の内外において、改革者に現代教育を変質させる豊富な機会を提供したのであった。

第5章　差異の民主主義

「蝶々採りを通常の学校時間の中で。これをゆとりと呼んだ時代もあった」と一九三八年に刊行された『小学校の近代的実践(*Modern Practices of the Elementary School*)』の書き出しにある。刊行の三〇年前であれば、これを「課外活動と呼んだかもしれない。しかし、そのような活動が、カリキュラムの重要な部分ではない学校は遅れているのを当たり前のことと思っている」。カリフォルニア大学バークレー校教育学部のジョン・A・ホケット(John A. Hockett)とカリフォルニア州オークランドの教育長のE・W・ジェイコブセン(E. W. Jacobsen)は、このように述べていた。このことを例示するために、田舎の小道を歩きながら、昆虫採集の網を手にした半ズボン姿の二人の男の子の写真を掲載していた。これが「まさに目の前で起こっている教育変革の一部」なのである。他の写真は、幌つき馬車を組み立てる男の子たちと、金槌とのこぎりで人形や楽器をつくっている男の子と女の子、張り子の動物や押し花をつくったり、着物を縫ったりしている女の子たちの写真である。本を読んでいる子どもの写真は一枚だけである。諺に出てくるようなボルトで留めた長椅子に腰掛けながらテーブルを囲む子どもたちは、のんびりとしているようだが集中していた。ホケットとジェイコブセンは「初等教育の機能と目的に関する新しい概念が急速に受容され」、「子どもたち一人ひとりの最良の発達」に貢献しているのを確信していた。

まさに『近代的実践』は、「昔の学校の狭窄な視野とプログラム」に対する弔いの鐘に聞こえるよう望まれた。その著者たちは、「単なる技能と知識の習得から、経験を通じて、望ましい関心、態度、理想を同時に築くような理解の伸張へと強調点が移動した」と主張したが、それはたやすいことではない。「前向きな」教員は「一人ひとりの子どもの発達」が好きかもしれないが、慣れ親しんだ教育目的への伝統と崇拝は、厳然と立ちはだかっている。過去においては、子どもたちはまさに知識を習得するために学校に通っていた。教員は授業の進度を制御していたが、そこでは教科書が支配的であった。教員たちは「規定どおりの課業は無味乾燥」なので、「等級分けをして、成績をつけ、進級させたり落第させたりして、賞と罰で差をつける方法がとられた」と考えた。世紀の変わり目以来、知識人はこの考えを疑ってきた。ホケットとジェイコブセンは、反対勢力の伸長が子どもたちの個人的成長を豊かにするという高貴な試みを不幸にも台無しにしたと記した。教室と建物は標準化され、学校のリーダーシップは(軍隊の寡頭制を模して)独裁的になり、教員たちは「管理職、監督者、指導要領の言うとおりにする」よう期待されて従属化した。まさに彼らが書いているとおり、「古く静的な見方の陰険な意味だけが」流行ることになった。それは、「例えば、教授、学習、教科、指導要領、宿題、動機づけ、教員養成、躾」等の伝統的な言い回しがずっと使われていることからも明らかである。つまり、伝統的な学級と古いタイプの教授法がそのままだったのである。

二〇世紀前半のアメリカの小学校においては「新」、「旧」教育の戦いが一般的にみられた。この時期、公立学校の九年生以下の就学者数は増加し続け、一九〇〇年には一、四九〇万人であったのがその五〇年後には一、九三〇万人に達した。ただし、一九三〇年代には前半に中欧および南欧からの移民を制限し、かつ経済恐慌の時代に出生率が低下しため、小学校の就学者数は時に減少した。小学校はハイスクールの速さほどには激増しなかったが、次第にどこにでもみられる施設となった。例えば、南部のアフリカ系アメリカ人の子どもたちは、白人ほど学校教育を享受しておらず、連邦教育局の専門家によると、分離教育という不正義もあり、一九二九〜三〇年には約一〇〇万人の黒人が学校へ行っていなかった。『近代的実践』という進歩主義的な敬虔さは、彼らの人生には関係がなかったし、カリフォルニアの果樹園に向かう労働者や南西部の貧困者にも関係がなかった。メキシコ系アメリカ人の子どもたちはいつでも劣悪な施設で勉強した。一九二八年、後に大統領になるリンドン・ベインズ・ジョンソン(Lyndon Baines Johnson)が最初に教職に就いたのは、テキサス州コタラの分離されたメキシコ系学校であった。厳格で闊達な教員であった彼は、子どもたちのために歯磨き粉と運動用具を自前で提供し、彼らの生活を取り巻く過酷な貧困と不正義を決して忘れなかった。

小学校の目的や目標に関する終わりのない論争の結果に影響を受けるのは常に子どもたちであった。一九世紀の理想は容赦ない攻撃に直面し、伝統的な指導要領と教授法を守る教員と親は、教育改革者たちの中で孤立無援だった。民主主義志向でも効率志向でも、多くの改革派は、伝統派が近代派に降伏するのを望んだ。様々な進歩主義的教育者は、子どもたちが教育経験の中心にあるアカデミックな教科を退けることを望んだ。教育改革者たちは、『近代的実践』が強調する新しい教授法を好み、また、効率志向の改革者は、個別に糾弾されている教科内容と慣例的な教授法を注視していた。当時の独特な言葉で言えば「システムを子どもに合わせる」ことを欲したのである。しかし、彼らは野原の蝶々からではなく、合理的経営実践や科学的検証の厳密な結果から手懸かりを得ていた。それは都市の学校の政策に大きな影響を与えることとなった。

ロマン派の論者は個人の成長と自由に価値を置いているので、当時強い影響力をもった都市の学校制度を管理していた効率志向の行政官とは全く異なっていた。アドミニストレーターたちはしばしば、子どもたちの個人差に対する取り組みについて語ったが、それは子どもたちの生来の能力を統計的に証明し、学校の成績と将来の進路を予見させることを意味していた。制度を子どもに合わせるとは、子どもの中には堅いアカデミックな教育から利益を得ない者もいるので、非アカデミックなカリキュラムや、さらには特別支援学級さえ必要という意味であった。それは、全くロマンティックではなく、不気味な結末を導くものであった。都市の学校管理者は学級編成を動かしてみたり、多様な子どもたちに期待される多様な成果を設定したり、新しい進級方法を実施したりした。時のエルウッド・カバリー(Ellwood Cubberleys)は、保守的であり改革に反対する教員や親が進歩を妨げているのを知っていた。都市が寝返ったら最後、残りの国家全体がそれにならっていたであろう。

この時期は、新教育が本当に旧教育に取って代わったのかという点で激しい議論が交わされた。小学校の社会的役割を広げるべきという要求と、個人をもっと注視すべきという要求との間には緊張状態がみられた。科学的測定は、人間の生得的な多様性と同様、学校での成績の多様性を明らかにしたが、それは他の改革にも影響を与え、能力別編成と特別支援教育を含めた都会の教育改革動向を強化した。これは、コモンスクールの理念である全ての子どもたちにアカデミックなカリキュラムをという信念をさらに脅かすものであった。セイヤー(V. T. Thayer)は、『砲火を浴びるアメリカ教育(*American Education under Fire*)』と題する一九四四年の著書で、近代教育者を最も印象づけたのは子どもたちの差異であったと述べた。セイヤーは、倫理文化学校(Ethical Culture Schools)の教務課長であり、この学校はニューヨークに本部を置く第一線の人道組織から資金を得ていた。また、彼は進歩主義教育協会の中等教育委員会の委員長も務めていた。セイヤーは、「知的、社会的、経済的、職業的に」子どもたちには顕著な差異があると述べ、また、現代の教室はまさに「差異の民主主義」となりつつあると述べた。しかし、際限ない改革の動きは、小学校の多くの実践にある重要で伝統的な教授法を覆い隠していた。改革派は、数十年の改革の試みの後、多くの子どもたちにとって、伝統的なカリキュラム、古めかしい教授法、長い間生き残ってきた美徳による社会化が依然として学校を支配しているのを発見したのである。

個人差心理学の隆盛

一九一一年、アラバマ州のバーミンガムで長年教育長を務めたJ・H・フィリップスは、「現代において教育の範囲とその目的や概念が広がっていることほど重要なことはない。教員の仕事が個人の身体的・社会的・公民的・経済的福祉のようなものを含むようになったのは、ここ最近のことである。少年として全面的に発達するための義務は、今日学校に行くことであり、教育されねばならないことである」と記している。そのすぐ後で、ペンシルベニア州の教育長が、学校は全ての社会的病理を治療することなどできようかと続けている。「おそらく、教員は期待されすぎていると感じている。聖書、投票、国旗、火事、森、天然資源の保全、高い生活費、戦争と平和、貿易と産業、農業、園芸、商業、家計、手工、道徳訓練、宗教教育、音楽、体操、水泳、ダンス、社会センター活動、健康、衛生、予防注射、免疫、健康診断、性病予防、母性、その他の問題、書ききれないほど多くの問題が、教会、YMCA、YWCAでは満足に解決できないことが判明した後で、教員に託されるようになった」。この重い誤った療法のカタログにもかかわらず、教育長は教育専門職の代表としてその挑戦を受け入れた。結局、「学校は子どもたちのために存在するのであって、市民性、職業、十全な生活のために彼らを導くべきなのである」。

その後の数十年間、都市に続き地方の村落においても、小学校は、子ども、家族、地域社会への社会的義務を果たすることが期待された。一連の講演、記事、書籍等で、近代における小学校の正しい役割が唱えられ、社会的性格を強化するよう奨励しているかのようであった。一九二二年、ミルズカレッジ教授のジョン・ルイス・ホーン(John Louis Horn)は、子どもの多様性を軽視する教科書を出版した。さらに「学校とは何か」という基本的ではあるが困難な問題に対して、彼は「学校という工場は、子ども同様、大人にとっても精神と身体の訓練の中心に位置する。しかし、学校は近所の人たちの投票や、公共の問題を論じたり、美しい絵を見たり、音楽を聴いたり、ダンスをしたり、劇をしたりする場にもなってきている」と書いた。多くの町で、学校は子どもたちの歯や視力を検査している。クリーブランドや他の町では、貧しい子どもたちは学校で食事を与えられ、お風呂に入れてもらえた。何百もの町や都市、そして多くの田舎の地区は、職業指導と職場訓練のために奮闘していた。教授によると、多くの人々は「単に学ぶこと」が教育の中心目的であると未だに考えていたが、「学校」の社会的役割は次第に重要なものとなっていた。

イェール大学のベッシー・リー・ガンブリル(Bessie Lee Gambrill)は、第二次世界大戦の終結時、当時の教育変化を観察し、多くの小学校でアカデミックなものが弱まったことを評価した。今や低学年は「子どもたちの学業成績にだけ関心があるのではなく全面的な発達に関心をもつようになった」。学校は「個人の豊かさ」と「幸福」(戦争時代のため希望の感情があった)を重視することによって学業偏重を避けていたが、伝統主義者たちは、こうした見方を恐れていた。他方、様々な立場の進歩主義者たちは、氷河のような緩い変化を嘆いた。現代の学校は、子どもたちの個性を尊重しながら、人間の差をどう扱うのかという困難な問題が残ったままであったのである。

一九世紀の教育者たちは、子どもたちの学習能力には差があることを悟っていた。多くの子どもが通う教室一つだけの学校では、一人ひとりが教科書を自分のやり方でこなしており、都市だけが統一されたカリキュラムを採用し同年齢で編成される学年の教室をもっていた。したがって、ほとんどの教室の生徒たちが、自分たちの教科書と学習指導要領（実質的に同じものであった）をその能力とやる気に応じてマスターしていった。南北戦争前後の改革者たちは学年制学級を賞賛していたが、戦後には次第に批判が高まったのであった。児童中心主義を主張する教育者たちは、過当競争のテストや成績至上主義での高等教育志向を嘆き、それらが個人の表現力を封じ、個人への注意をそらしてきたと信じていた。批評家たちは、学校は機械のために子どもたちを犠牲にし、矯正ベッドに子どもたちを縛りつけ、共通カリキュラムの祭壇に子どもたちを捧げているとたとえていた。進歩主義時代の子どもたちは、勉強に奮闘していたが、教科が多くてうまくいかないことが多く、落第の辱めに耐えながら、結局未熟なまま学校を退学していくことが多かったのである。

効率志向の教育者や管理職同様、ロマン主義者たちは、公立学校の質の低さを批判していた。両者ともジョン・デューイを都合よく引用し、哲学者であるデューイが『学校と社会』の中で助言しているように、学校は「生活に」結びつけなければならず、暗記教育を打破しなければならないと主張していた。ハーバード大学で歴史と教授学を担当していたポール・ハヌス（Paul Hanus）教授は、『近代学校（*A Modern School*）』（一九〇四年）の中で、「効率」と学校の社会的役割を強調して、学校は、アカデミックな教授を減らし、代わりに職業的、社会的、文化的訓練を広げるような、裁縫、手工、実践的教科により多くの時間を割くべきだと主張した。また、教員たちは共通カリキュラムの愚かさを認識し、「一人ひとりが自己の教育を自身の興味、可能性、将来のニーズに合わせて最大限自己の能力」を発達させるべきだと述べ、ハイスクールにおいて選択コースと職業訓練を増やすことと、低学年における改善を論じていたのである。

東部や中西部の複数の都市で教育長を歴任していたチャールズ・Ｂ・ギルバート（Charles B. Gilbert）は、一九〇六年に「学校制度や効率の検証は、一人ひとりの子どもたちに与えられる訓練の質による」と論じていた。分業が支配する産業界で成功するために必要な社会的価値や技能を教えることによって、学校は社会に対して大いに貢献することになる。アカデミックな教育は素晴らしいが、そのこと自体は誇張されすぎている。ギルバートは、「多くの質問に答えられる人間が必ずしも社会で成功するわけではないし、生徒に試験で良い点を取らせる学校が一番良いというわけでもない」と考えた。知識は重要であるが、子どもたちが「知覚、判断、論理的思考力、用心深さ、寛容等に関して正確さを欠くならば、それは何の役にも立たない」ものとなる。もちろん、伝統的な教育者は、こうした評価にはほとんど賛同しなかったし、それをアカデミックな教授と切り離して教えられるのかどうか疑問を抱いていた。

ただし、その後個人や個人差は無視できないものとなる。一九一〇年、アラバマ州の教育長は『教育交流(*Educational Exchange*)』において、「今日の教育プログラムの主要なテーマの一つは、個々の子どもの訓練である」と記した。現代の学校は、「普通」児だけでなく、「矯正不可能な子、遅れた子、肢体不自由児、精神薄弱児、環境が不適切であるため正常な発達を妨げられている子ども」たちをも教育する義務を負っている。ペンシルベニア州パンクストウニイの教育長は、効率は「標語」としてどこにでもあり、実践的なカリキュラムや、(学習困難児を見つけるための)医学的な検査は、生徒のニーズを満たすのに役立つだろうと考えていた。また、一九二四年にワシントン大学の学長は、小学校の役割が拡大したことに驚いていた。特に、町や都市の多くの学区は「肢体不自由児、聾唖、盲、精神薄弱児」を対象とする特別支援学級を設けた。そのため、学校が新しいサービスやカリキュラム改革を実施するたびに予算は膨らんだ。さらに通常学級においても、教育者は、生徒が「きわだっている方でも通常な方でも、両方で能力に差があり、その文化的、社会的、道徳的背景は精神能力と同様に様々であり、したがって興味・関心は能力の多様性と同じくらい幅広いものである。狭いカリキュラムと過去の限られた教授方法では、状況には対応できない」ことに気づいたのであった。

師範学校で小学校教員免許を取得した学生は、コースワークでこうしたテーマに遭遇したが、それは初等教育教授法の一般的な教科書は個人差に関する用語をいやというほど語っていたからである。一九二〇年にコロンビア大学ティチャーズカレッジで学校行政を担当していたジョージ・D・ストレイヤー（George D.Strayer）とN・L・エンゲルハート（N.L.Engelhardt）は「知的に仕事をこなそうとする教員は、学校初日から学級内の個人差について考えなければならない」と述べている。それには、やる気、遺伝、先天的知能、社会的志向等、個々の生徒の差異に関わる全てのことが含まれていた。子どもたちは、不平等の中で学校に入学し、不平等なまま卒業していった。また、「教育がなしうることは、選別されていない個々の集団を能力も成績も等しくするのではない。まさに、教育の成果は子どもの差異をなくすことではなく、個人差を広げることであると断言できるかもしれない」。このように社会効率主義教育者は、平等主義者ではありえなかった。したがって、小学校教育の入門書では、次のように説明されている。「将来の政治家とゴミ収集の仕事に就くことになる子どもの」違いは、「いずれにおいても学校に入学する前に測定できる。どのような子どもも合衆国大統領になれるということは政治的には可能であるが、心理学的には真実ではない」。子どもたちの差異は「基本的で永続的なものであり、目的の達成率が単に異なっているという性質のものでない」。

個人差の原理は、共通カリキュラムの有用性に深刻な疑問を投げかけた。ストレイヤーとナオミ・ノースワーシィ（Naomi Norsworthy）は、『教え方（*How to Teach*）』（一九一七年）において次のように述べている。科学的根拠と実践的経験の重みは、唯一の方向性を示している。「子どもたちは、我々が公教育を受けた時よりもはるかに大きな差異をもつようになっている。共通の学校制度は、子どもたちがその能力、精神、可能性においてどの時期をとっても似通っているという理論に基づいて構築されている」。しかし、研究はこれらの仮説が「誤り」であることを示した。「一般的な能力に関する限り、子どもたちは、天才から精神薄弱まで全ての学年や学級においても多様である」。他の行政改革者同様に、エルウッド・カバリーは、差異化したカリキュラムを支持していた。彼は、人間の能力と可能性に関して内的な差異がある限り、それが唯一妥当な政策であり、円滑な学校運営を重視するならば、退学率と留年率を減少させる唯一の方法であると考えていた。一九〇九年の初めにカバリーは、『変化する教育概念』の中で、理想の民主主義は、産業社会の現実と衝突すること、また産業社会は労働の分業に基づいており、人間は平等であると大衆は信じているかもしれないが、それらは相反することを強調した。

このことは個人の価値を褒め称え、原野に飛び出す理想を楽しむロマン主義とは反対の側にあるが、反大衆的な感情は等しく活力と信念を唱える。社会効率主義の信奉者は、人間の可能性についてさほど悲観的ではなかった。例えば、一九二〇年代以前に、ウィリアム・バグリーは社会効率主義の信頼に足る擁護者であったが、3Rsと基本教科の大衆教授を声高に擁護していた。彼は、遺伝が心理学者やアドミニストレーターが思っているほどに人間を運命づけるものなのかどうかについて疑問を呈していた。一九二〇年代と一九三〇年代には、この伝統的な教育者たちは知能テストの遺伝説を退け、アカデミックな教授を守ろうとした。学校は、無知から知識へ、野蛮から文明へと、個人と社会の進化論的な発達を確実なものとしてきたとバグリーは繰り返し述べている。

『学校訓育(*School Discipline*)』(一九一六年)において、バグリーは、多様化したカリキュラムは、民主主義が「習慣、観念、理想の共通基礎」を求めるようになるまで妥当であると認めていた。多くの人が、「なぜ、『運動好きの』子どもが運動を望んでいる時に、本ばかりの時間で占めるようにしなければならないのか」と疑問を投げかけている。ただし、バグリーが多くの教育者と異なっていたのは、彼はあまり才能のない子どもでもアカデミックなカリキュラムを享受する権利があると考えていたことである。包摂という考えは、大衆教育の民主主義的な社会的目標を支えていたが、「公教育の機能(特に小学校の機能)」は、「国の未来を担う全ての市民の間に共通の基礎となることであった。社会的な団結のために支払わねばならない費用なのであり、その重みは、人々の相互理解の欠如が必然的にもたらす内容とは、比べものにならないのである」。一九二六年、雑誌『タイム』の著者は、全米教育協会の会議に参加したが、そこでは、ニュージャージー州トレントンからきた校長が、共通カリキュラムは「学力低下」をもたらすとして、共通カリキュラムの多様化を支持していた。反対に、バグリーは会議で、大衆教育は民主主義の願いであると主張したのであった。

コモンスクールにある共通の原理を擁護することによって、バグリーは、保守派としての名声を次第に高めていった。しかし、教育政治というものは風変わりな同志を生むものである。バグリーの眼鏡にかなわなかった人たちは、それでも職業教育からテスト測定まで、このエリート教育哲学者を軽蔑していた。ティーチャーズカレッジのバグリーやストレイヤーの仲間であるウィリアム・キルパトリック(William Kilpatrick)は、第一次世界大戦後の国の進歩主義教育をリードする一人であった。ジョン・デューイに大きな影響を受けたキルパトリックは、『変容する文明の教育(*Education for a Changing Civilization*)』(一九二六年)において教室の「伝統を阻害するもの」を批判したにもかかわらず、産業秩序の中で決められたくぼみの中で子どもたちを社会化することに反対していた。産業労働者は、仕事場で「狭いみぞ」の中に埋め込まれていたが、それはカリキュラムにおいて「対応する狭さ」を正当化するものではなかった。キルパトリックは階級闘争を恐れ、狭い同業者的な訓練は社会的緊張を増幅させるだけであると信じていたからである。

一九二七年、教育哲学者で時折進歩主義の学校を批判していたボイド・H・ボード(Boyd H. Bode)は、『現代教育理論(*Modern Educational Theories*)』の中で次のように指摘していた。教育者は、「生活の意味や教育の意味に関する合意もないことを」忘れており、学校は「生活のために」若者を準備させるものだと信心深く唱えているだけである。多くの人々が「公立学校の第一の義務は民主主義において不可欠な基礎としての共通の関心や理解を育てることにある」ということを忘れていた。ボードは、子どもたちは、科学的に「能力と才能が違っているかもしれないが、こうした差異を我々が人類の一員であるという事実を看過する理由とすべきではない。個人差があまりにも強調されすぎてきたのである。古い時代の学校がアカデミックな教授によって占められてきたのであれば、学校から利益を得ているのは誰かということについて「貴族主義的」という仮説によって個人差擁護者が支配されてきたということなのである。そのため、ボードは「職業的関心というカースト制度に基づく新しい貴族主義の暴君を恐れていた」のである。

民主主義的な多くの教育者同様、ボードは、生まれつきの個人差は大衆化した行政指導者の切迫した危険な考えと感じていた。人間不平等という考えは、テスト測定運動からの大きな後押しを受けたが、それは一九〇〇年代初めに火がついたものであり、知能遺伝子説による主張と重なっていた。ボードは、アメリカ人は「科学に対する敬虔さ」を有すると悟っていたが、確かに技術の発展は産業の生産性を高め、消費者社会の基礎を築き、生活水準を高めてきた。ただ、それにもかかわらず、知能に対する科学的な見方は、人間の価値や可能性についての伝統的な仮説を過小評価してきたのである。精神測定は、平均的な大人が一三歳の知能しかもちあわせていないことを示していた。ボードは、人間の発達と成績に関する環境要因に焦点を当てた一九二〇年代の知能テストの多くの批評家を賞賛したが、指導的な教育専門家の間では個人差を強調することは一般的であったし、二〇世紀前半においては小学校の実践の中で息長く生きていたのであった。

個人差の測定と学級編成

一九二九年、ジョージ・カウンツは、二一世紀の歴史家が一九〇〇年代初頭における教育の発展を評する時、科学信仰の勃興に驚くだろうと予言している。カウンツは、『文化に進むアメリカの道(*The American Road to Culture*)』(一九三〇年)においてこの洞察をさらに極め、生得的な知能の科学的測定への関心と到達度の発展が、学習と人間発達の側面についての「テストの氾濫」へと至るとどうなるのかを示した。一九三〇年代から一九四〇年代までには、知能、教科、性格特性、職業適性、リビングルームの家具の評価法等の多くのテストがあった。カウンツは、科学的テストの人気は、商業的文化の支配的な価値観と都会のエリート管理者による効率主義を反映したものであると考えていた。テストの結果、知能評価、職業適性の予想等で理論武装した学校の専門家たちは、生徒たちを適切に分け、より多様化したカリキュラムを作成し、授業や進級に関する個人的ニーズを把握し、産業界において定められた位置へと若者たちを導く道具を手に入れたのである。テストは、客観的で非政治的な意思決定の推進を確かなものとし、学校組織のニーズや自由主義市場経済と調和していた。

こうしたテスト運動のユートピア的な熱意は一九二〇年代には冷めたが、長い間残っていた。新たな尺度、テスト、評価規準は、おおよその方法、主観性、教員の直観的な仕事を排除するとされ、指導要領に正確に位置づけられるなら、就職や大人の責任に向けて効率的に個人を訓練するための情報を科学が与えてくれると考えられた。一九一四年、ある批評家は、『アトランティック・エデュケーション・ジャーナル』誌において「知能テストは、一種の教育的流行となる勢いであった」と記した。「多くの人は、サイモン‒ビネー（Simon-Binet）のテストを使うことによって、個人をその精神において分類し、格づけすることが容易となると信じていた」。知能テストは「今日の教育問題の半分ほどを解決することを約束している」と述べる者さえいたのであった。

知能テスト、到達度テスト、その他の標準テストの利点は、大勢の教育指導者やアドミニストレーターにとって明白であり、「テストマニア」に対する全ての不満は反駁された。標準テストは、不完全かもしれないがすでに存在する。社会効率主義の考え方に惚れ込んだ教育者はテストを歓迎し、カバリーやストレイヤーのような行政改革官たちは、確かに科学的測定の将来しかみていなかった。一九一七年に、ある小さな町の教育長は「我々は、全ての子どもたちは同じではないという事実に気づくべきである」と記し、次のようなメッセージを受け取っていた。「生まれつきの才能や人間性は極端に異なっているし、それが学校の子どもたちにみられる重要で大きな差異を説明していることは明白である。おそらく、個人と社会グループの変化を研究する教育心理学ほど重要なものはない」。テストと測定、そして適切な分類がその任に耐えるものである。

一九三四年、教育心理学者であり人間の差異を信じていたパーシヴァル・M・シモンズ(Percival M. Symonds)は、全ての子どもが適切なカリキュラムを必要としていたと記した。さもなければ、世間は、将来教員になる子どもやトラックの運転手になる子どもをどうやって知りうるというのだろうか。シモンズは、テスト運動の批評家たちは進歩途中にあるものと考えていたが、基本的な事実として個人の「精神生活」は測定され、記録されるべきであった。個人の知的・情緒的特徴を把握することによって、専門家は学校と社会における効率と調和を確かなものにしうるのであった。結局、「個人の髪型や服装を隠しようがないように、人間の才能、適性、能力、個人的問題を隠す理由がないのである」。的確なテスト、質問紙、評価尺度によって、アドミニストレーターは、一方で、不正直や矯正不可能で、さらに罪深い道を歩む子どもと、他方で、一生懸命働き、知的であり、(たとえ経済的に絶望していたとしても)成功へと運命づけられている子どもを見極めることができたのである。

アメリカの学校で知能テストが広範に利用される前から、教員は学年制で行う授業の限界に気づいていた。学年制は、同年齢の子どもたちをグループ化していたが、子どもの知的成熟度、言語能力、性格等に関しては多様であった。都市の小学校では、一部屋に四〇人から五〇人の生徒が入る、すし詰め学級が一般的であった。一八七〇年代の初め頃、セントルイスの教育長、ウィリアム・T・ハリスは、地区の学校で教鞭をとっており、能力のある生徒は上の学年に早く進級できるような準学年制を制度化した。多くの都市がこの例にならい、個人差の問題に関わる他の実験を試みた。例えば、ニューヨークのバタビアでは、二人の教員が一つのクラスを担当し、うち一人が学習が遅れがちな子どもを中心に教えていた。また、他の地区では、多様な個別化教授法を用いて生徒の進級を決定していた。

セントルイス等の多くの都市の教員は、能力別編成として知られるようになるものを組んでいた。テストの点数は、後に教員が担任する学級における生徒のグループ編成に役立った。しかし、二〇世紀への転換期以前は、どこでも学年制に基づき学級を編成しており、そのほうが良いことと考えられていた。一般的な知能テストと到達度テストとは異なり、能力別編成は単一の指標によるものではなく、都市における日常の授業実践から生まれたものであった。教科書は、多くの若い未熟な教員と大規模学級での教授においては不可欠で、依存せざるをえなかった。能力別編成は、必然的に子どもたちの進級にとって異なる基準の設定を意味していた。理論的に、学習が遅れがちなグループの生徒を教える方法の改善は、より高度な学問に追いつくことができるようにさせることにあった。低学年における落第率は、二〇世紀初めの二〇年間はしばしば高く、効率主義改革論者をして、経済的資源を浪費し、人々の時間を無駄にしているとして学校を批判することを許した。一九二〇年代から一九三〇年代まで、児童中心主義教育家と心理学者は、次第に落伍する者たちがやる気を喪失し、感情が阻害されてしまうことを強調していた。

ウィリアム・バグリー自身は、セントルイスの学校で働いた経験があり、学年制学級の欠点を指摘する教育者の会に所属していた。『学級経営（*Classroom Management*）』（一九〇七年）でバグリーは、学年制学級は一般的には利点が多いが、重大な欠点があると述べた。彼によれば、「学級での教授の問題点は、身近な問題に全ての生徒の注意を向けさせ、これまでの到達点と今後の成長の可能性に個人差があっても実践的に同一レベルの達成を目指すことにある」。教員とアドミニストレーターは、その均等化を目指し、平均程度の到達度に標準を定めた。それは、できる子のやる気を喪失させ、できない子には低迷を維持させたままであった。ピッツバーグ出身のある教育者は、学年制学級は、「平均」の子どもという「神話」のためにつくられたにすぎないと主張した。バグリーは、多くの都市において一般的な学級は、一人の教員が二、三の能力別グループを教えていると述べていた。ただし、教科書は教員にとって主要な教授手段であり続け、生徒が困難な課題を進んで学習することを可能にし、標準的なカリキュラムを構成するようになったのである。

一九〇〇年代初頭の都市では、学級編成、進級、教授、カリキュラムをより魅力的にするような新しい考え方を生み出す要因が集中していた。ニューヨーク市の研究者は、多くの教室で年齢超過の子どもたち(当時、「遅滞児」と呼ばれるようになった)が増加しているという報告書を提出した。同様に、多くの都会的な制度のもとで増加する退学率や落第率について警告する研究も出てくるようになった。効率主義と個人差の概念が注目される時期において、こうした問題は特に脅威であった。経費は高騰し、都市における学級の増大は、非効率の拡散として認知された。一九一〇年以降、多くの子どもたちが現在の学級標準に満たないことを示す学校制度の量的な研究が増大した。商業的効率主義や(産業革命を約束する)科学的経営の最先端の方法を応用することに熱心な教育長や教育委員会は、こうした制度を近代化する機会とみていた。都市制度に関する研究成果の増大を支える科学は、専門家が効率的で、知的で、多様な生徒集団にとって学校が教育的に関連するものとすることができるような性急な期待に多くの栄養素を与えた。科学的なテストが多くの教室の知能の範囲を暴露するようになるのとともに、個人が制度に翻弄されているという嘆きが広く深くなっていった。

実は、これらの関心の全ては、教育心理学分野の創始者となったエドワード・L・ソーンダイク(Edward L. Thorndike)の業績によってもたらされたものであった。マサチューセッツ州のウィリアムズバーグで一八七四年に生まれたソーンダイクは、ウェーズリアン(Wesleyan)とハーバードで学士号を取得した後、コロンビア大学で心理学の博士号を取得し、ティーチャーズカレッジで一八九九年から四〇年間教鞭をとった。ソーンダイクは、実験科学と動物研究の洞察を人間の学習に関連づけるとともに、教育研究において行動科学と量的アプローチを一般化した。一九〇一年、彼は弟子のロバート・S・ウッドワース(Robert S. Woodworth)とともに、「訓練の転移」という神聖な考えを否定した。その神聖な考えとは、古典や数学のような難しい教科の習得は、他のアカデミックな科目の学習の助けになるというものであった。彼らの研究は、一般的には受け入れられなかったが、改革派にとってはアカデミックなカリキュラムを弱体化し、個人差を認めるという意向において賛成できた。

これらの差異の起源に関して、ソーンダイクは非常に明確な意見をもっていた。多くの著作を残した彼は、人間の知能を形成する遺伝子の役割を強調した。『個性(*Individuality*)』(一九一一年)において、彼は、「一般的な人間から離れていることは、愚鈍と天才、ネロとリンカーンのような差異につながる」と説明した。民主主義や人間の可能性について、ソーンダイクの社会哲学では、心情的憧れはない。多くの人は、平均程度に集中しているが、「同じ時代、国、社会的地位の人間を特徴づける違いは、起源が異なっており、個人を発達させるものは直接あるいは間接的には祖先から引き継いでいるものによって決まってしまうのである」。学校は、学問的才能をもたない者にとって役立つような職業訓練プログラムを用意する必要がある。同様に、能力別グループ化は、小学校において必要不可欠であり、ハイスクールでより多様化するコース分けの準備となるべきである。学習は、個人の刺激と反応の集成であるから、カリキュラムは個人の生まれつきの才能に合わせるべきであり、同様に社会的方向づけは唯一合理的な政策なのである。生徒の学習能力の多様性に対して同じ教育を施すことは、経済的に無駄であり社会的に非効率である。

ソーンダイクは、大衆の知能テストの創始に積極的に関わり、多様な到達度テストを作成し、行政改革者の世界観と同じ考えをもっていた。ストレイヤーやカバリーのような学者は、教育、教授、歴史、社会行政に関するベストセラーの教科書からソーンダイクの言葉を無批判に引用し、カウンツがテストの「乱舞」と呼んだものに貢献した。同時に、改革者たちは、科学とビジネスの洞察を拡大する公立学校制度に応用しようとした。知能テスト、到達度テスト等の多様な測定と尺度が彼らの最大の遺産となった。こうした改革者たちは、アカデミックスタンダード、進級、カリキュラムに関する新たな考え方を形成したが、彼らが望む学校の世界を形成しようとはしなかった。

学校経営と心理測定運動

一九二七年、ボイド・ボードは、「教育の分野で近年最も顕著な発展をみせたのは、疑いもなく知能検査と測定として知られた展開である。生徒の能力がきわめて多様であることは、かなり前からわかっていたが、これらの差異は客観的で相対的に単純なテストによるものではなく、印象や偶然の証拠に基づくものであった」と述べている。「精神年齢」や「ＩＱ」は、全国で用いられる語彙となった。トーマス・カーライル(Thomas Carlyle)はかつて、「イギリスの人口は二、六〇〇万人にものぼるが、ほとんどが馬鹿だ」と皮肉った。今や科学者は、しっかりした証拠をもっているようにみえる。アメリカの新聞や大衆誌も、人間の能力と平等民主主義を信奉する者たちに対する反論として同様に警鐘を鳴らしていた。人口の約四分の一が「標準以下」とされ、四〇％がハイスクールレベルの知能水準とされ、一五％がカレッジレベルとされた。ボードは、これらの主張は誇張されており、エリート主義であると批判したが、これらの数字によって、保守派はほとんどの子どもたちが教育向きではなく訓練向きであり、「木こりや水汲み人に」なるべきという信念を強化することになった。

第一次世界大戦までの知能検査のうねりは、子どもの個人差や学校の成績に関する教育的要求へとつながった。心理測定屋が影を落とす前でさえ、都市の学校の成績について警鐘を鳴らすようなデータが登場していた。一九〇八年には、すでに知能遺伝子説が有力であり、エドワード・ソーンダイクが、教室で基礎をマスターすることなく失敗する子どもや、落第する子ども、小学校を退学する子どもについて多くの記録を集めた。彼は、当然のごとく存在する無駄や経営の非効率について攻撃し、これほどの高い失敗率は、「現代の指導要領が求めるような知的課題に関する能力や関心が欠けていることから」生じるのだと考えていた。生徒の知的能力が多様であるために、小学校でもハイスクールでもアカデミックなカリキュラムを幅広く学習できないのである。

レオナルド・P・エイヤーズ(Leonard P. Ayers)の一九〇九年刊行の『我々の学校の遅滞児(*Laggards in Our Schools*)』は、当時最も話題になった書籍のひとつであった。ニューイングランドで生まれ、ニューイングランドの大学で学んだエイヤーズは、世紀の転換期までプエルトリコで教鞭をとっており、その後サンファンスクールの教育長になり、さらにプエルトリコ島の教育長官と統計局長を務めた。彼は、本国に戻った後、学校の保健調査の研究を行い、修士号と博士号を取得した。一九〇八年、彼はニューヨークのラッセル・セージ財団のスタッフとなり、「遅滞児研究(Backward Children Investigation)」に携わった。当時の俗悪な醜聞暴露のように、都市制度の失敗の増大について心理的な恐怖心をあおりながら、「遅滞児」は新聞のトップを賑わせ、多くの読者に驚きを与えた。研究者を虜にしたのは、精神薄弱児ではなく、「遅滞児」の研究であった。つまり、エイヤーズは「遅れている」子どもを研究し、「我々の学校の五〜七五%の子どもは地域的な条件によって異なり、これらの子どもは年齢相当以下の学年に在籍していた」と発言した。

その進行の度合いが異なるにしても、町や都市では、全ての子どもの三分の一が「遅滞」のカテゴリーに入った。こうした「不適合」という事実は、エイヤーズにとっては恐ろしいことであった。五年生までは都市のほとんどの子どもは進級する一方、八年生まで進級するのは半分ほどであり、九年生に進学してハイスクール卒業証書を受け取るのは、一〇分の一にすぎない。生徒の多くが一年間留年し、中には二、三年留年する者もみられた。カリキュラムは平均的ではなく、よりできる子どもに標準を合わせていたため、スムーズに進級する子どもが相対的に少なくなることは必然であった。さらに、効率への関心が高まっている時代において、国は落第者に二、七〇〇万ドルつぎ込んでいることが明らかにされた。エイヤーズによると、「遅滞」は、男子が女子よりも一三%も多かった。その優位性については、後の研究によっても確認されている。進級率は、全体として大都市が最低であったが、移民は、アメリカ生まれの生徒よりも全体として高かった。エイヤーズは、健康不良、医療、社会的困難、カリキュラムの不適合あるいは難しさ、飽き、失敗することの恥ずかしさ、家計を助けるために働かなければならない等、様々な理由で学業を終えぬまま退く子どももいたと考えた。彼がみる限り、典型的な学校は、不幸なことではあるものの、子どもの失敗率の高低によってその質が測られた。失敗のない成功などなかったが、子どもが失敗したときはだいたい子どもが責められた。「著者が思うに、大多数の子どもたちに初等教育を施すことが普通学校の役割だとするならば、他の条件が等しい場合に、生徒の最大多数を定期的に進級させ、最終的に卒業させるような学校が最良なのだ」。つまり、教育者は、学校を子どもに合わせねばならないのである。

その後一〇年間の都市の学校の多くの調査は、失敗や落第のパターンを示してきた。知能テストは、フランスでつくられたサイモン−ビネーのテストに大幅な改良を施したものであったが、小学校の多くの子どもたちにとってアカデミックすぎて関連性がなく、難しすぎるという観念を植えつけた一九〇八年以降に広く市場に出回った。ソーンダイクを含む教育心理学という新分野を確立した人たちは、イギリスの統計学者フランシス・ガルトン(Francis Galton)が人間の差異について発生学的な基礎を述べるために一八八〇年代初頭に名づけた「優生学」を取り入れた。一九二〇年代に、ウォルター・リップマンのような素人批評家やウィリアム・バグリーとジョン・デューイのような教育学者が遺伝説とテスト運動の非民主的バイアスを攻撃した時、人類学、社会学、新世代心理学の学者たちは、知能の環境因を強調していた。しかしながら、戦前に心理測定に参加していた人たちは、人間の差異を取り除くことはできないし、全ての人間にアカデミックな科目を教えることは馬鹿げていると考えていた。

こうした心理測定運動で中心的位置にいたのがルイス・ターマンであった。ターマンは、インディアナ州の農家出身であったが、後にスタンフォードのカバリーのグループに加わり、スタンフォードでは知能テストの主導者となった。インディアナ大学を卒業し、子ども研究においてテスト運動を推進したG・スタンレー・ホールのもとで研究し、クラーク大学で博士号を取得した。ホールの学識は、科学的な研究者としての名声にもかかわらず、ロマン主義者で、印象的で、風変わりなものとして広くみられてきた。反対に、ターマンと彼の同僚は、最新の統計技術を駆使した大規模実証主義的なデータの、体系的で量的な探究を基礎とした研究を行っていた。彼らの学校調査と出版物には、グラフ、図表、表、ヒストグラムが含まれていた。ターマンは、ビネーの尺度を改訂し、後のスタンフォード–ビネーとして知られるようになり、彼が生きている間は広く利用された。彼は、知能は主に遺伝であり変わらないものと信じて、個人差とカリキュラムの多様化の重要性を強調した。一九一九年に彼は「全ての者に、小学校八年間の学年を機械的に分けて同じカリキュラムを学習する代わりに、能力段階の異なる子どもに並行して異なるコースを設けたほうがよい」と記した。

こうした内容は、『学校児童の知能（*The Intelligence of School Children*）』に含まれたが、そこで、彼は生得的な個人差を確認するものとして「遅滞」という概念をキーワードとする研究をまとめたのであった。ターマンは、「授業料の一〇％以上は留年生の授業に充てられ、生徒の四分の一程度が六学年以下の教育で退学し、就労に役に立たない水準の者が学校で留年した子どもから多く出ている」のは今や常識であると述べたが、こうした発見を学校は危険を承知のうえで無視したと記していた。ジョージ・ストレイヤーの都会の学校制度に関する多くの研究は、約三分の一の生徒が遅滞であり、その非効率性は特に田舎の学校で著しかったことを認識していた。ターマンは、ある教授困難な子どもたちは、「精薄」としてレッテルを貼られていたが、彼らは犯罪に手を染め、「社会的に価値のない」お荷物であるという専門的見解を共有していた。特別に分離した学級での教育が必要に思われる人たちは、町や都市に多くみられ、最も希望のないケースの者は、住まいすらない者であった。

南北戦争後、都市の学校制度には、学習困難や行動上の問題や英語のスキルに問題があり、学業がはかどらないような子どものための「無学年の」クラスが設けられた。しかし、知能テスト運動から二〇世紀初頭の間、「特別支援教育」が後押しされてきた。当時の多くの人が、一人ひとりの子どもへの配慮不足について不満を述べ、「平均的」な子どもなどいないと論じていた。一九〇六年に、北部の都市の教育長は、学業を成就できない「最下層の一〇年生」のために最大限努力することを宣言した。また、当時の人々は、慰め言葉の中で「精神薄弱」「欠陥」「意志薄弱」「できそこない」といった多様な問題を抱えた子どもたちについて言及していた。というのは、効率性を「害」する普通のクラスでは、彼らは憐れみや軽蔑をもってみられていたからであり、知能テスト屋は、彼らの知能水準の低さを記録し、医療検査官は、身体に原因を探っていたからであった。

そして、こうした子どもたちは科目を再履修し、結果として落第率を上げていた。一九〇七年、エドワード・ソーンダイクはその解決法として、新たなクラスを設け、より多くの職業教育と商業の訓練を行うことを提案した。多くの定期刊行物同様、『アトランティック・エデュケーショナル・マンスリー』誌は、精薄児に難易度の高い教科内容を教えようと努力することは無駄であると述べていた。その一年後、ニューヨークの学校調査を完了したハーバードの教授は、特別支援学級に入れなければ学校の妨げとなるような「精神欠陥の」子どもたちが一万五、〇〇〇人いることを確認した。また、これらの子どもたちを対象としていた多くの研究者は、不妊治療を唱え、遺伝子と優生学を強調していた。就学者はわずかであったが、特別支援学級は、二〇世紀初頭の学年制学校制度において共通のものとなり、これらには多様な学習障害や平均以下の成績の生徒が所属し、彼らに対する評価をただ貶めるだけのものであった。知能テストは、心理測定の勃興以前に存在した特別支援学級の創設に結びついていたわけではなかった。主に成績や生徒の学習進度に関する教員の判断によって、学級配置を決めていた。しかし、知能指数や他の科学的測定は、特殊な場所に生徒を配置するのに加担したし、その増加を加速化した。通常、特別支援教育のクラスは普通学級よりも低い学習目標を立て、ニューオリンズであろうとインディアナポリスであろうと、子どもたちを縛りつけ、彼らに生涯の価値ある習慣や技能を教えるために、家庭科や大量の手工的な訓練を与えた。こうした科目は、いったん特別支援教育カリキュラムのコア科目となると、その地位はほとんど揺るがなかった。反対に、一九二四年『学校を子どもに合わせる(*Fitting the School to the Child*)』の著者たちは、IQが低いことや特別支援学級にいることを恥じることはないと説明し、「文明が成立するには多くの職業が必要であり、それは、IQ五〇とか七五の人によって容易に遂行されるようなものだったかもしれない」と述べていた。特別支援学級の主唱者は一貫して、正しく訓練がなされるならば、低レベルで低賃金の制約があったとしても、自活できるようになると主張していたのであった。

知能テストや到達度テストは、確かに学級配置、学年標準、進級の方法を決定するのに役立つ多くのデータを提供していた。一九一〇年以降の学年制学校に就学した全ての子どもが、科学的測定に直面する良い機会を得ることとなった。一九二〇年までに、教育研究者は、教科での学業成績を測る多様な尺度と規準を開発し、科学的評価の利点を絶賛した専門書が増大した。一九一七年までに、様々な州の約五万人の子どもたちが、デトロイトの学校で優れた研究専門家として名をはせたカーティスの算数テストを受けた。カーティス、エイヤー、ソーンダイクは、ライティングを測定する尺度開発で競っていたが、そのことをよく知っているどの管理者も、リーディングに関してソーンダイク

─マッコールあるいはソーンダイク─グレイ尺度、あるいはスターチとどこにもあるカーティスの尺度によって代行させた。

やがて、どの教科も科学的研究者を魅了し、生徒の成績を測定・評価することに熱中させた。二人の学者が、第一次世界大戦中に言及したように、これらのテストは、評価から勘を取り除いたのであった。「学校の成果の測定のためにこうした客観的尺度を採用することは、学校の科学的態度の形成につながっていた。こうした態度は、教員の仕事に活力を与え、方向づけ、アドミニストレーターの仕事を単なる意見の範疇から科学的判断のレベルにまで高めた」。さらに、学校管理者は教員の能力を評価するのに生徒の成績を利用し、テストスコアは学区内のみならず、学区間の比較にも利用された。彼らは、「非効率」を暴く素晴らしい検査であると述べたが、テスト自体は「クラスは同じでも能力の個人差は大きい」という誰もが知っていることを確認したにすぎなかった。

将来の教員と新進アドミニストレーターのための教科書は、標準テストの価値を強調した。しかし、多くの学区ではテストを無制限に購入できるわけではなかった。また、多くのアドミニストレーターは結果を解釈するために奮闘し、教員は科学的な慧眼が足りないと批判されながらも古い方法で教え、学級を編制していた。さらに、地域では心理学者やガイダンス・カウンセラーやテストに精通した専門家を十分雇っているようにもみえなかった。いくつかの都市では、教育学的に多くの子どもたちを振り分けるのに役立つような独自の調査部局を一九二〇年までに設立してはいたが、多くのアドミニストレーターは、学級実践を劇的に変えるほどの原資や人材を確保できなかった。さらに、能力別グループ編制は、次第に学年制の規準となる一方、教育科学やテストが約束した新たに改良された教授法を生み出していたわけでは決してなかった。

ヘンリー・J・オットー（Henry J. Otto）は、ノースウェスタン大学で教鞭をとり、「個人差」に関心を抱く時代の専門家たちの注目を集め、小学校の組織と教授実践に関する指導的学者となった。他の研究者と同様に、彼は、能力別グループが多くの町や都市で一般的にみられることを知っていたが、一九三四年に多くの能力別グループは「行政的装置」であり、多様な方法と異なるカリキュラムで子どもを教えるようにはなっていないと結論づけた。教室の全ての子どもたちは同じ宿題を課され、早く終える子どももいれば、時間がかかる子どももいたのである。この点に関して、世紀転換期以来ほとんど変化はなかった。他の研究者たちは、学習が遅れがちなグループには、進度が早い生徒よりも簡単なドリルを行わせ、ゆっくりと授業を進めることが必要であることを確認した。

子どもたちのグループ化は、学年制において支配的であった。アドミニストレーターと教員は、生徒をグループ分けするのに役立つ標準テストスコアを検証したが、それにもかかわらず、オットーは、「少数の学区だけが標準化された心理的・到達度テストを根拠として学級集団を形成していた」と述べた。教員は、初期の頃には、子どもの過去の成績と子どもがその力を活用できているかどうかを考慮していて、このように客観的あるいは主観的評定の混合によって意志決定がなされた。オットーと他の研究者は、測定された子どもの「能力」は、教室のグループ分けを決めるものになると固く信じ、同じグループ内にさえ、様々な能力をもつ子どもがいることを発見していた。その発見は、アドミニストレーターや教員の問題ではないように思えた。オットーが進級の方法を研究していた際、反生産的で経済的に無駄であるという科学的な根拠にもかかわらず、多くの生徒を失敗に追いやるような学校をも含む多様な実践を発見したからであった。

優生学が虐殺を正当化するのに使われていたファシズムとナチスドイツへの反発ということもあり、それへの攻撃は増大し、科学は多くの教育的万能薬を生み出すものであるという考えを一層弱体化させた。一九三〇年代までに、多くの教育論者は、知能を形成する環境・文化の役割を認識するに至った。彼らは、極端でなければテストは役に立つと見ていた。ウェストバージニア州出身のある教育者は、一九三七年に「知能テストは、教育にその地位を獲得し」と記したが、「初期のテスト運動の遺伝子説的バイアスは、非民主的で、反動的な理論と実践を促進した」と述べた。ターマンの主張にもかかわらず、テストはほとんど「生得的な能力」を測ることはなかった。バグリーとその他の者たちは、第一次世界大戦の軍隊によるテストの結果の差を説明する際に、環境要因を説得的に示したのであった。北部に住むアフリカ系アメリカ人は、学校へ通う機会が少ない南部の人々や、純血種であると考えられる多くの南部生まれの白人よりも試験成績が良かった。標準化された尺度は、人々が標準化された生活を送っていれば理解できるものであった。しかし、ウェストバージニア州の人は、「ニューイングランドの少年が南部の少年と同じ環境的背景をもつと予想できるだろうか。また、工場地区の子どもが繁華街の子どもと同じ環境をもつだろうか」という疑問を抱いた。子どもたちにとって、人生における「機会均等」は存在しないため、初期の知能テスト屋の壮大な物言いは論理的にはほとんど成り立たず、決して民主的社会の要求に沿うものではなかった。

一九三〇年代から一九四〇年代までには、特に学年制学校制度は、その生徒に関する経験的データを多く集めていた。到達度スコア、スタンフォード-ビネースコア、学級スコア、子どもの身長から水疱瘡の病歴まであらゆるものに関する統計があった。ただ、それにもかかわらず、大学の専門家によると、教育者は意思決定のために標準テストに専ら依拠することはめったになく、その結果は無視されることさえあった。ある都市の研究者は、一九四〇年代初頭に三五の学区で記録をとっていたが、大半の記録がゴミ箱行きになってしまったこともあった。彼は、「モデルとして利用できる綿密な記録システムは、どの学校組織にも信用されなかった」と州の教育雑誌に不満をぶちまけていた。また、「記録するだけでめったに利用しない子どもたちに関する重要な情報を次々とファイルすることを自慢するのは馬鹿げている。そこに含まれる記録や情報が、子どものニーズや能力によって子どもの教育にどれほど役立つかということについては十分理解されていない」と続けた。個人差に関して議論の余地のない事実を生み出すような教育科学の擁護者にとっては、このことは不満の種でもあった。

様々な知能、到達度、性格、職業適性検査に加えて、生徒は日常的に活用するために新しくつくられた「客観的」テストに対面することになった。一九二〇年代初頭までに、生徒はおなじみの口頭での暗唱、抜き打ちテスト、毎月のペーパーテスト、学期末の総合テスト等と結びついた○×や多肢選択テストを受けるようになった。そうしたテストは、全て強力なものではなかったが、多様で学校の中では目につく存在となっていった。しかし、これらの技術革新は、実際には伝統的教授学と教科書教授を強化していた。教員の「黒板上の一〇の質問」は、子どもの生活からはほとんど消えることはなかった。

それにもかかわらず、テストは容易にパロディ化されるほど浸透した。例えばこうである。一九四二年、ある小さな町の教員が、天国の門に立っている同僚についての冗談を語った。

聖ピーターは言った。

ちょっと教師を辱めてやろう。

彼らが進歩主義の教育をしてきたので落第したままなんですよ。

私たちの成績は何年も同じまま。

道理で教育学者は俺たちを不動のできそこないとみるわけだ。

同じやり方で教師をおどかしてやろうではないか。

審問官の白い翼からペンを抜き、

彼の記録用紙の紙を引き裂き、愉快に叫んだ。

「閣下、あなたのＩＱは、どのレベルになるのかな？
ハープを奏でる適性はあるかな、それともシャベルはその手にあうのかな、
あなたは、コーラス隊に入れるかな、それとも地獄に行くのかな、
あなたはそれがいいのかな？」

教員は、答えた。これまで生徒にテストをさせるのに忙しくて自分でテストを受けてこなかったし、緊張しすぎて今も受けられない、と。聖ピーターは、「それでは、地獄に落ちろということになる」、つまり「地獄の岸辺に……そこには何のテストもないし、自分が何に向いているかなんて問題にならないところだというのは確実だ」と答えた。

地域の学区は、生徒を特別支援教育に振り分けるため、柔軟な進級手段として正当化するため、そして手作業的な訓練と家庭科と職業志向的なコースをカリキュラムに採り入れるために、テストと点数を活用した。テストは、個人差に関する確かな根拠となった。アドミニストレーターは、学校を子どもに合わせるように努めたため、新たなコースやプログラムは二〇世紀前半の小学校の社会的役割を拡大するのに貢献した。しかし、ほとんどの学級は従来のままであり、児童中心主義的な学校を求めていた進歩主義者たちや量的測定に惚れ込んでいた効率主義的改革論者たちは、彼らが現実にみたものに絶望したのであった。

社会効率主義者の台頭

ルソーとヨーロッパ・ロマン主義の時代以来、教育改革者たちは、幼児教育の完成を夢見てきた。多くの生徒が就学する小学校は、論理的に教育学的な実験の場であった。小学校の生徒たちは、音楽をこなさなければならなかったが、二〇世紀初頭のハイスクールは、どこでも伝統と結びつけられ、下の学年に目を向けさせる教員やアドミニストレーターによって管理された、つまらない機関と広く認識されていた。一九二八年『児童中心の学校（*The Child-Centered School*）』を執筆したハロルド・ラッグ（Harold Rugg）とアン・シューメーカー（Ann Shumaker）と議論しようとする者はほとんどいなかった。その中で、彼らは「児童中心主義哲学を八年生以降にあてはめようとするアメリカの学校を探すのは不可能なように思われる」と記した。テストの点数が地下室にしまわれてしまうような低学年でさえ、第二次世界大戦前の多くの観察者は、伝統の力強い支持者に困惑していた。

社会効率主義の主唱者から生徒の自由に対して好意的な者まで、どの改革者たちも、最良のプランは意欲と熱意のある教員の支持なくしては成立しないし、一九〇〇年代初期までは、教員の大多数は女性であったとわかっていた。古い教育への攻撃が蔓延し、教授に関する多くの入門書は教科書と教員の権威を非難していた。教員は、すぐにでも変わらなければならなかった。一九〇六年、経験豊富な都市のアドミニストレーターは「特に数学や母国語である言語に関して、ドリルのためのドリルは多くの者にとって良いものとあがめ奉られてきた」と記していた。しかし、約一〇年後さらに一人の教育者が嘆いた。多くの教員はまだ暗記中心で、子どもたちのことを「歩く百科事典」と混同していたからであった。

一九二〇年代、師範学校の入門書は、下の段階の学校の遍在する教科書の教授に疑問を発し、それが子どもたちの好奇心を殺していると批判した。「今日のカリキュラムへの不満の原因のひとつは、まさにこのような傾向であり、非常に根深いものがあり、単純な学習を教育の唯一のねらいであると考えている」。ある批評家は、事物を知ることよりもなすことのほうが良いのにと苛立っていた。教員は、歯の名前を暗記するよう強制するが、歯をどのように磨くかを説明するのを忘れている。能力別グループ化、教授法を研究する専門家は、同様の結論に至った。子どもや彼らの興味ではなく、教科書と科目がしばしば行き先を管理している。(皮肉にも十分であるが)教科書は、野原で遊び、クラスのプロジェクトで作業し、テント小屋や人形やモデル農園づくり等の写真で満ちていた。それらは、変革について誤った印象を与えていたし、学級実践の大いなる継続性を曖昧にしてきたのであった。

多くの児童中心主義信奉者によれば、学校はテストの点数という魔力に一層とりつかれた状態にあり、頑固で旧態依然としたままであった。新旧教育間の戦いが大々的となったにもかかわらず、ドリル、暗記、テストはさらに多様化し当然のこととなった。ほんの一握りの有名な教育者だけが教員を守っていた。

ウィリアム・バグリーは、過激な児童中心主義には批判的な態度をとり、ほとんどの大学教授とともに隊列を離れていたし、クラス分けの伝統には与していなかったけれども、基本教科と暗記の勉強は不可欠であると主張していた。一九〇七年に彼は、事実、規則、定義は、歴史であろうと、数学であろうと、英語であろうとも、より大きな原理、概念の理解にとって必要であると記した。読書や勉強は面倒かもしれないが、本は子どもたちの経験と背景を超えた世界を開く。この言葉に、年老いたウィリアム・T・ハリスは笑みを浮かべていたことであろう。

第一次世界大戦後、社会効率主義者も児童中心主義者も変化が緩慢であるのを嘆いていた。一九一九年にルイス・ターマンは、「教員の職階や採用にテストを使っていないのなら、精神能力に従って子どもたちを普遍的に成績づけることは夢のままになってしまうだろう」と危惧した。彼の同僚であるエルウッド・カバリーは、市の制度が彼らの足を引っ張るのをみたため、改訂版教科書である『公立学校行政(*Public School Administration*)』において、最良の教員は都市で働いているという使い古された主張を繰り返した。さらに彼は、多くの都市制度においては、「算数のクイズや英文法の細かい点に何度も挑戦しながらも、アカデミックな教科で落第し、同じ学年を繰り返す何百人もの生徒がいるが、彼らはハイスクールに行くべきか商業学校に行くべきかを選択する時、自らのニーズにより適合する何かを勉強することが、自らの興味や熱意を呼び覚ますようになる」と述べていた。しかし、彼らはそこに留まり、「非効率でできが悪いというようなランクに」入れる以前に、「たいてい何もしておらず」、教員やクラスメイトに迷惑をかけながら、時間と税金を無駄にしていたのであった。

非外交的で、非運命論的立場をとる人々も同様に、新教育の偉大な公約がなぜ達成されないのか疑問を抱いた。一九二七年、オクシデンタル・カレッジ(Occidental College)教育学部の教授、マーティン・J・ストームザンド(Martin J. Stormzand)は、『進歩主義的教授法(*Progressive Methods of Teaching*)』を出版した。彼の教科書の最初の言葉は、論点を明確に表している。「多くの教員は、教科書の教員である」。西欧の教員くらい厳格に教える主要な手段として教科書を用いる者はいない。その結果は、詰め込み、受け身の生徒、つまらない授業を生み出している。教科書は、未熟な教員が誰にでも統一したカリキュラムを提供するのには役に立っている。そして、ストームザンドは、おそらく動画のようなものを除いては、それに取って代わるようなものは何もないと信じていた。テストのために教材を先に流したものが、教育の中身であった。加えて、ストームザンドは、「生徒の能力や到達度」の評価をも主張していた。「順位、点数、成績、評価、推薦文章が行政官や教員の世界によって要求されていた。子どもが学校で進級するほど、能力、仕事、態度のそうした評価には重要性があると考えた。親、雇用主、さらに教育制度自体のトップ層は、正確な成績をつけることを求めていた」。その足取りを壊すことはできなかったのである。

学者が、子どもたちの学習内容と教員の教え方を研究する時、過去の鉄の契りに驚かされた。例えば、小学校のカリキュラムの例を挙げよう。ブルース・ライバーン・ペイン（Bruce Ryburn Payne）が一九〇五年にコロンビア大学で完成させた博士論文は、何か国かの小学校のカリキュラムについて検証している。彼は、アメリカの五〇の都市の記録を研究した後、「新教育の話があった後でも、3Rsがまだ優位な位置にあった」と結論づけていた。基本教科に費やす平均時間は都市によって異なるが、全体として増えていた。生徒は、リーディングと文学に平均二〇・七%、ライティングとスペルに、それぞれ四・七%、文法と作文に一四・四%、算数に一七・三%を費やしていた。低学年でも学校の一日の半分以上が3Rsに使われていた。第三学年以降は、絵画や音楽の以外の残りの時間の多くは、地理、歴史、理科の知識詰め込み型の教科で占められていた。著者は、自然研究や手工訓練は、多くのカリキュラムにみられたが、「カリキュラムに科目として導入することと、それが導入された後に教えるのとでは全く異なる」と皮肉っぽく記した。

一九二七年、『カリキュラム問題（*Curriculum Problems*）』と銘打った本の著者は、教科書は普及しており、「教員の大多数にとって、それらは指導要領以上のものである」と記していた。そして、カリキュラムは、生徒の出来具合は多様であってもアカデミックなままであった。四四四都市の小学校の多くは、基本教科を広く教えていた。カリキュラム全体に占める割合をみると、リーディングに一七・一%、音韻に一・六%、文学に一・七%、言語と文法に九・一%、ペン習字に五・三%、スペルに五・三%、算数に一一・六%となっており、これらは非常に高い率であった。知識詰め込み型の教科では、歴史・市民・公民に四・四%、地理に五・八%、理科に一・三%、芸術と音楽（統合して）の九・八%がカリキュラムに入れられた。一九〇五年の研究で明らかとなったよりも高い割合であったのは、健康と体育で八%となっていた。しかし、手工と家庭技術は、一%以下であった。

確かに、読み方教授法や社会と公民が歴史や地理に取って代わるべきか否かという議論は公的な問題となり、これらの議論は未だになされることもある。しかし、テスト運動は、アドミニストレーターや教員が基本教科を良く教えられているかどうかを決定するのに役立ったが、それらの選別には役立たなかった。科学的調査によれば、最も良く研究されている教科はリーディングと算数であった。その理由は、それらがカリキュラムの基礎であったことにある。一年生や二年生で落第する子は、たいていリーディングに問題があった。また、三年生以降の最大の躓《つまず》きは算数であった。一九三五年にある研究者は、リーディングは全ての学習の成功にとって重要であり、「それは、世界で最も重要な勉強であるかのように後光が差していた」と述べたほどであった。

慣習に対する広範な攻撃のため、伝統的教授実践の生き残りのための努力は顕著になっていた。様々な都市が新しいグループ化、進級の枠組み、その他の革新のための実験をするようになったが、多くの学級は、教員中心で、教科書を重視し、教科を基礎としたままであった。一九二〇年代から三〇年代には、（アナーキーな学校から、名声にもかかわらずアカデミック志向のより構造化された学校まで）典型的な公立学校の形式を省いた多様な進歩主義の私立学校が溢れかえった。進歩主義のラベルをつけたモデルの公立学校（大学附設の実験学校や豊かな郊外にあるわずかな学校）が、世間を魅了した。公立学校の教員は、ウィリアム・キルパトリックによって有名になったり、デューイ実験学校の活動の記念でもある学校のプロジェクトを通しての学習を進めたり、あるいは、教室の子どもの経験と活動学習を重視した関連のカリキュラム革新を進めた。

多くの書籍や論考が、課外旅行、グループ活動、市民プロジェクト、蝶の採集、模型飛行機の組み立て、学校新聞の編集等で飾られた。彼らは、学校を生徒にとって楽しい場所にすることで子どもの興味をくすぐった。そして、彼らは、日々の実践への挑戦によって、多くの注意を引いたのである。しかし、一九三四年にある観察者は、プロジェクト・メソッドの最良の表現は「特権的学校」でみられると述べた。ノースカロライナの田舎で進歩主義的教授法を研究していた学者は、おなじみの教科とは反対向きで、また教員の権威を問題とするものに対しては何でも頑固に反対することを記録した。また、ある児童中心主義の教育者は、物事の真実に反して、「彼がしようと望んでいることを除いては子どもに何もさせないことで活動が成り立っていることと、また、だいたいの結果は、たくさんの騒がしい釘打ち、金槌叩き、のこぎり引きであったと感じていた」と述べた。

ある教育者は、一九三〇年代後半の小学校実践の評価において、多くの教員は児童中心主義の教室では単純に不快であったと記していた。それは、教授法の問題ではなく、保護者の多くは伝統的でない教室については保守的な見解をとるということと、革細工よりも算数のほうを好んでいたということであった。別の観察者は、一九三八年に「この国の大多数の学校は、……断片的で部分的な改革だけで成り立つ伝統的な学校実践に従うことに満足してきたのである」と述べた。彼が言うには、実際はほんの一握りの者だけが過激な何かを実現しようと試みてきたにすぎなかったし、「いわゆる進歩主義的で、実験的で、新しいタイプの学校」に価値を置く者はほとんどいなかったのである。わずかな有名公立学校実験だけが全国的に喝采を浴びたにすぎない。それらは、たいていイリノイ州のウィネトカのような富める地区にある非典型的な学校であった。多くの児童中心主義の革新は短命に終わり、カリスマ的な指導者や教員によって短期間しかなされなかった。

保守派が危惧し、進歩派の一部からの要望もあり、多くの子どもたちは学校で金槌叩きやのこぎり引きをしてはいなかった。伝統的な教授学はざるを編み上げることができただけであったと、手工訓練の教員が教科書の講義をしているにすぎないのをみた児童中心主義の教育者は立腹した。一九四〇年代までには、都市の教室の平均規模は、五〇、六〇人から四〇人以下に減少したが、伝統的な実践を維持したままの授業は明らかに多かった。子どもたちは、教科書を読み、教員の話を聞き、テストを受け、「ワークブック」（いわゆる「自習教材」）をこなすのに多くの時間を使っていた。少なくとも、それは研究者たちが学級観察後に発見したことであった。『小学校における理論と実践（*Theory and Practice in the Elementary School*）』と銘打った本が、洞察力のある教育者であるウィームス・アウレリウス・ソーサー（Weems Aurelius Saucier）によって著され、彼は次のように記した。多くの教授は、「多くのあらかじめ記述された課題の細片からなる大部の公式的なドリルで成り立っていた」。著者は、「活動、プロジェクト、現実体験が、このような学校プログラムに組み込まれていたのは事実であった」と認めていた。「しかし、それらが組み込まれていた主な目的は、意味のない定型の教授の独占を壊すことで、教員と学校がある程度『進歩的』であることを見せるためと思われる」。

一九二〇年代から一九三〇年代の社会的性質の拡大を反映した、小学校における顕著な変化が新たな通知表の形で登場した。多様な科目に対してただ単に点数をつける代わりに、新しい通知表の形で報告されるようになった。これは、多くの改革者の大きなお化けである「単純な学習」が、そびえ立つ社会的理想に取って代わられたことを示したのであった。子どもの生活から誤りを排除しようとして、ある町の教育家は一九三五年に、アカデミックさが多くの学校で誇張されていると月並みの不平を漏らしていた。彼女は、「例えば、男子はエレベーターでは帽子をとることを覚えなさい、女子は握手が必要な場合には男子に手を差し出すことを覚えなさいといったことは、ベネズエラの首都を知ることや、文末に前置詞がくるのは良くないということを知るよりも、先の人生において役立つものかもしれない」と述べた。

通知表に関する議論の中には、学校の偏狭な性質についての侮辱も入っていた。つまり、点数や成績、基準や進級、成否に関わる学校への先入観についての侮辱であった。学校は、社会的施設であり、教員は親に対して、子どもたちの規律、主体性、協調性、指示に対する素直さ等の特性と市民としての性質について情報を提供すべきものとされた。

革新的な通知表は人気を博し、連邦教育局で多くの新たな例が集められ、地域学区に貸しつけるための映像スライドが準備された。一九三〇年代初頭のニューメキシコ州のレートンの幼稚園の保護者でさえ、通知表を年に四回もらっていた。「市民性」のカテゴリーの中に、「芝生に入るな」「まっすぐ家に帰りなさい」「自分のことに注意しなさい」「建物や遊び場の整頓」のような項目が登場した。このことは、フレーベルが考えていたものではなく、子どもの発達の全ての側面への大衆的な関心を典型的に示していた。

社会効率の主唱者は、社会的徳性の評価は、ペン習字や歴史の成績よりも重要であると考えていた。逆に、児童中心主義の教育家たちは、伝統的な通知表について、技術主義的で、子ども同士を競争へ追いやったり、勉強への動機づけを学ぶ内在的な愛よりもむしろ、成績をつけるだけにすぎないものとして批判した。進歩的な大学町ウィスコンシン州マディソンでは、一時宿題を廃止した。一九三〇年代初頭には、教科で子どもの成績をつけることをやめ、生徒の「能力、努力、問題点」を報告するだけであった。匿名の投稿者は、「新しい通知表は、本当にもてる能力を発揮したのに、何かの科目で点数が良くないため、子どもが感じるかもしれない劣等感をもたせないようにつくられている」と述べていた。別の中西部の郡教育長は、「真の教育は、通知表で決められるものではなく、学校が終わってから、五〇年から六〇年の人生の中で役に立つものや将来性によって決められるものだ」と主張していた。「学習への情熱をなくして子どもが学校を卒業していくなら、その制度は失敗している」。つけ加えて、彼は「小学校、ハイスクール、大学でクラスの主席であった者が、他のことではうまくやる技芸を磨かなかったために、一五年後に同じ仕事の繰返しにその才能をつぶしていたりするようなことはよくあることだ」と述べていた。しかし、多くの保護者は、そのコースワークでいかに子どもたちが活動しているのかを知りたがっていた。一九三八年に、全国レベルの雑誌の漫画は、息子の通知表に関して不満気な父親を描いていた。少年は、「父さん、そんなに固く考えないで、成績が悪いのは経済不況という時代のせいだから」と答えていた。

効率主義の専門家は、何十年もの間、難しい学問からほとんどの子どもが何も得ることができていなかったと批判し、教員が現代テストの技術と評価法を理解できていないことを叱責した。国の都市行政官を訓練し、免許を与えていた大学教授は、教員が平均とモードの違いをわかっていないとこぼしていた。教員は頑固で、単純すぎて、怠慢なので、標準テストによる革新にまで至らないのであった。教員は、筆記試験で下す評価が主観的で、評価の一貫性もなく、テストの構成や妥当性と信頼性の科学を理解していなかった。なぜ、こうした者が主体性や態度や市民性のような主観的なことを判断する技能を突然もてるのか不明だったのである。

多様な学校制度は、その成績尺度を変え、数字による評価ではなく、文字を使うようになり、時折通知表を省いていたが、親の非難に遭い、通知表と点数は再度、月ごとあるいは学期ごとに登場するようになった。そして、通知表は、校長や教員が親の期待を知ってから、たいてい文字やパーセンテージでの成績も含むようになった。このことが、新しいスタイルの通知表の広がりをとめることなく、今や性格特性や市民性の成績も含むようになった。こうした追加評価項目は、子どもの統計的な分析に寄与し、効率主義であるか児童中心主義であるかにかかわらず、多くの改革論者たちを喜ばせたが、この発展は実際には伝統を強化していった。一九世紀の多くの教育家は、子どもが勤勉で、時間を守り、協調的で、社会的に責任のある人間になることを期待していた。市民性や公民的性質についてのこの強調は、古い時代の学校の価値とはほとんど矛盾するものではなかった。この新しい通知表は、学業成績以上のものを記録していたのでより浸透した。しかし、それらは伝統的な主流となっている教育と十分に並立するものであった。

ホーレス・マン、ウィリアム・T・ハリス等の一九世紀の教育家たちが、二〇世紀中葉のアメリカの学年制小学校を訪ねることができたとしたら、多くのなじみの実践に直面することになっただろう。さらに、地方の点数主義の教育家たちは、社会的効率主義や児童中心主義教育の立場に立つところではどこでも、普通学校のよく知られた多くの目標を保持していた。目標とは、正しい基礎教育、移民のアメリカ化、社会的安定に向けた教育、才能ある者への賞と誤りへの罰、道徳的価値の教化(今なお明らかにキリスト教)なのである。一八九〇年代以降、多くの学校では、祈りとアメリカ国旗への敬礼、忠誠の誓いの暗唱等で始まる。過去においても同様に、子どもたちは、大人を尊敬し、規則や制約に従い、学校ではいつでも学習できるように準備を怠らないことが期待されていた。同時に、学校アドミニストレーターは、今や生徒の成績と教員の効率を測るより強力な道具をもち、個人差を記録する証拠を手に入れたのであった。特に、全国で急速に発展した町や都市での学年制学校において、以前よりも多くのデータが一人ひとりの子どもについて集められるようになった。通知表が、多様な学校科目の伝統的な評価に加え、広範な個人的行動や市民的価値についても書き込まれるようになった。多くの改革論者たちが望んでいるように、学級の重心が教科から子どもへと移動しないのであれば、個人差という言葉が学校に入るほうがまだ強力な手段であることをまだ否定しきれないのであった。

第6章　大衆のカレッジ

一九二九年春に連邦教育局が刊行した『スクール・ライフ』の編集者は、「教育はアメリカ国民の情熱であると言われ、アメリカの子どもたちへの適切な訓練が必要とされる時、教育の失敗は目立ったこともなく、出費も過剰ではない」と記している。こうした誇張はさておき、この編集者は、全米の中等学校を対象とした調査に二二万五、〇〇〇ドルを充当するという議会の承認を誇らしげに伝えた。ただ、一八二一年にボストンで初の無償制ハイスクールが開校してからというもの、公立中等学校はアメリカの学校制度に関する論議の中で異論の多いところであった。公立中等学校の本質と目的にかかる議論は霧散することなく、一八九〇年代以降の入学者の急増はそれらの議論を激化させた。次第に、ハイスクールは、民主主義と社会的効率性の意義、平等な機会と個々の差異、そしてカリキュラムと教授法に関わる国家の支配的な教育論争に引き込まれていった。ハイスクールに通うことは、かつてはきわめて例外的な体験であったが、一九五〇年にはアメリカの若者たちの大多数にとって珍しいことではなかったからである。

一九〇〇年代初頭、ヨーロッパからの訪問者たちは共通して、アメリカのハイスクールがすでにかつてないほど多数の生徒を教えていることに注目した。彼らの多くが低い就学水準であることを予想していたため、ハイスクールの就学者数拡大はアメリカ民主主義が機能していることの証拠だと信じていた。一九〇三年にイングランドのシェフィールドから来たある教授は、税金がアメリカの都市のハイスクールに費やされていることに驚いた。彼は、「アメリカの中等教育は効率的で、確かに小学校と同様にアメリカの教育システムの一部となっていた。都市のハイスクールは、どこでも傑出している。それらは、建築上望ましい構造となっており、その内部は現代的学校の全ての必要条件を満たしていた」と述べた。例えば、ペンシルベニア州の無煙炭産地の中心、スクラントンにあるセントラル・ハイスクールは、一、〇〇〇人以上の生徒を収容できる体育館と集会場まで備えた素晴らしい設備を有していた。他のイギリス人は、都市にある最も新しいハイスクールが、アメリカの技術革新と最新家庭用機器の魅力を反映していたことに注目した。それは、多くの学校がすでに電動式の時計、ベル、そして電話を導入していたからであった。

一九二九年、『スクール・ライフ』の編集者は確固たる自信をもって、「ヨーロッパ大陸における優れた建造物は、記念碑的教会や王宮であるが、アメリカでは、記念碑的なカレッジや豪壮なハイスクールを建築している」と論評した。すでに第八学年まで進めた生徒たちの四分の三は、たとえ卒業できないとしてもハイスクールに進んだ。編集者は「ニューヨークにはフランス一国、ロサンゼルスにはオーストリア一国、デトロイトにはその一〇倍の人口を有するロンドンより多くの学校が築かれていた」と得意気に語った。ただ、それにもかかわらず、増加する入学者数は想定外の問題をもたらした。「我々は、そのためにいかなる特別なものも準備されていなかった。体育施設も、十分に訓練された教員も、改良された教授法も、熟慮されたカリキュラムも、前例のない新たな要求に対応するために迅速かつ十分に提供されなかった」。それは「混沌とした」という言葉がその状況を最もよく描写していた。

一八九〇年代以前のハイスクールを思い起こした者は、こうした劇的な拡大を描写する正確なたとえを模索した。

彼らの多くは、例えば軍隊行動になぞらえたが、おそらくそれは無能者たちの大軍が教室に押しかけているというスタンレイ・G・ホールの有名な警告を思い出したからであろう。教育指導者たちは、ハイスクールが過度にアカデミックで、柔軟さに欠けて伝統的であること、また若者たちのニーズと調和していないにもかかわらず、新入生の大群が未だに後を絶たないことに日常的に不満を漏らしていた。進歩主義の時代、ある作家は、仮に地方の中等学校の生徒たちが軍隊編成を組んで行進したならば、その列は地平線をはるかに超えていただろうと発言した。アメリカでは、一八九〇年から一九二〇年にかけて、全てが豪華とは言えないにしても、新しいハイスクールを一日当たり平均一校設置してきており、それは目覚しい需要の現れと言えた。二〇世紀半ばまで、オレゴン州のアシュランド、あるいはテキサス州のジャックスボロを含むほとんどのコミュニティで、その地域の新しい中等学校を見せびらかすポストカードを誇らしげに発行していた。

一九一七年に初めて刊行された『ハイスクール・ジャーナル』のような新しい専門雑誌は、この中等学校への関心の高まりを反映していた。その編集者であるノースカロライナ州のN・W・ウォーカー (N. W. Walker) は、「アメリカにおける一八九〇年からの中等教育の急速な発展は、我々の最近の教育史における画期的な出来事の一つである」と記した。多くの人々が、生徒、カリキュラム、教員の質について懸念していたにもかかわらず、教育課程は上級のレベルにあわせて急速に進んだ。一九二九年にウォーカーは、「この大陸の、能力、関心、将来の期待される職業が異なる全ての若者が中等学校に集まっている。そして、ハイスクールはそれら全ての若者に応じるために維持される」と説明した。増加するハイスクール入学者数は、多くの市民を驚かせた。一八九〇年、ハイスクールは一四〜一七歳の約七%を受け入れたが、一九二〇年には三八%、一九三六年には六五%にまで跳ね上がった。ハイスクールの生徒数は、様々な原因により一八九〇年から一九三〇年にかけて一〇年ごとに倍増した。その原因は、例えば科学技術の革新が一〇代の労働者たちを排除したことであり、また児童労働防止法が強化されたためでもあった。さらに、大恐慌の時期に求人不足を経験した親たちは、新しい世代により多く学ぶことを期待したという理由もあった。一九三〇年代初頭、およそ一〇万人が卒業後の訓練のために出身のハイスクールに戻って来た。当時若者たちは行き場がないようでもあり、ハイスクールが非就業者を抱える保護機関になっていると懸念する中等学校教員もみられた。

一八九〇年代以降の多くの改革者が広く共有していた一つの信念は、ハイスクールのアカデミックな方向性が、生徒のニーズに合っていないということだった。職業教育および社会的効率性の擁護者は、児童中心教育の熱狂者たちと同様に、そのカリキュラムを時代遅れなものとして、また、典型的な教室を活気がなく生産性に乏しいものとしてみなしていた。大多数のニーズに対応できなかったことは、予想どおり高い中退率と低い卒業率を招いた。したがって、生徒たちが、金曜の夜のフットボールの試合、デート、4-H〔将来、農民になるためのクラブ〕の会合に興味がそそられるようにみえたのは驚くに値しなかった。多くの市民が、カレッジがカリキュラムを操作して生徒たちを労働と生活に向けて教育するというハイスクールの適切な役割を堕落させているので、カレッジの支配を終わらせるべきであり、それが早ければ早いほどよいと主張したのであった。

二〇世紀前半、ハイスクールが大衆の機関となるにつれて、予測された衰退についての悲嘆の声が数多く上がった。知識人と保守的な教育者たちの多くは、学校のスポーツや課外活動、大学に進学しない生徒のための職業クラスの人気が、その時代の特徴であることは彼らの間で共有できていたが、指摘されているアカデミックスタンダードが低下した原因が何だったのかについては意見が分かれた。それは、意志の弱い生徒が原因なのか、効率性あるいは児童中心的な改革のせいか、あるいはこれらの要素が絡み合ったことによるのであろうか。いずれにせよ、一九三〇年代から一九四〇年代までに、多くの中等学校のアカデミックな性格は、社会的活動の拡大や伝統的なカリキュラムに対する猛烈な批判にもかかわらず、実際に生き残ったのであった。教授学のエリート改革者がアカデミックな教育を暴けば暴くほど、全ての生徒ではないにしても、多くの親や教員たちはそれを受け入れていった。

大学への準備教育か、誰もが入れる学校か

一九世紀のアメリカ人は、ハイスクールを「大衆のカレッジ」と呼んだが、一九〇〇年代初頭に残っていたその言い回しには、常に曖昧な響きがあった。確かに、ホイッグ党員や共和党員たちは、大志を抱いた学才のある白人の若者たちのために、また共和主義の縮図として、あるいは能力に準じた報酬のために、無償制中等学校を熱狂的に擁護した。一部の中産階級の白人生徒に対応するハイスクールは、男子にカレッジへの準備教育を行うニューイングランドの伝統的な公立中等学校であるラテン文法学校に代わるものとして一八二〇年代に登場した。それは、一八八〇年代まで北部で中等教育の科目を教えていた何千もの月謝制のアカデミーやセミナリーを排除することとなった。一九世紀のハイスクールは少数の男子にカレッジへの準備教育を行っていたが、そのカリキュラムは、古典ではなく、英語、歴史、数学、科学、地理、そして必ずしもラテン語とは言えない外国語が含まれた現代的あるいは英国式の科目が優位を占めていた。都市のほんの一握りのハイスクールにおいてのみ、例外的に多数の生徒が古典的なカレッジへの準備コースに在籍していた。ほとんどのハイスクールの生徒は、南北戦争後まで上級学校へ進学する機会のなかった女性で、彼女たちはコモンスクールの教員になっていった。

一九世紀におけるカレッジへの準備教育は、ハイスクールの社会的機能のごく一部でしかなかったが、一八九〇年代までのアカデミックな教育に対する批評家たちは、そうは考えなかった。というのは、二〇世紀初頭に、ハイスクー

ルが元々カレッジへの準備教育機関ではなかったことを認識していたのは一部の教育者にすぎなかったからであった。確かに、実践的なコースやアカデミックさの少ないものを好む批評家たちは、ハイスクールの苦悩を代弁してカレッジを非難した。彼らは、ハイスクールが一九〇〇年代初頭以前に一部の一〇代の生徒のみを入学させていたために、それを以前のラテン文法学校や現在のカレッジのようなエリート機関だと考えていた。二〇世紀初頭の改革者たちの強い要望は、ハイスクールをより実践的なものに、つまりアカデミックではないものにすることであった。それは、「カレッジの支配」という幽霊を常に思い起こさせることでもあった。

増加していく生徒からすれば、ハイスクールが過度にアカデミックであるという見解や、カレッジが非難を浴びているという見解には、多くの根拠があった。一八七〇年代初頭、ミシガン大学は入学試験なしに大学入学を認める公立ハイスクールの認定を行い、他の州でもその制度にならった。インディアナ州を含む複数の州では、州の教育局が学校を格付けした。こうして(女性を含む)より多くの生徒がカレッジに進むこととなり、カレッジへの準備学校としてのハイスクールのイメージを与えることとなった。カレッジへの入学条件がアカデミックすぎて、増加する現代的な科目の履修が増したにもかかわらず、エリート主義的性格に対して不満が増長した。それは、ハイスクールが半世紀前と同様、一八九〇年代になっても非古典的な科目を教えていなかったことが問題とされた。実際アカデミックなコースとカレッジの入学要件を分離させることは不可能であり、そのカリキュラムは一部の生徒にのみ適していた。大多数の生徒がカレッジに進学しなかったにもかかわらず、なぜカレッジがハイスクールに影響を及ぼしたのであろうか。

地方の認証機関もまた、カレッジへの入学資格のための特別なアカデミックコースに最低限の単位を課すなど、より標準的なカリキュラムを開発するためにハイスクールと協働した。カレッジとハイスクールの運営者および教員が構成員となるこれらの機関は、入学者数、生徒の履修コース、教員資格のような量的な情報を集めた。大学が増加するにつれて、ハイスクールは生徒の重要な供給源となり、認証機関は、中等教育と高等教育とのより円滑な接続のためにその権限を拡大させていった。『ハイスクール・ジャーナル』誌によると、一九二一年までに、全国の一万四、〇〇〇校の中等学校のうちの八、〇〇〇校が公的機関である州教育局、個別の大学、あるいは地方の認証機関によって認定を受けるか、承認されていた。大多数のハイスクールは、わずかな教員と数十人の生徒だけの非常に小さな学校で、選択科目や職業科目を提供することができなかった。カレッジへの進学を熱望する生徒の数は少数とはいえ社会的に影響力があることから、学習指導要領に沿うことを認定要件とし、したがって学習指導要領はカレッジ向けでも非カレッジ向けでもカリキュラムの中核となった。

アカデミックなカリキュラムを変更、もしくは減少させたいと考える教育者や改革者は、カレッジの干渉こそが、中等学校の生徒の大多数のための実践的な教育を不可能にしていると認識していた。ハイスクールは、アカデミックな学習指導要領を放棄することができないか、放棄することで認証を失うリスクを負うこととなった。認証機関に加えて、その他の機関の発展もまた、カレッジへの進学を助長しているようであった。一九〇〇年に設置されたカレッジボード(College Entrance Examination Board)は、ニューイングランドの私立エリートカレッジの発展に貢献したが、それを批評家たちは外部干渉のもう一つの例とみなした。というのは、ハイスクールは生徒を確実に大学入試に合格させるべきという圧力を受けており、そのことはアカデミックなカリキュラムの維持を意味していたからである。生徒たちがどれだけの時間を各週に費やしたかに応じてコースに単位を割り当てるカーネギー単位(Carnegie unit)〔一二〇時間の学習で一単位〕が二〇世紀初頭に登場し、ハイスクールの豊富なコースは、指定された単位数に相当するように標準化した。さらに、一九二〇年代のＳＡＴ(大学進学適性試験)の登場は外部干渉のさらなる徴候であり、それは将来のカレッジ学生に向けられたものであった。このように、多くの者を対象とする実践的な教育ではなく、少数の者のためのアカデミックな科目が支配的立場にあるようであった。

多くの批評家にとって、外部からの圧力の最も酷い例は、一八九二年に全米教育協会が十人委員会(Committee of Ten)に忌まわしい報告書を刊行させたことである。というのは、この報告書以上に教育上の怒りを生じさせたものはその後数十年間なかったからである。ハーバード大学の学長エリオット(Charles. W. Eliot)は、ハイスクールのカリキュラムに関する提言を行ったこの十人委員会の委員長を務めた。歴史学者クラッグ(Edward A. Krug)が指摘したように、その委員会ではメンバー数人が公立学校の授業と運営上の経験があったが、多くがカレッジに勤めていたという事実によってすぐに非難を浴びた。こうしたカレッジ支配への非難は、その後半世紀にわたって繰り返された。十人委員会が基本的に議論したことは、相対的に少数の生徒のみが学んでいるハイスクールが、カレッジへの準備教育を行う生徒と、「生活のための」準備教育を行う大多数の生徒とを区別すべきでないということであった。大学に進学する生徒はわずかだったので、カレッジへの準備教育は、ハイスクールの主目的、すなわち知的かつ文化的な訓練の「付随的な」ものであった。

エリオットのこの委員会は、「中等学校において教えられる科目は全て同じ方法で教えられるべきであり、たとえ生徒の可能性に違いがあろうと、あるいは彼らの教育が最終的にどの段階で終ろうと、生徒が求める限り同じレベルまで教えられるべきである」と信じていた。批評家たちはこの点に憤慨し、カレッジへの進学希望者にとって有効であったものが、全ての者にとっても有益であるという同委員会の声明を非難した。批評家たちはまた、同委員会の報告書が中等教育のカリキュラムにおいて手工訓練の位置づけを無視していたことに怒りを覚えた。エリオットとその同僚たちは、ハイスクールが主として生徒たちにカレッジへの進学準備ではなく、幅広い「生活の責務」の準備のために存在しているが、アカデミックな面で手抜きするという罪もまた決して許されないと信じていた。

確かに、著名な教育者たちは、カレッジの全国的なネットワークの拡大により生徒の効率的な移動を確保する、という身勝手な動機によって生徒に高度な知的要求を押しつけた十人委員会を非難していた。エドワード・ソーンダイクとその同僚たちは、見せかけの科学としての訓練の転移や精神的な規律を顕在化させたが、批評家たちによると、ハイスクールにおけるアカデミックな方向づけや大学進学への印象づけは依然として強力なままであった。一九〇二年『ウィスコンシン・ジャーナル・オブ・エデュケーション』誌の編者は、生徒たちの五%のみがカレッジに進学したが、その他の九五%のニーズは無視されていると断言した。一九〇九年、オハイオ州の編集者は、初期のラテン語学校から受け継いだアカデミックな要求のために、ハイスクールの「教授たち」を非難した。連邦教育局は、うやむやのカレッジ支配を糾弾する紀要や報告書を定期的に刊行した。一九三二年に『スクール・ライフ』誌は、「カレッジが我々ハイスクールに対してもつ、うやむやの支配力がさらに緩められるならば」、進歩はようやく生じうると述べた。

カレッジ支配への非難は、アカデミックへの高い期待という龍を絶滅させるのに不可欠な改革者の羽の中の最も鋭い矢の一つであった。アメリカのハイスクールの起源に関わる神話が浮上したため、教育者たちは、カレッジの影響の弊害について十分に述べることができなかった。アカデミックスタンダードの弱体化を後に非難することになるウィリアム・バグリーのような社会効率主義の擁護者たちは、一九〇六年という早い年代に『教育過程（*The Educative Process*）』において「カレッジ支配」を非難した。州の教育長、教員組合、教育学の教授たちは、大衆教育に関わるカレッジの非民主的な影響を日常的に非難したが、そのためにもハイスクールが直ちに断固とした対応をとることが肝要であった。

多くの者が、過去を振り返りながら、ハイスクールが常にカレッジへの進学希望者のためのエリートに相応しい場所であると口にした。例えば、一九二六年にハーバード大学のポール・ハヌスは、カレッジへの進学準備は最も初期のハイスクールを特徴づけ、ラテン語やギリシャ語、数学(実際にはラテン語学校のカリキュラムにより近い)が常に支配的であったと論じた。大多数の者がカレッジに進学しない状況は、エリートコースに乗らないことを意味していた。同様に、一九四一年の『教育研究百科事典(*Encyclopedia of Educational Research*)』への寄稿者は、「一九世紀後半の一時期、カレッジへの準備教育は、中等教育の一義的な目的としてみなされていた。生活の営みに向けての準備教育は、次位の目的であった……。そのカリキュラムが提供していたものは、事実上、科目の内容の習得を強調する、狭く、古典的なものであった」と慣習的な通念を繰り返し述べた。同事典における他の著者は、「社会効率主義」が生徒の大多数に実践的な教育を求めていたとも論じていた。

二〇世紀の初めの数十年間を通して、多くの教育者と改革者は、ハイスクールに対し、そのアカデミックな性格を緩和するよう求めた。そして子どもたちの個々の差異を解消するための構想は、当時の中等学校の生徒に適用された。一九〇〇年にハヌスが、学校に対してアカデミックなカリキュラムを保持するよう強いる多くの「教養のない親」を批判したのは、親たちが「生活上の実際的な関心」と自身の子どもたちの有望な将来に気づいていないと考えていたからであった。彼は、第九学年の生徒の大半が中学校の修了証書さえ受け取っておらず、親と教育者たちが、「彼らの興味や素質がそれぞれ異なる」ことを早く認識するよう祈ることしかできないと説明した。彼は典型的なハイスクールの無味乾燥な教授と内容に乏しい教科書が新たな進学者となる生徒たちを退屈にさせていると考え、生徒の関心が実践的な科目との連結によって刺激されない限り、素晴らしい授業と社会効率主義は不可能であるように思われたのであった。

アカデミックなものを熱望する「教養のない」者たちや「無能な集団」への非難は、婉曲表現に隠蔽され、社会階層という率直な議論の回避によって蔓延した。目に見える批判の多くは、ハイスクールの過度に知的な目的に対する全面的な非難であった。社会効率主義の重要性を強調するエルウッド・カバリーは、一九一四年にメイン州からカリフォルニア州にかけてのハイスクールが不幸にも共通して多くのものを共有し、「これは、団体や申し合わせた行動により大なり小なり入学要件の明確な水準を設定したことによって、ハイスクールがカレッジへの準備教育学校となっており、その要件を満たすためにそれらの学校共通のカリキュラムが大幅に束縛されたという事実によるものである」と述べた。しかしながら、職業教育や職業訓練に関する増え続ける支援は、まだ実現されていない「大衆のカレッジの夢」にとっての「再契約」を提供した。一九一七年、ミシシッピ州ポプラーヴィル出身の技術の教員は、「大衆のための近代学校が、中産階級のアカデミズムの主導権を諦め、なぞなぞと形式文法を止め、形式陶冶と呼ぶ正当化の隠れ蓑を剥がすべきである」と強調した。彼は、若者たちにはギリシャ語よりもガソリンのほうが重要であり、ラテン語の単調な構成よりも電気のほうが不可欠であると記した。生徒に、とうもろこしクラブ、豚クラブ、その他の課外組織に所属するよう奨励することは、教育へのよりいっそう賢明なアプローチであった。

急進的な歴史家であるチャールズ・ビアード(Charles Beard)は、一九一七年にペンシルベニア州のテクニカル・ハイスクールに設けられた「効率的な民主主義」と題した講演において、アカデミックな教育と古典的な教育(これらは通常、混同されていた)に対する非難を始めた。ビアードは、カレッジからのハイスクールの解放を呼びかけ、重労働や勤勉さ、そして肉体労働を称讃した。第一次世界大戦中の多くの外国人排斥主義者と同様に、全ての外国語教育を排除することを支持したが、実践的な応用を伴うものを除いた大部分の数学と科学の排除も求め、「多くの歴史や高度な文学の授業は、同じ原理によって運用される。プラトンやジュリアス・シーザー (Julius Caesar)、ルイ一四世、あるいはワーテルローの戦いについて伝え聞くことなくとも、アメリカでは誰もが有用で幸せな人生を生き、真実や美、そして善への愛を育む」と発言した。これらのことを熟知することに誤りはないが、「ハイスクール卒業生の九割が卒業の二年後には、それらのことが知るに値しないとわかるのであり、……真実の結果を生み出すコストは高すぎて考えられない」。

改革者たちは、左翼であろうと経済上の保守主義者であろうと、カレッジがハイスクールを抑圧していることに怒りを覚えた。職業教育の有力な支持者であるチャールズ・プロッサー（Charles Prosser）は、ビアードと同様、ハイスクールにおける大多数のアカデミックな科目の排除を支持し、実際に生活のための準備を行うことが有効であると信じていた。プロッサーは、彼自身の「生活適応教育（life adjustment education）」が有名になるにつれ、一九三九年に「ビジネス数学は、平面あるいは立体の幾何学よりも優れている。身体的健康維持の方法を学ぶことは、フランス語を学ぶことよりも優れている。職業選択の技術を学ぶことは、代数を学ぶことよりも優れている。日常生活上の単純な科学を学ぶことは、地質学を学ぶよりも優れている。やさしいビジネス英語を学ぶことは、エリザベス時代の古典を学ぶことよりも優れている」と宣言した。彼は、歴史とカレッジの影響とが一体となった重みにより、少数のアカデミックなニーズが多数の実践的なニーズに取って代わることに対して懸念を示したのであった。

中等学校の入学者数が増加してきた一九〇〇年代初期までに、生徒間に差異があるという事実は、知識人や教育界において一般的なものとなった。新入生たちは、入学試験に合格しなければならなかった以前の生徒に比して精神的に劣っているとみなされ、その当時関心さえあれば誰でも在籍できると思われていた。専門家は、多くの生徒がアカデミズムの面での学習能力が欠け、高度な知的達成と機会均等の方針は両立しないと報告した。また、彼らは、伝統的なカリキュラムが大多数の生徒にとって適当でなく、個人を社会の中でしかるべき場所に位置づけるための準備をさせず、発展の障害となっていることに同意していた。

一九一二年までに、ウィスコンシン大学の著名な教育学の教授であったマイケル・ヴィンセント・オシェア(Michael Vincent O'Shea)は、ハイスクールに対する見方の著しい変化を感じ取っていた。彼は「一五年前、教育大会で講演者たちは、『知的能力の修養』と『人格の訓練』を強調していた」が、今では「どこでも効率である」と述べた。専門家の会議において、教育家たちは実践的な教育に焦点を絞り、学校アドミニストレーターたちは科目に関する数え切れないほどの報告書と講演内容を出版していた。ニューイングランドの教育家たちは、ハイスクールがかつて読書を愛する若者たちの楽園であったと述べたが、実践的な知識は教科書ではなく社会見学や手工訓練によってもたらされた。わずかな数の生徒たちだけが、実際に伝統的なアカデミックな教育を必要としていたのであった。

ハイスクールの知的な目的と形式主義への批判は、二〇世紀前半を通して声高に主張された。これは子どもに対する感傷的な見方をする人々や、学校に対して従順ながらも信頼のおける労働者を求める人々を含む奇妙な集団を産んだ。政治的に左翼的な人々は、右翼と同様に、しばしば中等学校のアカデミックなエリート主義を非難した。効率主義の支持者たちは、共通カリキュラムが時間と金の無駄であると述べた。児童中心主義の改革者たちは、教科書や機械的な暗記教育を忌まわしいものとみなした。しかしながら、近代的なハイスクールの社会的機能が、伝統的でアカデミックな支配を弱体化させるべきであるという点では誰もが賛同した。学校は、若者をカレッジではなく生活のために十分に準備させるべきであり、生徒の入学がすでにそうであったように、学校へ行くことの社会的側面を拡大させる必要があった。

技術教育か、アカデミック・カリキュラムか

第一次世界大戦までに主な教育者たちの間で現れていたコンセンサスのひとつは、ハイスクールが効率的かつ民主的でありうるということであった。それは、学校が可能な限りその機会を広げるだけでなく、生徒の多様なニーズと能力に対応する、より実践的なカリキュラムを提供すべきということであった。ピッツバーグ教育委員会の委員長ジョージ・W・ガーウィグ(George W. Gerwig)は、現代教育に関する自身の評価において、機械と庭園、民主主義と効率性のイメージを混合させた。彼の著書のタイトル『満点の学校(*Schools with a Perfect Score*)』(一九一八年)は、産業マネジメントへの自身の情熱を反映していた。また、その副題『民主主義の希望と保障(*Democracy's Hope and Safeguard*)』は、ハイスクールの知的基盤の弱体化が最もよく公共善を進展させたという彼の信念を反映していた。産業革命の縮図であった都市での生活について、ガーウィグは、ペスタロッチやロマン主義者を引き合いに出し、その章を「頭(The Head)」、「心(The Heart)」、「手(The Hand)」と題した。ロマン主義者のように、彼は、あらゆる人への教育を望んだ。そのことは、究極的には精神の訓練以上に手の訓練に重きを置くようになることを意味していた。

ガーウィグは、「かつてのアカデミックな教育は、生活の実情からかけ離れ、何らかの神聖なものと考えられていた」と説明した。「その目的は教養であった」。「ラテン語のアクセントが不十分であるとされた」者は、教育を受けた者、あるいは「教養のあるもの」とはみなされなかったが、産業教育やアカデミックな科目の削減がより良い未来の前兆となった。「教養への唯一の道はラテン語辞書に通じることという古い考えは、永遠に消え去った」。完全なる民主主義社会において、「全ての者が自身の能力に応じて仕事を行う」。ドイツ人は、強い(とは言っても軍国主義の)国家を築く

ために、職業訓練を行い、アメリカの労働者層は、活力を失った教育よりもむしろ産業教育を必要とした。というのも、「ペンは剣よりも強いが、コテやコンパス、あるいは旋盤は時にそのどちらよりも力強い」からである。長い間ハイスクールは学問的に優れたものを好んできたが、先見の明のある教育者たち、とりわけ「図らずも、産業上、商業上あるいはその他のものに傾倒させられるようになった」者たちにとって、「教育の機会均等」が共通カリキュラムではなく、それに代わるアカデミックではない教育課程へのアクセスを意味することを認識していた。

近代のハイスクールが主として精神の修養のために存在していなかったなら、当時ハイスクールの目的とは何であったのか。ガーウィグと彼の同時代の人々は、この問題に関して熟考した。よく知られた答えのひとつは、多くの都市において一八八〇年代半ばから後半にかけて最初に出現した、事業組合や他の市民集団によって出資された労働者階級のための中等手工学校や商業学校の設置であった。しかし、それらの学校がいかにヨーロッパ風に過ぎ、階級社会的で、非民主的かについて、地域や国家レベルの論争が頻繁に生じた。労働組合は、私的に運営される商業学校が「非組合員の工場」ではないかと疑い、ジョン・デューイや他の自由主義者たちは、分離された職業ハイスクールの設置に反対した。そのため、そのような職業ハイスクールを設置していた地区も多少みられたが、アメリカのとりわけ都市における大多数の中等学校は、一九〇〇年以降ますます「コスモポリタン」で「総合的」なハイスクールとなった。これらの学校の産業教育および商業教育における新しいコースあるいはカリキュラムは、標準的なアカデミックコース（カレッジへの準備教育コースの代名詞となった非古典的な近代、すなわち英語のコース）と同じ屋根の下にあった。多くの市民は、これを「機械志向（motor minded）」あるいは「職人志向（hand minded）」の人々のための極端な差異化と何もしないこととの間で、最適な譲歩であるとみなしていた。他の者は、ハイスクールが明確な目的あるいは原理をもっているのかどうかを問うたのであった。

オシェアによると、一九一〇年までにハイスクールは「教育不安の議論の核心」となっていた。彼は、「ある者が、この国のどこへ行こうと、その人はハイスクールが多数の生徒のニーズに十分に応じていないと教員や一般の人々に言われる」と記した。市民は、中等学校の生徒たちがお高くとまっていると不満を言い、雇用者たちは、中等学校の卒業生たちが労働者として質が悪いと漏らし、そしてカレッジは、新入生たちが基礎的な知識に乏しいと口にしていた。「一四歳から一六歳までの年齢時期は、学校で学んだ全てのことを応用するどころか、概して忘れることに費やされていると言われていた。我々は子どもたちが能力や気質、適正が異なるという事実を考慮に入れなければならない。これは、一二歳から一三歳までの年齢を対象とする学習コースが、これらの差異に応じて設計されなければならないことを意味している」とペンシルベニア州のオシェアと同世代の一人が後に述べている。全米にわたって、中等学校は若者に対して生活のための準備をうまくさせておらず、あるいは、若者の大多数に対して最善を尽くすことを保証していなかったと、ノースカロライナ州のある者が一九一六年に述べている。そのような不満は、すでに溢れるほどハイスクールの名簿を増大させた世界大恐慌による職業不足によって、職業訓練を奇妙なものにした一九三〇年代でさえ一様にみられた。

ハイスクールが混沌とし、非民主的で揺らいでいるという懸念をよそに、その主たる目的に関する専門家のコンセンサスは存在した。連邦教育局によって広められたものは、はからずも一九一八年の全米教育協会によって強化された。『中等教育のカーディナル・プリンシプルズ（以下カーディナル・プリンシプルズと略称する）（*Cardinal Principles of Secondary Education*）』と題された報告書は、ハイスクールの本質に関して、同時代に最も引用された。学校管理者や教育リーダーたちは、その『カーディナル・プリンシプルズ』を中等教育の社会的目的のための最良の手引きとみなしていた。その主たる著者であるクラレンス・キングスレイ（Clarence Kingsley）は、社会効率主義と民主主義のテーマを一貫した世界観に巧みに融合させた元ハイスクール教員であった。第一次世界大戦中に刊行されたキングスレイの報告書は、多くの注目を浴び、主な専門教育者たちが自身の学校の成功と効率性を判断する指標となった。

当時最新の教育理論の独創的な統合であった『カーディナル・プリンシプルズ』は、中等教育の主な問題を簡潔に集約した。当時の非常に多くの人々が記したように、この報告書は、ハイスクールの目的が個人はもちろん社会に対しても奉仕するという二つの要素からなるものであると述べた。しかし、その著者は、ハイスクールが「他の機関のように保守的で、変化に対して抵抗する傾向にある」ことを指摘した。とはいえ、都市の増加、産業化、労働者や移民の分裂は、その本質的な要素を変化させた。全ての者が、過去四半世紀においてハイスクールが「資質、適正、遺伝、運命といった点で幅のある」生徒層を受け入れてきたことを理解していた。大多数の生徒は、未だハイスクールを卒業しておらず、四年制ハイスクールの第九学年の三分の一だけが最終的に卒業証書を受け取っていた。この報告書は、ハイスクールが若者たちの「資質や適正に関する個々の差異」についての科学的な根拠に沿ってカリキュラムと知的な期待を調整すべきであると明確に述べた。経済効率主義と民主主義は、学校が知識に関してそれ自体を目的とするのをやめ、より広範な社会的目標および実践的な成果を奨励することを一様に求めていた。

上述のように、この報告書は数ページにわたって、実生活からの乖離、本好きの性格、人間の差異に関する認識不足、変革への抵抗など、ハイスクールに対する主な批判を取り上げた。信条、目的、主張が(現代のボーイスカウトの人々のように)共通していた時代、この『カーディナル・プリンシプルズ』はアメリカのハイスクールにとっての主要な七つの方針として、生徒の健康、基礎的なプロセスを使いこなす能力(例えば、基礎的なリテラシー)、「尊重すべき家族の絆」、職業訓練、市民性教育、「余暇の有意義な活用」、そして道徳面での訓練、を列挙した。その目的の一つは、アカデミックな懸念事項に直接的に訴えかけるものであり、そのことさえも、専門用語で覆い隠され、最小のスペースだけが与えられた。この『カーディナル・プリンシプルズ』は、伝統的な教授法を阻み始め、暗記や暗唱以上にグループ学習や問題解決を優先し、より実践的かつ職業的な科目を支持していた。それはまた、しばしば自分たちが学んだことを楽しめていない生徒たちのために「知的分野」を強調する学校を批判した。この報告書の至るところに散りばめられたことは、成長、効率主義、民主主義を含む受けのよいスローガンへの言及であった。反アカデミック的なレトリックで覆われた『カーディナル・プリンシプルズ』は、進歩主義の時代を通してハイスクールを形づくった理念に巧妙に敬意を払っていた。歴史家のハーバート・クリーバード(Herbert M. Kliebard)が巧みに指摘したように、この有名な報告書は「道理に合った正確さをもって、四半世紀前の教育界を一掃した変化の風を反映していた」。

キングスレイは、アカデミックでない教育を明らかに優先しながらも、「豊かで格差のない共通の生活を通して、人々や国家が民主主義を追求する世界に対して、アメリカが正真正銘の支援を行うことによって、共通の考え、共通の理念、そして、思想、感覚、行動の共通形態」を教えるというハイスクールの責任を強調した。したがって、彼は、ウッドロウ・ウィルソン(Woodrow Wilson)の「民主主義のための戦争」もまた国内の総合制ハイスクールに関して争われるであろうとほのめかした。近代中等学校は、個人の能力や適性に対処することになるが、その一方で「芸術や手工芸のクラブ、文学や討論会、ミュージカル・クラブ」のような課外活動を通して生徒全体をまとめることにも取り組む。教員は、科目の圧政を終わらせ、生徒の社会的な発展を促していくことになる。

教育者たちは、体育の増加がカレッジや学問を傷つけようと、教育学的な慣例を非難しようと、ほぼ全ての地位を正当化するために『カーディナル・プリンシプルズ』を求めた。一九二九年、『中等教育と産業主義(*Secondary Education and Industrialism*)』において、急進主義的な教育者であるジョージ・カウンツは、『カーディナル・プリンシプルズ』の七つの目的を単なる平凡な言葉であるとみなした。彼は、ある人の余暇を有効に使うことがどんな厳密な意味があるのかと尋ねた。何が適切な職業であるのか、組合への参加か、それとも工場の運営か。民主主義社会における個々人の役割とは何であり、何が「尊重すべき家族の絆」を構成するのか。社会的な目的への偏重やアカデミックな目標の看過に関してその報告書を攻め立てる保守主義者もみられた。しかしながら、概して、大多数の教育リーダーたちは、学校がその広範な要求を十分に満たしていなかったことに懸念を示した。

『カーディナル・プリンシプルズ』の登場から三〇年近く経ち、カリキュラム改革を専門とする名高い改革者であるホリス・キャスウェル(Hollis Caswell)は、ハイスクールがなぜ断固として変化に抗うのか疑問に思っていた。彼は、キングスレイと彼の委員会が優れた主張をしていたことと、「ハイスクールのプログラムを、社会で生きなければならない若者の生活、例えば家事や市民性、個人的な問題に直接関連づける努力はなされてきている。しかし、一般教育の基礎的なプログラムは全く発展せず、概してハイスクールでの活動が、若者たちの生活の共通問題にほとんど役に立たないことを調査は明らかにした。教育実践がニーズに即するようになるための大胆な措置が講じられるまでに、果たして何年かかるのだろうか」と記した。とりわけ、癪にさわるのは、ほとんどのハイスクールにおいて「履修されるコースと学ばれる内容のほとんどの割合が、カレッジの入学要件によって独占されていたアカデミックな分野ということであった」。その教授は、生徒が実践的な活用のためではなく、「威信のある価値や精神修養という使い古された理論に着目して」科目を履修し続けることを恐れていたのであった。

クラブ活動とキャリア形成

二〇世紀前半を通して、公教育の批判者たちは、ハイスクールが生活から乖離し、適切とは言えないカリキュラムを教え、最新の教授法を用いていないと強く主張した。世紀の変わり目に、ユーモア作家のピーター・フィンレー・ダン(Peter Finley Dunne)が創作したミスター・ドーリー(Mr. Dooley)は、「あなたがその少年の嫌いなものも何でも気づくことができたなら、それをカリキュラムの中に入れなさい」とジョークを飛ばした。過去の圧力は国家の中等学校に覆いかぶさり、社会的効率性の支持者は、児童中心主義の進歩主義者同様、大衆のカレッジにおける伝統の力を嘆いた。そのハイスクールはといえば、急増した時代に、全く変化しなかったというわけではない。教育者たちは、職業的なコースを加え、カリキュラムの内容を修正し、教員に新たな教授実践を検討するよう圧力をかけた。しかし、中等学校の教員と親は、教室を生徒にとって親しみやすいものへ、社会的に効率性のあるものへと転換させるのではなくアカデミックであることを優先したがり、そのことは日常的に非難されていた。「カレッジの支配」と改革への抵抗に対する不満は、ハイスクールが多くのコミュニティにおいて大衆的な教育機関となった一九四〇年代においても続いた。唯一変革できる場が課外カリキュラムであった。

南北戦争後、都市のハイスクールは、天文クラブやフランス語クラブから、運動競技のチーム、文芸協会、秘密結社に及ぶまで、活気ある生徒の組織および団体の文化をもっていた。若者たちは、校長や職員の監視のもと、学校新聞や雑誌を編集していた。運動競技のような活動は、スキャンダルや汚職によって大規模な制度上の管理が必要とされるまでは、生徒が主導権をもって運営・管理されていた。『カーディナル・プリンシプルズ』によって後に推奨された学生生活という大衆文化は、二〇世紀の転換期までに本格化していた。多くの教育者および社会的改革者によれば、とりわけ大きな町や都市のハイスクールが、商業的な娯楽や非行集団、ビリヤード場、街角社会の魅力に対処しなければならなかった。課外活動の推進派は、ハイスクールの知性重視の方向からの救済や、若者の社交的な性格への現実的な対応として、その拡張を歓迎した。こうした非アカデミックな活動は、そのシステムの中に生徒たちの新しい組織を統合させることを支援したのであった。

多くのコメンテーターたちは、学校の社会的役割の拡張が、若者の生活において特別な重要性をもつと主張した。スタンレイ・ホールの『青年期(*Adolescence*)』(一九〇四年)の議論へのとりとめのない一種独特な寄稿において、彼は、一〇代が「嵐とストレス」によって特徴づけられると論じた。彼は、十人委員会を痛烈に批判したことで、カレッジ支配に対する信頼できる反対者となった。この時代の教育関係の文献は、個々の差異を強調する一方で、ホールやその他の者は、若者が成人するまでの間の経験に共通のパターンを見出した。進歩主義時代の若者に関して、ほぼ全ての専門家が、身体的、精神的、そして感情的な緊張を含む成長の困難さを強調した。「嵐とストレス」の発想は、多くの文書で反響を呼んだ。アイオワ州立大学教授アーヴィング・キング(Irving King)は、『高校時代(*The High-School Age*)』(一九一四年)において、若者たちは「感情の火薬庫」であると記した。しかし、多くの著者のように、キングもまた、青年期が人生の一部としてそれほど明確ではないと信じていた。それでもなお、ほぼ全ての専門家が、若者たちに世界と関わる活動が必要であることには同意していた。それが着想され、成し遂げられたなら、課外活動が学校を活性化し、伝統を弱体化させる見込みがあったのである。

生徒の社交に関して厄介なものは、一九〇〇年代初頭に多くのハイスクールや様々な州で禁止されていた男子生徒クラブや女子生徒クラブのような秘密結社であった。社会的に排他的で非民主的とみなされたカレッジの影響の典型例である秘密結社は、役人の激しい糾弾にもかかわらず、密かに繁栄していた。団体競技、とりわけ男子のアメリカンフットボールやバスケットボールは認可された学校活動として繁栄したが、絶え間ない不満の源泉であった。ペンシルベニア州とテキサス州におけるアメリカンフットボールや、インディアナ州やユタ州におけるバスケットボールは、不正行為を行う学校の数の多さや、競技場での傷害および死亡事件に恐怖を感じていた市民の怒りをかき立てていた。

一九二九年のカレッジスポーツに関するカーネギーの研究は、営利主義や不正行為がハイスクールの水準までどのように下りてきたのかについて報告した。インディアナ州には「バスケットボールのコートを中心に建設されたハイスクール」をもつ町すらあった。例えば、フローラ・ハイスクールは当時九〇人の生徒が在籍していたが、その体育館は一、二〇〇人を収容できた。また、マーチンズビル市の体育館は、同市の人口よりも多い五、〇〇〇人を座らせられたほどである。このような大衆の娯楽やスポーツの時代には、全米中のフットボール競技場は金曜の夜に明かりを灯してファンを迎え入れたのであった。

秘密結社の蔓延や、運動競技時に騒ぎ出すコミュニティを承認することは、学校教育の社会的側面の強化を望む者たちを当惑させた。地元チームの不適格なプレーヤー、ルールの無視、在校生ではないにもかかわらず選手としてプレーする「替え玉」は、『カーディナル・プリンシプルズ』の報告書が「余暇の価値ある活用」を呼びかけたことを必ずしも反映していなかった。ただそれでも、大都市と同様に、小さい町の新聞は、議会の会派取材を忘れるほどの熱狂ぶりでスポーツチームを記事にしていた。一九一六年、マイケル・ヴィンセント・オシェアは、『ウィスコンシン・ジャーナル・オブ・エデュケーション』誌において、「中等学校の知的な活動を高め、運動競技の重要性を低下させるためにできることは何でもすべきである。我々は、筋力と対比されるような頭脳の重要性を生徒に焼きつけるために、あらゆる形態の公的な評価によって、個々の到達度を讃える必要がある」。多くの州が、一九三〇年代まで女子バスケットボールのリーグを含む運動競技管理組織を設けてはいたが、教育者たちは、スポーツの熱狂者たちが勝利を収めるであろうと信じていた。

一九二四年『アラバマ・スクール・ジャーナル』誌は、「最近、優れた生徒を呼び寄せるために、以前よりカレッジの外にフットボール選手を探しに行く多くのスカウトがいる」ことに言及した。優れたアスリートたちは、スカウトによって「耐え難いほどに苦しめられ」、時には、好ましいカレッジを選択するよう買収された。これは、当然のことながらカレッジ支配の別の側面であり、アスリートとして疑問符がつく者を合格させるよう圧力をかけられる教員もいた。他の者たちは、社会的な活動が不活発な学生団体を活気づけると考えられることに言及したが、大多数の学生は傍観者としてのファンであった。メイン州のプレスクアイルにおける『ハイスクール・フライヤー』誌の編集者であるエヴァ・キルパトリック(Eva Kilpatrick)は、「あなたたちはチームの後援者ですか、それとも学校の責任回避者ですか。チアリーダーに協力し、『騒動を起こし』ましょう」とけしかけた。それで一九二五年、ノースカロライナ州マウント・エアリーにおける彼女の仲間は、「ハイスクールの人々を、我々が後援した」と応えている。アメリカ中西部における州ハイスクール指導主事は、恐ろしい状況を感じていた。彼は、一九二七年に、「とりわけ、バスケットボールやフットボールの商業化は、学校管理がもはや教育の目的に適うかどうかという点を統制できていないことを示している。多くの州において、バスケットボールの状況は明らかに手に負えないものであり、学校関係者は、熱狂的な卒業生やあらゆる手段を講じて優勝できるチームを築くことを求めるコミュニティの卓越した実業家たちの要求に対して譲歩することを強いられていた」と記した。ジョージ・カウンツは、スポーツ・プログラムの「社会的機能」に関する談義において、アメリカ人はブザーが鳴ったと同時に対戦相手を負かすスターに最も注目していたと笑っていた。

スポーツ名を冠したクラブに加えて、一九一九年のインディアナ州のマンシー・セントラル・ハイスクールのように、主にウクレレの熱心な愛好家のためのウクレレクラブのようなもののある学校もあった。秘密結社やとりわけ運動競技のクラブは、課外カリキュラムの人気を示す良い例となったが、実際生徒たちは色々なものに参加していた。一九三〇年代、ロサンゼルスのルーズベルト・ハイスクールの日系アメリカ人生徒たちは、学業成績が良かっただけでなく、学生自治会、運動競技、日本クラブにおいても活発に活動した。学校のクラブは、大人の指導や礼儀を確立するための教職員アドバイザーも頻繁に参加しながら正規の授業時間中も放課後も開催されていた。その活動のいくつかは、過去のもの、例えば、スペイン語クラブあるいはラテン語クラブへの参加や、学校新聞や卒業記念アルバム（たいていの場合、英語教員の指導による）への取り組みと類似していた。趣味に熱心な者たちもまた、放課後に集まっていた。こうしたクラブは、ファンを魅了しなかったが、それでもなお拡大していった。

幾万人もの田舎の若者たちが、とうもろこしクラブや豚クラブ、全米の4‐Hの系列団体に所属していた。生徒たちは、郡や州の農産物・家畜品評会において、例えば高品質の缶詰製品、よく手入れされた子牛や豚、そしてアップルパイを生産することで、賞を得るために誇りをもって競い合っていた。加えて、中等学校の教員たちは、ダンスやミキサー〔パーティーなどで男女の出会いのきっかけをつくるために行うゲーム〕といったラグタイムやジャズの時代のダンスホールに代わるものを監視していた。一九〇〇年以降、ハイスクールに在学しているにもかかわらず、課外活動を避けることは不可能に思われた。しかしながら、生徒活動の調査では、一部の生徒はただ単に盛んな課外カリキュラムに受け身で関与させられていたことを指摘していた。他の生徒たちは、自身の多忙な社交日程をこなさなければならないという問題を抱えている。一九三六年、ワイオミング州の二人の教育者は「過度に多くの活動に参加する生徒もいれば、ごく少数の活動にしか参加していない生徒もいる」と述べた。実質的に全ての利益を得ている者がいる一方で、ほとんど利益を得られない、あるいは全く利益を得ていない者がいた。誰かが義務を放棄しているので、その義務を誰かが負わなければならないのであった。

ハイスクールは、幅広い社会的バックグラウンドをもつ若者を受け入れ、同級生たちがより多くの時間をともに過ごすことで、若者の文化を大幅に拡張してきた。前世紀と同様、ハイスクールの新聞は、より強い愛校心を呼びかけてきたが、多くの若者たちの社会生活はすでに大幅に拡大していた。『バビット（*Babbitt*）』（一九二二年）において、シンクレア・ルイスは、架空の町ゼニスにおけるイースト・サイド・ハイスクールの三年生のセオドア（テッド）・ルーズベルト・バビット（Theodore Roosevelt Babbitt）〔ルーズベルト元大統領をからかってつくった皮肉っぽい小説の登場人物〕というキャラクターを採用した。テッドは、自身の多くの活動のうち、学校のコーラスの練習のために女友達のもとへ家の車で行くためにキーを借りる。不動産業者の彼の父親は、息子に「よく聞け！　お前と課外活動についてのことだ！　ハイスクールのな！」と告げた。テッドはまた、排他的な男子生徒のガンマ・ディガンマ〔自主運営の寄宿舎。しばしばギリシャ文字を使い結束をはかった〕に所属している。彼のスタイリッシュな服装は「ハイスクールのボタン、クラスのボタン、男子生徒社交クラブのピン」に飾られたベストに取り込まれていた。一九二〇年代に依然としてハイスクールで支配的であったブルジョアを強調するテッドは、明らかに愛校心をもっていた。彼は、アメリカンフットボールチームでプレーすることはないだろうが、熱心な社会生活を送り、学校の経歴が重要であることを理解していた。

教員たちは、アカデミックな面がこの雰囲気のもとで損失をこうむっていると述べた。全米優等生会（National Honor Society）の会員は、四年生の一〇％に制限され、報道によれば、生徒の関心はかなり低かった。テッド・バビットは、カレッジへの進学希望者が依然として幾何学、キケロ（Marcus Cicero）、「ミルトン（John Milton）やシェークスピア、ワーズワースによる時代遅れのがらくた、それら全ての過去の人々」について学んでいるイースト・サイド・ハイスクールにおいて、手工、「タイプライター技術」、バスケットボール、ダンスを唯一の価値ある活動とみなしていた。一九三〇年代初頭、ミネソタ大学の学長は真の学生について述べた時、「一時的流行や不要な装飾が教育の基盤となった」と述べた。「一時的流行や不要な装飾」というフレーズは、課外カリキュラムにおいて優れた教育学的展望を見込んでいた多くの教育者たちを侮辱した。一九三四年にコロンビア大学ティーチャーズカレッジのアイザック・キャンデル（Isaac

Kandel)が、ハイスクールは全ての人々のためのものになろうと試みている今、課外カリキュラムだけがそれを結びつけていると論じた時、そうした教育者たちは少しもうれしくはなかった。というのも、彼は「脇役の精神が主役に躍り出たりすれば、教育は新しい生命とともに生まれ変わるのだろう！」と運動競技の競技会だけが才能や功績を充足していると考えていたからであった。

生徒を教育の経験の中心に置こうと切望する進歩主義の教育者たちにとって、課外カリキュラムは学校の生真面目な手法に対抗するための中核であった。それは、生徒の関心を軽く刺激し、生徒たちを魅了し、明確な社会的側面をもった非正規の学習方法を提供した。それらは、岩石、植物、川などについて学習するための校外見学への参加、学校のオーケストラへの参加、典型的な教科書中心の授業よりも楽しむことのできるスペイン語クラブへの参加などである。換言すれば、社会効率を意図する活動家たちは、生徒のクラブが、正規の学習コースよりも職業的な関心を育むであろうと信じていた。ラジオクラブやアメリカ農業クラブ(Future Farmers of America)では、自らの運命に出くわす生徒もいた。児童中心主義の進歩主義者たちは、正規のハイスクールの教室が、下級の学校よりも変化に鈍感であるとことに苦悩していたが、効率主義の圧力団体は一九三〇年代から一九四〇年代にかけて、課外カリキュラムが十分に普及していないと繰り返し述べていた。他の者たちは、一時的流行や不要な装飾が、アカデミックの弱体化を意味すると冷笑した一方で、効率性の活動家たちは、伝統的なカリキュラムを全面的に弱体化させる日を夢見ていた。

進歩主義時代の改革者たちは、イデオロギーの領域にわたって、学校が生活とよりよく結びつけられるべきであると要求した。ある者は、学校が生徒たちのＩＱのスコアや能力による量的な情報で武装し、就職戦線が子どもを客観的な精度で社会的要求に適応させるための適切なカリキュラムを考案することができるという空想を抱いていた。他の者たちは、単純に、学校をより魅力的で実社会からの乖離をより少なくすることを望んでいた。批判者たちが声を揃えて言うことは、過剰な知識が堅苦しい書物に蓄えられており、多くの生徒がアカデミックな面で要求の厳しい学校を中退していることであった。こうした非難は、第一に小学校に対して最も熱心に向けられ、それは一九〇〇年代初頭に激化した。

　課外カリキュラムは、生徒主導のプロジェクト、有形の報酬、個々の関心によって多様になると考えられていた。しかしながら、多くの市民は、それが一九二〇年代に至るまで、すでに度を超していたと考えていた。テッド・バビットは、すでに多くのコミュニティで活動していた。『イット・キャント・ハプン・ヒアー（*It Can't Happen Here*）』（一九三六年）において、シンクレア・ルイスは、学校の順応と反知性主義のために学校を非難し続けた。ファシズムに屈したニューイングランドを場面設定して、ルイスの反ユートピアは、「ハイスクールの叫び声や喫煙のスローガン」と、自由か死かというパトリック・ヘンリーのスピーチを区別できない市民でいっぱいになった。一方、中等教育の社会的特質を、果たされていない民主的契約とみなす教育者もいた。彼らは余興がメインイベントとなることを欲していたからであった。

　課外カリキュラムに関する初期の理論家は、理想としてそれが正規の学習課程の範囲外で出現すべきであると信じていた。例えば、一九一三年にある教育者が言うところでは、最高のスポーツプログラムは、体育教育のより広範なプログラムから生じた。同じく、革新的なラテン語クラブは、仮に正規のラテン語の授業が「構文論と翻訳」であったなら、登場する見込みがなかったであろう。他の理論家たちは、しばしば生徒の直接的な人生経験に頼る課外カリキュラムを、過去から受け継がれてきた無味乾燥な正規のカリキュラムよりも優れたものととらえていた。一九三一年、社会効率と職業教育の主要な提唱者の一人であるディヴィッド・スネッデン（David Snedden）は、一九六〇年のアメリカのハイスクールについての空想を記した。それは、アカデミックでないコースに進んだＩＱの低い生徒にとって、そうした不名誉が一九六〇年までになくなり、加えて、差し迫ったニーズや関心に対応していた課外カリキュラムが、結果的にアカデミックなカリキュラムを弱体化させるというものであった。スネッデンは、二〇世紀初頭を描写し、「確かに、これらの『余興』は、『メイン・テント』においてショーを行うよりも多くの生気のある関心を求めていた」と説明した。幸いにもアメリカ人はこの実態に気づいていたが、一九六〇年までのアメリカのカリキュラムの半分は現状のニーズに応じるもので、スカウト活動、演劇、写真撮影、また「ショップ・アート、家政、園芸、一般科学、時事、音楽のアマチュア演奏」を含んでいた。

あまり夢を抱けなかった者たちは、課外カリキュラムが現代のハイスクールの命運を導いていくことを願っていた。一九四〇年、インディアナ州エヴァンズヴィルの研究者および中等教育の局長であるハロルド・スピアーズ(Harold Spears)は、ハイスクールの過度にアカデミックな性格に疑問を抱いていた。スピアーズは、カリキュラムが「学習指導要領の代名詞」であると信じ、「課外カリキュラム活動は、本来、生徒が外にとり残されることを拒む日常生活の重要な一部分として、学校の正規の手続きを経ずに生徒自身によって非公認で築き上げられたものであり、学校運営者は、抑圧するよりもそのプログラムを監督するほうが容易であると気づいていた」と述べた。ただし、教育者たちは、通常業務外のものとして課外カリキュラムをとらえていた。スピアーズの見聞は、教員が時折アカデミックなコースワークで生徒の関心を喚起し、「不安定な教科カリキュラムを補強するため」に課外カリキュラムを利用していたということだった。そうした教員は、木造船をつくることや、市役所に見学に行くことが生徒に教科書以上の良いものを学ばせているのなら何も問題はないと述べた。しかし、それは学校とカリキュラムが生徒ではなく教科に重点を置いていたことを意味している。そして、それは、結局のところ若者を指導していくうえで必要不可欠な要素である教員らが、学校改革を望む生徒たちをどうやって再び失望させたのかについての異なる例となった。

全ての世代においてみられることであるが、アメリカの教員たちは、頻発する批判や不満の中心の的であり続けていた。教員たちは学校の大いなる希望であるとともに、改革者らが約束の地への到達に失敗した時、彼らは失望の主犯にさせられていた。教員たちの専門の深刻な相違にもかかわらず、十人委員会報告書および『カーディナル・プリンシプルズ』の著者らは、四半世紀にわたって、良い中等学校が質の高い教員を必要とすることに意見の一致をみせていた。ハイスクールの生徒数が拡大し、より多様になるにつれて、低学年で教えるようになった師範学校卒業生に対してすでに求められていたように、教授法の多様化を中等学校教員に求める圧力が一九〇〇年以降に増大した。社会効率や児童中心主義教育の熱狂者は、ハイスクール教員が過度に科目内容に配慮し、個々の生徒やそのニーズについてはほとんど気遣っていないと一様に不満を述べていた。教員たちは、教室での授業にせよ、校外見学にせよ、いわゆる実社会と関連した大衆のカレッジを築くべきであった。旧式の教育は、教科書、暗記、教員の権威を強調していたが、新しい教育は、課外カリキュラムが促すことのできる生徒の多くの取り組みを求めた。しかし、教員や多くの親は、幅広い改革者たちにひどく不満を抱かせていたことであるが、基本的にアカデミックな価値をやすやすと放棄することには気が進まないようであった。

形式陶冶対実業的カリキュラム

多くの評論家は、中等学校への入学者が増大するにつれて、アカデミックな水準が必然的に低下したとみなしていた。彼らは、初期のハイスクールの記憶がアカデミックな卓越性や生徒の礼節の黄金時代を思い起こさせた時、教育者らが一八七〇年代と同様のことを口にしていることに気づいていなかった。一九〇〇年、ハーバード大学のポール・ハヌスは当時の穏やかな批判の中にあっても、すでにハイスクールが「知的無気力」に苦しめられていたと明言していた。一九一一年、当時の傾向に熟知していたウィリアム・バグリーは、顧客を選抜して大衆を締め出していたヨーロッパの中等学校の水準を維持することは不可能であることに同意していた。しかしながら、特権をもたない生徒に（ハイスクールへの）アクセスを拡大することは、民主主義的伝統を称えるものであった。彼は、『教育的価値（*Educational Values*）』において、「我々の最も聡明な生徒たちが精神的な能力の面で自身らと同等の者たちとの競争がないことに頭を悩ませていることは事実であるかもしれないが、門地において不利でありながらも等しく聡明な他の者たちは、ヨーロッパの状況下でなしうるものより、効果的な激励を受けていることは事実である」と述べたのであった。

バグリーや他の多くの批評家たちは、後にアカデミック・スタンダードの衰退に関してより扇情的なコメントを投げかけた。バグリーは一九三〇年、多くの地区で選択科目制度があまりにも多くの要件を生み出しており、アカデミックな成績よりもむしろ、教室にいるだけで次の学年へと子どもを進学させる（しばしばソーシャル・プロモーションと呼ばれる）見込みのない小学校の実践は、ハイスクールでも密かにはびこっていた。加えて、年度末試験は姿を消し、唯一の希望は、うまくいきそうもない「水準の硬直化」であった。彼は、進学に値しない子どもたちの進学を支持するといった児童中心主義教育の信奉者や、彼がそれに対する脆弱な証拠とみなしたにもかかわらず、精神修養の信条を傷つけた教育心理学者を一様に冷笑した。アカデミックな科目を誰もが選択できるといった構想を採用することや、緩い水準を容認することの拒絶によって、バグリーは保守派としての自身の世評を高めた。

一九二〇年代および一九三〇年代にハイスクールが急激に発展するにつれて、批評家たちはそれらの知的な目的の喪失を攻撃した。大きな慈善団体に雇われた国際的に著名な教育研究者アブラハム・フレクスナー（Abraham Flexner）は、一般の人々が知的達成よりも資格取得を重視していると述べた。彼とシカゴ大学の社会効率派の教育家であるチャールズ・ジャッド(Charles Judd)は、教室が時間を稼いで本格的な学習を避けようとする怠惰な生徒でいっぱいになっていたことに気づいた。学区は、増大する生徒に対応するために、有能な教員を見つけようと奮闘した。とりわけ、アイザック・キャンデルは、ハイスクールが公認基準を満たす一方で、学習を単元と単位に分け、アカデミックなものを提供する代わりに、子どもだましのものを提供したと発言した。単位の蓄積やカーネギー単位の集計は、教育を受けていることの代名詞となった。一九二九年、カーネギー財団は、近代のハイスクールは凡庸であるという見解を深めるかなりの世間の注目を集めていたペンシルベニア州の中等学校の生徒たちの低い成績に関する研究を行った。カーネギー財団によるその後の報告書は、生徒たちが試験のために辛うじて思い起こし、即座に忘れてしまう大量の「消化されない情報」を生徒に詰め込んでいるということに関してハイスクールを批判した。同財団は、考察や推論の方法、口頭や文書で自己表現する方法を学ぶことが、アメリカのハイスクールの典型ではなかったと意見を述べたのであった。

一九三二年、文芸評論家のアルバート・ジェイ・ノック(Albert Jay Nock)は、バージニア大学の招待講演において、教育学が「いんちき療法の狩り場」と化していると主張した。彼は、教育学が科学の名のもとに精神修養の仮面を剥ぎ、職業教育が今や、高等教育における学習になっていると確信していた。ハイスクールおよびカレッジは、結果の平等と教育の機会均等を混同し、学校が「がらくたから宝石」を選り分けるべきであるというジェファーソンの構想を看過して、聡明な生徒だけでなく、物わかりの悪い生徒も進学させていた。ノックは、成功への負担は「生徒から指導者へ」と移動し、今では、より低い水準の生徒に圧力をかけながら全てのものを進学させていると述べた。一九三六年にニューヨークの教育次長は、事態に恐れをなして、ハイスクールが(ニューディール政策のようだと彼は考えていた)宿題なしでもうまくやっていけると若者に教えていると述べた。ハイスクールは今や、「二回チャンスがあるので落第しない」という小学校の進級に関する考え方の産物である多くの「不適格者」を抱えていた。

水準の低下にかかる懸念は、一九二〇年代および一九三〇年代において随所にみられた。主な教育専門家たちは、しばしば、多様なＩＱをもつ生徒らをどのようにして同じ教室に座らせるのかについて意見を述べ、学校運営者や教員はただ単純にそのような状況に順応していた。それでもなお、多くの教育者たちはハイスクールの拡大を非常に誇らしく思っていた。これは、十分な年齢に達していながら、成績が悪いために継続して教育が受けられない者にハイスクールへ通うことを奨励した『カージナル・プリンシプルズ』報告書に反映されている。けれども、そのようにハイスクールへの進学を奨励することは、そこから生じる問題をハイスクールがまともに被ると信じていた者たちを動揺させたことが明らかとなった。ワシントン州におけるワラワラ・ハイスクールの低迷する水準を向上させる試みとして、一九二九年に地元の教育長は再履修する生徒に対して三〇ドルを負担させることを勧告した。また、若者のための仕事が消えたので、守ることのできない地位、最も高い能力集団からの子どもたちの入学制限を勧める教育者もいた。

ますます増加していく中等学校は、成績の低い生徒を手がかりに能力別学級編成を確立した。都市の大規模ハイスクールでは、教育アドミニストレーターや教員が、能力を基礎として生徒たちを別々の教室や特定の職業コースに振り分けていた。また小規模ハイスクールの生徒たちは、一つの教室内で能力別に振り分けられることもあった。小学校のように、教育アドミニストレーターおよび教員は、生徒たちをＩＱや到達度テストの点数、成績、親や生徒の希望によって生徒の配置を決定していた。加えて都市では、一九二〇年代から一九三〇年代までに第七学年と第八学年で構成される独立した中学校を設けた。ここでの生徒たちは、ハイスクールへの準備において、準職業コースか、アカデミックコースかのどちらかに分けられた。田舎や小規模コミュニティは、独立した建物を建てるだけの余裕がなく、子どもたちを区分するほどの人口密度でもなかったため、近隣学区との合併の圧力が高まっていった。したがって、大半の教育アドミニストレーターや教員たちは、経済が破綻すれば殺到することになる中等学校生徒の新たな流れに対処するために、教室や施設を改修した。学校職員たちは世界恐慌の間、環境保全市民部隊(Civilian Conservation Corps)のように若者たちに政府の助成を受けた仕事を提供したニューディール政策を懐疑的にとらえていた。また学校管理者は、在学者数の拡大を不景気の期間に幅広いサービスを供給するための機会とみなしていた。

しかしながら、一九三〇年代および一九四〇年代においてハイスクールの批評家たちをとりわけ悩ませたのは、ハイスクールの根本にある保守主義であり、スタンダードの放棄ではなかった。すなわち、社会効率の支持者と児童中心主義改革者の両者は、学校があまりにもアカデミックに凝り固まっていること、そして親や中等学校の教員たちが変化に対して過剰に抵抗していることを見出していた。課外カリキュラムに関する多くの議論にもかかわらず、伝統的なコースや教授法は、大多数のハイスクールに残存していた。生徒たちは、多くのアカデミックコースに入学し、卒業あるいはカレッジへの進学を計画していた。親と教員たちは教育に関して保守的であり、自身の子どもたちの能力や資質についての認識が甘いと指摘されていた。大衆への非アカデミック教育の先駆的な支持者であるチャールズ・プロッサーが一九三九年に、伝統的なコースがまだ人々を惹きつけるのを嘆いていたが、ハイスクールは、(カレッジ準備教育とさえ言われている)そのアカデミック志向によってブームとなっていた。悪い習慣は容易に滅びず、これは特に、大多数の小さなハイスクールや田舎のハイスクール、とりわけ、黒人差別のあった南部のアフリカ系アメリカ人コミュニティにおいて特に当てはまることであった。

世紀転換期に、多くの教育者たちは、アカデミックなカリキュラムが破綻へと導かれ、カレッジの支配がその最後を迎えると確信をもって強く主張した。しかしながら、第二次世界大戦以前のアメリカの典型的なハイスクールは、わずかな教員しかいない小規模なもので全校生徒数も一二〇人以下であった。アカデミックの弱体化は、生徒たちを分離されたカリキュラムにいっそう容易に振り分けることができた大都市において最も劇的に生じたかにみえた。一九五〇年代、ハイスクールの批評家たちは、以前の世代のコース履修パターンを研究し、きわめて厳格な結論に辿り着いた。ある研究によると、一八九〇年の段階で、全てのハイスクールの生徒の四五%が代数を履修していたのに対し、一九五〇年にそれを履修していたのはたった三九%であり、三角法(第一二学年で教えられる)の履修者には変動がない一方、幾何学を履修していた生徒の割合は二一%から一三%に減少していた。特に大きな地区の傾向として、基礎的かつ補習的な数学に成績の悪い生徒を振り分けることであった。同様に、第一次世界大戦による外国人嫌いは、伝統的な反知主義者の心情と結びつけられ、外国語教育(とりわけラテン語とドイツ語)を大幅に衰退させた。外国語を学んでいた生徒の割合は、一八九〇年の五四%から一九五〇年の二二%まで低下した。科学コースを履修する生徒の数が増加したが、それはよりやさしい科目においてであり、物理の履修者は劇的に減った。かつて歴史が支配的であった領域に社会科が進出してきたことは、アカデミックさを重視する批評家を喜ばせなかった。

しかしながら、多くの田舎の学校に関しては、合併して規模を大きくするまでは十分に発達した職業トラックは存在せず、複数のコースを加えることは机上の空論であった。多数の校長の話によると、都市においてさえ一流の職業教育教員を見つけることは不可能であった。さらに、ハイスクールの教員たちは主として、児童中心主義の教授法に無知であった。彼らのほとんどは師範学校ではなくカレッジの卒業者で、自らが教えられてきたように教えた。それは、科目内容への精通を重視するものであった。そして、典型的な小学校の教員が若い女性である一方で、多くが保守的な傾向を増すハイスクールでは男性が目立っていた。その傾向に例外はあるものの、男性教員はたいていの場合、ハイスクールのスタッフの中で厳格な人物としてみなされ、柔軟な教授法を採用することなどなかった。もちろん新教育は、もともと初等教育に専念していた女性教員が中心になって広まった。ハイスクールの教員はまた、小規模なクラスで教鞭をとり、一九三〇年代にその差が縮小し始めるまでは、小学校の教員よりも高い給料が支払われ、高い社会地位も享受していた。

アメリカにおいて最も一般的な小さなハイスクールでは、教員が幅広い生徒に対応するなら水準が低いと非難され、特定の生徒に対応する場合は一般的でアカデミック色の少ないコースを提供していないと批判を受けたが、相対的にアカデミック志向が強かった。小学校に対する初期の評論家たちのように、多くの「専門家」は、入学してくる生徒の知識は乏しいのに、ハイスクールの過度に高い水準設定について非難した。予想どおり、専門家は、高い退学率について、非現実的なスタンダードと不適切なカリキュラムを非難した。ただし退学率自体は、大多数の就学者が依然として卒業していなかったとはいえ、一九三〇年代に低下していった。ミシガン大学のある教授は一九二八年に、著しい入学者数の増加にもかかわらず、ハイスクールが「生徒たちに自身が学べないものや学ぶことを望んでいないものを教えようと」試みていると批判した。同様に、インディアナポリスの大規模な総合制学校であるアーセナル・テクニカル・ハイスクールの校長ミロ・スチュアート（Milo Stuart）は、小規模の学校がより多くの「差異化されたカリキュラム」を切望していたと述べた。彼は一九二九年、「教育を機械化した主犯は、単一のコースをもつ小規模校であった」と記した。スチュアートは、大都市のハイスクールを産業社会のモデルとして、また、個々の差異の原則が支配すべき場とみなしていた。しかし、初期の多くの手工訓練ハイスクールのように、彼自身の学校は、生徒の要望のために豊富なアカデミックコースが選択できた。アーセナル・テクニカル・ハイスクールは、インディアナポリスにおける先駆的なアカデミックハイスクールであるショートリッジ・ハイスクールとは異なるが、依然として（その学校名に反して）アカデミック色が強く、多くの生徒をカレッジへと送り出していた。

スチュアートや他の教育者たちが気づいていたように、非アカデミックな教育、職業教育の利益に関するレトリックをよそに、世紀転換後、ラテン語クラスの生徒の履修が一時期、全米にわたって実質的に増加していた。一九二五年のコース履修に関する全国調査において、ノースカロライナ州の白人ハイスクールでは、ラテン語を履修する生徒の割合が最も高く、最も履修の割合が低かったのは簿記であった。キケロとシーザーや、「ノースカロライナ州の平均的な教室」でのアカデミックな科目の人気に悲嘆した『ハイスクール・ジャーナル』誌の編集者は、「時代が変わった」と記した。彼は、人々はいつ正気に戻るのかと問うた。ただし、そのような批判をよそに、典型的な小規模校では、効果が不明であった時代遅れの産業革命以前の技能が教えられ、就業の機会が減っていた一方で、進路カウンセラーやお金のかかるプログラムを欠いていた。小規模校は、多くの親同様、アカデミック・コースを支持する保守的な教員を多く有していた。これらの授業をとりやめることは、たとえ大多数の生徒が卒業証書を受け取ることがないとしても、学校の認証を失う危険があり、地元の校長にとって名案ではなかった。一九四〇年に、ある教育者が指摘したように、典型的なハイスクールは小規模であり、多くの専門家たちによる一〇年間にわたるアドバイスにもかかわらず、その質はどうであれ「正真正銘のアカデミックコース」を提供していた。

改革者たちにとっては、アカデミックな教育の恩恵を確信していた親たちが主要な障害であった。自身がアカデミックな教育を受け、学歴の恩恵を受けてきた学校管理者や教授たちは、専門家たちが特に頭脳明晰でないとみなした子どもたちに大きな期待を抱いていた低い層の人たちを嘲っていた。アイザック・キャンデルは、十分に教育を受けた子どもをもつ知識人たちが、どのように一般大衆が「雑用」や「退屈な重労働」とみなしていた単調な「手工労働」の周囲に「光輪」を取りつけたのかと目を見張った。アカデミックコースを履修する生徒は、商業、産業、あるいは職業のクラスよりも高いステータスを保持していることは秘密ではなかった。一九一五年、ニューオリンズの教育研究者であるマリー・L・レイリー（Mary L. Railey）は、「カレッジへの進学を意図していない多くの者によるカレッジコースの選択は、文化教育が社会的上昇のために何より不可欠であるという労働者階級の中で幸いにも通用している信条によって、ある程度説明しうるものであった。社会階層において、ハイスクール卒業者たちは、仮に自身のコースが商業的ではなく文化的なほうが高い評価を受ける」。したがって、「将来のネイルアーティストや婦人帽子製造者、帽子輸入者やラベル貼り」は、実践的な科目よりアカデミックな科目を学んだ。洗濯婦は、自身の息子や娘が実際には下働きへと運命づけられているのであるが、いつかはその肉体ではなく頭脳を用いるかもしれないと期待していたのである。

一九三〇年に職業教育の支持者として著名なトーマス・ブリッグス（Thomas Briggs）が記したように、「異なる優れた才能をもつ者」は、アカデミックコースに属してはいなかった。アカデミック・コースは、職場に対する準備不足の問題が明らかになる以前は、スタンダードを低下させただけだった。しかし、ブリッグスは、労働者階級がアカデミックなカリキュラムをやみくもに崇拝していると確信していた。自身の子どもの知能、能力、可能性に対して非現実的な見解をもつ親たちは、「膨大な量の異なる種類の鉱石を、一種類だけに限定して精錬するために考案された方法を用いてうまくやるという不可能な仕事」を教員に遂行するよう求めた。多くのハイスクール、特に小規模なハイスクールでは、生徒にアカデミックな科目を教えるという説得力のある任務を遂行していたとブリッグスは認めていた。「おそらく、これまで多くの生徒たちが外国語を学ばず、数学の要点を習得しておらず、最良の文学に対する普遍的な興味を育んでおらず、口述および筆記による表現のスキルを習得していない」。ブリッグスは、これを経済的に無駄が多く、社会的に効率の悪いものとみなしていた。大半の生徒たちが卒業せず、カレッジへの進学を予定もしておらず、必然的に自身の肉体を使って働いていた。「難しいアカデミックな教育」は、「社会善のためにそれを吸収する」ことができる者たちにのみ意味があった。

職業コースや課外カリキュラムの浸透にもかかわらず、教員や親たちがハイスクールの再構築にとっての障害であった。社会効率や児童中心の教育の支持者たちは、そのような親たちについて語る言葉をほとんど持ち合わせていなかった。一九三一年に『ハイスクール・ジャーナル』誌の記者は、中等学校の教員は根深い保守主義者であると多くの人々に対して主張した。科学は、若者たちが「能力、興味関心、適性、性格特性……経済的地位、職業的展望」の面で「大いに異なり、どんな特性もかつて期待したレベルよりも高くなっている」ことを最終的に実証した。また、教員は依然として、ハイスクールに行くことが伝統的科目の相対的な熟達を意味すると信じていた。批評家は大多数の教員が未だに生徒を集団で教え、個人として扱ってはいないと批判した。一九四〇年、児童中心主義教育およびプロジェクトメソッドの推進者であるウィリアム・キルパトリックは、ハイスクールを非常に「科目内容志向」なものとして描写した。教授法の領域では、チャールズ・プロッサーが「マーク・トウェイン(Mark Twain)の天気(議論だけで実行が伴わないこと)」のように、中等学校のカリキュラムについて多くの議論があったが、何もなされなかった」と考えていた。

教育リーダーたちは、頻繁にハイスクール教員を批判していた。『ハードタイムズ(*Hard Times*)』誌のトーマス・グラッドグラインド(Thomas Gradgrind)に追従していた者と同種の最悪の教育実践であると教員たちは批判された。彼らは、授業を聞くが教えることはなく、生徒に命令することで定義と事実を復唱するオウムのように扱い、過去の(そしてカレッジからの)時代遅れな教授法に注目し、それを分類してハイスクールへと持ち込んだ。ドリル、活気のない指導、教科書への依存は一般的であった。小規模校において、教員たちは、自身がほとんど知らない多様な科目を教えていた。一九一〇年、フィラデルフィアの教育次長は、「仮に科目を教えることではなく、むしろ生徒を教えることを重視するように転換されたならば、ハイスクールはより魅力的な場となるだろう」と述べた。ただし、一〇年後も進歩はわずかであった。教員たちは依然として「一斉教授」の空論家であり、語り過ぎ、紛れもなく「機械を作っていた」。ましてや、真偽を問うテスト、二択式の試験、教科書を手がかりとしたワークシートの増加は、生徒の受動性を意味していた。しかし、誰もが、教員を活気づけるもの、原則に対する例外を知っていた。

ジョン・デューイは一九三一年に、昔からの教育が生き続けていると結論づけた。多くのハイスクール教員は、生徒を「録音のための蓄音機、あるいは学びの貯水池から導かれた教材を受け取るパイプラインの先端に立つ者」としてとらえていた。修学旅行、集団活動、そして課外カリキュラムは、多くの学校を活気づけたが、『学校行政（*School Administration*）』と題する教科書の著者は、一九三六年に「教員の大多数が絶望的なことに教科書がなければ何もできない」と批判した。同時代の人々は、ハイスクールが小学校よりもずっと進歩主義的な教授法に抵抗していたと付け加えた。「それは、科目の観点から学習を考える見解を受け継ぎ、過去を効果的に打ち壊すことを不可能にした」。村、小さな町、田舎においては特に、伝統が教授およびカリキュラムを強力に形づくっていた。改革者たちは、都会風のビジョンをもち、アメリカの田舎が建物、給料、ハイスクール、そして高額な職業プログラムへの配慮とより多くの投資を通して現代に適応すべきであると信じていた。しかしながら、他の農業・非都市地域だけでなく南部の田舎においても、伝統は急速な変化に対する防壁として立ちはだかっていた。プロジェクトメソッドや活動志向のカリキュラムは、進歩主義的な田舎の学校において確かに見出されたが、それらは、教科書、教員の権威、新教育の統合や多くの様相に対する親の抵抗と張り合っていた。

伝統的カリキュラムを保持する田舎の学校

一九〇九年、田舎の若者のための職業教育を積極的に支持していたペンシルベニア州バークス郡の教育長は、「長い間、我々は少数者の利益にしかならないアカデミックなものによって教育的妨害をしていた」と非難した。「古典や微分積分は機械やじゃがいもより神聖なものではない……山、平原、店舗、製粉所、鍛冶屋、鋳物工場、競技場、小川、農場、そして鉱山に、教科書や学校を補完させてみたまえ。アメリカの少年少女の周囲の環境は、世界に冠たる偉大な大学である」。一九〇〇年代初頭、田舎生活運動にならって、あらゆる階層の改革者たちは、産業ハイスクールや農業ハイスクールの創設を含む田舎の学校の現代化が、地方から都市への流入を止めるだろうと主張した。移住の流れは、確かに世界大恐慌の間に一時的に逆転されたが、学校改革のためになされたことはほとんどなく、全てが都市における高い失業率の対策になされた。

二〇世紀前半、教育専門家やコメンテーターは、田舎の学校がとりわけ変化に抵抗していることを見出した。書籍や専門雑誌は、教科書志向のカリキュラム、時代遅れの教授法、それらの中でのアカデミックなものへの固執が、その土地を離れさせ、都市に産業経済を強いたと日常的に攻め立てていた。一九一二年、アラバマ州の『教育交流（*The Educational Exchange*）』誌は、とうもろこしクラブが若者たちを農場に留まらせるであろうと述べた。生徒たちは、確かに豚クラブ、とうもろこしクラブ、アメリカ農民クラブに多く参加していたが、依然として農場を離れていた。楽観的なミシシッピ州の人たちは、農業ハイスクールがその地域に科学的農業をもたらすだろうと考えていたが、農業ハイスクールは、都市への流出を食い止めることに失敗していた。おそらく、より多くの自然学習や修学旅行が草原地帯や平野、あるいは大農場での生活の可能性を明らかにするだろうと、アメリカの「田舎の学校問題」の解決策を追求していた多くの改革者たちが考えていた。

第一次世界大戦前、エルウッド・カバリーのような社会効率の支持者たちは、田舎の学校のカリキュラムの頑固な性格を強調していた。彼は、一九一四年、『田舎の生活と教育（*Rural Life and Education*）』において教科書を用いた授業が優位であったと記した。彼やその他の教育者たちは、田舎の学校と生活とを結びつけ、地方の環境や大衆の実践的なニーズから学校を孤立させないために、何かがなされるべきであると信じていた。一九一七年、『スクール・ジャーナル』誌の論文において、ペンシルベニア州教員協会の会長E・M・ラップ（E. M. Rapp）は、田舎の集団的大移動を国家的な葬列と呼び、それが国力を弱らせ、田舎の学校の反田舎主義の偏見を反映しており、彼らは、都市に住む親戚と同様に、依然としてアカデミックなものを志向していたと批判した。一九二七年、田舎の学校の専門家は、それらの「修道院めいた」方向性と、精神修養という信用できない理想に固執していることを非難した。彼は、テキサス州では代数学が中等学校の最も多くの生徒たちに学ばれるコースであることを見出し、衝撃を受けた。彼は、個人尊重や社会効率が田舎の教育に有効な役割を果たすにもかかわらず、時代遅れの科目の教科書を用いた授業も依然として存続していると述べたのであった。

一九四二年の終わりごろ、アメリカの子どもの半数が都市以外に住んでいた。学校統合のための協定に基づく転校は、様々な地域で著しい成功を導いたが、アメリカには依然として単一の教室のみをもつ学校が一三万校あった。わずかな村立ハイスクールおよび郡ハイスクールで別の形の変化、つまり現代的なものが表面化した。田舎の学校（とりわけ統合された田舎の学校）は、クラブ活動、集会、競争的な運動競技を含む課外カリキュラムを拡張したが、それらは単に伝統的な学習の防御を弱めただけであった。第二次世界大戦の間に出版された『ルーラル・アメリカ・トゥデイ(*Rural America Today*)』の著者は、大多数の生徒にとって不適切なものであった伝統的なアカデミックなカリキュラムは生き残っていたと述べた。田舎の学校は、職業的なプログラム、進路指導部、科学的管理を必要としていたが、小作農として、あるいは自営農場を存続させるために奮闘する田舎の人々は、しばしば貧困の苦境に陥り、近場でできる仕事に乏しいことを認識していた。したがって、数え切れないほどの改革者たちが田舎で無駄骨を折っていたのであった。

新教育がアメリカの田舎に登場した時には、存続するためには適応しなければならなかった。例えば、多くの州の改革者たちは、農業ハイスクールを含む職業教育に資金を供給するよう、政治家に圧力をかけていた。理想主義的社会改良家たちは、田舎の学校を園芸、養蜂、鉄鍛冶の領域と統合することを夢見ていた。一九二一年、『ミシシッピ・エデュケーショナル・アドバンス』誌は、四九校の(白人の)農業ハイスクールがマグノリア州(ミシシッピ州のニックネーム)に存続していたが、その卒業者たちの多くがカレッジに進学したと説明した。北部の多くのテクニカル・ハイスクールのように、たとえ市民がこれらの中等学校が「農業学校でもハイスクールでもない」と皮肉を言ったとしても、生徒はアカデミックなコースに集まった。誰がどこでみても、田舎の中等学校は伝統的なカリキュラムを維持していたのである。一九三〇年代、ミズーリ州の田舎のコミュニティを研究していた人類学者は、地方のハイスクールが「見た目よりも現代的ではなかった」ことを見出した。州法によって、そこでは農業に関してクラスで教えていたが、「それはコミュニティの大部分が反対し、冷笑していた唯一の科目であった」。人がまばらであったモンタナ州において、州は統合されたハイスクールに資金を提供し、学生寮さえも建設したが、同様にアカデミックなものが支配していた。

一九三四年にノースカロライナ州のキャンドラー・ハイスクールの校長は、「未だに『リベラル・エデュケーション』

に対して多くの注目がある。田舎の学校が伝統的な理念を放棄し、生徒の大多数がそこに家庭的なものを見出すはずの田舎の生活に相応しいやり方で、生徒により多くの田舎の生活に親しみを与えるためのコースを教えるべきであると学校の職員は認識しなくてはならない」と述べた。田舎の学校の伝統的な学習コースが主として生徒を都市へ移動させていることは繰り返し言われてきた。それでもなお、若いころに科学的農業経営を試みたウィリアム・バグリーは、貧しい学校が田舎を空っぽにしていたという見解は不条理であると考えていた。彼は、田舎の学校が度々資金難に喘ぎ、ひどい授業をしていたことを認めた。しかしながら、一九二〇年代までの農場経済の破綻によって、都市にいることが子どもにとって何よりも良い機会とみなしていた親たちは、アカデミックなカリキュラムへのほうにより魅力を感じていた。田舎の学校は、確かに保守的で教科書志向であり、まったく効率的でも児童中心的でもなく、したがって、事実上農場の子どもたちをその土地に留め置きたい者たちにとっては障害となった。

アカデミックなものに対する有用な支援の例は、最も圧迫された社会的集団から登場した。それは南部の田舎に暮らすアフリカ系アメリカ人である。世紀転換期において、田舎の黒人大衆に産業的で非アカデミックな教育を持ち込もうとしたブッカー・ワシントンの努力は、彼を南部の白人保守主義者や北部の多くの博愛主義者たちの偉大な英雄にした。彼に反対したデュボアは、アフリカ系アメリカ人の「才能ある一割」のためにより高度な学習への対策を要求しながらも、大衆に対するアカデミックな教育を形骸化させるいかなる試みに対しても激しく攻撃した。進歩主義の時代に、南部の白人たちは、アフリカ系アメリカ人の子どもたちに対する教育機会をひどく制限した。州政府は、プレッシー対ファーガソン判決(Plessy v. Ferguson, 1896)で明記された「分離すれども平等」の原理にもかかわらず、黒人の学校にごくわずかな資金しか提供しなかった。一九一一年、デュボアと同僚は、『コモンスクールとアメリカ黒人(*Common School and the Negro American*)』において「黒人学校の憂慮すべき放置やそれに対する差別は、南部の州における教育官僚の報告書を読む全ての者にとって明白であった。さらに、ごくわずかな外部からの強い圧力は、産業労働を改善するために利用され、実質的に読み・書き・アラビア数字による記数法を学ぶことについて何も語られなかった」と記した。

白人の無償制ハイスクールのための南部の運動は北部に比べ遅れをとっていたが、一九〇〇年代初頭には、著しい活気を得た。しかし、そのことは、ただ単に田舎に住む大多数の黒人をより不利な環境に置くことを意味した。第一次世界大戦前、南部には黒人ハイスクールがわずかに存在しただけであったが、それらはその後増加してきた。貧困や職業差別にもかかわらず、アフリカ系アメリカ人たちはたいてい、アカデミックな教育を支持していた。多くの博愛主義者、連邦教育局における官僚、南部の白人たちは、アカデミックな科目に向けられた黒人の熱意に寄与するような、アフリカ系アメリカ人のための産業教育への投資について同意していた。特権のある白人たちは、その他の人々に対してはアカデミックなものを軽視する傾向があったのであった。

ハイスクールへの進学の増加があったにもかかわらず、貧困と人種差別が同時に起こっていたので、第一次世界大戦後に中等学校に通うアフリカ系アメリカ人は、南部の白人の若者よりも少なかった。一九二九年にミシシッピ州では、白人のための農業ハイスクールが四九校存在したが、黒人のためのそれはたった一校であった。同年、助成による全米中等学校研究では、一五歳から一八歳までのアフリカ系アメリカ人の約一〇%がハイスクールに通っており、一方白人は三四%であったと推測した。一九三三年の世界大恐慌時に白人の就学率が高まった際でも、元南部連合国の諸州における二三〇郡が黒人の独立したハイスクールを設置していなかった。教会や北部の慈善活動、個人の私的な寄付に極度に依存していた南部の黒人たちは、自らの子どもを教育するのに非常に骨を折り、彼らの学校を職業教育機関に転換させる試みにしばしば抵抗した。バーミンガムの黒人の産業ハイスクールは、その種の最も大規模な学校となり、整髪、籐椅子づくり、革工芸、靴修理のコースを加えていたが、それ以外ではアカデミック志向が強い学校であった。

一九三五年の『ハイスクール・ジャーナル』誌の小論でジョーダン(A. M. Jordan)が説明したように、教育と看護(人種分離されていた)を除くと、黒人のハイスクールの卒業生たちには、わずかな職業しか開かれていなかった。ノースカロライナ州全体のハイスクールの学習を参考に、ジョーダンは、「家事、工場、ホテル業、理髪店、ガソリンスタンド、ドラッグストアが、多くの卒業生を吸収していた。その大多数が、非熟練あるいは半熟練職に就いていた」と述べた。しかし、アフリカ系アメリカ人はアカデミックな学習と強く結びついているようであり、それは彼にとって不可解であった。生徒はなぜ、「机に向かい、靴を磨き、建物を掃いて埃を払い、あるいは荷物を運ぶためだけに、ユークリッドの数学、シェークスピアの文学、ヴァージルの六歩格あるいはキケロの雄弁術を」学ばなければならないのだろうか。同時に、彼は、生徒たちが衛生学や化学の法則を習得するくらいなら、清掃作業員や料理人のほうがより有益であろうと認めた。ジョン・ダラード(John Dollard)は、彼の代表的な研究『南部の町におけるカーストと階級(*Caste and Class in a Southern Town*)』(一九三七年)において、「教育は彼らの全てを着飾らせるが、彼らは専門的な環境には全く、あるいはわずかしか進まない」と教育された黒人の苦境を強調した。

白人や黒人のリーダーたちは、たびたび愚弄、風刺された黒人中等学校の伝統に閉ざされたカリキュラムを非難した。アフリカ系アメリカ人で「黒人教育」の専門家であるアンブローズ・カリヴァー(Ambrose Caliver)は、連邦教育局において、黒人たちがあらゆる場所で非道な扱いを受けていたが、とりわけ人種分離政策のある南部においてそうであったことを知った。彼は、一九三四年に南部のアフリカ系アメリカ人のより短い学期、高い遅刻率と退学率、それらの学校に費やされる少ない資金、貧相な建物、そして教員への低い賃金を記した。しかしながら、カリヴァーをより悩ませたものは、黒人が「使い古し」の信念から「独創性のない他者の模倣」に従事していたことだった。彼は、白人

カ人たちの立場を改善するだろうと信じていたからであった。

一九四一年、著名な黒人教育者であったホーレス・マン・ボンド(Horace Mann Bond)は、アフリカ系アメリカ人が一般的に「より低い経済階層の家庭から、伝統やカレッジ準備教育が支配的であったハイスクールに進んでいた」ことに注目した。彼は、貧困や白人の妨害が、アフリカ系アメリカ人のための職業プログラムの導入を阻害し、黒人ハイスクールのための相対的に不十分な資金調達がアカデミックな科目に集中し続けさせていたと述べた。一九四二年にスウェーデンの社会民主主義者であり社会科学者であったグナー・ミュルダール(Gunnar Myrdal)は、「黒人の教育は、主として『アカデミック』なままであり、その費用と効果の程度においてのみ差異があった」と記した。教会、学校、自助努力によって、南部の黒人の非識字率は一九五〇年までに急落した。さらに、バーミンガム、ワシントンDC、セントルイス、インディアナポリス、リトルロック、その他の都市において、アフリカ系アメリカ人のコミュニティは自らの分離されたハイスクールを自負し、アカデミックな雰囲気によってそれらの名声は高まった。

二〇世紀初頭、都市志向の改革者は、田舎の白人や黒人のハイスクールのアカデミックな見せかけを非難していた。教育と生活との接続を願う者は、称賛していたものが原野であれ、工場であれ、統合された大規模なハイスクールの展望に関して楽観的であった。効率主義の専門家は、特に望ましいハイスクールは、本格的な学習から利益が見込まれる者にアカデミックな教育を制限するだろうと確信していた。彼らは、完璧な状況において専門家たちが、科学的に生徒のIQ、能力、適性を判定し、例えば、彼らが主婦になるべきか、労働者になるべきかを判定するように、厳密な社会の適所に全てのものを適合させるための正確なカリキュラムを見出すだろうと信じていた。カリキュラムの退廃を導いたカレッジの支配も姿を消すだろう。また、課外カリキュラムは生徒たちの実生活上の関心を引き起こすことに役立ち、最終的に完全に学習コースを切り替えるか、あるいは少なくとも本格的にその方向性を変更させるだろうと。もちろん、第一次世界大戦後に農場経営の失敗や都市への大量の移住があったアメリカの田舎において、これらの考えは、非現実的にみえ、広く蔑《ないがし》ろにされていたのであるが。

田舎の白人やアフリカ系アメリカ人たちは一様に、なぜ子どもたちが自身の家庭環境でも没頭できる自然学習、手工訓練、家庭科の授業を必要としていたのか不思議に思った。彼らは、学校とは、上流・中産階級が文明、文化、ステータスの指標としてみなしていた知識やシンボル、技能を若者たちに触れさせるための書籍を用いて教員が慣れた科目を教える場であると感じていた。白人の学習内容に対する過度な心配を非難していたアフリカ系アメリカ人は、たとえ差別が自身の社会的存在の骨組みに組み込まれていようと、教育は若者たちを自身の位置に留めることを目的とすべきではないと認識していた。一九四〇年になると、アフリカ系アメリカ人が職業教育を拒むのは馬鹿げているというアンブローズ・カリヴァーの不満は、たびたび聞き流されてしまっていたのであった。

一九四〇年代までに、アメリカの中等学校は変化に対する甚大な圧力に直面していた。能力別学級編制、職業クラス、そして活況を呈していた課外カリキュラムが初めて大衆のカレッジに入ってきた多くの都市において、総合制ハイスクールは妥協の産物であった。伝統やカレッジの支配は非難されたが、改革者たちは、由緒あるカリキュラムや昔ながらの教授法への民衆の根強い支持を見出した。生徒たちは、テストされて成績をつけられ、親たちはその点数を集計した通知表を受け取った。課外カリキュラムで最も目立つフットボールやバスケットボールの試合は、時にはフェアプレイよりも不正が勝って、学校を当惑させていたこの大衆文化の時代を持続させていたことを、明らかにした。オハイオ川沿いの小都市であるインディアナ州エヴァンズヴィルのアドミニストレターは、一九四〇年に近隣の都市ほど大きくないこじんまりしたコミュニティが地元のハイスクールを誇りとしていたことを人々に思い起こさせた。「カンザス州グースコーナーズやインディアナ州スウェイジーのような数百もの平均的なコミュニティからハイスクールをなくしたなら、あなたたちは、そこにある華々しい文化を取り除くことになる」。地元のハイスクールは、豪華な建物ではなかったが、それは熱意の象徴であり、たとえその熱意が体育館や競技場のほうに向かっていたとしてもである。

一九四〇年代終わりまでに、ハイスクールは公教育制度の中でなじみのあるものとなった。大きなハイスクールにおいては、とりわけ職業コースがかつてないほど多くの生徒に提供され、多くの選択科目や無条件進級がアカデミックな面を犠牲にした。中等学校が個々の差異の承認に応じるにつれて、全ハイスクールの約三分の一が、能力別学級編制の何らかの形式を採用していた。しかし、手工訓練、産業、農業のハイスクールは、アカデミックな科目を提供する総合制教育機関となっていった。労働者階級の親たちは、自身の子どもにとって正常に機能していない偏狭な職業教育を拒んだ。親たちは、知的で社会的に地位のあるものを好んだ。また、親や若者たちは、郡立ハイスクールの農業教育であろうと、都市の革工芸の店や材木店であろうと実践的とみなされていたものは、経済的有用性を欠いていることをよく知っていた。大部分の職業が、専門的スキルをほとんど求めていなかったからである。それは、現場、事務所、作業場において素早く身につけられた。タイピング、速記、簿記のコースは実践的な価値をもっていたが、多くのハイスクール、とりわけ小規模校においては、アカデミックな性格が保持された。修学旅行、グループ学習、運動、クラブ活動は、学校生活に新たな活動を付加したが、世紀半ばにおいて、一般的なハイスクール教員は依然としてなじみのある方法においてなじみのある科目を教えていたのであった。

大衆のカレッジは、二〇世紀前半に公立学校制度に不可欠な一部となるにつれて著しく成長した。労働市場の構造転換や特権の少ない階級でのハイスクールに対する熱意の増大は、一九世紀にほんの一部の若者を教えていた教育機関に大量の若者を導いたのであった。そして、ハイスクールは、十分に成功したとは言えないが、地域コミュニティが重視していたアカデミックなものやそれ以外のものといった多様な要求に応じていた。ハイスクールに通うことは、特別なことではなくなり、多数の生徒が全国の教室を埋めるにつれて、その職業がより一般的なものとなった中等学校教員の地位を結果的に後退させた。こうして、効率主義的な、あるいは児童中心主義的な教育機関を切望していた改革者集団は、ハイスクールに欠けているものを見出したのであった。戦後、ハイスクールに対するアメリカの期待は一層高まり、学校は良き人生や公教育の有効性に関わる異論の多い論争の中心に再び位置づけられた。経済や社会の変容が、改革志向のアメリカ人に、個人や社会改革の手段としての教育に再び焦点を当てさせたので、学校は制度内外からの別の批判の激流に直面した。過去に少数の市民よりも多くの者たちをたびたび失望させてきた学校は、再び安定した社会秩序の構築のために中心的な役割を担うことが求められたのであった。

第7章　高まる期待と水準

第二次世界大戦後からロナルド・レーガン大統領の最盛期まで、社会発展に最も重荷となったのは公立学校であった。「将来の成功」と学校との関係に関する一九八〇年のギャラップ調査によれば、回答者の八二%が学校は「非常に重要」、一五%が「かなり重要」と回答した。学校が自らの将来に対して「それほど重要ではない」と回答した者は二%のみであり、無回答は一%であった。第二次世界大戦後の社会、経済生活においては、学校が中心的な役割を担ってきた。結局、初期の世代は、学校の重要性、共和制度存続のための厳粛な責任感、流動的社会秩序の維持、人種のるつぼ的理想を強調してきた。しかし、その後学校に対する国家の見解を永続的に変えたのは、一九五〇年代までに起こった単純な変化であった。

戦後のアメリカは、学力への期待が高まり、教育リーダーへの敬意が衰退する時代であった。結果として、公立学校は常に注目を浴び、批判の的となった。こうした批判は、レーガン政権が、アメリカの失敗を日本や他の先進国と比較して非難した『危機に立つ国家』が発表された一九八三年に頂点に達した。報告書は、学校教育のパフォーマンスと経済状況を関連させ、公教育の高い学力水準を強く要求した。学校への批判は一九七〇年代を通して常に存在するものであった。すなわち、保護者は、人種差別廃止政策に関連して、規律が学校の直面する最も重要な課題であると広く信じていた。大学進学適性試験結果の継続的な低下も、政治論争の火種となった。石油禁輸措置、スタグフレーション、イランの人質事件に直面することによって、カーター政権はアメリカ国民の信頼を失った。そこで、B級映画の役者だったカリフォルニア州知事が大統領となり、共和党が大勝したのである。

経済不安と学校に対する不満は、レーガン政権時における教育改革への直接的な背景となった。しかし、学校と経済的成功の関係性、世論調査において明らかとなったスタンダードへの関心は、第二次世界大戦後のアメリカを大きく変化させた歴史的な発展を映し出していた。期待の高まりは、多くの政治リーダーと裁判所を学校改革へと巻き込み、学校へ期待を抱かない者はいないと言えた。アイゼンハワーの共和党は、学校を発展させなければ、フルシチョフ(Nikita Khrushchov)が後に述べたように、ソビエトがアメリカを葬ってしまうと発言した。その結果、数少ない才能ある人々の学力向上は、一九五〇年代後半までにかなりの国家的関心事となった。ただしそれよりも、平等主義の目標や公民権の高揚に関連して、一九六〇年代のジョンソン自由主義は、成功への競争において貧しい人々に希望を与えるため戦時の貧困状況の中で学校に協力した。大統領として一期目の一九六八年に、リチャード・ニクソン(Richard Nixon)は、リンドン・ジョンソンのおかげで、「我々は、今こそ教育大統領にならなければならないだろう」と発言した。過剰と思われる近代リベラリズムへの反動としての低水準に留まったままの学校に対する批判は、保守主義がその勢いを取り戻した一九七〇年代、八〇年代の教育において支配的であった。戦後全体を通じて、あらゆる危機は、教育危機であるとさえ言えた。

一九六九年の全米中等学校長協会(National Association of Secondary School Principals)によれば、マサチューセッツ州選出のアフリカ系アメリカ人の上院議員で、リベラル共和主義者であるエドワード・W・ブルック(Edward W. Brooke)は、「教育は、アメリカ社会制度の序列において先頭、ないし中心へと移動した。教育過程のあらゆる水準、様相における利益は、これまでないほどの絶頂まで上昇した」と発言した。国民は、自らの子どもたちに対して3Rs以上の能力を身につけさせることを望んだ。若者は今や、社会体制の中で自分たちの適所を確保するためのより良い職業的、道徳的訓練を求めた。ブルックは、都市経済が悪化し、貧しいマイノリティ・グループによって教室が埋め尽くされるにつれて、特に都会の学校が衰退していくと警告した。アカデミックな卓越性の事例として、都市の学校をみる人々はほとんどいなかった。数年後、ロナルド・レーガン州知事は、同じ組織に対して、そして聴衆に対して、「多くの点で、我々は学校に期待すべき以上のものを期待している。毎年、新しく、そして複雑な要求が教育分野に投げかけられている。学校は若者を教育するだけでなく、社会的、人種的な不安や緊張、貧困層が抱える食糧の問題さえも解決する方法を導くことが求められる」と演説した。しかしながら、国民は特に手に負えない生徒や教員のストライキに対する忍耐力を失い、有権者は、特に一九七〇年代の不景気の時期に学校の支出を増加させることを拒否し始めた。レーガンは、教育者がアカデミックを低下させたので、職業上の倫理観を取り戻す必要があると信じた。彼はまた「学校は遊び場ではない」と不平を述べたのであった。

教育改善への期待や要求の増大といった戦後の現象は、次の二つに由来している。一つは白人中産階級によるものであり、もう一つは公民権運動の擁護者によるものである。両者とも、アメリカ社会に変化をもたらした劇的な経済的、政治的変化に応じたものである。一九五〇年代まで、学校は経済的にもその役割を増大させ、拡大し続けると多くの人は信じていた。中産階級の人々は、比較的裕福な都市に定住することが多くなり、そのため公立学校、特にハイスクールが、そのスタンダードを低下させることを心配した。この点において、多くのカレッジ教員、有名な作家、様々な批評家たちは、全国紙で学校を日常的に非難し、教室にいる平均的な生徒に対して何かすべきであると主張した。カレッジに進学することは、今や拡大するホワイトカラーや専門職に就くための確実な道であった。多くの生徒が進学して卒業していく中等学校は国民から低くみられるようになったが、雇用者はハイスクールやカレッジの卒業証明書を応募者の選別に利用した。どこの教育委員会も、公金に関する権限と世論に対する重要性を認められるなかで、将来仲間となる(主に)白人の保護者の不安や要求を無視することはできなかった。

その他の社会的、人種的利益を示すものとして、公民権運動もまた、効果的な学校への期待の増加や必要性に貢献した。同時に、これらの活動家は中等学校のアカデミック性の脆弱さや誰がカレッジに行くのかについてはそれほど心配していなかった。代わりに、彼らは、学校は民主的期待を満たし、歴史的に学校から排除されてきた人々を取り込んでいくことを主張した。黒人差別に対する古くからの闘争を足場として、アフリカ系アメリカ人や、その同志である白人リベラリストたちは、まず裁判所で分離主義に闘いを挑まなくてはならなかった。彼らは、学校をまず平等化し、それから統合するために、長く、辛く、苛立たしい闘いに挑んだのであった。この公民権運動によって触発され、保護者や改革者たちは、すぐに幅広く特別な支援を要求したり、障害を抱える子どもたちを含めこれまで排除されてきた人々を学校へ包摂する平等的倫理観を主張した。つまり、権利の革命が始まったのである。

こうした希望が、学校は個人や社会を改善するための基盤となるという古い考えを強めた。そして、それは一九六〇年代という時代の大きな後押しも受けたのであった。以前にも増して、連邦政府は、貧困層、その多くはマイノリティであり、その子どもたちが全国的に都市の学校で多数派となってきていたが、彼らの希望に関心を示して資源を配分した。歴史的に公民権の発展に貢献したジョンソン大統領の偉大な社会政策は、単なるレトリックではなく、結果を確証し、ヘッドスタートや一九六五年初等・中等教育法(Elementary and Secondary Education Act, 1965)を含め、革新的なプログラムを通じて連邦教育予算を増加させた。それらの取り組みは、貧困に対する広範な闘いの一部として、不利な立場にある生徒の学習達成度の向上を狙った。ジョンソン政権はまた、これらのプログラムに関する効果の評価を求めることによって、富裕層と貧困層の間の学力格差を縮小しない限り、誰かがその責任を担う必要があることを確かめようとした。しかし、学校が理想的な公約を達成できなかった時、怒りや幻滅感が増大したのであった。

自由放任で締まりのないカリキュラムや一時的な流行に心奪われた学校への批判は、第二次世界大戦直後の一〇年間に盛んであった。しかし、そうした不平不満の不協和音は、一九六〇年代に高揚した制度や権威への攻撃にかき消されてしまった。それは、人々が望んでいる考え方であるとともに、社会改善における実践的な実験の時代であり、落胆を導くことがほぼ避けられなかった向上心を鼓舞した時代でもあった。このことが、共和主義復活を炊きつけられた一部や「偉大な社会」をそこなうような人種的、社会的な分裂を産むことにもなった。右翼の保守派と左翼の非現実的な急進派、文化的な批判者からの挑戦によって「偉大な社会」リベラリズムは、民族、人種、ジェンダー対立という蔓と、一九七〇年代の経済衰退という汚染された土壌で腐敗した。共和主義者は、高まる期待が文化的不安や不安定な学校と衝突した際に、政治的な果実を収穫したのであった。

戦後アメリカの学校の挑戦は、中産階級と貧困層を同時に満足させることにあった。学校が社会的包括性を伴うようになるにつれて、多くの人々が、平等性が尊重されればされるほど凡庸さがもたらされると考えた。都市から郊外に移った人々は、仮にそうした移動が自らの子どもたちに良い学校を提供することにつながるのならば、それが機会の平等であると信じた。多くの人々は、民主主義の促進は効率性を低下させ、成績証明書が重要とされる時、低いスタンダードでは受け入れられないと感じた。しかし、公民権運動は、同時に裁判所や政治家、学校職員にアメリカンドリームから遠ざけられていたグループの壁を壊すように後押ししたが、それは優れた教育に依存しており、平等性が凡庸さを直接的に導くという議論を受け入れなかった。全ての人々が、学校は個人、社会発展のために不可欠であることを認めた。教育的関心が高まるにつれて、社会的緊張感も増していったのであった。

攻撃される進歩主義教育

一九五〇年代までに、大規模な社会変化がアメリカの生活を変容させ始めた。そして、それが教育的要求を高揚させる背景を形づくっていった。一九四六年から一九六四年までの間に、コウノトリがアメリカに七、六〇〇万人の赤ん坊を連れてきたが、この有名な「ベビーブーム」は、アメリカ社会の基盤を再構築する運命となった人口現象であった。一九五〇年代初頭までに、十分とは言えない数の小学校や有資格教員、低いスタンダードといったある種の教育的危機が、地方においても、国家においても継続的に話題となった。戦時の同盟国が、敵国と同様に経済的に衰退していく中で、アメリカは歴史上類をみないほどの経済拡大を享受していた。ベビーブーマーの約八五%がハイスクールを卒業するか、もしくは普通教育修了資格(General Educational Development：GED)を取得し、それは他国において想像を絶する数字であった。一九五〇年から一九七〇年の間のGDPは年平均三・九%上昇した。アメリカは、経済上昇が終了するまで、世界の国々がうらやむほどの繁栄と生活水準の向上を経験した。歴史家であるディヴィッド・フレーザー(David Fraser)が論じたように、アメリカの基準では非常に貧しいとみなされるハーレム地区でさえ、他国と比較すれば豊かなところとなった。

アメリカの物質的な豊かさに対する自信は満ちていた。数え切れないほどの雑誌記者、コメンテーター、政治家たちは、冷戦体制や核の脅威による不安、当初は南部での出来事であった公民権運動に関する多くの白人の苛立ちがあったにもかかわらず、国の豊かさを賞賛した。そして学校の力と潜在的可能性に関する考えは高まった。拡大し活気に満ちた経済が帰還した軍人たちを吸収し、世界最大の消費社会の建設に寄与させて、大恐慌は、ゆっくりと人々の意識から消えていった。ソビエト連邦との競争、中国革命の成功、そしてアメリカの主導権や自尊心に直接的に挑戦した朝鮮戦争があっても、アメリカはもはや軍事経済大国であった。一世代前とは異なり、経済的、社会的発展は明白で、後戻りはないようにみえた。ハーバード大学の経済学者ジョン・ケネス・ガルブレイス(John Kenneth Galbraith)は、一九五八年のベストセラーである『ゆたかな社会(*The Affluent Society*)』において、慢性的な社会病理を解決するために積極的な連邦政府の介入を主張し、同時代の精神をとらえ前進させた。仕事、健康管理、教育、社会サービスへの投資は、貧困を消し去り、貧しい人々が都市へ移動した際に幸せになる見込みを高めさせた。ガルブレイスは、「教育の不足は克服することが可能である。精神的な不完全さは補うことができる。肉体的なハンディキャップは治療することができる。制限となる要因は、何をなしうるかという知識ではない」と結論づけた。最も優秀で聡明な人は専門的知識を有しており、アメリカは人間のもつ苦悩を克服するための意思は未だもっていなくとも、資金はもっていたのであった。

一九五〇年代の共和党は、地方自治体が担当すべき公教育のような微妙な分野などの事柄に連邦政府は関与すべきではないと考えていた。自由企業制の成功は、これまでワシントンに対して疑いを抱いていた多くの市民にとって自明にみえた。例えば、自動車産業、化学産業は、国際的な競合相手がほとんどなかった。組合として組織化された労働者は、労働力の中では少数派であったが、多くの人々が、家、車、台所用品、テレビ、その他の生活用品の購買を含めて物質的豊かさを享受できる賃金や手当を求めた。歴史家ジェイムズ・T・パターソン(James T. Patterson)や他の学者たちは、アメリカ以外どの国もそれ以上の消費財を生産したり購入していなかったことを私たちに思い出させた。当時、アメリカ以外のどの国も中等学校に在籍する多くの若者に財源をつぎ込むことはできなかった。ルーズベルト政権の末期である一九四四年に公布されたGI法（復員兵援護法）は、彼らの親がハイスクールへ行くことができなかった多くの退役兵に、カレッジに行くことを促した。物質的豊かさや連邦住宅ローンは、多くの白人都市住民を、非常に貧しい隣人から分離し、中産階級繁栄の最後の砦である郊外に避難することを可能にした。一九四〇年には、アメリカ人の五分の一が郊外に住み、一九六〇年には三分の一にまで増加した。

高まる学校への期待は、一方で常に不安と表裏一体であった。豊かさは安定ではなく、不安をもたらし、多くの人々は学校に希望と不安の両方をみた。多国籍企業やその連結した企業が今や経済を支配し、そのことは個人が制御できる範囲を超えたことを意味した。そして独占禁止運動は消滅した。しかし、学校は依然として、地域によって管理され、その重要性を増大させた。社会において悪とされるどんなことでも改善が可能とされた。南北戦争前や進歩主義時代と同様、市民は社会発展のための不可欠な手段として学校に頼っていた。一九五五年に都市の退役兵を対象とした学校の校長であるフランク・P・ホイットニー（Frank P. Whitney）は、大部分のアメリカ人にとって学校は依然として万能薬であるとして「学校は素晴らしい緩和剤としてみなされる。学校は社会問題を解決するための万能薬である。学校は全ての改革者の希望である」と典型的に指摘した。教育者は、高い要求と低い要求のそれぞれに直面した。すなわち、スタンダードを向上させ、道徳、躾、愛国心を教え、（ウィスコンシン州のように）子どもたちが毎日乳製品を十分得られるよう保障した。また、その校長は「あなた自身の地域や州を救うという、聡明な考えを実行するという大変な仕事を避けるのに学校を利用することは、素晴らしいゲームと化している」と発言した。

一九五三年の『ハイスクール・ジャーナル』誌への投稿者は、「学校を攻撃することは、クロスワードパズル、ブリッジの屋内ゲームとゴルフの室外スポーツの割合を想定することである」と述べた。二年後、バージニア州リッチモンドの教育長は、知識人の好む『アトランティック・マンスリー』誌において、アメリカ人は学校に対して、全幅の、しばしば無条件の信頼を寄せているが、同時に常に学校に対して何かを要求してきているとも記している。そして一〇年間、両親と批評家たちは、神を教えていないこと、少年犯罪を助長していること、ジョン・デューイと彼の弟子たちを支持していること、また3Rsを教えないか、もしくは3Rsしか教えないとして、学校を非難した。その顕著な例に、教育委員と教育長が教室に進歩主義教育を導入したとして解任されたこともあった。ベストセラー本では、なぜイワンとナターシャは読むことができるのに、ジョニーとメアリーは読むことができないのか、教師教育プログラムがいかにして人々の学校を駄目にするのか、そして基礎・基本を取り戻すものは何かについて説明したのであった。

一九五七年にソビエト連邦が無人人工衛星スプートニクを打ち上げる前でさえも、アメリカの学校のかなり低いアカデミックな質について国家的な論争が巻き起こり、幅広い専門分野の教授、社会批評家、著名な作家たちは、多くの欠点について不満を常に指摘していた。一九五六年にはH・L・メンケン(H. L. Mencken)の雑誌『アメリカン・マーキュリー(*American Mercury*)』が一九三八年初出の記事を再掲し、それはアルバート・L・ベル(Albert L. Bell)による「ハイスクールは知的障害者のものなのか」であった。他の著者より短気なベルは「知的障害者や無能力者」や「正常以下やならず者」が全米の「何百万ドルのハイスクール」をいっぱいにした、と主張した。徹底的な反知性主義者である、これらの学校は、「シートウォーマー」や「怠け者」を楽しませるために、ワークブック、視聴覚機器、「ブラスバンド、校外旅行、運動競技会、演芸会」を利用した。ベルは「学校に適応できない子どもを楽しくさせるために」、進歩主義教育者は単にスタンダードを下げたと記した。自習室への訪問者は、「精神病院の統合失調症区画」にいたと考えるに十分な「せき、うなり、貧乏ゆすり」に気づいたであろう。

中には物事がただ悪化しただけであったと述べた者もいた。戦時に多くの人々が、学校が戦時国債の宣伝や戦争遂行のための食菜園などに社会貢献していること、そしてナチズムや全体主義と戦う同盟国として寛容と国の結束について説諭していることを称賛した。しかしながら、子どもたちのために高い希望をもった人たちの自信を鼓舞しそうにない『学校のいかさま(*Quackery in the Schools*)』(一九五〇年)、『教育荒地(*Educational Wastelands*)』(一九五三年)、『落胆(*The Diminished Mind*)』(一九五四年)と題された本がすぐに出版された。『タイム』、『レディーズ・ホーム・ジャーナル』、『コスモポリタン』、『ライフ』のような販売部数が多い雑誌が病院の待合室や郊外の無数のコーヒーテーブルの上に見られたが、それらは困難に陥っている公立学校、特にハイスクールのありふれた話を伝えていた。「教育的な不快感」、「たわごとの大洋」、「あなたの学校は騒々しいパーティーのようですか?」といった見出しの記事もあった。一九五八年に『タイム』は、名高いボストン・ラテンスクールを辞職した教員にインタビューを行った。彼はジョン・デューイと曖昧なカレッジ入学基準のせいで、公立学校は「大きな幼稚園」のようになってしまったと不満を漏らした。

一九五〇年代初めに、教育者はこうした批判の盛り上がりに直面した。彼らは、それらの批判を、狂信者のやることや、無知な者のたわ言として、あるいは無償制公立学校の敵としていつも退けていた。確かにそのような批判は共産主義者についての馬鹿話や、学校でどんな信頼性にも欠け、罪のない人を傷つけるだけのものもあった。教育界の指導者たちは、彼らの仕事を守りつつ、教育学についての優れた知識と子どもたちの福祉への洞察力を引き合いに出して、それらの否定的な論評をしばしば棄却した。一九五一年に『ハイスクール・ジャーナル』誌のある寄稿者が、国民はいっそうリラックスした教室と、スタンダードを尊重しないようにすることを混同していると主張した。おそらく彼は的を射ていたが、同誌は、民主主義の名のもとで学力を低下させ、教科主導よりも学生主導の教授法を好む教育学を専門とする教授の反論を掲載した。一九五二年、全米教育協会の広報部長は、大半の意見とは対照的に、「生徒たちは今日、彼らの祖父母よりも、多く読み、早く読み、彼らが読んだ事柄をよく理解し、それを長く覚えている」

と根拠なく断言した。学校に対して「広まっている」批判に対して、連邦教育局長官であるジェームズ・アール・マクグラス（James Earl McGrath）は、基礎に戻れと主張する者は、おそらく「スクールバス」の削減を望み、「小さい赤いレンガの校舎への長い通学」を望んでいると応じたのであった。

その一〇年の間で最も探索的で、思慮深い批判はアーサー・ベスター（Arthur Bestor）の『教育荒地』だった。教育界の主流派にとって、イリノイ大学の歴史学の教授であるベスターは最も厄介な存在だった。しかし、彼の本が出版された時期は絶妙であった。学問の世界にいる教授は進歩主義教育を長く攻撃していたが、生徒がより長く学校に在籍するようになり、学歴がより重要になってきたので、今や国民はそのことにより関心を払うようになった。国家は現在の経済的な好況が崩壊するかもしれないことについて神経質になっており、またこれまでの多くの危機のように、冷戦が人々に教育の伝統というダムに亀裂がないかどうか探させたのであった。一九五〇年代に主流の定期刊行物は、児童中心で、教授内容が自由の教育は有害であると警笛を鳴らした。そして、こうしたこともまた、マスメディアにおいて広められたベスターの思想に関連する幅広い市場を形成したのであった。

ベスターは、教育の主流派がどのように機能しているかを理解し、また進歩主義教育に関して学術的な面だけでなく、内からの視点をももっていた。彼は、進歩主義教育発祥の地として保守主義者がいつも敵視するコロンビア大学ティーチャーズカレッジのリンカーン校出身で、また、同校で教鞭もとっていた。ベスターの進歩主義教育の行き過ぎに対する批判にもかかわらず、一九三〇年にコロンビア大学哲学科を退官したジョン・デューイは皆が好む犠牲者のままであった。そのデューイは、ウィリアム・キルパトリックに影響を与え、キルパトリックはプロジェクトメソッドを普及させ、そしてティーチャーズカレッジで教鞭をとった。加えて、一九三〇年代のキルパトリックの同僚が、彼の児童中心主義教育の精神を共有するか、あるいは進歩主義に社会主義者的色合いを加えた政治的急進論者であった。ベスターは、教育学部の多くの論者が当時、もしくは後に保守主義とみなされた者ではなく、リベラル派だった。彼はリンカーン校を称賛したが、デューイを見誤った後継者が一九二〇年代に間違った方向へと進歩主義的教育を導いたと信じた。「進歩主義的教育は退行主義教育になった。というのは、前進する代わりに教養教育の素晴らしい伝統を傷つけ、少ない目標、乱雑な目的、あるいは目的をまったく設定しない方法を用い始めたからである」。教育者は、全ての人のための高いスタンダードやアカデミックな訓練とエリート主義を混同しない十人委員会によって提供される、民主主義的な助言を無視してきた。代わりに、進歩主義者は普及してきた総合制ハイスクールの少数の生徒にのみアカデミックな教育を是認した『カージナル・プリンシプルズ（*Cardinal Principles of Secondary Education*）』で示された非民主的な理想を擁護した。

ベスターは、多くの論考において、リベラルアーツとしてのアカデミックなコースは二〇世紀初頭以来、ハイスクールにおいて急激に減ってきていることを指摘した。そこで空いたところには、質を落とした科目や「生活適応」（例えば、デート、人間関係、チェリーパイを焼く方法）に関する授業が追加された。ベスターにとって、生活適応は近代教育体制派の反知性的な傾向の主たる例であった。そしてそれは、多くの批評家が指摘したとおり、ジョン・デューイの哲学的な見方にほとんど関係していなかった。職業教育者であり、わずかな学生のみがアカデミックなコースを履修できると考えていたチャールズ・プロッサーによって考案された生活適応に関連する授業は、連邦教育局によって容認され、イリノイ州を含めた多くの州教育局に支持された。それは、ベスターや郊外の生活について記したベストセラー『組織人間（*The Organization Man*）』（一九五六年）の著者ウィリアム・H・ホワイト・ジュニア（William H. Whyte, Jr.）を含む他の評論家が世間の注目を集めるまで、多数の専門誌で称賛された。『タイム』や他の大衆誌への寄稿者は、すぐに生活適応に関する授業を無意味であると咎めたのであった。

ベスターに関する限り、当時の大きなスキャンダルは、現代のハイスクールにおいて青年がいかに知性的に騙されたかということであった。今世紀初頭のハイスクールが、下層の生徒にまで普及した際に、教育者たちは彼らのうちのほんのわずかしかアカデミックコースを修了できないと想定したと彼は指摘した。ハイスクールが大規模化して「総合制」をとったならば、貧しい生徒たちは、新たにできた職業や一般のコースに集中し、数少ない共通のクラスや課外活動を除いて、高いレベルのカレッジを目指す生徒たちから孤立することになるであろう。ベスターは、二〇世紀の教育のスローガンとなった個々の差異に関連した専門文献を深く読み込んだ。彼は幅広い才能をもった生徒がハイスクールに通っていると論ずる多くの専門家に同意した。しかしながら、教育者が理解の遅い生徒(学習に明らかに多くの時間と援助を必要とする生徒)を非アカデミックコースに入れたり、彼らの学力と関係なしに合格させたりしたことに彼は怒った。カレッジへの準備カリキュラムでさえ、彼が学びのカフェテリアスタイルと例えた(必修よりもむしろ選択科目の広がりによって弱体化した。ベスターが後に『学びの復権(*The Restoration of Learning*)』(一九五六年)で言及したように、「恐怖に怯えた政策立案者は、自らの取り組みが必要だと主張することで、民主主義に対して甚大な害を及ぼした。というのは、過去の貴族的な学校に通っていた生徒集団と比べて、現代の公立ハイスクールの生徒集団の知的劣等さを想定したからである。これは、低所得層出身の子どもたちの知的能力に関する無礼で、事実支持を得られない中傷である」。

基本的にベスターは、ジェファソニアン・デモクラットであり、才能はあらゆる階級の人々に見出すことができると信じていた。彼は学校での人種差別廃止に関する最高裁判決を支持し、公教育を熱心に支援し、質の高いアカデミックな教育を皆に提供することを要求した。ただし、彼はユートピアンではなかった。彼は、きわめて低いＩＱの生徒が難しい科目を学べないことを認識していたが、それにもかかわらず、教育者がそのグループの規模を大げさに誇張していると考えた。ベスターは、多くの生徒がアカデミックな学習を拒否していることは命取りになると断言した。しかしながら、今やハイスクールが小学校のように、基本的に全ての生徒を受け入れていた。多くの市民が知っていたように、卒業証書は、アカデミックな能力ではなく、学校に通った時間を証明するにすぎなかった。しかし、ベスターは、貧しく理解の遅い生徒であっても、追加的な支援や補習クラスや個別指導、その他のプログラムを提供すれば、アカデミックな学習ができると信じていた。ただし残念ながら、そうした改革は容易ではない。教育学部の「教育専門家の兼任重役会」の一部は、教員、校長、教育長を認証しており、簡単には自らの権限を手放さないであろう。眠りから覚めた市民や学芸学部の教授は、学校の中核に一般教養を戻すことを支援しなければならなかった。

ベスターは全ての生徒のために高品質の教育を施すことを好んでいたため、ハイスクール批評家の間で際立っていた。教育と国家防衛を結びつけたハイマン・リコーバー（Hyman Rickover）海軍大将と総合制ハイスクールとその分化したカリキュラムの最も重要な擁護者ジェームズ・B・コナント（James B. Conant）のような同時代人は、概して最も才能がある少数の生徒のための質が高いアカデミックな教育を望んだ。上昇志向であるが、不安を抱える中産階級は、主に自身の子どものための教育の質を強化することに興味をもっていたため、おそらくこうした相違点を見逃してしまった。この点、英国の社会学者マイケル・ヤング（Michael Young）は、素晴らしい社会風刺小説『メリトクラシー（*The Rise of the Meritocracy*）』（一九五八年）において、「彼らは、全ての子どもの平等な機会を切望している。ただし、自分の子どもには特別な機会を望んでいる」と代弁している。

郊外の裕福な学校が「自分の子どもへの特別な機会」を提供することは、様々な要素が保証していた。一九五〇年代を通じて、ベスターに加え、他の学芸学部の教授たちもまた、学校改革に興味をもち、彼らの研究は、もともとそうであったが、都市中心部ではなく郊外の学校に影響を与えた。数学と物理学でのカリキュラム改革プロジェクトは、スプートニクの打ち上げによって学問の質が国家的関心事となる前に進行していた。冷戦初期に創設された私的慈善団体や全米科学財団（National Science Foundation）による資金援助によって、こうした教授たちは、親や生徒たちを混乱させたが、探求、問題解決、高い思考力の促進を目指した新しく知的で挑戦的なカリキュラムを開発した。一九五八年にアイゼンハワー政権がスプートニク・ショックに応えて国防教育法（National Defense Education *Act*）を通過させた時、同法は、国家安全保障に関わる重要な分野、特に数学、科学、外国語の研究への資金援助を行うことによって教授たちのさらなる後押しをした。中等学校で数学と科学を学ぶ生徒を増やすという目標は、ワシントンで超党派的な支持を得て、そして近代的で技術的な面での経済において学校の重要性が増しているという認識を強調した。

共和党のリチャード・ニクソン副大統領は、学校と経済、冷戦の関係を説いた多くの当代の政治家の代表であった。彼は、アイゼンハワー大統領のお気に入りではなかったが、共産主義攻撃者として頭角を現し、ニキータ・フルシチョフとの「キッチン討論」にてアメリカ製品の優越性を宣伝した。一九五八年に出版された『学校と社会（*School and Society*）』演説では、ニクソンは国家の「最も根本的な挑戦は教育分野に存在する。私たちの軍、経済の強さは教育制度に優ることはない」と主張した。彼は、柔軟なカリキュラム、自動進級制度、公立学校の自由放任さを非難した。「私たちの教育制度において民主主義を導入するのはよいが、中軸、基準、ガイダンスをもつこともまた重要である」。快適な学級の利点を脅かすことなく民主主義を推し進めていくという思想は、ますますテストに接近していくことになった。

人種差別撤廃への萌芽

ジョン・デューイが民主主義と教育はアメリカにおいて密接に結びついていると論じたことは有名である。実際に、戦後、学校は多くの改革者にとってきわめて重要な位置づけがなされ、困難に直面したにもかかわらず、アフリカ系アメリカ人は公立学校の民主的な展望に対して最も強い希望を抱いた。南北戦争後の復興期ではなく、自由のために闘った第二次世界大戦の影響、南部での人種統制の伝統を弱体化させた広範に及ぶ経済変化、また一九五四年に連邦最高裁にて全員一致のブラウン判決(Brown v. Board of Education)の大きな勝利を享受することになった何十年にもわたる公民権運動復興の結果として、正義と機会への展望が高まっていた。公教育は「おそらく州、地方政府の最も重要な機能であった」こと、そして「善良な市民の根幹である」ということを強調し、ブラウン判決での一一頁の判決文が、「分離すれども平等」というイデオロギーの基盤となる悪名高いプレッシー対ファーガソン判決(Plessy v. Ferguson)(一八九六年)を覆した。統合学校のその考えは社会的平等を象徴しているが、それは南部に衝撃を与えた。何十年もの間、公民権運動の主導者は、学校を含め合法化された人種分離政策を崩すことに労力を費やしてきた。彼らは、それが黒人の子どもたちの未来に最も影響を与えると信じていた。これらの活動家は、人種統合学校の擁護運動が容易ではないことを知っていた。そして、それは、分離政策を命じた法律をもつ南部の人種差別においても、また居住地域や、教育委員の不自然な区割り、他の行政上の手段によって、黒人を引き離し、不十分な設備や人員の学校に押しとどめてきた北部の都市においても同様であった。しかし、ブラウン判決と軌を一にして、大きな社会変化が、アフリカ系アメリカ人に期待をもたせるような戦後経済においてみられ始めたのである。

統合のための動きは遅く、議論の的であったが、一九五四年の法的な勝利と公民権運動が戦後の学校改革の大きな歴史を形づくったことを否定することはできない。平等と正義のための黒人運動は、結局、権利を求める他の周辺的なグループを励ました。それは、一九六〇年代半ばの公民権運動において黒人の力が影響力をもった後で高まった特別な教育支援を必要とする子ども、ジェンダー的公正を求める子ども、エスニックグループ・アイデンティティを求める子どもを擁護する者の道筋をしっかりと示した。ブラウン判決は、教育界を飛び越え、市民生活上の他の分離政策をも衰えさせた重要な判例となったのである。

ただし、このことは、統合学校推進運動の倫理的基礎となる象徴的な重要性を十分に強調できなかった。第二次世界大戦は、公式には、大量虐殺を行ったナチス政権に反対した同盟者が勝利したという構図において、民主主義と全体主義の間の戦争であった。アフリカ系アメリカ人の退役軍人は旧体制に戻る意志はなかった。彼らは、人種主義に反対し、自由のために、外国の戦地において、分離された部隊で戦った。今やその彼らは、母国で自由のために闘わなければならなかった。有名な公民権運動のリーダーがニュースに取り上げられ、歴史の本に登場するようになったが、闘いは、各コミュニティの草の根レベルで起こった。そこでは、活動家の多くが控え目な生活を送ったために、多くのものを失った。南部の白人は、合法的な分離政策の終焉という最高裁の命令に激しく抵抗した。牧師が道徳的な判決は山をも動かすと言ったのは正しかったかもしれないが、その判決が暴力と流血に抗議する人たちを平和的に守ることができなかった。彼らが我慢した痛みと苦しみは、テレビなどの報道によって次第に多く知られるようになった。そして、リベラルな白人を含め、多くの同情的な市民の目において、初期の公民権運動に威厳と精神的な力を与えた。そして、それは、その後数年間の主要な公民権法(Civil Right Act, 1964)の通過に不可欠なものとなったのであった。

南部でのアフリカ系アメリカ人の窮余の状況は、一九五四年の判決をなおさら信じ難いものにした。ミシシッピ州では、後に彼の行動主義のために殺された第二次世界大戦の黒人の退役軍人、メドガー・エヴァーズ(Medgar Evers)が海外から帰宅した時、彼と仲間は、機会と共通の礼儀という基本的な理想をあざ笑うかのような強固な差別に直面した。歴史家のジョン・ディットマー（John Dittmer)が解説するように、ミシシッピ州の多くの黒人は、アメリカ南部の貧困地域の中でもきわめて貧しく、農夫や使用人として死ぬまで働いていた。南部の黒人学校はどこでも、学期は短く、教員給与は低く、白人の学校で不要になった教科書を使用していた。一九四九年に、白人の新聞編集委員ジャクソンが「教育の問題に関して、私たちは長い間、とてもひどくニグロを扱ってきた。彼らに提供していた教育は、不名誉以外の何ものでもない」ということを認めた。黒人の学校は、「設備が整っておらず、粗末で、荒れ果て、みすぼらしかった」。そして、多くの場合、「がたつくストーブ」のある一教室の学校であり、衛生状態はひどかった。一九五〇年には、ミシシッピ州の全ての黒人の約二%のみがハイスクール卒業証書を得た。ミシシッピ州は白人の子ども一人当たりに年間一二二ドル支出したが、黒人の子どもには三二ドルであった。ブラウン判決以前でさえ、南部の白人リーダーは、合法とされた人種差別制度を裁判所が覆すことを怖れており、以前の南部連合は、黒人学校により多く投資し始めた。彼らは、本当の変化を起こすために必要な資金は足りなかったけれども、教員給与を改善し、「分離すれども平等」という幻想を維持するため別の財政的譲歩を行った。

しかし、ブラウン判決は全く別物であった。いくつかの高等教育の判例を含め、下級裁判所判決での重要な勝利をもとに、全米有色人地位向上協会(National Association for the Advancement of Colored People: NAACP)の法的擁護基金(Legal Defense Fund)は、分離された教育施設は元々不平等であり、違憲であり、修正第一四条における平等保護に違反するという事例を示した。その協会の主任弁護士であり、後に連邦最高裁の最初のアフリカ系アメリカ人判事となったサーグッド・マーシャル(Thurgood Marshall)は、教育の重要性を深く理解していた。彼の母親は人種隔離学校があるボルティモアの教員であった。彼は、全員白人のメリーランド大学ロースクールに通うことは不可能であり、そのため成績優秀ではあったが、人種的に分離され、ロースクール長が公民権運動の英雄であったハワード大学で学んだ。物議をかもしていた社会科学の証拠を用いて、人種隔離が心理的に黒人をひどく傷つけたと主張することにより、ＮＡＡＣＰを勝利させ進歩を促したのであった。

ブラウン判決に対する南部の白人の反応は、疑いから憤慨にまで及んでいた。アフリカ系アメリカ人は、実際に判決が何を意味しているのかについて関心をもった。ジョン・ディットマーが自由への闘争の歴史について記しているが、ミシシッピ州の黒人教員とアドミニストレーターは、実際に人種差別制度が廃止されることに対して冷淡であった。というのは、他州における同じ身分の人たちと同様、彼らは分離政策が撤廃されたならば、仕事を失うことを心配していたからであった。ブラウン判決によって、公民権運動のリーダーは勇気づけられたが、南部の黒人の大多数だけが判決を支持していたことが世論調査から明らかとなった。結局、黒人学校は当時より多くの資金を受け取り、白人教員が教室に黒人の子どもが戻ってくることを歓迎しないだろうと黒人たちは予想した。さらに、人種差別制度は、法や慣習、暴力によって強化された何十年にもわたるものであった。

南部の白人は反抗的に、そして暴力的にブラウン判決に反応した。州境界にあるボルティモアとルイビルのような市が人種隔離制度を廃止し始めた一方で、南部全土で選出された役人はこれに抵抗した。ドワイト・Ｄ・アイゼンハワー大統領が、法によって人の心は変えられないと発言して最高裁判決に不快感を露わにした時、より多くの抵抗を生んだだけであった。南部の州知事や議員は、大統領が人種隔離制度撤廃を実施するために連邦権限を行使することはないだろうと考え、自分たちが議席に着いているうちは、黒人と白人の子どもが一緒に学校に行くことはないと表明した。州宣言と法により、公立学校は統合よりむしろ閉鎖に向かうだろうと考えられた。一九五五年、最高裁判所は、学校は「全て慎重な速さで」人種隔離制度を撤廃しなければならないことを示すブラウン第二判決を下した。人種差別撤廃のための確定したタイムテーブルも、統合の定義に関する同意もなかったが、こうした判決が今度は人種隔離制度を支持した連邦地方裁判所の肩の上に襲いかかった。

一九五七年までに、南部の反対者は多くの学校を完全に分離したままにした。二五万人の白人が、市民評議会(Citizens' Council)の地域事務所に参加し、そのメンバーが公民権運動員を脅し、苦しめた。公民権運動のリーダーやその支持者は、債権を回収され、クレジット払いは認められず、家は燃やされた。復活したクー・クラックス・クラン〔Ku Klux Klan：アメリカの秘密結社で白人至上主義団体〕が恐怖と暴力に加担した。アーカンソー州知事のオーヴィル・ファウバス(Orville Faubus)は再選をかけた選挙で接戦であったが、リトルロックのセントラル・ハイスクールの統合の仲裁に入った際、各家庭のリビングルームに人種問題の醜さをテレビカメラで映し出すこととなった。ファウバスは、暴力を未然に防ぐためという理由で州兵を送ったが、実際には、彼らはアフリカ系アメリカ人の生徒を建物の外に閉め出すために使われた。セントラル・ハイスクールに入学しようとした身なりの整った九人のアフリカ系アメリカ人は、手荒な白人の暴徒によってなじられ、ばかにされ、脅迫された。判事がファウバスに軟化するように命じた時、彼は軍隊を撤退させ、暴力が黒人の見物人たちを襲った。カメラクルーは、南部白人の最も酷い醜態をとらえた。ファウバスとの歩み寄りは不可能であるが、アイゼンハワー大統領は、いやいやながらもアーカンソー州兵を連邦軍の指揮下に置き、黒人の生徒を守り、法の遵守のために軍隊を送り込んだ。南北戦争後の再建期の、確固たる武力のみが平和と法の支配を保証するかのようにみえた。そしてそのことは、民主主義と教育についての冷戦時のレトリックを空虚で偽善的なものにした。それと同時に、アメリカの高い理想と不快な南部の現実と落差がきわだち、国際的なニュースとなった。ファウバスの強い主張によって、学校がスポンサーになっているアメリカンフットボール活動を除き、リトルロックの四つの公立ハイスクールは翌年閉鎖された。

確固としたリーダーシップを発揮するうえでのアイゼンハワー大統領の最初の失敗は、困難な社会問題に直面し、人種問題改革に連邦政府の権力を利用することに彼が躊躇したことを反映していた。ブラウン判決に対する彼の態度は南部では功を奏した。なぜなら、彼が公民権訴訟を擁護することも、教育への連邦補助金支出のような他のリベラルな訴訟をも支持しなかったからである。スプートニクに対するいくつかの連邦政府の反応への国家的な抗議がなければ、彼が、冷戦が生み出した画期的な法案である国防教育法を承認する見込みはなかった。経済が活性化し、富が増加し、消費が拡大する状況において、アイゼンハワー大統領と彼の支持者は、大半の国内政策において、限定された連邦政府の役割を好んだ。アイク(Ike：アイゼンハワーのニックネーム)は、社会保障、農場補助金、あるいは他の人気の高いニューディール政策を取り下げなかった。NAACPのロイ・ウィルキンズ(Roy Wilkins)は、アイゼンハワー大統領が「公民権のために戦った方法で第二次世界大戦を戦っていたなら、私たちは全員ドイツ語を今日話しているだろう」と的確に表現したのであった。

白人の人種差別主義者にはほとんど認識されていなかったが、南部でも北部でも平等や自由のための倫理的運動として、あるいはアメリカンドリームを共有するため、マーティン・ルーサー・キング・ジュニア(Martin Luther King Jr.)牧師のリーダーシップのもとでの公民権運動は前進し、高い倫理的根拠を示した。キングは、一九二九年にアトランタの有名な牧師の家庭に生まれ、彼の人種統合と社会調和のための自由、正義、アメリカンドリームという永遠のシンボルを結びつけた雄弁家であった。キングは、一九六三年三月にワシントンDCで行われた彼の有名な演説、子どもたちが皮膚の色ではなく、「彼らの人格」によって判断される世界を想像した「私には夢がある」よりもずっと前に、大規模な公民権運動を強化することの倫理的価値を強調していた。彼は、暗殺者による銃弾によって一九六八年に早すぎる死を迎えるまで、友人だけではなく人種差別主義者にまで愛と思いやりを説いた。それによって全く非暴力的な抵抗と人種統合のための運動は、一部の若いアフリカ系アメリカ人活動家の支持をすでに失っていた。

キングと他の都市の牧師たちは、モンゴメリーのバス・ボイコット事件で彼の名声が高まった後、一九五七年に南部クリスチャン・リーダーシップ評議会(South Christian Leadership Council: SCLC)を組織した。SCLCは、「北部と南部の全ての学校が人種統合される」ことを望んだ。学校や他の施設への平等な受け入れ、それは個人や集団の一層の流動性を許すものだが、それ以外の何ものも受容できなかった。一九五九年にデイジー・ベイツ(Daisy Bates)、フィリップ・A・ランドルフ(Philip A. Randolph)、ジャッキー・ロビンソン(Jackie Robinson)や他の黒人活動家が学校統合のために集結した際の演説で、キング牧師はリチャード・ニクソンや二大政党の多くの冷戦支持者が「教育における民主主義」について話した時に無視したことを特徴づけて強調した。キング牧師は、二万六千校のハイスクールやカレッジの生徒や学生たちに対して、「全てのアメリカ人のための民主主義の拡張は、ニグロアメリカ人との完全な統合にかかっているというアメリカ人の生活の中心的事実を発見した」と語った。キングは、一九六三年に南部の抑圧の壁が崩壊しつつあることを感じて、全ての人々は神の像に創造されたこと、統合がユダヤ教とキリスト教の理想だけでなく社会的、政治的義務であるという彼の演説と文章の中の有名なテーマを繰り返し語った。しかし、人種隔離の壁は、実際には簡単には崩れなかった。当時、南部の黒人の子どもたちの全てが黒人の学校に通った。学校を閉鎖し、人種隔離政策撤廃という裁判所命令を無視する南部地区もあった。例えば、バージニア州のプリンス・エドワード郡は、全ての公立学校を閉鎖したが、一九六四年まで白人のみを対象とした私立学校の運営を税金で支援した。同年には、連邦最高裁がその政策を違憲とし、人種隔離を撤廃したシステムの構築を求めたのであった。

人口動態や経済的変化も、戦後南部の生活を大きく変え、北部への公民権運動の拡大や「偉大な社会」の高揚を導いた。歴史家のアレン・J・マトゥソウ(Allen J. Matusow)によれば、南部の田舎の人口は、一九三〇年から一九六〇年の間に一、六二〇万人から五九〇万人へと減少し、白人と黒人の失業者の多くが南部や北部の都市で仕事を求めることとなった。奴隷制度を思い起させる封建制の労働条件、小作業や小作農業は、人種差別制度の時代において政治的権限の基盤をなしていた。しかし、ニューディール農業政策、農業関連事業や技術が、貧しい人々の農業労働を不要とするにつれて、南部の経済からますます追い出されることとなった。ピート・ダニエル(Pete Daniel)が一九五〇年代の公民権運動の歴史で実証したように、いったん農業秩序が崩壊したならば、人種差別制度の実質的基盤は崩壊してしまうのであった。

土地から追い出され、産業労働の契約に誘われて、アフリカ系アメリカ人は、貧しい白人と同様、どんどん北部へ向かった。第一次世界大戦時に始まった黒人の移動の小さな流れは、一九五〇年代に大きなものとなった。こうしてアパラチアン〔アメリカ合衆国東北部に位置するアパラチア山脈周辺に住む白人〕と南部の黒人は何百万人も移動した。ケンタッキー州はその人口の三分の一以上が減り、ウェストバージニア州は約四分の一が減った。一九四〇年代には、大部分の黒人が南部の田舎に住み、白人家庭が四八％であるのに対して、黒人家庭は驚くべきことに八七％が貧困ライン以下で暮らしていた。そして一世代も経たないうちに、アフリカ系アメリカ人はますます北部や都市に住むようになり、貧困層の割合は、一九八〇年代までに白人が八％であるのに対して、黒人は二九％と劇的に減った。好景気は白人の経済利益を押し上げたが、黒人との格差は狭まった。アフリカ系アメリカ人にとって、北部は苦難と差別をもたらしたが、同時に自由、投票権、高い生活水準をもたらした。黒人の中産階級は成長したが、人種隔離と都市の学校の衰退は、この物語の進展を色あせたものにした。学校での成功が今まで以上に重要とされた時、貧しい田舎の南部の人々は、白人も黒人も北部に辿り着いたのであった。こうした人口動態や政治的現実に直面して、公民権運動が南部から北部へそのエネルギーを移行するまでにそれほど多くの時間を要さなかった。それは、一九六〇年代中ごろに始まった。

都市化と学校

長い間、都市の学校は教育上の進歩の先駆けだった。一九世紀の改革者は、それらの学校を革新の中心、つまり一年生の教室、ハイスクール、標準化されたカリキュラムの家として称賛した。彼らは、校舎の質、カリキュラムの豊かさ、課外プログラムの多様さにおいて劣っていた一教室しかない田舎の学校と、都市の学校の長所を日常的に比較した。これらの比較をした教育関係者は、疲弊し、混み合って成果の良くない都市の学校や、基本がきちんと教えられ、地域からの支援もある田舎の学校を無視した。第二次世界大戦後、農業人口が劇的に減少し、学校の統廃合が急速に加速するにつれて、多くの田舎の学校は姿を消した。間もなく、アカデミックの優秀さの新しいシンボルが、都市ではなく郊外にみられるようになったのであった。

黒人、白人の田舎からの移住者が都市に到着したころ、彼らの学校を絶望的な苦境へと向かわせたいくつかの大きな変革が起こっていた。帰還した白人退役軍人たちがマイホームを購入しようと自らの経済的、人種的利点を利用したために、郊外は爆発的に拡大していった。白人とのコネのある少数の黒人が熟練労働や専門職に参入する一方で、多くの裕福な人たちが都市に家を買い、より良い未来を熱望した。しかしながら、一九六〇年代には、都市のきちんとした仕事がますます不足するようになった。ブルーカラーからホワイトカラーへの移行が加速したため、教育資格をもたず、低賃金のサービス業に従事せざるをえない人々にダメージを与えた。インディアナポリス、シカゴ、ニューヨーク市へ南部から移住してきた人々は、そうした競争の絶えない世界に直面していたのであった。

次世代のための見込みはどうだったのだろうか。サービス業界の経済は、かつて希望のアーチをみせたとしても、安定、利益、経済的な豊かさをもたらさなかった。組合は既存のブルーカラーの仕事を保護し、アフリカ系アメリカ人を差別し、さらには一九六〇年代の黒人による抗議や暴動に対する基金をお膳立てした。郊外への白人の中産階級の流出、人口の減少、弱体化した製造業は、税収の下落を意味した。かつて高い教員給与と洒落た学校を誇っていた都市は、今や都市の学校に就学する黒人やヒスパニックの多くの貧しい子どもたちを扱うための十分な資金を集めるのに苦労するようになった。卒業証書がより価値をもちだした時、これらの子どもたちのニーズは大きくなり、こうした学校は揺らぐのであった。

都市の学校は、誰もが一様に高い学力水準を達成していた黄金時代を享受したことはなかった。諺が示すように、学校を退学した人々は、何らかの仕事を得ることができた。移民であろうと生まれつき貧しい人であろうと、多くの子どもたちが、授業に参加せず、留年し、学校を楽しまなかった。これらの「落第者」が進歩主義時代には多くの都市の教室をいっぱいにした。また、以後も貧しい子どもたちは、基本を習得するのに苦労をした。彼らは中学校に進学しても、初期段階で、非アカデミックなコースで能力の低いグループに入ることとなった。いくつかのエスニック・グループが学校で非常に良い成績を収めた一方で、貧しい子どもたちはもがき苦しみ、働くために退学していった。一九三〇年代には、トラッキングと自動進級制度によって、彼ら自身、もしくは彼らの両親が望む限り学校に居続けることができたが、彼らの学校での成績は、様々な理由によって低かった。アーサー・ベスターが一九五〇年代になお騙されて続けていると信じていた人たちの中に彼らはいた。続く三〇年の間に、都市のどの学校も貧しい、マイノリティの子どもたちの割合が増え、学校の失敗は簡潔で明白な解決策がない共通の課題であった。

戦後、多くの教育者が、増え続ける貧しい子どもをどのように教育するか心配した。その両親が十分に教育されておらず、一般的にPTAに加入していなかった。貧しい人々は、家賃を払うこと、同じ学校に子どもを通わせ続けること、そして家族の健全な姿を確保することが困難であった。専門家は、貧困に陥った都市での低いリーディングの得点を嘆いた。より多くの生徒が次の学年へと進学したが、習熟度の格差は次第に広がった。シカゴとロサンゼルスのハイスクールが、四年生のリーディング能力しかもたない多くの子どもを入学させていた。主な雑誌は、ハイスクールがかつて最高のものを教えていたのに、今は少年院に通ったほうがよいような一部の生徒を教えている教員に同情するような記事を掲載した。大衆雑誌において、教育者やライターは、非行少年は仕事を見つけることができないために学校に残ると説明した。一九五五年にブルックリンから来たある校長が、多くの「読めない人」をどのように扱うべきか知る者はいなかったと告白した。その年にヒットした映画『暴力教室(Blackboard Jungle)』は、ニューヨークの職業ハイスクールが舞台であったが、そこでは教員が自身の手に終えない生徒たちを扱うために「ジャックと豆の木」のアニメを使用したという忘れ難いエピソードを含んでいた。

多くの北部工業都市の状態はさらに悪化した。ハーバード大学の元学長であり、ハイスクールの政策論議で著名であったジェイムズ・B・コナントは、著書『スラムと郊外(*Slums and Suburbs*)』(一九六一年)において、社会は都市内部に「社会的ダイナマイト」を埋め込んだと表現した。彼は、貧しい人々の将来を改善し、市民が教育に多くの投資をしない限り、危険な爆発が起こると予測した。極端な例ではあるが、デトロイトでは、一晩に何万という仕事が失われ、黒人住民を経済的に抹殺した。デトロイトのセントラル・ハイスクールの校長は、一九六三年に、状況はすでに絶望的であり、雇用に対する希望がなければ勉学への動機を失うと記した。白人の郊外への転居は、多くの都市に黒人と貧困者を残していった。白人の親(若干の黒人中産階級の親も同様であった)が郊外へと去り、子どもを教区学校や私立学校へと通わせていたため、マイノリティ・グループがすぐに都市住民の主流になっていった。

リベラルな教授と高級住宅街に住むエリートは、強制バス通学から黒人コミュニティ管理といった多くの学校改革を支持したが、多くの場合、彼らは自分たちの子どもを私立学校へと通わせた。サーグッド・マーシャルは、ニューヨークで弁護士をしていたが、自身の子どもをハーレム地区の私立学校に通わせた。彼は他の専門職の人々がそうしたように、彼にとっての最善策を採ったのである。ジェラルド・A・ポデア(Jerald A. Podair)は、彼のニューヨークでの二〇〇二事例の研究において、白人による郊外への転居が加速するのに伴い、一九五七年から一九六七年までの間のニューヨーク市全体のアフリカ系アメリカ人の学校在籍者は、一七%から三三%へ増加したことを指摘した。市は、厳しい入学基準を設けることによって、一握りの有名でアカデミックなハイスクールをもち、その制度は同時に、アカデミックなものから職業的なものまでの異なった種類のハイスクール卒業証明書を与えた。生徒数の約三分の一を構成したアフリカ系アメリカ人が「アカデミックな」証明を得られるのは三%以下であった。

貧困層やアフリカ系アメリカ人の中で起こる学校の失敗についての解説が急増した。都市システムは、一晩で逆転してしまったようであった。南部のジャーナリストや政治家は、ブラウン判決後の北部のリベラル派を揶揄することを楽しんでいた。なぜシカゴやニューヨーク、他の北部中心都市で働く黒人教員が少ないのか、またなぜ居住地や周辺部の学校で人種隔離が行われる北部が、南部の人間を人種差別主義者と得意げに呼ぶことができるのかを問いただしていたのである。一貫して研究は、スラムの学校がなぜ最良の教員を雇用できず、彼らを留めておけなかったのかを明らかにした。新人教員は、ゲットー〔スラム街〕の学校に配置され、彼らがそこで生き残り、もしくは成長することができたならば、彼らは「より良い」ポストへと異動し、昇進することができた。教員の離職率は高く、最も困難を抱える教員の間で横行する無断欠勤の回数は、生徒のそれとほぼ等しかった。ポデアもまた、ニューヨークでは、アドミニストレーターが良い学校の中の能力のない教員をスラムへと送り、そうすることで立場が弱いが終身雇用権のある教員を学校制度から追い出そうとしたことを見出した。

都市の学校制度から白人が退去する速度を遅くするために、教育委員会と教育長は、人種統合の緩和措置を適用して、全て白人である地域と全て黒人である地域に分割するための学区の線引きをやり直した。分離された黒人学校はいっぱいであったのに対して、白人学校の教室には空きがあった。こうした事態は、黒人の親たちの間に怒りと不満を引き起こし、低い学習達成度と高い中退率の打開にはならなかった。ジョナサン・コゾル(Jonathan Kozol)の全米出版賞受賞作品である『死を急ぐ幼き魂(*Death at an Early Age*)』(一九六七年)では、ボストンの学校制度における白人教員の人種差別について言及し、また多くの出版社からの暴露本が、複数都市を巻き込んだ問題を正すために、教員、校長、教育委員会、政治家の失敗について指摘した。

北部の都市の学校が衰退した時、心理学者や社会科学者は教育的失敗の根源を明らかにしようとした。一九五〇年代、一九六〇年代初期において、多くの専門家が「貧困の文化」もしくは「文化的な貧困」に関する考えを支持した。彼らの定義や強調点は変化したが、こうした著者たちは、貧しいマイノリティの家庭に生まれた子どもたちが、アカデミックな成功に対して縁の遠い性格的特徴を有していたと主張した。彼らは、多くの学校が、時間厳守、権力への従順、忍耐といった中産階級の規範に価値を見出したと論じた。こうした貧しいマイノリティの子どもたちの間でみられる学校での失敗に対する文化的説明は、リベラルの立場での作りごとであった。歴史家であるアリス・オコーナー(Alice O'connor)が指摘したように、一九二〇年代と一九三〇年代の人類学者や社会科学者は、人間行動の文化的決定要因を探求し、例えば、初期のテスト運動のように、科学的な人種差別の基礎となっていた遺伝学的な理論を批判した。端的に言えば、貧困文化の議論は、無情な子育て、家庭での知的刺激の欠如、不十分な健康管理、食事、住宅といった多くの相互補完的な要因が全て、学校での失敗に寄与していたことを示した。共通の隠喩を引き合いに出せば、失敗の連鎖のつながりを断ち切ることが、学校での成功を導くのだろう。ただ、学校か、あるいは子どもたちとその家族のどちらの悪い点に焦点を当てるかは、当時の改革者の大きなジレンマであった。

心理学者フランク・リースマン(Frank Riessman)の『文化的に剥奪された子ども(*The Culturally Deprived Child*)』(一九六二年)は、著名なマスコミや専門論文において広く引用された、その分野ではよく知られた作品のひとつであった。彼は、一九五〇年にアメリカの主要都市の全ての学校の子どもの約一〇%が「文化的に剥奪された」が、一〇年間のうちに、その数字は三倍以上になったと推定した。脚注にて、リースマンは「文化的に剥奪された(culturally deprived)」、「教育的に剥奪された(educationally deprived)」、「剥奪された(deprived)」、「恵まれない(underprivileged)」、「不利益を被る(disadvantaged)」、「低い階級(lower class)」、「社会経済的に低いグループ(lower socio-economic group)」といった言葉を同じ意味で用いたと説明した。恥ずかしくない階級出身ではなく、学校で劣っていた人たちは「文化的に剥奪された」と分類された。同著は、文化的に剥奪された人たちを、反知的、実用的、衝動的であり、知能検査よりも身体的な能力を重視していると描いた。文化的に剥奪された人たちは、学校の卒業証書の重要性が高まっているという認識があるが、忍耐力か学習への本能的な興味のどちらか一方が不足していた。リースマンは、明らかに卒業証書取得に有利な立場にある中産階級は、その本能的要求のために学習すると想定した。彼らは、オールAをとるといった愚かな(外的な)誘因によって動機づけされず、最も良い大学に通い、質の高い生活を楽しむことを目的としていたのであった。

リースマンによれば、グループが二分されたこの競争社会では、下層階級の子どもの文化と、静かに座り、宿題をやり、テストで良い点をとるという学校で認められる中産階級の価値観は、必然的に衝突した。事実、リースマンは、教員は家庭生活に関しては何もすることができないので、それは古い進歩主義的な考えになるが、教員は子どもに対して学校に適応させることに焦点を当てるべきであると主張した。しかし、これをどのように行うのかという点では、彼は非常に曖昧であった。下層階級の家庭に関する上述の表現はステレオタイプのように思われるが、彼は恩着せがましい都市の教員たちを非難した。彼らは、リースマンが賞賛した気取らない資質をもつ剥奪された子どもたちへの共感に欠けていた。中産階級の教員たちは、貧しい人々が衝動的で都会生活で生きる術をもっている長所を理解しようとせず、ただ彼らを管理し、訓練し、社会化することを望んだのであった。一九六〇年代を通じて、リベラルで急進的な評論家は、子どもたちの成績が上がらなければ上がらないだけ、ますます教員(や彼らの抑圧されたブルジョア的な価値)を非難した。

今や、リベラルで急進的な専門家は、貧しい人々の生活の中に魅力、興奮、興味を見出した。そして、ロックの自然な状態で生きる人、あるいはルソーの高貴な野蛮人の近代的な形を彼らの中に見たのである。一九六四年の『ハイスクール・ジャーナル』誌に書かれていたように、タフツ大学の教育学と若者研究の教授は、公立学校とその不適切なカリキュラムを批判した。彼は、都市内部の「進んでいる人」の言語を賞賛して貧しい人々に中産階級の価値観を浸透させようとしている学校を批判した。多くの進歩主義者と同様、彼は、学校が現実生活の問題解決を提供する代わりに、抽象的な考え方を強調したと言った。シカゴ大学の高い地位にいる教育学の教授たちによって共同執筆された『文化的剥奪者のための補償教育(*Compensatory Education for Cultural Deprivation*)』(一九六五年)では、同様に「具体的で、素早く明白な見返りがある事柄と活動」に慣れている人々として社会的に不利益を被っている人々を描いた。下層階級の黒人の子どもは、本や他の読み物のない家庭から登校しており、彼らは「素晴らしい熱意と表現力」をもっていたが、しばらくするとそれらは中産階級の価値観をもつ学校で砕け散ってしまうと述べた。

子どもたちの文法や発音を矯正した教員たちは、人種差別主義者として攻撃されている自分自身に次第に気づくようになり、ヘンリー・ヒギンズ(Henry Higgins)教授や(バーナード・ショー（Bernard Shaw）の演劇『ピグマリオン』（Pygmalion：オードリー・ヘップバーン主演の「マイ・フェア・レディ」の原作」における)イライザ・ドゥリトル(Eliza Doolittle)の階層を上げるための彼の恩着せがましい試みを自身と比べた。一九六九年の『エレメンタリースクール・ジャーナル』誌では「堅苦しさは正しくない」のタイトルのエッセイが「英語の堅苦しいモデルをやめよう」と主張していた。生徒に教えることを少なくし、褒めることを多くしようと主張する教員もみられた。イェール大学の法学の教授であるチャールズ・A・ライヒ(Charles A. Reich)が、自身のベストセラー『アメリカの緑化(*The Greening of America*)』（一九七〇年）で言及したように、学校は魂を奪う鉄格子がない刑務所のようであったが、「賢い」黒人たちは、「官能的で、たくましく、反体制的な人間の性質」を例証していた。

一九六〇年代を通じて、学校の失敗についての政策的論議は、罵り合いにまで悪化をたどった。その参加者は、教員や子ども、家庭や学校のように、一方もしくは他方を非難した。一九六五年には、急進派とリベラル派が一様に、ダニエル・パトリック・モイニハン(Daniel Patrick Moynihan)に対する批判を旋風のように巻き起こした。当時、彼はジョンソン政権の中で、婚姻外での出産や貧困から抜け出せないシングルマザーの家庭の劇的な増加を指摘しながら、黒人家庭は問題が多いと主張していたのであった。もし彼が数年前に同じことを言ったとしても、ほとんどの人々が気づかなかったであろう。社会学者ジェイムズ・コールマン(James Coleman)による学習到達度に関する研究が一九六六年に発表され、そこでは、社会科学の冷静かつ大胆な言語にて、学校の力量ではなく、家庭の背景が教育的到達度を決定的に形づくると主張された。このことは、多くのリベラル派にとっては受け入れ難い内容だった。しかしながら、保守派はこの主張を快く思った。なぜなら、下層階級に対してより多くのお金を費やしても、測定可能な学習上の進歩をもたらさないという、彼らが信じていたことを追認するものであったからである。郊外居住者は、彼らのすでに立派になった学校のために公債発行法案を通すのを止めるべきであり、APコース（優秀な高校生が履修できる大学レベルのコース）を止め、将来的には、カプラン・アンド・プリンストン社（Kaplan and Princeton）によるSAT準備レッスンを廃止すべきと提案した保守派の人たちはほとんどいなかった。

しかしながら、多くの人々は、都市の貧しい人々の低い学習達成度はスキャンダルであると認識し、責任を負わせるべき人や原因を探した。黒人の批評家と左翼リベラル派は、一〇年後、子ども文化の品格を下げ、学校や他の制度化された人種主義の留め金を外させたリースマンの考えや、他の「貧困の文化」に関わる理論家の考えを、白人温情主義として退けた。心理学者のウィリアム・ライアン（William Ryan）は、そのことをすぐに決まり文句となる「被害者非難」と呼んだ。批評家はまた、「システム」ではなく、貧しいマイノリティの家族であることが、高い中退率や低い学校のパフォーマンスを招いているという考えに基づく補償教育を攻撃した。こうした言葉の争いにもかかわらず、都市の貧しい人々の学習達成度は改善しなかった。一九六〇年代に出版された学校に関する著名な出版物は、都市の学校の苦悩、低い学習達成度、問題を解決するためにつくられた無数のプログラム、カリキュラム、ワークショップに言及していた。学校への期待が劇的に高まったため、都市の政策策定は、多くのイデオロギー的な地雷がちりばめられたアイディアのみずみずしい風景のようであった。

一九六〇年代半ばには、公民権運動は競合する派閥へと分裂し、ジョンソン政権の「偉大な社会」政策は、「貧困の文化」の仮定に基づき、「剥奪された子ども」のための補償教育として連邦プログラムを開始した。ただし、この革新的な提案が国の最も貧しい子どもたちのための具体的な利益をもたらすか、誰も確信的なことを言えなかった。それにもかかわらず、連邦政府の外側、もしくは内側にて活動していたリベラル派と公民権運動家の争いは白熱し、現代の学校改革を政治的に表現することを求めた。都市の学校批判が一九六〇年代に高揚するに従い、新しい、若い世代の公民権運動家もまた全国的な舞台に登場した。彼らは年長者の戦略と人種的進歩の遅さに我慢できず、直接的な行動と最新のレトリックを信じた。白人の体制派との一層直接的で、暴力的ですらある対立が不可避であると考えて、一九六〇年代初頭まで、南部全体において、座り込み、公共交通機関の人種差別撤廃を求めたバスなどによる巡回〔フリーダムライドのこと〕、あるいは行進することによって自らの生活を勇敢にも危険にさらした。しかしながら、彼らは統合学校にはほとんど興味をもっておらず、裁判所や政府の他の支部を通して人種的正義を求め続けた全国有色人種地位向上協会の法律尊重主義の戦略と同様、マーティン・ルーサー・キング・ジュニアの非暴力の運動を拒絶した。キングは四〇歳になる前に亡くなったが、彼は古い年代を代表していた。運動での彼の批判と同様、彼は社会改善の遅いスピードに落胆した。しかし、彼は、一九六六年に有名な生徒非暴力調整委員会(Student Non-Violent Coordinating Committee: SNCC)のストークリー・カーマイケル(Stokely Carmichael)によってつくられた「黒人の力」のようなスローガンが、別のやり方では共感する白人を遠ざけ、声なき多数派である穏健派や保守派を勢いづかせるのではと心配もした。道義的な理由において、キングは人種間の憎悪や暴力の行使を容認することができなかった。公民権運動の若いメンバーは、多くの白人リベラル派が受け入れてきた「貧困の文化」の概念を拒絶し、黒人の誇り、黒人の力、黒人の歴史や文化の教授、そしてコミュニティ管理を支持した。彼らは、ＳＮＣＣのメンバーから白人を追放し、統合を人種的大量虐殺の一形態と呼んだ。彼らは、同化という様々なエスニック・グループから聞かれたメッセージを拒絶し、メルティングポット(melting pot)のような学校の古い形態に疑問を投げかけた。

通常、分離主義者の暗示するエスニックの復活は、一九六八年のバイリンガル教育法(Bilingual Education Act, 1968)の通過によって活力を見出した。もともと、スペイン語話者の有権者の支援を求めていた民主党によって考え出され、それは主として恵まれない子どもたちの学校でのパフォーマンスを改善するために、よりうまい英語学習の援助が目的であった。バイリンガル教育には、明確な定義はないが、成長する領域と考えた多くのグループと専門家をすぐに惹きつけて、教員とアドミニストレーターがアカデミックな主流派に子どもたちを同化させるのではなく、英語以外の他の言語を維持するプログラムとして使ったため、論争の的となった。最終的には一九七〇年代後半に、様々な形態のバイリンガル教育が学校での学習到達度を改善したという説得力のある証拠が出てこなかったため、議会でバイリンガル教育のための連邦資金の使用に制限を加えられた。しかしながら、その時点で、一九七四年の重要な連邦最高裁の判決と地域での実践が、何百もの学区におけるバイリンガル教育を導いていた。本当に子どもたちを同化させるために学校が存在したかどうかが、同世紀の終わりまで激しく議論された。一九七七年の議会公聴会において、人種統合の雄弁な論者であるゲイリー・オーフィールド(Gary Orfeld)は、バイリンガル教育がアカデミックな達成を向上させたという証拠はないと主張し、その分離主義者の性格に警告した。

ブラックパワー、チカノ〔Chicano: メキシコ系アメリカ人〕パワー、イタリアン・ポーリッシュ〔ポーランド系〕パワーの主唱者は大々的に喧伝されたので、自称リーダーの意見を、評価が難しい一般大衆の意見と混同するのは簡単である。しかしながら、一九六〇年代に、歴史家のステファン・サーンストロム(Stephen Thernstrom)と政策アナリストのアビゲイル・サーンストロム(Abigail Thernstrom)が世論調査の研究を通じて明らかにしたように、少なくともブラックパワーの急進派の人気は黒人の大衆の中でとどまるようにはもえなかった。一般的な黒人は、急進論者がアンクル・トムと呼んだ主流の黒人のリーダーを支持した。例えば、マルコムX(Malcolm X)、ストークリー・カーマイケル、ブラックパワーの主導者であるラップ・H・ブラウン(Rap H. Brown)は、世論調査におけるアフリカ系アメリカ人の間で、低い支持率と高い不支持率を有していた。これに対して、マーティン・ルーサー・キング・ジュニアは、公民権の主導的な主張者とみなされ、高い支持率と低い不支持率を得た。若い急進派は、彼らの勇気と大胆なレトリック、また黒人学生、リベラルな学者、芸術家、公的な知識人、左翼の映画スターからの支援を得て、偶像化された地位を得た。作家であるトム・ウォルフ(Tom Wolfe)は、これを「急進的な上品さ」と呼んだ。

公民権運動の亀裂が、社会的、政治的文脈の中で大きく存在した。ブラックパワーが新聞の見出しを奪い、そして保守主義者が一九六八年にワシントンで政治権力に戻る前ですら、公民権運動家は、リベラル派も急進派もいずれも、自らがまとまっていただけではなく、首都でのイベントによってもまたまとめられていたのである。一九六〇年代半ばの活動家たちは、彼らが決して心からは信用しなかった南部の人々とともに国家的な舞台を共有しなければならなかったのである。

公民権運動と教育

公民権運動がその変化を経験した時、連邦政府の役割もまた、劇的に変化した。リンドン・ベインズ・ジョンソンの大統領就任前に、嵐の前の静けさがあった。ジョン・F・ケネディ(John F. Kennedy)の暗殺がアメリカにひどく重くのしかかったが、経済は活気に満ち溢れたようにみえ、ベトナムは遠い国のように、統合が大きな社会正義の目標のように、そして社会的ダイナマイトは効果を失ったように思われた。一時的ではあったが、公民権運動の原因は衰退した。穏健な南部の人々は、たいてい北部のリベラル派から信用されておらず、ジョンソンは、不景気の間に全米青年政権(National Youth Administration)のテキサス支部長として注目に値する仕事をしていた古いニューディーラーであった。彼は、歴史上最年少の上院与党のリーダーであり、一九五七年の公民権法に大きな責任を有していた。それは、後の基準からするとそれほどでもなかったが、当時の黒人リーダーには賞賛されていた。一九五〇年代には、彼はブラウン判決に対して好意的な反応をしただけでなく、規則を公然と無視し、人種差別制度を裁決し擁護した一九五六年「南部のマニフェスト」にサインしなかった地域選出のわずか三人の上院議員のうちの一人だった。

国際主義者であり、タカ派のジョンソンは、大胆な運命論者であった。歴史家ロバート・ダレック(Robert Dallek)によれば、ジョンソンは南部に近代社会の仲間入りをさせ、それを国内経済に組み入れ、そして奴隷制と人種的圧迫の遺産を終焉させることを熱烈に望んでいた。彼は大統領として、公立学校を含め、国家を再構築することを計画した。それは、当惑させるものであったが、彼が公民権法を通過させるとますます、見せかけの受益者が怒るようになった。一九六四年には、ジョンソンは重大な公民権法にサインした。翌年、彼は投票権法(Voting Rights Act, 1965)にもサインしたが、その数日後、ロサンゼルスの大規模な黒人ゲットーのあるワッツで暴動が発生した。暴動への参加者は、生活の改善を待つことに疲れたと叫んだ。それは、アレクシス・ド・トクヴィルがかつて、改革は、生活が悪くなる時ではなく、改善している時に起こると記したと知ることはジョンソンにとって、あまり気持ちの良いことではなかったであろう。ジョンソンは、一期目に議会を通じて他の大統領より多くの社会福祉法を導き、アフリカ系アメリカ人の保護を拡大し、保障ための公民権運動の要求に応えた。ジョンソンは、幅広い領域で期待が高まるように仕向けて社会正義を推進したが、それが彼自身の政治的終焉を早めてしまった。それは誰もがすぐには満足できないような期待が膨らんだからである。夏の暴動とベトナム戦争に関する軋轢の何年か後の一九六八年に、彼が党から二期目の指名を受けないと発表したことは、分裂していた国に衝撃を与えた。

国内問題で連邦の権限を行使することについてのジョンソン大統領の熱烈な支持は、伝統的な秩序を打ち破り、自身の所属政党との分裂をもたらした。特に冷戦期には、強い軍隊が必要であるという超党派的な同意があったが、このような意見の一致も、誰かが公民権や学校への支援に対する連邦の保護を提案した時に消滅したのであった。南部の民主党員は、それが彼らの目的に合致した時、州の権利を頑なに守ろうとしたが、最終的にフランクリン・ルーズベルト主義に態度を変えた。ニューディール連合の不可欠な部分ではあるが、彼らは人種差別制度に挑む、中央集権化した連邦権限に関して疑問を抱いたままであった。さらに、一九五〇年代に多くのアメリカ人は、連邦補助金が学校で使われることに反対したが、そこには南部の民主党員だけでなく多くの共和党員も含まれていた。地元の学校の予算の約一％が連邦政府から補助されたが、それは職業教育のために、あるいは近くの軍事基地から通学する子どもたちを教育する学区への償還のために、さらには小さなプログラムの盛り合わせのために充てられた。

全米教育協会は、長い間「紐付き」ではない連邦補助金のためにロビー活動を行っていた。連邦補助金は、ルーズベルトの後継者、ハリー・S・トルーマン（Harry S. Truman）と、少数のリベラルな北部の民主党員から支持を得た。しかし、多くの人々は、このことがカトリック学校の支援につながるのではないかと恐れており、彼らにとってそれは考えられないことであった。なぜなら、それが公立学校を弱体化させ、いわゆる移民の教会を支援するからである。州憲法の多くもまた、教区学校への税金投入を禁じており、一般的な支援法案のための票を集めることは簡単ではなかった。他の人々は、そうした考えに対して、忍び寄る社会主義や共産主義でないにしても、ナショナルカリキュラムの導入や地方管理の廃止を導くような連邦政府による温情主義であるとして反対した。しかし、ブラウン判決後、市民が学校に対して抱く期待が増したことや、公民権運動家の不満が増大したことが、数年前なら想像ができなかった教育、栄養、医療保険、投票権などの日常生活の中にワシントンの影響力を増す機会をジョンソンのような野心的なリーダーに与えた。確かに、最初のカトリックの大統領であるジョン・F・ケネディは、有権者からこのような業務は委任されていなかった。彼は、大統領候補として、教区学校への税金による援助は行わないことを約束した。紙一重の差によって選出され、彼は公民権問題に自身の命運を託すことはせず、南部の支援者を失うような危険は冒さなかった。

タイミングを計り、苦悩する大統領への賛辞として政権初期の偉大な社会政策を提示することによって、ジョンソンは、多くの人々にそれを初期のニューディール政策と比較させて、印象的な公民権と社会福祉に関する法律にサインをした。多くの主流のリベラル派のように、ジョンソンは富や収入を再配分しようとはしなかったが、経済成長と、訓練と開発の広範囲のプログラムを好んだ。以前の教師なら、自らの社会移動の中で学校教育の役割を神話化したかもしれないが、教育の有益な影響を根本的に信頼していた。人々の態度を評価することは困難であるが、一九六四年に共和党の対抗馬であり、教育は重要であるという前提を退けたバリー・ゴールドウォーター（Barry Goldwater）よりも、ジョンソンは時代の考え方に調和しているように思われた。ゴールドウォーターは「子どもは教育を受ける権利をもっていない。そして多くの場合、教育がなくてもうまくやっていくだろう」と断言したからである。

最高裁は、人種差別制度を敗訴とした時、教育の重要性を強調していた。経済学者は人的資本開発における教育の重要性を強調し、多様な社会グループのための教育の様々な利潤率を調査した。多くの人々は、有能な生徒に対してより多くの支出を要求した。多くの社会科学者や教育学者がハイスクールの卒業証書の価値は弱まっていると信じている一方で、何が適切な方法かについての論争はありつつも、教育は経済にとって重要と思われた。ジョンソン政権は、教育システムに積極的に関与した。幼稚園や小学校のためのプログラム、ハイスクールの一部分のプログラムに加え、多くの労働者階級や中産階級の生徒がさらなる教育を享受することを促した一九六五年高等教育法（Higher Education Act, 1965）を通じて、カレッジのための補助金と奨学金を拡大した。しかしながら、一九六五年初等・中等教育法（Elementary and Secondary Education Act：ESEA）と一九六四年に実施された低コストでの革新と言えるヘッドスタートの重要性に勝るものはなく、両者はジョンソンの名高い貧困への闘いの中で不可欠であった。

ジョンソンは社会的流動性を促進するために教育の力に彼の資金を賭けた。ヘッドスタートは、栄養上、健康上の必要性に焦点を当て、教育的、社会的スキルを向上させようとする、剥奪された子どもたちのための補償教育であり就学前教育プログラムである。批評家たちは、一九六〇年代でさえヘッドスタートはよりリーディングに重点を置くべきであり、それは学校での成功につながると信じていた。初等・中等教育法は、連邦政府による援助への経験に裏打ちされた反対意見を衰退させたため、政治的にヘッドスタートよりも重要であった。連邦教育局長官であるフランシス・ケッペル（Francis Keppel）と彼の同僚は、初等・中等教育法の資金は、学校ではなく、貧困に陥った子どもを援助するよう提案した。教区学校の子どもを含めることにより、ワシントンでカトリック教徒とその代表者へのアピールを拡大させた。先例に準じて言えば、非常に有名な法の一つであるＧＩ法は、退役軍人に対して財政的援助を与えたが、学生たちが行く高等教育機関ではなく、彼ら個人に援助を与えることによって教会と国家のもつれを避けて通った（対照的に、初等・中等教育法では、学生やその保護者ではなく、地方学区に送られた）。ジョンソンは、伝統的にカトリック学校への援助のためのあらゆる法案に反対する全米教育協会に働きかけた後、それにサインをした。初等・中等教育法の中核であるタイトルⅠ（Title I）は、貧しい子どもたちの学力達成度を改善するために連邦補助金を提供し、それが現代における彼らの成功の基本となるように思われた。

一九六〇年代半ばでもまだ上昇傾向にあった経済は、政府の財源を満たし、教育と学校の価値についての伝統的なアメリカの楽観主義を維持させていた。ジョンソン政権の副大統領であるヒューバート・Ｈ・ハンフリー（Hubert H. Humphrey）は、ミネソタ州出身の雄弁なリベラル派であったが、リンドン・ベインズ・ジョンソンは「教育における木の実だった。……彼は、教育は自身が人々に提供できた最も素晴らしいものであったと感じていた。それを妙薬と信じた人がいたように、彼もそう信じていた」と回想した。教育と訓練が中核であるとする彼の貧困との戦いを知らしめた一九六五年のハワード大学での演説において、ジョンソンは「単なる自由ではなく機会を、権利や理論としての平等ではなく、事実や結果としての平等」を探求したと説明した。特別なものを提供することなしに、ジョンソンの演説もまた、何が積極的差別是正措置として知られることになるのかを予想しながら、急進的な人種差別の歴史的形態を克服するためのより積極的な取組を必要とした。結果として、平等に関する野心的なレトリックが、その時の演説の趣旨には完全に合致していたが、もしテスト結果や収入によって測られる不平等が持続したならば、それは明らかに失望を意味するだろう。社会科学者が社会生活の全ての側面の印象的な量的証拠をつくり出した時、レトリックは証拠と合致していないことを示すかもしれない。例えば、公民権法は、学校に対する補助金を増やすことが学習達成度を向上させるかどうかについて調査したコールマン報告で全盛を極めた、社会科学的調査を要請した。この報告は、投資と成果の関係に関するリベラル派による仮説を否定し、ジョンソン政権は、マスコミ報道からそらすために、七月四日の独立記念日にその報告を行った。

学校プログラムの効果を測定したいという最初の試みは、様々なリベラル派から発生した。議会公聴会にて初等・中等教育法(ESEA)に関してケッペル委員長を厳しく尋問したロバート・F・ケネディ(Robert F. Kennedy)は、後に保守主義者がアカウンタビリティと呼んだものを非常に信頼した。組織政治が多くの都市でどのように機能しているのかについて知った後で、彼は、地元の学校当局が貧しい子どものための割り当てられたお金を実際に使っているのか懐疑的であった。ケッペルは同様の恐れを共有し、教員の間に起こると彼が予想した混乱にもかかわらず、実際に国家的な到達度テストの開発を支援した。そして、評価を求めた関連条項がESEAの中に加えられたが、最初は貧しい子どもたちの学習達成度の顕著な改善を示すことに失敗した。ヘッドスタートに関する初期の評価も、落胆するものであった。ヘッドスタートへ参加した子どもたちが入学した時に享受したどんな利点でも、数年間のうちに消滅してしまったようにみえた。ESEAとタイトルIは対照的で、ヘッドスタートの後の評価はより肯定的であった。

そして、参加した生徒たちは高い確率で卒業し、法に抵触するようなトラブルも少なく、一〇代での妊娠も少なかった。結果の平等についてのレトリックにもかかわらず、初等・中等教育法の通過と施行を取り巻く状況は、貧しい人々を支援しようとする力を衰えさせた。議会による支援を確実なものとするために、アメリカの非常に多くの学区がタイトルI資金を利用できた。悪名高く、十分な数の職員のいない州教育局では地域の支出を管理することができなかった。例えば、シカゴ学区の教育長は、彼の望む方法で連邦政府からの資金を公然と学区内で使ったが、それは必ずしも貧しい人々のために使われなかった。通常、貧しい子どもたちの割合が少ない郊外の学校も、中産階級の子どもたちを支援するための「補償的」な読解クラスなど、他のことについてＥＳＥＡの資金を運用した。ジョンソンが、自らの教育革新が貧困に抗うだろうと信じた一方で、それが貧しい子どもたちの学習達成度の改善に与えた影響は、それほど大きくなかった。そして都市の学校のパフォーマンスは下落した。

しかし、歴史は思いがけない結果に満ちている。学校にはテストの得点よりも多くのことがあり、ジョンソンによる公民権法とプログラムは、実際に南部を人種差別撤廃の道に進ませた。一九五四年以降、南部は人種差別撤廃を阻止しようとする多数の戦略に見舞われるが、このことは意外で注目すべきものであった。南部の親たちは、北部のいとこのように、ただこのシステムから去ることによって人種統合の可能性に対処した。彼らは郊外に移り住み、私立学校や、公然と分離主義である学校に子どもたちを通わせた。加えて、多くの地域での教育委員会が裁判所の命令をすり抜け、法的闘争において全米有色人種地位向上協会と公民権運動家と結託し、自由選択(freedom of choice)計画を考案した。これは、後に非合法として無効化されたが、統合は、白人の学校に移動するかどうか個々の黒人生徒の自由意志に依存するとしたのである。行政官は、統合のためのタイムテーブルを提出し、二〇〇〇年に決定的な行動を採ることを約束したのであった。

広範囲にわたる多くの条項において、一九六四年の公民権法は公立学校における人種差別を禁じ、統合のための裁判所命令をより迅速かつ効果的に応じない学区を訴える権限を司法省へ付与した。また、同法は、健康教育福祉省（Department of Health , Education, and Welfare：HEW）に法を遵守するよう圧力をかける権限を与えた。それにより、アドミニストレーターが、学校が統合されているかどうか確認するための人数の割り当てを設定した。評論家は、これを人種に基づいた差別を禁じた公民権法に違反すると指摘した。しかしながら、一九六〇年代後半に南部の学区は、連邦政府の蛇口から流れ出る様々な資金を失うだけではなく、高くつく裁判闘争に負けるであろうことに気がついた。人種差別撤廃への誘因は増大した。未だにアメリカの最も貧しい地域である南部は、自助努力と州の権利について自信をもって語ったが、多くの軍事基地やNASA宇宙センターにおいてみてとれるように、連邦資金に深く依存していた。学校は増え続ける弁護士費用を支払う一方で、少ないお金ではほとんど何もする余裕がなかった。特に、ミシシッピ州のような貧しい州は、タイトルIから学校給食に至るまで、近代学校の外観を整った状態で維持するために、連邦政府からの資金援助に頼っていた。皮肉にも、ブラックパワーの活動家が学校統合を攻撃したように、連邦政府は、実際にそれを実現させるために強力な圧力をかけた。特に、白人には人気がない裁判所命令のバス通学は、南部の学校を統合化するための共通手段であった。種々のコミュニティが、制度を統合化するため裁判所によって承認された計画のために、程度の差こそあれ人種間の緊張、暴力や不幸を経験した。一般的に、黒人の生徒はバスに乗って長時間移動すること、学校教育のため長期間通学することを強制させられた。公的に分離された学校が姿を消したとたんに、多くの黒人教員とアドミニストレーターは仕事を失ったが、初等・中等学校の黒人の教員の数は、一九四〇年から一九七〇年の間に、六万七、五八〇人から二二万七、〇〇〇人へと劇的に増加した。ただ、他と比較すると不釣合いなほど家庭が貧しいままでいたアフリカ系アメリカ人の学習達成度を上昇させることは、非常に困難であった。多くの「統合された」学校において、黒人の生徒は白人の生徒よりも、能力の低いクラス、補習クラス、特別支援教育、職業コースへと振り分けられることが多かった。食堂、スポーツチーム、課外活動における人種による自主的な分離が共通の課題として残された。結果の平等は、達成困難なままであった。

人種的不平等のこうした重大な例にもかかわらず、公民権運動と「偉大な社会」政策は、人種差別制度への致命的な一撃を見舞った。一九七〇年代初頭までに、南部の学校では実際、北部の学校よりも統合が進んでいた。一九五四年に誰がこのことを予想しただろうか。ブラウン判決後の三〇年、全国のハイスクールで黒人の在学生が急増した。おおむね、黒人生徒は成績が低く、停学・退学になる割合が高く、（特に男性は）卒業する割合も低く、大人になって、何かを成し遂げるための道は全体的に困難であったかもしれないが、始まりへの一歩は踏み出された。ハイスクールやカレッジにおけるアフリカ系アメリカ人の純然たる存在感は、アイゼンハワーの時代と比較しても、印象的であった。イギリス人ジャーナリストは、連邦政府や裁判所がこのように効果的に学校での統合を進めたことを信じられなかったが、一九七二年に「当初、黒人人口のおよそ半分がいた南部では、アメリカの他のどの地域よりも、分離学校における黒人の子どもの数が圧倒的に少なく、またその割合も小さい」と彼は記したのであった。

こうしたことの多くは一九六八年以降に起こったが、それ以前であるなら、変革への動きが公民権運動に対して冷たい風をもたらしたであろう。当時、民主党はベトナム戦争、犯罪の増加、福祉国家の成長、悪化する経済によって分裂の危機に瀕していた。ジョージ・ウォレス（George Wallace）が何百万もの保守票を獲得したが、リチャード・ニクソンが厳しい選挙でヒューバート・ハンフリーに打ち勝った。ニクソンは、有権者の保守的な「声なき大衆」に対して穏健派をアピールして、内政問題への連邦政府の介入を減らし、「法と秩序」を尊重するいわゆる「南部の戦略」を実行した。彼は、ミシガン州ポンティアックやボストンといった場所で後に暴力事件の原因となった裁判所命令のバス通学の不評に気づき、司法省と健康教育福祉省の指揮を執って、白人の労働者階級からの支持を失っていた民主党員主導によるバス通学と積極的差別是正措置から利益を得た。ニクソンは職業教育を重んじ、レーガンを先取りして、ジョンソン時代の用途ごとの補助金プログラムよりも、州への一括補助金を重んじた。彼は南部の共和党や北部の白人エスニック・グループの労働者階級に対するアピールを重視した。

一九六〇年代後半から一九七〇年代初頭までに、アメリカは、学校に関することも含めて、多くの理由から右寄りになった。『U・S・ニューズ&ワールドレポート』、『タイム』、『ニューズウィーク』と同様、新聞の朝刊は、定期的に教室での暴力の増加や学習達成度の悪化について報じた。大都市の学校制度の問題については、「新しい暴力に襲われた学校」「公立学校、一層の衰退」「都市学校での危機」「大惨事に向かうデトロイトの学校」といった見出しが躍った。新保守主義知識人が「好意的傍観」を強調し、大きな政府の危険性について警告したのと同様に、社会改革の手段として学校を利用すべきであると提言するなど、全面的に態度を変えた著名なリベラリストもみられた。人間発達の遺伝理論が復活し、ヘッドスタートの論理と貧しい人々の生活への社会的介入に関して、学者たちが疑問を投げかけ始めた。

同時に、保守派と中道派のコメンテーターは、学校への支出と学力との間の正の相関の欠如に関するコールマン報告の結果について是認し、例証し、確認した。後に、彼らは強いられたバス通学が白人の郊外への転居を加速させたことを調査した他の研究での主張や、より多くの学校選択や私立学校を支持したことで、コールマンを称賛した。北部では、住宅密集地での人種分離が、白人によって管理される教育委員会によって対応が遅れたため、統合学校の見通しを悪化させた。このことは、義務的なバス通学に多くを依存した統合のプロセスを下級裁判所に監視させることになった。裁判官の多くが郊外居住者であり、自身の子どもを私立学校に通わせていたために、白人の労働者階級市民の怒りが収まることはなかった。そして、その労働者階級市民は、言葉や行動を通して、人種的統合に猛烈に反対した人々であった。この全てが、一九七二年の大統領選挙において、ニクソンが、民主党の候補であるジョージ・マクガヴァン(George McGovern)や彼と行動をともにした北部のリベラリズムに勝利することに貢献したのであった。

北部の都市における人種統合の見込みは、さらなる経済の困窮が人種間の対立を悪化させ、白人たちが都市から去ったため、今まで以上に困難になった。一九七三年の主要な判決において、最高裁は学校に等しく資金を受けとる憲法上の権利があることを否定した。バス通学の合憲性は早くに認められたが、一九七四年のミリケン(Milliken)判決において、郊外と都市との間のバス通学に反対する判決が下された。統合のために都市に留まる白人はますます少なくなった。そのため、多くの市当局が、自らの学校を管理した。そこには、インディアナポリス、デイトン、クリーブランドが含まれており、それらは、連邦地方裁判所によってしばしば監視されてきた、複雑な論争のもととなった人種差別撤廃計画を実施してきた中西部の都市であった。その管轄区域が本来の都市の中心にあったインディアナポリスの公立学校システムは統合を目的として、マリオン郡の近隣の白人居住地域と連携した。さもなければインディアナポリスに併合した自治体となっていた。裁判所によるバス通学命令という統合に対する町からの抵抗にもかかわらず、一九八〇年代前半には、都市から約七、〇〇〇人のアフリカ系アメリカ人の生徒が郊外の学区へバス通学した。白人地域に住む生徒は、逆方向のバスには乗らなかった。その後一〇年間以上、都市学校システムにおける在籍者数は、地方財政が崩壊するにつれて、急激に減った。他の都市では、大規模な人口構造の変化が進行したように、インディアナポリスでの人種統合は実現困難に思われた。

多くの都市で白人生徒の数は減ったが、黒人、ヒスパニック、そしてある地域においてはアジア系の人口が増加したので、裁判所は、学区が学校システムを統合するために異なった方法を試みることを許可した。ある地域では、マグネットスクールを設置した。これは、ニューヨークや他の大都市で以前から設置されていた専門ハイスクールに似ていた。これらの学校は、教育委員会や裁判所命令による制約を受けることなく、舞台芸術、数学や科学、もしくは生徒を自発的に惹きつけるための試みとして異なったカリキュラムテーマやアプローチを重視した。教育行政当局者が異なった近隣地区に対となる学校を設定し、より多様な人種統合を保証するための方策として子どもたちをバスで通学させることもあった。多くの学区が、統合学校という曖昧な目標を追い求め、自発的な移動から数の割り当てに至るまで、手法を組み合わせて活用した。しかし、大衆の雰囲気と連邦政府の権力は、偉大な社会政策が盛んであった時とは決定的に変化していた。

第二次世界大戦後、郊外と都市の間の深い溝を導いた人口構造の変化が、アメリカの風景を変え続けた。都市内部における主として非白人の貧困と、郊外の主として白人の相対的な裕福さは、人種的に統合された社会と学校システムに対する主要な障害として突出していた。一九七三年以後は、上昇するインフレと失業、石油制限、政府に対する否定的な態度がみられた。そして、それらは最終的に辞任に追い込まれたリチャード・ニクソンの職権乱用の後に深刻となった。世論調査は、一〇年間を通じて大部分の人々が学校は問題を抱えていると信じていることを明らかにした。大多数の堅実な市民は、基礎に戻るカリキュラム、高いスタンダード、より良い躾を支持した。州議会の多くが、一九八〇年までに進級や卒業資格を得るための、最低限の学力を評価する試験に合格することを生徒に求める法律を通過させた。その道は、ロナルド・レーガン政権とアメリカ教育の新しい時代のために整備された。

国内問題における連邦政府の限定的役割を選んだものの、ニューディールを維持したアイゼンハワーのように、レーガンは政府よりも市場の重要性を高めたが、偉大な社会政策を排除しなかった。全ての連邦の教育プログラムの中で最も開放的で、コストのかかった初等・中等教育法のタイトルⅠは、一九八一年に州への一括補助金と分権を強調した新しい法律のもとで、「チャプターⅠ」(Chapter I)となったが、プログラムに本質的な変化はなかった。ヘッドスタートも消滅しなかった。一九八〇年のキャンペーンの間、レーガンは新たに設置されたばかりの連邦教育省の廃止を誓約したが、それは全米教育協会の政治的支援の見返りとしてジミー・カーターによって設置されたものであった。しかしながら、結局レーガンは、単にその予算を削減したにとどまった。皮肉にも、そのことが、宣伝活動と学校改革の効果的な手段となり、その最初が一九八三年に発表された報告書『危機に立つ国家』であり、その次が教育省長官としてのウィリアム・ベネット(William Bennett)の活躍であった。彼の在職期間中、州は公立学校におけるアカデミックなコースをわずかに増やし、ベネットはモラルに関する非公式の大臣となり、より多くの個人の責任、高いスタンダードを求め、テストの点数を向上させた。

日本人や他の外国人との競合に打ち勝つために、全ての生徒に対して、より一層のアカデミックなカリキュラムや厳しいスタンダードを要求することを通して、『危機に立つ国家』は、進行中の冷戦と経済の悪化という現実によって生じる不安について論じた。また、それは、一九六〇年代半ば以来ジョンソン自由主義に反対してきた保守主義の時代に合致していた。疑いなく、冷戦後のアメリカ人は、個人の生活を改善し、社会を改革するために非常に多くの資金と信頼を「学校の力」に向けた。学校への期待が、戦後の富の原動力となり、その多くは劇的に郊外に見出された。合法化された人種差別制度が廃止された途端に、公民権運動は人種の統合やマイノリティで貧しい子どもたちのための効果的な学校の創設を促進した。包摂され、かつ高い質を有する学校は、戦後の壮大だが不可能な夢であった。

『危機に立つ国家』がその時代の教育的資料として最も語られるようになった一方で、政策担当者と教育者の中には、あまりにも多くのことを約束し、それがあらゆる政治的信念をもった改革者の間で一般的になると、問題を引き起こすことになると指摘した。カーネギー財団の理事長であるアーネスト・ボイヤー(Ernest Boyer)は、彼の有名な著書『ハイスクール（*High School*）』（一九八三年）において、怠慢な授業、「寄せ集めのカリキュラム」、中等学校の「アカデミック・スタンダードの低下」について批判した。アーサー・ベスターは、学校が全ての社会的問題を解決できると考えることは妄想であるが、「私たちは学校がすべて解決してくれる」ことを執拗に真実と考えることに対し警告したことを回顧した。初等教育の権威であるジョン・グッドラッド（John Goodlad）は、『学校と呼ばれる場所（*A Place Called School*）』（一九八四年）において、市民の期待を表現するのに同じ言葉を使った。人々が、平等と質、民主主義と効率、教育機会の均等のみならず、自らの子どもたちには特別な機会を求めた。大きな変化が戦後のアメリカ社会を飲み込み、新しい世代の改革者が公立学校にその焦点を定めたのであった。

第8章　伝統の保護者

第二次世界大戦後から、ロナルド・レーガンが大統領に就任するまでの期間に、進歩主義者と伝統主義者は公立学校でどちらが優位であるのかといった旧来の戦いを再開した。南北戦争の時代や進歩主義の時代のように、カリキュラムや教授法、アカデミック・スタンダードに関して、両者は再び衝突した。一九五〇年代、ジョン・デューイによって記された言葉を目にしたことのない人々は、険悪な教育委員会の会議で彼の名が叫ばれるのを聞き、あるいは雑誌や新聞で、善かれ悪しかれ彼の思想と想像上の影響について間接的に学んだのである。たいていの教育学の教授や教員のリーダーたちにとって、デューイは救済者であった。彼らは、デューイの閃きは学校における偉大な進歩の大部分を導いたと述べた。それはつまり、カリキュラムの拡大、児童中心主義教育、チームティーチングから校外見学に及ぶ実践であった。学校を批判する多くの者にとって、進歩主義者の極端な仕事は国の初等・中等学校を悪化させる原因であり、基本や躾、序列を学校に復活させる時が来たのである。一九五〇年代に市民から発せられたこのような意見は、穏健派や保守派の間でその後の一〇年間魅力を失うことはなかった。

学校を非難する一般向けの書籍や新聞記事が大量に発表され、進歩主義教育は、戦後絶えず話題になっていた。バージニア州リッチモンドの教育長が一九五四年に『アトランティック・マンスリー』誌で言及したように、一般市民はそれを禁句とみなした。同年『コメンタリー』の著者は、当時の「我々の学校をめぐる熱き戦い」について論じ、デューイや彼の追随者は伝統主義者と進歩主義者の争いの中心にいると述べた。アイゼンハワー大統領でさえ、デューイや進歩主義者を曖昧なスタンダードと増大する自由放任を理由に非難した。冷戦が生存の危機を生み、公民権運動が抑圧に対する正義を要求した時代、不確実な世界での安心を求めて、戦後のアメリカ人は、安定のための資源、変化の支えとしての学校へ再び向かった。

教育に対する期待が高まった結果、アイゼンハワーの時代からレーガンの時代にかけて、学校政策の立案は緊迫し続けていた。学校がより包括的な組織となり、市民の意識の中で成人の成功と密接に結びつけられるようになると、学校は子どもの将来、国の将来と深く関係するようになった。あらゆる戦後改革の動向は、それを擁護したのが冷戦の戦士であろうと公民権運動の支持者であろうと、あるいは郊外に住む者であろうと都市のリーダーであろうと、あるいはリンドン・ジョンソン支援派の自由主義者であろうとレーガン支持者であろうと、広範囲な学校改善の計画を含んでいた。強制的な教育法の弱体化と、学校外での革新的な学習ネットワークの創設を求める「脱学校論」を支持した急進論者や自由論者は、一九七〇年代の学界に論争を巻き起こしたが、こうした思想はアメリカ人の生活の主流からはかけ離れたものだった。戦後の長期にわたる裕福な時代であろうと、一九七〇年代の経済が薄暗い時代であろうと、市民は、学校に対して、善くも悪くも大きな責務と期待を抱いていたのであった。

学校が何かをすればするほど人々は不満を口にしたが、それは避けられないことであった。なぜならば、公立学校はそれだけ多くの責任を有していたからである。一九世紀の改革者は、市民性を高め、移民を融合し、リテラシーと学習を向上させることを学校に求めた。進歩主義時代の都市の活動家は、空腹の子どもを養うことから、新たに押し寄せた移民が基本的な英語や星条旗への忠誠を学ぶのを助けることまで、改革機関として公立学校を利用するだけでなく、より多くの科目を教えることを促した。十分な読み書きや計算を子どもたちに教え、他の基礎科目についての基本的な知識を教えることは、効果的に教えることよりも容易であると常に言われていた。そのうえ、南部のアフリカ系アメリカ人や、特別な支援を必要とする全米の子どもは、システムから追いやられたり除外されたりした。しかしながら、今では学校は、社会を統合し、全ての人により長い年月をかけて教え、彼らの精神的、職業的、保護的な分野、さらには学問的なニーズに応じると思われていた。ただし、教員にとって、それは長く非常に複雑な日常の業務を生み出した。

地方レベルの伝統主義者と新世代の進歩主義者の間にまで影響を与えた国家レベルの議論は、学校に通うことの本質的な様相を変質させる力を秘めていた。子どもは学校で何を学ぶべきか。どのように教えられるべきか。進級や卒業のためにどんなスタンダードが適用されるべきか。アーサー・ベスターのようなリベラルな批評家だけでなく、保守主義者によれば、児童中心主義に熱狂的な人々は、小学校に対して最も強力な影響力をもっており、それは中等学校の中へ進歩主義が徐々に入り込んだように平凡へ向かう大きな流れを予期したのである。小さな子どもへの教育は歴史的に児童中心主義の活動家の主要な猟場であった。ルソーのころからペスタロッチやフレーベルの時代を通じ、さらにその後も、子どもはこうした改革者にとって最も大きな希望であった。彼らは、青年や成人と異なり、小さな子どもには順応性があり愛情と配慮をもって陶冶されたとき、うまく適応し、知識のある幸福な個人になると信じていた。進歩主義がアメリカの学校を軟化させ、教員の権威や教室の原理を破壊したことは、以前から耳にされていた。冷戦期の中産階級の抗争や公民権運動は、社会における学校の地位を向上させた。それは一般市民の間の全体的な不安を増大させた。学校はすでに日常生活のありふれた一部となっていたが、システムのさらなる拡大、例えばベビーブームの到来や、かつて排除されたグループの隆盛は、システムのさらなる監視をもたらした。

戦後のアメリカの小学校について概括することは、その大きさや多様性、複雑さによって困難であった。一九四九—五〇年度では、アメリカには八万三、七一八の学区があり、一、九〇〇万人もの生徒がハイスクール以下の何万という学校に在籍した。急速に減少してはいたものの、田舎には教員が一人の学校が六、〇〇〇校近く残っていた。三〇年後、黒人差別は法的に廃止され、在籍者数は二、八〇〇万人を超えた。単学級の学校は一、〇〇〇校以下になった。そうした学校に、多様な学習障害を抱えた子どもたちが新たに在籍するようになり、時には普通学級の主流となった。かつてと同じように、外国からの訪問者はアメリカの学校システムの圧倒的な大きさに感心した。広大な土地に広がる数多くの学校に共通して多くのものがあることに、彼らは依然として驚いた。そもそも、中央の教育省の力が強いヨーロッパと比較すると、アメリカの学校は州や地方のコントロールのもとにあった。教育に関する連邦政府の役割は、第二次大戦後は劇的に増加したが、アメリカ人は州や地方の力を弱めることについては反対し続けた。その結果、独立した省レベルの教育省は一九七九年まで設立されなかった。

戦後を通じて、市民は教育について非常に心配し、学校が絶え間なく衰退していっていると信じていた。彼らは正しかったのか、それとも衰退を伴う変化に当惑していたのか、もしくは学校についてよく知られていることに何も気がつかなかったのだろうか。改革の最新の波は、実際にカリキュラムや教授法、小学校の基本的な特徴を変化させたのであろうか。

一九七七年『エレメンタリー・スクール・ジャーナル』誌が、学校内での改革に対する大袈裟な批判を退けるような共著の記事を発表した。オープン教室やチームティーチング、その他の革新が存在していたが、彼らは伝統的な学校での実践が消滅したと考えることは幻想であると主張した。改革者は依然として伝統主義と進歩主義という正反対の陣営に区切られていた。前者は3Rs、ドリル、より良い躾、アカウンタビリティ、テスト、さらなるテストを求めた。反対に進歩主義者は、子どもの成長、発達、福祉を絶えず唱えた。しかし、ある観察者が述べたように、学校は依然として時代遅れのままであった。「たいていの授業はベルで動く。教室の大多数は閉鎖的である。児童生徒の区分は未だに年齢や学年に基づいている。年度や登校日は依然として厳格に定められている。規律や統制は未だに極度に重視されている。教員は依然として教室内で支配的な存在である。学習の環境は決まりきったパターンと化したままである」。伝統はこの改革の時代に勝利を得たのだろうか？

基礎学力かアカデミズムか

戦後のアメリカの小学校には、多くの子どもたちの生活に歓喜や興奮とまでは言わないとしても、いくぶんかの満足感や予測性をもたらすような、よく知られたことがあった。当時の児童は次のような教室を予想できた。教壇の後ろで黒板の正面に立つ教員（たいていは女性）がいて、教科書やワークブックがたくさんあり、立ち位置を示した線、一列に並んだ木製（後にプラスチック製）の席があり、午前と午後の休み時間の喜びや、ミルクブレイク（チョコレートミルクほか）があり、一日の終わりにはドアのほうへ駆け出した。ギャリソン・ケイラー（Garrison Keilor）の『レイク・ウォービゴンの日々（*Lake Wobegon Days*）』（一九八五年）は、ワシントン（George Washington）やリンカーンの色褪せた肖像画が「壁にかけられた歳をとったカップル」のように飾られていた教室の記憶を思い出させる。成績表はもう一つのカップルで、教科の成績に加え学習習慣や品行、市民性についてのコメントも含んでいた。教員は朝に特定の宗派に属さない短い祈り（一九六〇年代初めまで法律に定められていた）と星条旗への忠誠の誓い（アイゼンハワーの任期中に「神の下」という言葉が加えられた）から始めた。一九五〇年まで、授業期間はちょうど一八〇日以下が平均となり、その後の数十年間はそれが比較的一定に保たれていた。それは学校がいつまでも終わらないようにみえ、夏がこっそり過ぎ去ったようだった。

一部屋だけの学校の子どもにとって、その生活は相変わらず暗唱による授業や、才能や情熱が許す限り早く教科書を進めること、（都市の学校にも同様にその人気が広がっている）スペリング競争、地域の学校での決まり切った夕食という絶え間ない流れであった。大草原や高地の平野、砂漠、もしくはアパラチア山脈の丘での生活は、『暴力教室』または『理由なき反抗（Rebel without a Cause）』を上映する映画館で描かれるような世界からは、遠くかけ離れた空間だった。一九五〇年代のアメリカの小学校の多様性をとらえることができるような単一のイメージはない。つまり、財源不足で蒸し暑い学校で奮闘するテキサス州や南西部のメキシコ系アメリカ人もいれば、嵐の日にはすきま風が鳴るような残りものでできた丸太小屋で学ぶ黒人差別制度の残る南部に住むアフリカ系アメリカ人もいるし、素晴らしい図書室や映写用のスライド、映写機、さらに白黒のテレビまで備えつけられたコンクリートやガラスの教会で学ぶ白人の中産階級もいたのである。

子どもたちが学校に通うことをどのように経験し、あるいは学校に通ったことをどのように思い出すのかは、権力をもつ大人がその目標をどのように理解しているかによって異なっていた。長い間に初等教育の目的が広がり、教育学の教授や主要なスクール・アドミニストレーターは、二〇世紀の初頭から教育の「目標」について拡大し続ける目録を作成した。教育心理学から導き出されるテストの有力な支持者は、常に量的に測定することのできるものは何でも重要視した。しかし、目標は無意味で、簡便な測定が不可能なくらいに広範なものであった。一九五三年、ラッセル・セージ財団（Russell Sage Foundation）は、現代の小学校に相応しい目標を列挙した報告書を出版した。その目的には情緒的発達や道徳的トレーニング、「社会との関係」、美的感覚、リテラシーが含まれていた。精神的な鍛錬は、常に人格の訓練の二の次にされ、それを教育の最も重要な機能として位置づけたスクールリーダーはほとんどいなかった。

シカゴ大学教育学部の心理学者であったベンジャミン・ブルーム(Benjamin Bloom)は一九五六年に、認知的、情緒的、心理・運動的なものを含む、多様な「領域」の目的について有名な分類法を発表した。彼は、生徒が単純なものから複雑なものへと達成のはしごを昇るように、段階ごとに習得すべきこれらの領域内部の学習のカテゴリーを考案した。将来教員となる世代はこれらの領域の名前を期末レポートや試験のために暗記した。多くの現代の教育学者と同様に、ブルームは学習を無数の部分に分割し、年齢集団での教育や生徒間の競争を批判した。彼が言うには、個人は自分のペースで教材を習得するべきであり、他者と比較されるべきではない。彼はこうした主張をした最初で最後の理論家というわけではなかったが、専門家たちの言葉が常に聞き入れられ、注意を引いたわけではなかった。小学校に関して連邦当局が一九六〇年に『教育研究百科事典』に記したように、教員は、教室から排除されているような博識な教育者からのアドバイスについて聞く耳をもたなかった。「不幸なことに、多くの小学校の教員や職員は、『教養のある大人』、『民主的な市民』の素養、あるいは『能力の領域』について定義された目的に関する全般的な言葉を、伝統的な教科体系の周辺に編成された教育プログラムの活動の中で解釈することの難しさに気づく」。つまり、教員はリーディングや地理、科学を教えることを考え、したがって伝統的な実践を肯定したのである。年齢集団ごとの教育の終焉という明確な改革でさえ、一般的な実践と相反しており、めったに追求されなかった。教員からの称賛、ゴールドスター賞、賞品、最高成績賞といった学年内競争がなくなることもなかった。

その責務として子どもの「順応」や良いマナーの育成、人格教育、コミュニティの誇りや愛国心が含まれているような小学校の崇高な目標が思い起こされる時、教員は同意して丁寧にうなずくか、静かに目を白黒させた。一九六九年の『教育研究百科事典』の改訂版への寄稿者は、目標は「学習者が建設的な社会成員となる準備をいかにするかという言い方が格好良くないなら、グローバルという言葉」で言い換えられると記した。誰がこれに異議を唱えることができようか。初等教育に関する全米的な研究である『学校と呼ばれる場所(*A Place Called School*)』(一九八四年)の中で、ジョン・グッドラッドは、戦後に学校への期待が高まるにつれて、学校はアカデミックな目標についてその明快さを失ったと述べた。一九八〇年、カリフォルニア州のバイリンガル教育に関する規則や規定は四二頁を占めたが、一方で一般的な初等教育や中等教育の科目のリストについては二頁しか割かれなかった。連邦レベルの委員会や州教育局、専門職団体、多くの学区は、初等教育に関して増加する目標のリストと(一九七〇年代に好まれた)「行動目標」をもっていた。それらは社会、市民、グローバルな認識から自己認識にまで及んでいた。

戦後、アメリカにおける教員への新たな期待の増大は、彼らの専門的な養成に反映された。教育機関のリーダーの声は主要な専門職団体や雑誌、教員養成の大学やカレッジで聞かれ、彼らは理想的な教員や学校をなすものは何かということについてきわめて明確な合意をもっていた。少なくともある程度の子どものために、学校は何よりも精神を鍛えるべきであり、スタンダードを高く設定すべきであると考える者にとって、子どもや教室、学習や教授法の性質に関する彼らの饒舌な意見は、それらを比較的容易な達成目標とした。教育者のリーダーは、公立学校は皆のものであると主張し続けた。これは、最も高いスタンダードをエリートのために維持している貴族的なヨーロッパの学校のことではなく、場所と適切なカリキュラムが全ての者のために存在する民主的なアメリカのことであった。彼らのレトリックが大きくなると、教員は子どもを教えるのであって、教科を教えるのではない、と教育者はもっともらしく主張した。

誰がこうした教員であったのか。二〇世紀の半ば、小学校の教員の大多数が女性であり、たいていの教員はカレッジでアカデミックな教科を専攻していなかった。一九五七年の全米教育協会の研究によれば、小学校の教員のうち、約三分の一がカレッジを卒業していなかった。また、卒業した者のほとんどは教育学の学位を取得したが、彼らは『タイム』や他の全米をカバーするような雑誌の中で、キャンパスにおいて最も弱い学生であると風刺された。およそ二年間のリベラル・アーツ課程の後、教員志願者は様々な教育学の授業を履修し、教育実習を行い、州の免許状を申請した。教育学の教授陣が学校について教えたことは、彼らが生徒として成功を感じた組織に対する非現実的な、あるいは過度な批評であり、年配の師範学校の卒業生が彼らに昔話として語るようなものだった。彼らのと別にある理想に応えられるものはわずかであった。しかし、学位は次第に、将来の採用への必要条件、不可欠なハードルとなっていった。

戦後、教授学の専門的な文献から、理想的な小学校の教員に関する複合的な姿が現れた。新人教員は、知能指数や到達度テスト、経験は子どもの相違を明らかにするものであり、適切なカリキュラムや多様な教育方法を通じてこうした相違を扱うために、個人の相違が、能力別編成やトラッキングを必要とすることを教えられた。それらは一九世紀の巧みな革新であり、依然として学級編成の基本的な形態は維持されていたが、年齢集団学級は個人の相違について心理学者や専門家が理解していること全てを拒むものであるということを教員たちは学んだのである。また、次のような考え方も教員養成におけるスタンダードであった。つまり、子どもは恐怖心や成績、あるいは他の外的な動機づけによってではなく、教員によって学習に対する自然な興味を引き出された時に最も良く学習するのである。なぜならば、教材に興味をもてなければ、生徒は学習を退屈で無関係で無意味であると思うからである。結局、経験や生徒ではなく、教科書や教員が教室の中核を占領していた。すなわち、教員は講義や話をしすぎており、子どもが発言したことや学習したいことを聞いていなかったのである。多くの多様な教授方法は児童の関心を刺激し、たいていの初等教育の学級でみられた暗記やドリルといった息の詰まるパターンを終わらせただろう。

こうした想定は初等教育に関する主流の考え方や学問として広まった。最新の考え方を提示した書籍のいくつかの事例はその要点を明らかにした。一九五三年、ハロルド・G・シェーン(Harold G. Shane)は『アメリカの小学校(*The American Elementary School*)』と題して編集された書籍を著した。シェーンは後にインディアナ大学の教育学講座の教授となり、「将来の教育」に関する多数の著者であり理論家であった。この本でティーチャーズカレッジの教育哲学の教授であったジョン・チャイルズ(John Childs)は、ジョン・デューイと新教育について、児童にとってのあらゆる価値が欠けた「学問の権威主義的な方法や暗記過程の厳密な強調、絶え間ない暗唱を行う授業を伴った古い『聴講型』学校以上に、偉大な進歩を特徴づける」ものであると熱心に語った。ノースウェスタン大学のある著者も、年齢集団での教育や共通の達成スタンダードを非難し、「そのような規範に生徒を到達させる試みは、彼らの能力の独自性、成長段階、発達のサイクル、個人的な目標を否定することである」と述べた。テキサス大学のヘンリー・J・オットーと、テキサス州アリスの教育長ウィリアム・M・ハドリー (William M. Hadley)は共著のエッセイの中で、彼らが全ての者に対するアカデミックな教育を誤まって唱えていたと感じていたウィリアム・T・ハリスの亡霊を再検討し、これを否定した。代わりに、当時の現代的な教育者は教育の目標について共通の信念を共有していた。目標とはつまり、学び方、問題の解決の仕方、探求への関わり方を子どもに教えることである。視聴覚教育の普及において全米的な著名人となったオハイオ大学のエドガー・デイル(Edger Dale)は、教員が教科書の知識に対して単純な信頼を寄せていると述べた。アーサー・ベスターが『教育荒地』の中でまさにその年に断言したように、学校の重要な目標が精神のトレーニングであると主張する者はシェーンの本にはみられなかった。

要するに、戦後の教員養成のリーダーは、教科や学級中心ではなく、児童中心主義の美徳を説き、個人の相違を強調し続けた。以前の改革期のように、進歩主義教育の集団内部の多くの研究者は、小学校はハイスクール以上に自分たちの考えを受け入れる力があると信じていた。ジョン・デューイの初期の一〇年間のように、児童中心主義の過剰なレトリックや振る舞いを心配する者もみられた。一九五六年の『エレメンタリー・スクール・ジャーナル』誌で論じられていたが、ブルックリン・カレッジの教授であるベンジャミン・ブリックマン（Benjamin Brickman）は、「『古いもの』（伝統主義）や『新しいもの』（進歩主義）に関する何らかの判断が必要であるという点で……初等教育の歴史において重大な時期」に公立学校は到達したと説明した。児童とともにカリキュラムを構成し、学級を導くことを奨励する教員のような、進歩主義の概念は魅力的であるように思われた。シカゴにあるデューイの学校を思い起こさせるように、学級を学習の実験室へ変えることも追求に値するものだった。新たな教育方法の試みもまたそうである。例えば、「水不足と関連した学校のポスターを作成することは、芸術的な才能の発達を促進するだけでなく、市民の義務という感覚を刺激しただろう」。学校に対して大量の批判が注がれ、ブリックマンは古いものと新しいものとの間の和解を推し進めた。いくつかの進歩主義の考え方が刺激的であっても、それらは無秩序や自由放任を導くことになる。教室の中で形式ばらないことは歓迎されはしたが、権力や権威の面で子どもたちと同等であると装うように教員を仕向けることではなかった。それゆえ、彼が記すには、学校の初日、教員が子どもたちに対して「私をキャロラインと呼んで」というように誘いながらあいさつすることは無分別で思慮に欠けたものであった。

戦後の世論調査では、大人は学校に対して、基礎や躾にさらに焦点を当てることを求めていると絶えず示されていたし、評論家は進歩主義の愚かな面の例を容易に引き合いに出した。初等教育の入門書や専門雑誌の記事は頻繁に校外見学の利点、子どもの非知的ニーズの重要性、個人的な満足感のような曖昧な目標を強調した。『オクラホマ・ティーチャー』によれば、一九五六年、ロートンのガーフィールド校はすでに生活適応教育への道を急いだ。つまり、ドライバー教育の授業を行っていたのである。「小さな子どもにとってパイ焼き鍋はハンドルであり、教室の通路は道路である」。これは楽しそうに聞こえたが、つまり、勉強ではなく遊びが現代的な教育の本質となるという認識を促進させたのである。教育学者は、二、三〇年間にわたり教科書や画一的なスタンダード、一般学校の典型的な実践をけなし続けた。

一九七三年、ティーチャーズカレッジのアーサー・W・フォシェイ(Arthur W. Foshay)は、公立学校と教員が非常に保守的であることに対してありふれた不満を口にした。改革に関する要求があるにもかかわらず、どこでも教科書に基づく「教員中心の教育」が広く行われていた。学校は、書物や中産階級の規範、生徒に対する時代遅れの報償や罰と強固に結びついていた。フォシェイは宿題の価値に異議を唱え、「親にとっての気休めの薬」の意味合いが強いと述べた。彼は、郊外の子どもたちは自分の父親が働く時間以上に勉強していると言った。宿題は「特定の課題が記憶や反応、報償の理論を反映するかもしれないということを除いて、学習理論から発達したのではない」と彼は確信していた。言い換えれば、教員は常にではないが、たいていの場合、親から多くのサポートを得ており、生徒に対して(事実と呼ぶのが案じられることについてさえも含め)、教科の基本的な知識を学ぶことを求め、そのために教員は伝統的に宿題を課したのであった。子どもは、順番に課題を完成させるか、あるいは彼らが教材を学んだかどうか、どのように学んだかを証明するようなテストを受けた。より高い点を獲得した者がより良い成績を収めたのである。

実際、フォシェイは宿題自体ではなく、伝統的な課題に反対だった。つまり、「実践的にも理論的にも、『教科書の三三頁をやりなさい』ということで成り立つ課題のようなタイプの宿題と、子どもに『親や近所の人に暖炉がどのように働いているかインタビューしなさい』と求めるタイプの宿題との間には非常に大きな違いがある」。生活適応教育は言うまでもなくコロンビア大学で盛んであった。ただ、「暖炉について知ること」は役に立つかもしれないが、それが

「三三頁」に勝った理由は不明であった。教育者は、教科書や伝統を長い間侮辱してきたし、学校の用務員を除き、どの学問の世界にも根拠のない実践的なスキルや仕事に対して非現実的な見方をもっていた。

教育学部の教授は自分たちの信念を、そうした状況に対してどんな小さな皮肉も加えることなく、講義や出版された学術書、授業で用いる文献を通じて詳細に説明した。しかし、これも新しいことではなかった。ペスタロッチの弟子が（彼らの何人かさえ混同させた）偉大な師であるカリスマを真似ることができず、したがって彼らが実物教授の入門書を書いたということを思い出すとよい。フレーベルの助手もまた偉大な師匠の「才能」や「仕事」の段階的な歩みの後に続こうとして、多くの派閥的な議論を生み出した。たいていのカレッジのクラスには、文理学部であろうと教育学部であろうと教員中心主義が残っていた。教授は、全員が円（幼稚園の古い写真を思い出させる配置）になって座り始めた時でさえ、グループディスカッションを支配した。一九六〇年代初頭まで、教員養成における主な進歩主義の思想家はやはり、教員に教室で探求や発見を促すように求め、アカデミックなカリキュラム以外のあらゆるものを支持するためにその名が引き合いに出されるジョン・デューイの考え方とそれを結びつけた。進歩主義の起源に詳しい者は誰でもこれを、新しいボトルに入れられた古いワインであること、つまり子どもや学習の過程が他の全てに優先するという考え方の新たな草案であることを認めた。探求や発見は、一九五〇年代や六〇年代のナショナルスタンダード・プロジェクトから、とりわけ認知心理学からさらなる後押しを受けたのであった。

探求や発見、「より高いレベル」の思考力が教授を導くべきだという進歩主義の考え方の再興は、一九五〇年代や六〇年代に多くのところから現れた。全ての者へのリベラル・アーツやより高いスタンダードの復活に対するベスターの要請は、多くの教育学の教授たちを震え上がらせた。スプートニク以降の進歩主義教育への批判と公立学校に対する強い不満もまた驚くべきものだった。しかし、主要大学の文理学科が中心となったのであるが、新カリキュラム運動はよく受け入れられた。新たなカリキュラムを考案したアカデミックな研究者は、何よりもまず時代遅れの方法に取って代わる教科の内容に関心をもち、はじめに数学や物理学、生物学のような分野の新たな教科書を執筆して提案した。授業に対する信用を教科書に与え、古いものを取り替えることは、研究者が学校に対して影響力をもつために必要不可欠なことだった。

アカデミックな学科に所属する改革熱心な教授は、ある本質的な理由から専門的な教師教育者をほとんど恐れていなかった。つまり、彼らは授業に関する進歩主義的な精神を共有していたからであった。ジョン・グッドラッドが一九六六年に説明したように、「現在のカリキュラム改革運動は、内容の最新化や科目の再編、学校で伝統的に教えられている領域の方法論に対する新たなアプローチによって表された。それは単に3Rsへ戻ることではない。そしてまた、ジョン・デューイや進歩主義教育の拒絶でもない」。しかし、それは児童中心主義ではなく、学問中心主義であった。物理学者や生物学者、数学者は教師教育者よりも教科の内容に関心をもっていたが、それらが相互に学習の過程に影響し合っている状態は互いを魅力あるものにした。「新しい物理」や、「新しい数学」、そして後に革新した社会科学や人文科学は、時代遅れの暗記やドリルではなく、発見や探求、問題解決、複雑な思考力を承認するものだった。もっと言えば、カリキュラム改革者は、教育研究に高い地位をもたらし、スプートニク以後の国家的な重要性を高めることに貢献した。彼らは、生徒に教科の構造を理解するための知的なツールを提供することを約束しながら、期待が高まるムードを共有していた。

非常に注目すべき結果を示す、認知心理学における重要な本が一九六〇年に出版された。ジェローム・ブルーナー(Jerome Bruner)の『教育の過程(*The Process of Education*)』である。それは、教育学部で大流行するようになった。ニューヨーク市に一九一五年に生まれたブルーナーは、デューク大学やハーバード大学で学び、心理学の博士号を取得した。ハーバード大学の心理学科に所属しながら、彼とその仲間は認知研究のためのセンターを開いた。ブルーナーの研究は、偉大な遺産がテストと測定であった二〇世紀の心理学において支配的な行動主義心理学研究者の風潮に異議を唱えた。彼の研究の焦点は、それとは対照的に、人々がいかにして意味を構築し、自分自身や自分の文化、世界を理解するるのかという点にあった。新カリキュラムの計画者のように、ブルーナーは以前の進歩主義的な考え方と共存できるような考え方をもっていた。教育学界のリーダーや研究者は、スプートニク・ショックや低いスタンダードに関する責任があるとして批評家によって至るところで打ちのめされていたので、子どもの学習の仕方に関する伝統的な規範をブルーナーが拒絶したことを歓迎した。伝統的な教育は、固定したカリキュラムや教科内容の系統的で順序立った内容の構造、そして暗記と暗唱に基づいていた。昔の進歩主義のように、ブルーナーや他の認知心理学者は、使い古されて機能不全であるとして、これらの考え方を否定した。

「一九五九年九月、ケープコッドのウッズホールに約三五人の科学者、学者、教育者が集まり、小学校や中等学校における科学教育がいかに改善されうるかについて議論した」とブルーナーは説明した。彼は、名のある全米科学アカデミーや全米科学財団からの支援を受けたその会議の議長を務め、その会議から『教育の過程』の発想のきっかけを得た。ウッズホール会議の参加者のうち、一〇人の心理学領域の専門家が最も大きなグループであり、数学や生物学は各五人、物理学が四人、残りは他の少数の領域であった。映画撮影の専門家が二人いるのに、教育については三人しかいなかった。科学は、経済の繁栄や国防の強化にとって重要なものとして理解されていたので、その会議の焦点となったが、様々な学問や研究領域からの考えが融合されることによって、ブルーナーは学習理論に対してより広範に反映させることができた。

ブルーナーの影響力を有する本の最初の一節は、楽観主義と大きな希望を抱かせる。「どの世代も、その時代の教育を形づくる熱意に新たな形を授ける。自分たち自身の世代の新たな特徴となりうるものは、教育の質や知的な目的に関する懸念が広範に刷新されることである。しかし、それは民主主義のためにバランスの取れた市民を育成する手段という役目を教育が果たすべきだという考え方を放棄するのではない」。実践において民主主義と高い学業達成の両方を尊重することは、手品師のような技巧を必要とした。しかしながら、ブルーナーはすぐに自らの手のうちをみせた。ジェームス・B・コナント同様、ブルーナーは、優秀児、特に次世代の知的なリーダーシップの基礎を築くと彼が信じた「公立学校の生徒の中の上位四分の一」に対する教育を強調した。しかしながら、科学を学んでいようと他の教科を学んでいようと、最も優秀で有望な生徒は単に事実を記憶し、後に使うためだけに知識を蓄えておくべきではない。むしろ、彼らは学問の構造を理解する必要があった。大学の教授のように研究所で働こうと図書館で働こうと、生徒は専門家のように考えるべきなのである。例えば、歴史を学ぶものは皆、歴史学者の方法を学ばなければならない。

ブルーナーは、教育者にとって魅力的な多くのことを自身の著書で述べた。認知心理学が強調しているのは、子どもは学習過程のダイナミックな一部分であり、これはまた進歩主義教育を導く信念であった。ブルーナーは、年齢集団による教授を個人の違いを尊重していないとして批判し、外的な動機より勉強のための本質的な動機を賞賛して、主流の教育学的な考え方を肯定した。コナントや数多くの政治リーダーや教育者と同様に、彼も国家の安全保障に対する教育の寄与や能力主義社会を維持するうえでの公立学校の重要性は理解していた。遅れて才能を発揮する者や有望だが貧しい子どもを置き去りにしようとはしなかった。しかし、ブルーナーは社会階級のボートをそれほど激しく揺さぶらなかった。「おそらく、才能をもった生徒を強化し、特別に扱うことへの論点は、より見識のある裕福な学校に対して現在の実践を改善させるように促すだろう」とブルーナーは推測した。才能があると認められた子どものほとんどが貧しい家庭の出身ではないので、上流階級を混乱させることはほとんどない。ブルーナーはまた、「我々は確かに国家として、比較的貧しい町や地域に生まれた子どもの発達の阻害を、地域的な欠点として許しておくわけにはいかない」ということをすぐに付け加え、読者の罪悪感を和らげた。全ての者により多くの機会を保障するための学校に対する国家的な補助金が提案された時期に執筆されたので、フェアプレーへの要求は誰の感情もほとんど害することがなかった。

ブルーナーや他の認知心理学者は、伝統的な考え方とは合わない学習に関する理論を提供しながら、当時の希望を共有した教師教育者の世代を育てた。「どの教科でも、あらゆる発達段階の子どもに、知的性格をそのまま保って効果的に教えることができる」という彼の有名でよく引き合いに出される主張を知ることは、感激させるものであった。それは、学問の「構造」を教えるという考えと同様に曖昧なものであったが、単調な基礎を教える学校を支持することよりも魅力的に思えた。この点でそんなに平凡なものは何もなかった。最も重要なのは、ブルーナーやカリキュラム改革者は、進歩主義の考え方をアーサー・ベスターのような遠慮のない批評家の非難から救い出すことを助けたのである。曖昧なまま残ったことは、大衆や公立学校がこの新たな進歩主義の波に乗ったのかどうかということである。教員は子どもたちに三三頁の内容に取り組むように言うことをやめたのであろうか。

基礎学力の守護者

教育についての個人的な知識をもたない外国人が一九七〇年代初頭のアメリカに来て、最新の改革案を読み始めたら、教育学的な革命が差し迫っていて、それが必然であることを容易に理解しうるだろう。教員を目指す者たちは、ジョン・ホルト(John Holt)の『どのように子どもは失敗するのか(*How Children Fail*)』(一九六四年)、ハーバート・コール(Herbert Khol)の『オープン教室(*The Open Classroom*)』(一九六八年)、A・S・ネイル(A. S. Neil)の『サマーヒル(*Summerhill*)』(一九七〇年)、チャールズ・シルバーマン(Charles Silberman)の『教室の危機(*Crisis in the Classroom*)』(一九七〇年)や、都市の学校危機をあおり、しばしば怒りが込められた多くの個人的な記事を読んでいた。改革を志向する教授たちは、自分たちの学生に対して子どもが王様であるイギリスの進歩的な幼稚園(小学校)についてと、どのように子どもが学習するかに関する認識革命、すなわち「ドリルとスキル」という古いシステムの終焉が近づいていることを教えた。教員志願者たちは、キャンパスから遠くないところにある、気楽な雰囲気に満ちているオープン教室や、あるいは不満をもつか失敗した生徒のための選択であるオルタナティブ・ハイスクールを訪れただろう。公民権運動や反戦運動から広まった文化的な変革は至るところで感じられていた。これらは政治的な急進主義とコミュニティの行動主義の教育的な表現だった。

一九七〇年の二冊のベストセラー、アルビン・トフラー(Alvin Toffler)の『未来の衝撃(*Future Shock*)』とチャールズ・ライヒの『緑色革命(*The Greening of America*)』は、ボブ・ディラン(Bob Dylan)が「The Times They Are A Changin'」と歌ったように、古い秩序が急速に消える、将来の絶え間ない変化を表現した。なじみのものは何も生き残りそうになかった。「私たちは古い考え方、感じ方、適応の仕方から自分たち自身を切り離さなければならない。私たちは完全に新たな社会へのステージを設け、現在はそれに向かっているのである」、と『フォーチュン』誌の元編集者であるトフラーは述べた。変化の兆しは至るところにあった。地理的な移動は全米的な風潮であり、例えば、全米プログラム教授協会(National Society for Programmed Instruction)会員の三分の一が一年のうちに住所を変えた。保護者は、良いＩＱが遺伝的に保証される試験管ベビーの世界を期待した。現在組織化されているような、協同モデルに基づいた公立学校は消費者文化に合わなかった。もし学校が多くの教育上の選択肢やカリキュラムの自由を提供しなかったら、市場がそうしただろう。

それは適応するか消えるかという問題であった。ライヒによれば、アメリカは自覚という新たな段階に入っていた。こうして、テスト、暗記、競争といった学校の伝統的な体制は時代遅れになった。能力主義だけが「産業の軍隊」のための従順な新兵を生み出し、一方で教員は子どもの想像力や喜び、学びに対する生来の熱望を破壊した。しかし、ライヒは社会主義革命を求めなかった。多くの改革者同様、彼は「主要なアメリカの問題は教育の失敗として定義されるかもしれない」と結論づけた。アメリカは「超越、あるいは個人の解放」を促進する「自覚のための教育」を必要とした。

この愛と平和の時代のレトリックは、多くの学校の現実と混同されるべきではない。間違いなく、一九五〇年の学校と一九八〇年の学校は同じではない。公民権運動は黒人差別を破滅させ、多くの平等な学級を導いた。オープン教室は知られるようになった。学校選択という考えは(特に公立学校に反感を抱いた保守主義者の間で)人気を得た。そして、特別支援教育は誰もが予想したよりもずっと重要なものになった。その一方、学校の本質的な側面は変わらずに残っていた。フランス人歴史学者のフェルナンド・ブローデル(Fernand Braudel)がかつて言及したように、海上の船をかき乱す竜巻は海底近くの変わらない静けさを覆い隠している。

戦後の時代を生き、何年も学校を訪れて研究を行った教育研究者は、学校の組織的な構造や学級での実践の注目すべき継続性に驚いた。その時代を通じて、ほとんどの小学校の学級は独立しており、時にはパートタイムのボランティアに助けられることもあったが、その多くは一人の女性教員によって教えられていた。教員はほとんどの教科を教えたが、時には音楽や体育を教えたり、言語や聴覚において学習上の問題があると認定された子どもとともに活動したりする専門家がいた。平均的な学級規模は一九六一年の二九人から二〇年後には二五人に減少した。その他の変化は、貧しい子どもたちが特別な教員によって通常学級以外で教えられる補償リーディングプログラム(初等・中等教育法タイトルI)を含む「偉大な社会」から起こった。一九七〇年代の連邦政府の追加立法は、障害を抱える子どもたちに地元の学校への入学とそこで追加のサービスを得る権利を保証した。

小学校の教員は、ほとんどのクラスをリーディングの到達度や他の要因に基づいて、三つの能力別グループに組織した。理論的には、それぞれの集団の子どもは異なるリーディングの課題を与えられただろうし、異なる種類の授業を受けたであろう。しかし、現実には、ペースの遅い集団も同じ教材を使い、より説教がましい授業を受け、たいていはあまり習得できずに、高い達成度の集団より遅れていた。また低い集団から高い集団へと昇格することはほとんどなかった。十分な数の生徒がいる学校（単学級の学校の衰退や学区統合の結果として一般的になった）には、優秀な生徒と学習ペースが遅い生徒が異なる教室に分けられるように、同一学年に多様な学級があった。ハイスクールにおいて、能力の低い集団は職業訓練に関するトラッキングの基盤を組織した。中産階級や上流階級の子どものいる能力が高い集団は、カレッジへの進学準備、すなわちアカデミックなルートに入った。貧困層や非白人層の子どもが最も低い能力集団やトラックにおいて大きな比率を占めていたことにより、頻繁に批判が起こり、一九六〇年代まで度々問題となり、さらに学校での混合学級運動が起こるようになった。しかし、年齢集団による授業や能力別のグループ分けはほとんどの小学校の頼みの綱であった。

一九五〇年代に小学校について執筆を始め、多数の著作をもつジョン・グッドラッドは、伝統の強さについて頻繁に指摘した。一九五九年、彼とロバート・アンダーソン（Robert Anderson）は、『学年のない小学校（*The Non-Graded Elementary School*）』を執筆し、そこで「我々の子どもたちへ。彼らの子どもたちが歴史の本を通じてのみ学年別の学校を知ることを願って」と謹呈の辞を記した。著者たちは、年齢集団の学級はただ管理運営の観点から正当化されただけであって、子どもの管理には便利で効率的な方法であるが、教授学上の根拠によるものではないと説明した。こうした配置は共通のアカデミック・スタンダードを満たすことができない子どもを傷つけると彼らは述べた。第一学年でさえ、子どもたちの測定された能力は多くの教科において全く異なっていた。そのギャップは学校に長く在籍するほど拡大した。第五学年の教員が第五学年の児童を教えているというのは神話であった。特定の教科においては、第一学年レベルの児童もいれば、第九学年レベルの児童もいたのであった。グッドラッドやアンダーソンは、「アメリカの公教育は本質的に保守的な事業」であり、「一般市民は多くの他の社会変化以上に、学校の実践を変えることに対して神経質に反応しているように思われる」と結論づけた。その後数十年の間、複式学級や、学年制でない学級を組織した学区も存在したが、年齢集団ごとの学級が堅固であることは明らかであった。

一九二〇年代以来、学区ごとに、また同一学区内の学校間でさえ、その実践が非常に多様であったにもかかわらず、学校は次第により高い割合で子どもたちを進級させてきた。特に第一学年では、全ての生徒を合格させる学校もあるが、一方で極端な場合(多くの貧しい子どもがいる場合)にクラスの三分の一を留年させる学校もあるということを、グッドラッドやアンダーソンは明らかにした。しかしながら、全体としてはさらに進級へと向かう傾向にあった。全米的な教科の専門家の一人であるヘンリー・オットーとドウェイン・M・エスティーズ(Dwain M Estes)は、一九五〇年、七四%の公立学校の子どもたちが「望ましい学年」にいることを主張した。約一一・五%の子どもは一年遅れであり、七・六%の子どもは二年遅れであった。一九六〇年まで、オットーらは「現在の風潮は学校で失敗してしまう生徒への実践から離れている」と考えたのであった。

発達心理学者のロバート・ハヴィガースト(Robert Havighurst)による一九六〇年代のシカゴでの研究は、ハイスクールの教員が、成績に関係なく進級させることが一般的になり、学校ごとに実践が異なっていることに特に悩まされていることを明らかにした。州の政策がなくとも、多くの生徒を合格させるよう校長からの圧力は増加していた。ハヴィガーストはある教員の言葉を引用した。その教員が言うには、「生徒が学期の終わりまで在学していれば、彼らは合格する。校長は定期的にやって来て、ほとんど、あるいは全く落第させない教員に『素晴らしい仕事をしているね』と言うのだ」。一九六〇年まで、多くの教育学部の教授は、全員を進級させることに賛成した。長年にわたり、彼らの研究は、留年した生徒がアカデミックあるいは社会的に多くの利益を得ることはなく、失敗のシンドロームにかかると主張した。かつては一般的と言えたが、ある学年を繰り返すことは不名誉なことになった。全体的な傾向として、判断が難しい場合には、子どもを合格させているようだった。しかしながら、一九六〇年でさえ、一〇〇万人から三〇〇万人の子どもがある学年を繰り返さなければならなかった。落第の割合は、スタンダードテストが影響力を増した、特に一九八〇年代以降にマイノリティの生徒の間で再び上昇した。連邦教育省の研究では、一九八八年に第八学年に在籍するマイノリティの生徒のうち約三〇％が「少なくとも一年留年した」ことが明らかにされた。

彼らの合否に関係なく、第二次世界大戦後に生まれた子どもは騒がしい時代に生きていた。ところが学者たちは、学校実践の驚くべき連続性を見つけていた。例えば、一九七〇年にグッドラッドと彼の研究チームは、都市部のほうが多かったが、様々なタイプの学校を含む六七校、一五〇クラスの調査に基づく研究結果を出版した。当時研究者たちは「全国規模の雑誌、日刊紙、そして多くの書籍が、学校の革命を褒め称えている」ということを主張したが、彼とその仲間が見つけたことは形成過程にある新たな世界というものではなかった。異なる場所にある学校は、ほとんど同一の実践に従っているように思われた。年齢による学年分けは消えていなかった。教室の中で教員が話し、子どもはそれを聞いていた。「徹底的に調べ、探し、探求するというよりはむしろ、子どもは専ら反応し暗記をしていた。『発見』という方法を強調しているようなプロジェクトの教材を用いている時でさえ、生徒は教科書やワークブック、補助教材をカバーすることに熱中しているようだった」。

教育革命にもう少し時間が必要なら、一九七〇年代は明らかに適していなかった。一九七〇年以降、経済は悪化し、世論調査では学校の一番の問題点が躾であると言われ、最低限の能力テストはほとんどの州議会で賛成の判断を受け、基礎に帰ることがその輝きを失うことはなかった。連邦最高裁は一九六〇年代の初め、学校において州政府の指示により祈りを禁止したが、明らかに不評だったその決定は、次第に保守的で共和主義になっていった、特に農村地域や南部の多くの学校で広く無視された。大部分の大人たちは学校での祈りを認めるような憲法の改正を求め続け、ロナルド・レーガンはそれを選挙演説で支持した。

伝統的な学校の実践を改めることは、特に保守的な時代の中では明らかに難しかった。一、〇〇〇以上の学級の調査と初等教育に関する研究の後、グッドラッドは最高傑作である『学校と呼ばれる場所』（一九八四年）を出版した。他の学者のように、小学校の教員がハイスクール以上に多様な教育方法を用いていることを発見しなかったが、一方で彼は類似した支配的な教育方法を発見した。いくつかの例外があるにもかかわらず、ほとんどの学級の中には「教育上の実践の驚くべき単調さ」が存在した。「我々が調査した学級の中で、教員は講義と質問をし、生徒はそれを聞いていて、教科書は教えることと学ぶことの最も共通した媒体であり、そこにはかなりの教育上の一致があった」。戦後の時代において、小学校のカリキュラムや教授法に関する、より詳細な調査は、伝統的な実践が典型的な学級で続いていることを明らかにするものであった。

一九五〇年代から一九七〇年代にかけて、世論調査では基礎を教えることが親を含めた大人の広範な支持を得ていることが示された。一九五五年のギャラップ調査では、学校が「リーディングの教育に十分な注意」を払っているかどうかという質問に対して、四八％が「いいえ」と答え、三九％が「はい」と答え、残りは回答がなかった。リーディングが以前ほどよく教えられていないか、あるいはそれ以上によく教えられているかという質問には差があまりなく、三六％が「以前より良い」と応えた一方で、四一％が「以前ほど良くない」と答えた。基礎・基本を求める大衆の声が高まった一〇年後の一九八〇年には、六一％の親（そして七二％の親ではない人々）は3Rsへ向けられている関心が「十分でない」と主張した。大衆はまた、（「学習理論」の恩恵なしに）子どもは自分たちの授業時間にこつこつと勉強すべきであると信じた。一九七五年に小学校の子どもたちが「学校や宿題で十分に勉強しているか、あるいは十分でないか」を尋ねられると、五％の子どもだけが生徒は「十分に勉強している」と答え、二八％は「適切な量」を勉強していると考えていた。しかし、四九％は「十分に勉強していない」と答えている。一年後、「公立学校の教育全体の質で向上した」ものは何か、順位をつけて答えるように尋ねた時は、「基礎的スキル」（五一％）がトップであり、「より厳しい躾」（五〇％）が続いた。

世論調査はそれ自体の制約がある。つまり、質問の文言が回答を歪める可能性があり、歴史的な関心についての多くの適切な質問が尋ねられることはなかった。それでも、意見の拠りどころがしっかりとした知識であろうと噂であろうと、あるいは無知であろうと関係なく、世論調査は市民が学校の何に価値を置き、期待しているのかを明らかにすることに有益である。親が発見や探求、問題解決に賛成しているかどうかは不明である。しかし、基本的な教科の習得、特に言語や数学の習得は、長きにわたる大衆の支持を得てきた。教育者のリーダーがドリルや競争に対して声を大にして反対と叫び、基礎よりも高尚な目的に焦点を当てる一方で、納税者や親たちは全てに同意見だったわけではないが、そうした専門家には常に反対した。このことは、一般的な日常の実践を学校から取り除くことがなぜ困難であるかを説明するのに役立つものである。

学校の授業日の設定の仕方は、戦後、驚くほど変わらないままだったが、それは地方分権というアメリカのシステムを考えると興味深いものだった。授業日は典型的には四五分から六〇分のコマという時間に分割され、教科の時間割は学区ごとに決まったパターンをなしていた。例えば、リーディングや算数は、最も難しい基礎的な教科であるが、一般的に朝一番に教えられた。ティーチャーズカレッジのアーサー・フォシェイは伝統の不器用さを嫌ったが、彼は一九七三年の典型的な学級について簡潔な描写を行った。小学校の一日は、「下降する段階の上に配置される。最初に言語、それから休憩時間、次に数学、そして休憩時間が続く。それから社会科、昼食と長い休憩が続く」。午後にはさらに社会科、そして芸術、休憩、そして科学がある。教科書は教員の話と同様に支配的であった。戦後の小学校に関する無数の調査は非常に似通った日課を発見したのであった。

オクラホマ州のドライバー教育の事例のように、時折、生活適応課程に陥ることがあったにもかかわらず、たいていの学校は、完全ではないとしても、時間割というものを有していた。語学や算数はかなりの時間が割かれていたことが研究によって明らかにされた。リーディングや数学のスキルが不十分であることは、当然、小学校での進級の障害となっていた。一九六三年に行われた六四の都市学区に関する研究では、様々な教科について小学校(中学校以下の全ての学年)で一日にどれほどの時間を割いているかが調査された。平均は、リーディング六〇分、算数四五分、社会四五分、英語四〇分、科学、体育、音楽がそれぞれ二〇分、スペリング二〇分であった。芸術は、保健や書写などの科目と同様、週に一時間以下が平均であった。ホームルームや連絡、給食費の徴収、時折の学校集会といった他の活動は正式な教育活動からは必ず切り離されていた。こうした過密なスケジュールのため、その他の諸活動の時間、あるいは生活適応のための時間はほとんど残されていなかった。

リーディングや数学、英語、スペリングのような「基本」に費やす時間は全授業時間の約五三％を占めた。最少学年でより多くの時間がリーディングに費やされているので、その割合は全ての学年の平均以上に高いものだろう。ただ、歴史的に初期の時代の授業時間と比較することは難しい。科目の名称は変わり、その内容も確実に変わっているからである。(例えば、社会科のように)後に不可欠とみなされた教科でも常に存在していたわけではなかったし、また科学のように、かつては目新しく小学校において必須科目とされなかったものもある。加えて、基本に対する大衆の支持が続いていることは伝統の力を際立たせるが、その語が意味するところや、時間とともにいかに社会の期待が展開したかということは自明にはなっていない。一九七〇年代には、市民は「基本」を細かく定義していなかったと調査者は指摘していた。つまり、それは特定の教科における授業のことであったが、それだけでなく振舞いや権威に対する尊敬も意味していた。第二次世界大戦後、十分な教育を受けていないことが多くの人々を先行き不透明な仕事に就くように仕向けており、そのため、たとえ多くの学校が基本を強調しなくなったとしても、基礎学力への関心が大衆の意識から離れることはなかった。一九八〇年代の初めに行われた一、〇〇〇以上の学級に及ぶジョン・グッドラッドの研究では、他の研究者がより早い段階で発見したことと同じく、約五四%の教員の時間がリーディング、言語、数学に費やされていると結論づけられた。

教えられていることは、常にうまく教えられているわけでも、うまく学ばれているわけでもない。一九六〇年代に始まる成績評価のインフレ現象や自動進級制度の広まりは、確かに大衆の満足感を生み出しはしなかった。なぜ大衆が学校は十分な仕事をしていないと考えたのかということの真相はより深いところにある。適切に書類を埋めることができない、乱雑な文字、下手な話し方、不十分な仕事の習慣、礼儀の欠如といった、若い大人のどんな失敗も学校を反映するものであった。個人への影響はそれだけではないため、その点は公平とは言えないだろう。多くのことを学校に期待することは、人々を永久に不幸なままにし、怒りの矛先となる。それはまた、市民が学校の失敗について代わりとなる原因を考えないことや、学校に対する過剰な期待を考え直さないことを認めるのである。

戦後の数年間に学校の保守主義についてうんざりするほど論じてきた教育の専門家は、自身が不満を口にする理由を見つけた。アカデミックな改革派の労働者から反体制文化的な改革に関わっている人々に至るまで、講義中心の教育実践や教室内の競争、通知表、その他の経験で証明された学校の特徴が、学校改革という全米で目立った運動に影響されないということを、彼らは単に想像していなかったのである。様々な意味で、小学校は伝統を守るものであった。

伝統的カリキュラムだけが残った

伝統的なカリキュラムや授業の慣例的な方法、教科書に対する厚い信頼、競争的な生徒といったことは、戦後の改革者や大学の専門家たちにとって全て大きな課題であった。小さな子どもにもドライバー教育の授業を喚起していた同じ雑誌の中で、デューク大学の教授は教員がどこでも新たな授業方法を身につけることができない点について不満を訴えた。栄養失調からドライバーの悪い習慣に至るまで、学校があらゆる社会的な問題を解決できないことを認める一方で、彼は次のように記した。「多くの小学校教員の伝統とその養成は深く根づいているので、教員自身が教科内容志向に引き寄せられている。彼らは、コミュニケーションの手段として教える代わりに、あたかもスペリングのスキルそれ自体が重要であり、隠し芸であるかのように教える。……彼らは科学を、生活の問題を解決するための多くの方法のうちの一つとしてみなす代わりに、ある種料理本を活用するかのように教えるのだ」。社会科や他の科目もまた、子どもの生活から切り離された雑学的な知識が教えられた。

公立学校の外にいる専門家による不満は至るところにあった。アメリカ教育学会(American Educational Research Association: AERA)が一九六〇年に出版した『教育研究百科事典』の中に、小学校の専門家は学校について感じの良い記述を多く見つけることができなかった。ウィスコンシン州のある教育者は、授業が依然として時間ごとに区切られ、勉強の順序は単調で旧態依然のものであり、家庭科や手工科の授業がほとんど行われていないと述べた。もっと言えば、「時間と重点において、過ぎし日のリーディング学校は今日でも依然としてリーディング学校である」。彼が言うには、子どもが学ぶことの多くは「無意味」で、彼らの当面の生活とかけ離れており、彼らが大人になるまでに忘れられるようなものであった。他の学者は、「教員中心」の方法が普遍的であると報告した。「研究によって暗唱の有効性を支持する事例を用意することができなかったにもかかわらず、それはまだ学校で広く用いられている。」二〇〇の学級の調査に基づく研究では、「教科書の内容を暗記することが一般的な方法であった」と結論づけられた。その価値を正当化する「調査」が見当たらなかったにもかかわらず、講義は依然として子どもたちとのディスカッションよりも一般的であった。

アメリカ教育学会の『教育研究百科事典』の一九六九年版には、いくつかの学校での革新的な実践があるにもかかわらず、激しい社会変動の時代に人々が期待するほどそれらが一般的になっていないことを示す記事が含まれていた。アーノ・ベルラック(Arno Bellack)や他の学者は、教員が質問を発し、生徒が答え、教員が反応することが典型的な教授法であると発見した。特に教員が生徒に礼儀作法を厳格に守らせる場合、教えるための効率的な方法である講義が普及し、生徒の消極性もまた広がったのである。過去数十年間、生徒はワークブックに書き込み、自分の席におとなしく座り、多くの時間を他の人、特に教員の話を聞きながら過ごしていた。『百科事典』への寄稿者が皮肉にも言及したが、「講義に対する最も厳しい評論家でさえ、自分たち自身も講義を行っているということに気づくのである」。多くの場合、能力が低い集団は貧困層のマイノリティの生徒によって占められているが、そこではこうした最悪のドリルが繰り返されていた。対照的に、能力の高い集団は、同じように扱われることもあったが、多くの場合は創造性や思考力を高めるためのプロジェクトに取り組んだ。基本を十分に修得していることで、彼らはさらに発展的な教授法に対しても高い効果をみせるように思われた。

これらの発見は、広範な調査に基づくものであるが、児童中心の進歩主義が典型的な小学校の学級を実際に変えると信じていた、一九五〇年代や一九六〇年代のベスターやその同調者の予想とは矛盾していた。児童中心の進歩主義は、多くの評論家が推測するほどに万能ではなさそうだと考える研究者もいた。一九五七年に一人の明敏な著者が雑誌『ルック』で言及したが、「進歩主義の危険について最近論じてきた人たちは、獣を見つけるために彼らの道から出て行かなければならなかった。一〇〇を超える学級への訪問の中で、例えば、生徒が自分たちの学ぶべきことやその方法を決めているような場所は見つからなかった」。スプートニク・ショックの後、歴史学者であるオスカー・ハンドリン（Oscar Handlin）は、「古き良きシステムを破壊し、アメリカの子どもたちを識字能力のないままにしてきた」として多くの者によって批判されるジョン・デューイを守ることで一般大衆の中で際立っていた。ハンドリンが考えるには、公立学校は非常に多くの「二流の無能な教員」を抱えており、何人かは進歩的な教員として振舞おうとしたが、知性や授業のスキルに欠けていた。後に「新数学」のような革新的なものがトラブルに陥った際には、そうした不適当な教員が主な原因となっていた。

一九五〇年代、多くの人々が進歩主義教育やその影響について持論を述べていたが、それが教授上のレトリックを形成したのと同様に、学校を実際に変えられるということを教員や教育研究者はほとんど信じていなかった。教育専門雑誌は、教科書の独裁や講義の支配、基本や社会秩序、習慣に固執する大衆を好む教員の保守主義を攻め立てた。しかしながら、より良い視聴覚（AV）教育の支援から実際の教育機器やプログラム化された教育まで、様々な革新は授業を改善する見込みがあった。実際、ベスターは、公立学校での視聴覚運動を最新の崇拝物とみなした。一九六〇年までに学区は推定二、〇〇〇万ドルを新たな教育支援として費やし、視聴覚設備によって、学校の棚や保管室は満たされた。それは明らかに富裕な郊外の学区で目立つものであり、典型的な学級の主な特徴をほとんど変えるものではなかった。多くのテープレコーダーやレコードプレーヤー、オーバーヘッドプロジェクター、映写機、フィルムは、地図や地球儀、古い教育機器のように授業の単調さを打破することには役立ったが、それらがどこにでもある教科書に代わることはなかった。もっと言えば、ロックンロールのビートを始めるような不良が、ある教員のお気に入りのジャズのレコードを破壊するようなシーンが、映画『暴力教室』にあったものの、ＡＶ機器の使用の拡大は実際には生徒の受動性を強化していたことと、学級を調査した多くの者はすぐに気づいたのであった。

一九五〇年代や一九六〇年代の初め、新世代の教育機器はまた、行動主義心理学者の夢であった個別化された教育の可能性を示した。ベビーブームは、全米各地での深刻な教員不足につながり、こうした機器の開発への大きな関心を煽ることとなった。大企業とその系列会社は、操業を開始したばかりの企業と同様に、新たな教育技術に対して数百万ドルを投資した。その機器は、決して教員の間で評判が良かったわけではないが、様々な科目の教授活動、決まりきったスキルの授業、基礎的事実について最低限の共通基準を求めた。一般的に、生徒は科目についての基本的な問題と正答が提供される機器の前に座った。質問と解答は紙やカセットテープ、時には電子装置に保存された。質問に答えるために、生徒はボタンを押し、レバーを引き、答えを書いたり、あるいは文字を入力したりした。生徒は、自分たちの答えが正しかったかどうかを伝える素早い反応を機器から受け取った。もし正しければ、彼らは次の質問に進むことができた。子どもたちは自分のペースで取り組み、一定の明確な反応を受けることができ、仲間と一緒の共通試験を受ける必要がなかった。それは伝統的な学校のペースの遅い生徒にとって落胆と失敗につながると伝統的学校の批評家は批判した。

機器はデザインや費用、実用性の点で多様であった。「ビジチューター（Visitutor）」は、ニューヨーク州ニューハートフォードのハミルトン研究組合(Hamilton Research Associates)から入手できるものであったが、三〇ポンドの重さがあり、学校の標準的な机に適合し、モデル次第で二〇〇ドルから五〇〇ドルまでの費用がかかった。授業が始まると生徒は最初の質問を受けるためのボタンを押し、選択式テストの場合のように、複数の選択肢の中から解答を選ぶために他のボタンを押した。選択肢が正解だった場合、生徒は次の質問に進んだ。間違っていた場合、答えが明らかにされ、生徒は正しい答えを紙に書くことになっていた。生徒はこのように自分自身の勉強を修正し、反復を通じて正しい答えの学習を強化した。一九六二年に「ビジチューター」の宣伝広告が説明したように、生徒は「質問のボタンを再び押すことによって新たなサイクルを開始するのである。」他の機器である「サコダ・ソートカード・オートメイテッド・チューター（Sakoda Sortcard Automated Tutor）」は、同じような価格帯であるが、掛け算表のような基本的なスキルを教えるものだった。「七×八」の正しい答えを知っているかどうかを判断するために、生徒は四つのレバーのうちの一つを選択した。答えは機器の中のカードのデッキに保管された。正しいレバーが引かれた場合、そのカードは「デッキから押し出され」、生徒は次の問題に取り組むことができた。しかし、正しい答えを選ばなければカードは動かず、正解を選ぶまで次に進むことはできなかった。

実験心理学史の専門家である、アーサー・I・ゲイツ（Arthur I. Gates）は、一九六一年に教育機器の大きな可能性を強調した。皮肉にも、彼はそうした機器を用いた多くの過去の試みが失敗したという説明の後にそう言ったのであった。こうした授業サポートは何も新しいものではなかった。アメリカ人が教育機器とその大きな可能性に魅了されたこともまた新しいことではなかった。黒板、地図、地球儀は一九世紀半ばまでにすでに多くの学校において普及していた。一九〇〇年代の初め、「投射ランタン、タキストスコープ、その他の露出装置、フォニックスホイールやワードラダー、フラッシュカードやディスプレイラックは、映画やフラッシュメーター、その他の機械装置が登場したころには、ともに古くなった」。そのころ、行動主義心理学者のB・F・スキナー（B. F. Skinner）は一九五〇年代後半に、個別化された教授を発展させる有名な教育機器を組み立てた。それは全て素晴らしく思われたのだが、依然として年齢別の学級による集団教授が支配していた。

教員はいつも個別化された教授や技術に関するアイデアを自分たち自身の伝統的な実践に適応させた。例えば、小学校のワークブックは一九三〇年代までに評判を高め、生徒に自分たちのペースで、一人で勉強させることを可能にした。それらは決まった教材の暗記が規範である教室の環境によく合い、また初期の教育機器を生み出した。オハイオ州立大学の教育心理学者であったエドワード・L・ソーンダイクの影響を強く受けたシドニー・プレッセイ(Sidney Pressey)は、一九二〇年代の初めに原始的な教育機器を考案した。しかしながら、これらの機器は鉛筆や紙に比べると扱いにくく高価であるため、教員はほとんど使わなかった。ただしワークブックは、それらよりシンプルで、安く、事実を繰り返し生徒に教え込み、空欄を埋める過程を通じて基本的な教科の内容を強化するために便利な方法であった。進歩主義の教育者は、生徒を消極的にさせ、レベルの高いスキルを無視するものであるとしてそれらを当然非難した。一九五〇年代の新世代の教育機器は教育プロセスの中で、子どもを受動的な立場に置かないことを約束するものであったが、実際には基礎・基本について機械的で活力のない授業のもう一つの事例となった。教室での実演の際に子どもが機器のボタンを押し、レバーを引く時、彼らは庭の種子を啄《ついば》むニワトリに似ていた。その類似性はくだらないものではない。行動主義の父である、ソーンダイクは学習に関する彼の初期の実験においてニワトリを用いていたからである。また、教育機器は、他の制約以上に、あらゆる教育への侵入者を拒絶してきた、年齢集団での授業を取り除くことができなかった。

一九六〇年代を通じて、行動主義は、認知心理学や文理学部から広まった新カリキュラム運動に根ざした学習理論から直接的な挑戦を受けた。その一〇年の間に起こった反体制的な運動はまた、行動主義からは隔たりがあり、オルタナティブ教育におけるオープン教室を通じた教育の大変革を約束した。しかし、こうした改革の長期にわたる影響は一部の人々が信じたほど劇的なものではなかった。多くの革新は、長続きしないことを証明したか、カリキュラムや教室の授業、あるいは公立学校の基本的な性格を根本的に変えることなくシステムに吸収されたのである。歴史的に異なる起源をもつにもかかわらず、カリキュラム改革者とオルタナティブ教育の主張者は、社会階層の偏見や相応しい教員の発見という永遠の課題に似たような困難に直面した。

新カリキュラムの改革者の多くは、初めのうちは幼い子どもの教育よりも、大学教授としての観点からみて重要と思われた中等学校に焦点を当てていたし、よく知られたプロジェクトは教室の教員のためのものではあっても担任によるものではなく、古典的なトップダウンの革新であった。その革新は主として大学のキャンパスで考案された。数万の教員たちは、創造性をもたらすことを約束するようなカリキュラムの改善や、その実行を支援するためのワークショップへ参加し、生徒の中に埋もれた衝動を探求した。一九六四年という早い時期に、ジョン・グッドラッドは、『アメリカの学校カリキュラム改革(*School Curriculum Peform in the United States*)』とタイトルがつけられた本の中で、起こりうるトラブルを示した。例えば、数学や科学教育においては、小学校の教員に対する非現実的な期待があった。ほとんどの教員がアカデミック教科を一つも専攻していないにもかかわらず、その全てをいつも教えていたということを思い起こしてほしい。「小学校において、科学や数学のバックグラウンドをもつ教員は、アメリカバイソンとほとんど同じくらい希少な種に相当する」とグッドラッドは記した。彼はまた、革新的な教材を用いた試験的なプログラムは、いつも田舎や都心よりも、郊外にある富裕な学区に現れるということを明らかにした。一流大学から生まれるカリキュラム改革は、彼が結論づけるには、「中産・上流階級の運動」だったのである。

他の評論家は、彼らが教員養成の不十分さとして説明するほど寛大ではなく、教員を大きな改革をやり遂げそうもない志願者とみなした。一九六六年の『エスクワイア』誌の「第三学年に合格できた?」と題した記事で、マーティン・

メイヤー(Martin Mayer)はカリキュラム改革の目標が、生徒に考え方を教えることだと明確に説明した。ただ、ここには問題があった。つまり、「ミス・スマザーズ(Miss Smathers)(思い出してほしい)はまだそこにいて、教室の前方に立ち、一生懸命努力し、非常にたくさん話す」。彼女の学校のアドミニストレーターは教育に関する上級の学位をもっており、それはもう一つの悪い兆しであった。メイヤーが言うには、大学に依拠した改革者は、当然ながら問題の解決を試みた。「次第に、改革者は映像へと向かって行く。それは教員の訓練のための映像だけでなく、教室にもたらすのが難しい活動に代わるものとしての映像である」。補助金や出版契約の形で自由に流れている資金で、若者が発見の喜びと学問の「構造」を理解するのを助けながら、時流に乗ろうとする二流の研究者の氾濫をメイヤーは予測した。そしてミス・スマザーズはおそらくテニュアを取得したのであった。

学校全体が、裕福な学区に焦点を当てるカリキュラム改革者によって手をつけられたわけではなかった。改革者は、至るところで教員と呼ばれる人間と、いつもの伝統との綱引きに未だに直面していた。新カリキュラム改革の実践を研究していた多くの学者たちは、教員が教科書や印刷された教材、映像に頼り、彼らと生徒は教育の神秘的な「プロセス」ではなく、授業の中での正解を探していたことがわかった。ジェローム・ブルーナーの社会科改革への参加は、議論の余地のある「教育の課程(MACOS)」カリキュラムを通じてであったが、必ずしも誰もが幸福になれるものではなかった。それは伝統的に証明されたアメリカ人の価値、道徳的価値ではなく、文化相対主義を促進すると評論家が主張した後、多くの学校でその教材が取り除かれたからである。結局、進歩主義教育者や認知心理学者、カリキュラム改革者は学習の領域にわずかな足跡しか残さなかったのである。

オープン教室

カリキュラム改革者の行末は、もう一つの有名な革新であるオープン教室の支持者によって共有された。オープン教室は一九六〇年代後半から一九七〇年代初め、文化的急進主義の風潮の中で全国的な賞賛を得た。それはアメリカの教育をつくり変える以上のニュースをもたらした。改革のための大きな環境を形成しながら、フラワーパワー〔一九六〇年代後半から一九七〇年代前半にかけてヒッピーが唱えた平和と愛のスローガン〕や新ロマン主義と同じように、平和運動やブラックパワー、新左翼運動は、その全てがアメリカの社会を大規模に変革しようとした。こうした大きな反体制文化的な衝動の一部であるオープン教室は、かつての進歩主義の目標のように、子どもに多くの自由を与えることを求めたが、他のオルタナティブな試みと混同されるべきではない。公民権運動の活動家は、一九六〇年代を通じて都市の貧困層のために少数のストリートアカデミーやオルタナティブな私立学校を創設した。公的システムから切り離されたそれらの学校は私的な資金が提供されたが、時に財団の基金や政府からの小規模な補助金を惹きつけ、親や地域のコミュニティとの政治的なつながりを確立しようとした。一九七〇年代初頭までに、少数の中・上流階級の白人も、また公的システムから抜け、バーモント州からカリフォルニア州の丘へ撤退し、美術工芸や「自分自身のことをすること」を採用する学校に自分たちの子どもを託した。親たちは個人的な達成感と内面的な平和を求め、公民権運動や公然とした政治的な戦いにほとんど没頭しなかった。一九七二年まで、通常の公立学校に対する十分な代替物が存在しており、二冊の重要な本がその現象を記録した。それはジョナサン・コゾルの『フリースクール(*Free Schools*)』とアレン・グローバード(Allen Graubard)の『自由な子ども(*Free Children*)』である。両方とも、教育の様々なオルタナティブの形態の起源をたどり、その意義や利用者、実用性の点で多様性があることを強調した。夢見たことが、意識の高揚や政治的戦い、革命であろうと、中産階級の画一化からの脱出であろうと、反体制文化グループはその新たな自由の形態に焦点を置いた。

オープン教室は、オルタナティブ教育のゆっくりとした拡大であり、公立学校内部の変革に焦点を当てるものだったが、教育への過度な期待と児童中心主義教育の両方に固有の問題で苦しんだ。この改革は、全般的には時代の、特にイギリスの幼児学校の恩恵を受け、そのため一九六七年の『ニュー・リパブリック』誌のジョセフ・フェザーストーン(Joseph Featherstone)による記事で賞賛された。ジャーナリストであるチャールズ・シルバーマンは、長期にわたって『フォーチュン』誌の編集委員であったが、一九七〇年の彼のベストセラーである『教室の危機』の中でその長所を明らかにした。イギリスにおける児童中心の、柔軟で慈悲深い、形にはまらない教授実践を詳細に述べながら、シルバーマンは通常のアメリカの公立学校を、退屈で活気がなく、「無意味」であると非難した。しかし、新たな改革の動きは現れていた。そして変化に対する現実的な可能性を提供した。例えば、ヴィート・ペローネ(Vito Perrone)は、ペスタロッチや進歩主義の著名人物を思い起こさせるような教授方法を普及させる、革新的な教員養成プログラムをノースダコタ州で行った。ペスタロッチモデルの学校やフレーベル主義の幼稚園を訪れたかつての巡礼者のように、多くの改革魂をもった教育者は未来をみるためにイギリスへ渡った。一九七〇年代の初めまで、数多くの雑誌が幼児学校やオープン教室、そして類似の教育革新についての特集記事を組んだ。

オープン教室は、進歩的な教授実践を通じて学校を変革しようとするさらにもう一つの努力であった。コールマンレポート、ヘッドスタートや初等・中等教育法の初期の評価、国の政治的な右傾化が自由主義者や急進主義者を落胆させたにもかかわらず、それは一九七〇年代の停滞状態が始まる以前の改革に対して最後の力を注いだ。オープン教室は、通常、教授法の実験の場である小学校で始まったが、アメリカ中の多くの学校でみられるようになった。理論や実践が多様であった一方で、それらは全て児童中心の教育実践や柔軟な学習環境をさらに強調し、職員室の中や伝統的なカリキュラム教材の中の権威を重視しなかった。新しい時代の先駆けとなるように、多くの新しい学校が建てられ、古い学校は建て替えられた。座席は一列に並べられることなく、あるいは（今では時にファシリテーターと呼ばれる）教員が教室の正面に立つこともない。子どもの自由度を高めるために、これらの教室には学習センター、収納ボックス、教室間の可動式パーティション、より開放的な間取り、子どもの運動にとってより大きな自由があった。ニュースレターや書籍、公式・非公式なネットワークによって、新任の教員は教育され、革新的な考え方が共有され始めた。

この改革の途中で滑稽な出来事が起きた。教室内の混沌や無秩序についての不満がすぐに出てきたのであった。教育上の反体制的なメンバーの中にはジョン・デューイを公然と賞賛する者もいたが、ほとんどの者はデューイの時代に多くの児童中心主義の学校が自由放任で目的に欠けていることに彼が警笛を鳴らしていたことを知らないようだった。彼らは『オープン教室（*The Open Classroom*）』（一九六八年）でのハーバート・コールの同様の懸念を無視した。多くの要因がオープン教室の衰退と伝統への回帰の一因となった。基本に戻ることが流行し、テスト運動は加速し、そして学校財政は経済の停滞とともに困難に陥った。はじめのうち、急進主義者の中には公立学校を改善しようとする者は誰もが失敗すると予測した者もいた。一〇年以上の間、ロマン主義、急進主義、そして左翼の著者は、人々に不平等で人種差別主義者の肩書きを付与する社会階層の道具であるとして、学校を容赦なく攻撃した。その存在理由が社会統制であるシステムの中に、いかにして自由が存在しうるのであろうか。

例えば、ボストンのマイノリティの親たちとともにオルタナティブ学校を開校したジョナサン・コゾルは、既存の学校システム内のオルタナティブ教室に賛成する田舎のフラワーチルドレンや自由主義的な考えをもった郊外居住者に対する激しい告発を記した。『フリースクール』の中で彼は、学校システム自体が貧困層を圧迫し、資本主義を永続させている時に、「システム内部のオルタナティブ」を創設する目的に疑問を抱いていた。コゾルは田舎の隠れ家に逃げ込む者、あるいは都市に留まるが政治的な戦いから逃避する者を非難した。オルタナティブなカリキュラムに関して、彼はハーレムが本当に「急進的なバスケット織り〔スラムの子は網を編んでバスケットづくりでもやっていろ、という皮肉を意味する〕の新世代」を必要としているか疑った。彼はイギリスの幼児に対するアプローチとアメリカの学校内のその模倣者を「ほとんど効きめのない鎮静剤」、つまり、貧困の存在に共犯として自分たち自身が直面することから特権的なエリート集団を守るような、偽者の急進主義と呼んだ。こうした改革者は、彼らが考えたほどには反主流者ではなく、むしろ堕落したシステムの協力者であった。

オルタナティブ学校やオープン教室を生んだ反体制的な運動とともに、児童中心主義教育や進歩主義と関連した多くのテーマが復活してきた。つまり、教科書、テスト、競争、成績、通知表の害悪であり、個人を育てることへの学校の失敗である。改革者はペスタロッチやフレーベルの時代以来の伝統的な実践を弱めようと試みて、オープン教室はおなじみの困難に直面した。適切な教員や思いやりのある管理職を見つけることは一つの問題だった。いくつかの大学では教員養成のための小規模なプログラムを始めたが、根本的に新しいやり方で教室を運営することも簡単なことではなかった。オープン教室運動はようやく一九七二年に始まったが、それは『エレメンタリー・スクール・ジャーナル』誌の寄稿者が次のように結論づけた年であった。「予想以上に平凡な学校が、予想以上に平凡な教員と彼らとともに働く予想以上に平凡な管理職を抱えているという現実に直面しなければならない」。

『エレメンタリー・スクール・ジャーナル』誌は一〇年の間、オープン教室に関する記事を時折掲載したが、その関心は、テストの点数や躾、基本に対する関心が高まる中で衰えていった。オープン教室の教員が質疑応答による教育法や、チョークとトーク（黒板が利用可能な場合）、そしてドリルに回帰しているという報告も広まった。一九七三年、ジャーナルへの二人の寄稿者（教員とコミュニティカレッジの教授）は、伝統的な教室をいかに転換するかということに関して、いくつかの指針を提供しようと試みた。彼らは典型的な学校において「全ての子どもは同じ課題を課される。全ての子どもは自分の席に座る。全ての子どもの席は教室の正面を向いている」と記した。オープン教室はそれを変えることができた。しかし、ジャーナルの同じ号で別の記事は、騒がしく混沌としていて、適切な教育教材がないカンザスシティにおけるアフリカ系アメリカ人の子どものための四つのオープン教室を描写した。当然、そこには教員の問題が存在していた。このエッセイの筆者が強調したのは、「教員はオープン教室に自分たち自身のこだわりをもっており、それは彼らが過去に閉鎖的な教育で鍛えられたからである。教員たちはいかに生徒の興味関心を惹きつけるかということを知らないだけである。教員は学習理論の細かく厳格な概念によって妨害されている。彼らは自分たちの過去から十分に開放されていないのだ」ということである。

コロンバスの『アーキテクチュアル・レコード』誌は、同じ年にオープン教室計画を進めたインディアナ州の新しいマウント・ヘルシー・スクールに関する長く詳細な記事を掲載した。地元の教育委員会は、伝統的な教育以外の何にでも長い間抵抗してきたが、ついに態度を軟化し、この特殊な小学校の建設を承認した。卵ケースのような部屋ではなくオープンスペースであり、正面を向いた座席ではなくテーブルと椅子であることが、教室の写真によって明らかになった。実際、教室の正面を見つけることは容易ではなかった。しかしながら奇妙なことに、ある教室において最も印象的なものは巨大な時計であった（そこには有名なペアである、ワシントンとリンカーンはいなかったが）。子どもたちが授業を受けながら床の上で体を伸ばしている様子を示す写真もあったが、ある写真は不釣合いに彼らが一列に並んでいる様子を示した。これがたとえ通常の教室でなかったとしても、実践において生き残ることを望むのであれば、多くのオープン教室はある程度の条件を満たさなければならなかった。主として白人の中産階級や中産階級上層の子どもが出席するので、初期の支持者が想像したほど、オープン教室は反体制的なものではなかったのである。

オープン教室はライオンと言うよりむしろねずみであった。報道機関のかなりの関心を引く一方で、それは子どもたちにはあまり届かなかった。労働者階級の学校においてオープン教室を開設しようとする試みはおおむね失敗した。ペスタロッチは実物教授以上に問答式教授を好む頑固な農民を非難したが、現代の労働者階級もまた探求以上に基本を、自由以上に秩序を好んでいるようだった。オープン教室は生徒全体のうち、ごく少数の社会的に重要な一部には有益だったが、その要因はほとんど一般化されなかった。一九七五年、ギャラップ調査は、市民に「『オープン』な学校という概念や考え方によって意味されるものは何か」を知っているかどうか尋ねた。公立学校に通う子どもの親の三〇%のみが「知っている」と答え、五六%は「知らない」と答えた。「知っている」と答えた人の一四%だけがオープン教育に賛成であった。彼らは自分たちの子どもをそこに通わせたいかどうかということは尋ねられなかった。その後一〇年の間に、ベビーブームの終焉とともに小学校への入学者が全体的に減少し、財政が厳しくなり、新進歩主義が視界から遠ざかるにつれて、こうした新しいスタイルの校舎を建設していた建築会社は、自分たちのビジネスが衰退していくのを目にした。オープン教室は騒がしく、隣の教室の教員たちをいら立たせたので、大工の手で薄い仕切りを頑丈な壁につくり替えられた。教員は硬材だけでなく、使い古された敷物についても授業を行うことができた。

一九八〇年にロナルド・レーガンが大統領に選出されるまで、反体制的な革命はすでに遠い夢のように思われた。システムの外にあるオルタナティブ学校の多くはそのドアを閉じ、オープン教室は改革の長い歴史の中のひとつになった。たいていの子どもは、彼らが通ったのがどこの学校であれ、児童中心主義の教育を一度も経験しなかった。オープン教室はニュースを生み出したが、その一方でより重要な革命の大部分は比較的気づかれることなく、一九七〇年代の反体制文化へ達した。それは全く不運な始まりだったが、戦後の初等教育を形づくった最後の重要な展開であった。

特別支援教育の発展

明らかな身体的、精神的、学習その他の障害をもった子どもの教育を扱うことは、第二次世界大戦後の公立学校において最も大きな課題の一つとなった。教育上のアクセスと包摂をアフリカ系アメリカ人に対してより保証する公民権運動の波に乗り、その不正確さゆえに論争の一因となる含意が多い言葉である「特別支援教育」への就学が急増した。最初の特別支援教育の授業は一九世紀後半に北部の都市で始まり、それまでは伝統的に家庭に留まるか州の施設に送られ、締め出されていた視覚障害や聴覚障害、身体障害の子どものために分離されたクラスを開設した。少数の都市にもまた、通常学級において無断欠席をしたり、手に負えない子どものために分離されたクラスがあった。しかしながら、ＩＱテストの隆盛に伴い、より多くの子どもが他者との比較において科学的に測定され、学校の失敗に対する、遺伝学に基づいた新たな説明が現れた。行動の面またはアカデミックな面で、学校においてもがいていた子どもに心理的な到達度テストが与えられ、その結果は彼らを分離されたクラスへと孤立させることを可能にした。

はじめは十分に専門化されたトレーニングを受けていない教員によって教えられたので、そこでの授業は概して基本的なスキルに関する反復を重視するものだった。長い間進歩主義的な教育者に好まれた美術や工芸は、精神的に発達が遅いも子どもは身体的により熟達しているという疑わしい前提のうえで、特別支援教育における柱となった。アーサー・ベスターは一九五五年に、「より遅い」生徒（彼らの中には特別支援教育へ割り当てられる者もいるが）の教育はひどく、彼らに薄められたカリキュラムが提供されているとして学校を非難した。彼は、質の高いアカデミックなカリキュラムを修得できないほどIQの低い子どもがいることには同意する一方、十分な時間と支援があれば全ての子どものうちの九〇%が修得できると信じた。ただし彼の言うことを聞くものはほとんどいなかった。教育専門家は、能力集団やトラッキングに反映されるような差異化したカリキュラムを支持しており、教育政策に関する最も強い意見は、多くの資金をごく少数の優秀な子ども、真に才能のある子どもに使うことを求めるものだった。特別支援教育のカリキュラムは基本的なスキルを重視したままであり、世紀の変わり目の見方を反映した。一九五六年にニュージャージー州の特別支援教育の専門家が書いたように、「なすことによって学ぶ」という考えは、真に子どものためになっていた。ペンキやクレヨン、毛糸やラフィア椰子の織物、木や粘土、厚紙、織機や作業台は不可欠な要素であった。

ただ、全ての者が一九五〇年代に、多額の資金を特別支援教育に用いることについて理解していたわけではなかった。専門家の中には、その多くがまだ学校から排除されていたこれらの子どもは、普通の子どもや才能ある子どもから貴重なお金を吐き出させていると述べる者もいた。多くの記事や書籍は、アメリカにおいて最も無視されている子どもは精神的に発達の遅れた者ではなく、才能のある者、つまり冷戦期のアメリカの希望であると強調した。研究者や有名な知識人のような「ベスト・アンド・ブライテスト」は、ワシントンの最も高い権力の回廊に入り込んでいた。コナントのようなハイスクールの専門家やブルーナーのような認知心理学者といったカリキュラム改革者の多くは、教員に対して平均的な生徒を相手に教え才能ある者を不当に扱うことを強いる、学年制学級の失敗を指摘した。ほとんど新たな不満ではなく、スプートニクに対する大衆の反応後の特殊な反響を引き受けるものだった。しかし、国家の安全保障にとって必要不可欠であると考えられていた数学や科学の高い学業達成は現実には確保されず、一方で成績の低い子どもに対する特別支援教育は拡大の時代を享受した。

シカゴ大学教授で心理学者のブルーノ・ベテルヘイム(Bruno Bettelheim)は、スプートニク直後の教育について最も的を射た記事を書いた。彼は自由主義の政策立案者が人種統合を進めた一方で、知的な分離を同時に支持したと述べた。一九五八年の『コメンタリー』誌において、彼は北部の白人自由主義者は皮膚の色による差別を取り除くことを望んだが、知性に基づく階層的なカースト制がそれに代わったと述べた。郊外への移動は彼らの子どもたちが全ての者に対して有利な立場に立つことを確実にする一つの方法であった。しかし、才能のある子どもを対象とするプログラム(そしてハイスクールでの新たなＡＰプログラム)は、中・上流階級の白人(そして貧困からそこにたどり着いた黒人)に最も質の高い教育へのより良いアクセスを保障した。あらゆるジェファーソニアンが全てのクラスにいかに才能が内在しているかを述べたにもかかわらず、貧困層がギフテッド・プログラムや新たなカリキュラム・プロジェクトの利益を得られる見込みはなかった。新たなカースト制は形成の過程で、マイケル・ヤングの一九五八年のファンタジー、『メリトクラシーの法則』の中で見事にもじられた。ベテルヘイムは、なぜエリート自由主義者がそんなに心配しているのかを皮肉を込めて問うた。「いわゆる才能のある者は炭鉱採掘に終わっていたのか、その中のごく少数だけがハーバードやイエール、シティ・カレッジ、シカゴ大学に何とか入ることができたのか」。

少数の才能のある者に対する強力なギフテッド・プログラムの不足に対する不満は、たいていは裕福な家庭から生まれ、それは決して消えることなく、そして通常の特別支援教育プログラムは戦後に急増した。どれほど多くの子どもが身体障害や学習障害をもっているかということについての推計は多様であった。連邦教育局が一九五八年に行った「特別な」生徒の調査では、五五％が発話障害を抱え、二五％が精神的に発達の遅れがあり、六％が才能をもっていると推定された。他の分類は視覚障害、聴覚障害、『社会的、情緒的不適応』を含んでいた。曖昧な診断名は特別支援教育プログラムの隆盛を妨げなかった。より多くの専門家が、診断法を転換しながらより多くの分類をつくりだし、解決策を提案した。同じような特性をもった子どもは一九六〇年には一つの診断名をつけられたが、一九八〇年には異なる診断名が与えられた。明らかなことは、単純な分類に要約することが容易ではない複雑な問題を抱えた子どもがいるということだった。

特別支援教育プログラムは第二次大戦後に急激に発展した。支持者は論理的なアピールのみならず感情的なアピールを行い、黒人の公民権運動の言葉を取り入れながら、倫理的に高い立場をとり、あらゆる対抗者に恥をかかせようとした。特別支援教育は、一九三〇年には全公立学校在籍者数の一%未満、スプートニクのころまでには二・五%、一九八〇年には一〇%にまで普及した。都市以外でのプログラムの増加、かつて排除されていた子どもの統合、初期のころに特別支援教育ではなく最も能力の低い集団に編入された子どもの再分類によって、この拡大が起きた。もともとは地域の資金に依存していたが、特別なニーズをもつ子どもをさらに統合することが必要となった一九五〇年代までに、議会が法案どおりに法律を可決したため、プログラムは州の支援を受けた。身体障害とそれに関連する事情を抱えた子どものための連邦の支援は一九六〇年代に増加し、不景気の間の連邦支出を懸念していたジェラルド・R・フォード(Gerald R. Ford)大統領によってしぶしぶ署名された公法九四―一四二によって、大きな後押しを受けた。資金には連邦補助金の占める割合に上限が設けられ、決して十分な額ではなかったが、法律は学校に特殊なニーズを抱えた広範囲にわたる子どもの通学を承認することを求め、「最も少ない制約を伴う環境」における彼らの教育を義務づけた。

保護者と子どもの学校の間での正式な合意を必要とする環境を規定することは、困難な問題となった。特別支援教育に該当する者の決定という永続的な問題もまた論争の的であった。例えば、学習障害という概念は初め一九六〇年代によく知られるようになり、後に特別支援教育人口のかなりの数を含むようになった。一九九二年に発表されたエッセイでは、一九七六―七七年度以降の一〇年間で、情緒的に障害があると分類された生徒の数は三六%も増加し、学習障害に分類された数は激増しており一四二%であった。「知恵遅れ」という分類は侮蔑的であると考えられるが、そのように表現される生徒の割合はおおむね三分の一にまで低下した。学校がまだ人種統合の期待に対処していた時に、特別支援教育の生徒を、障害をもっていない生徒のいるクラスの中に組み入れることは、教員やアドミニストレーターの職務をさらに複雑にした。各地方の実践は多様であったが、特別支援教育の子どもは多くはアカデミックなカリキュラムに十分に統合されることはなかった。

特別支援教育は、それまで教育の機会やサービスを否定された人々のために、より多くの機会を求めて活動家や親が働きかけたものとして、社会的期待の高まりを示す完全な事例となった。それは公民権運動に大きく便乗した一方で、特別支援教育は長い間貧しいマイノリティの子どものための「ゴミ捨て場」(文学の中で使われた通俗的なフレーズ)としての役目を果たしていた。貧しい子どもは伝統的に能力の最も低い集団、トラッキングを占めていたが、右派の革命は彼らの代わりに多くの人に思い切って意見を述べさせた。一九六〇年代、訴訟は能力集団やトラックに分けるプログラムに反対して開始され、よく知られているようにワシントンDCでの、一九六七年のハンセン訴訟(Hobson v. Hansen)で、その実践が特定の地域で禁止された。ただし、貧しい子どもやマイノリティの子どもを能力の低い集団や特別な学級に配置するケースはほとんどなくならなかった。自由主義や補償教育に対する厳しい批判を含む『犠牲者非難(*In Blaming the Victim*)』(一九七一年)において、ウィリアム・ライアンが分類の過程がいかに人種的、階層的な特権を永続させているかを記した。コネチカット州ニューヘイブンが唯一の例ということではないが、都市が学校を共通の方法で統合した。「文化的に恵まれない子どもたちはもちろん低いトラックに置かれ」、その一方で白人の専門職や中産階級の子どもは概してアカデミックな流れの中で優位を占めた。

驚くことではないが、文化的に恵まれず補償教育に相応しいと分類された者は、特別支援教育の最初の候補者となった。貧しいマイノリティの子どもは拡大する特別支援教育プログラムの中で大きな割合を占めていて、そうした現象は州が義務づけられた一九七〇年代のスタンダードテストによって強化された。たいてい特別支援教育の生徒はこうしたテストから除外されたため、特別支援教育の中に低い能力の生徒を再分類することは学区の平均点を上げるのに貢献した。それはまた、管理したり教えたりすることが難しい子どもを隔離するという古い機能を提供した。男子は概してリーディングや言語に困難を抱え、不品行なことをする。歴史的に、彼らは女子に比べて成績が悪く、落第が多く、卒業する割合が低かった。貧しいマイノリティの男子は、裁判官が人種統合を求めたまさにその時、不相応にも学習障害に分類されるようになった。分離され不平等という学校の歴史をもつ南部には、一九七〇年代までには最も人種的に統合された学校が存在していたが、そこではまた、最も高い割合の子どもが特別支援教育に流れた。至るところでの地域的な不満を増加させたのは、連邦政府がその時の法律によって求められたさらなる公共医療や公共事業、教育事業のコストをカバーするに至らなかったという厳しい現実があったからである。

特別なニーズを抱えた子どもを教育することは、戦後のアメリカにおける公立学校のさらなる責任となった。アカデミックな卓越性を心配する郊外の親、アフリカ系アメリカ人の権利のために戦う公民権運動の活動家、基本的な教科内容を変えるカリキュラム改革者、革新的な学習理論を提供する認知心理学者、児童中心主義や進歩主義教育に魅了された活動家の寄せ集めといったあらゆる社会集団が、様々な集団の子どもの生活を改善し、より大きな社会の進歩と安定性を確保しようと学校に圧力をかけた。

複雑で矛盾した要求が公立学校になされたにもかかわらず、日常の学校実践において依然としてかなりの連続性があった。特定のクラスでは人種的により統合され、あるいは特別な生徒についてもより包括的になったかもしれない。

しかし依然として、そうした表面上の印象の裏に、多くの教室について注目すべき周知の事実が残っていた。教室は未だに教員中心であり、教科書が支配的であった。実質的に全教科の内容を独立した部屋で教える一人の女性教員によって、ほとんどの場合教えられていた。移動可能な机は一列に並べられた。そして一九七〇年代までには、州に義務づけられたテストが講義中心の教育方法を強化した。探求や問題解決、児童中心主義を普及しようという多面的な努力にもかかわらず、生徒は事実や基本的な知識を暗記し、賞賛やゴールドスター賞、高い成績を得るために競争した。改革の風が強固な伝統の支柱を襲ったとき、ハイスクールもまた戦後の変革という巨大な圧力に直面したのであった。

第9章　ハイスクールの運命

作家カート・ヴォネガット・ジュニア(Kurt Vonnegut Jr.)は、一九七〇年『エスクワイア』誌の記事に「ハイスクールは私が考えうるあらゆるものよりアメリカ人の経験する核心により近い」と記した。「我々全員がそこにいた。そこにいる間に我々は、人生の晩年で直面するであろう正義と不正義、思いやりと卑しさ、聡明さと愚かさのほぼ全ての兆しを目撃した」。旧友は、卒業後もチアリーダーとその他の高い地位にいたクラスメートが権力を手放すのを拒否したことを最近その人に思い出させた。国防長官メルヴィン・レアード(Melvin Laird)の妻は以前クラスメートだった。かつて皆の生活を惨めなものにしたのはこれらの生徒であったことを思い出すのはたやすいことであった。そして今やこれらの人々が国を統治している。ヴォネガットは、「リチャード・ニクソン」は「ハイスクール出身の典型的なタイプである。メルヴィン・レアードもそうである。エドガー・フーバー(Edgar Hoover)もそうである。ルイス・ハーシー将軍(General Lewis Hershey)もそうである。皆そうである」と発言している。

『スローターハウス5(*Slaughterhouse-Five*)』や他の現代文学の古典的な作品で賞賛される著者は、近所のハイスクールには通わなかった。地理的なアメリカの中心であるインディアナポリス生まれのヴォネガットは、流行の先端をゆく中心街に隣接したショートリッジ・ハイスクールを一九四〇年に卒業した。ショートリッジはその起源をインディアナポリス・ハイスクールまで遡り、多くの富裕な中心校と同様に、アカデミックさを特徴とする歴史を有し、労働者階級が多く通う近隣の学校とは同一視されなかった。一八九〇年代以来、同校は、進歩主義教育の時代から改革派が宣伝した課外活動の特筆すべき事例となっている、週刊や月刊ではない日刊紙を発行していた。ヴォネガットは新聞作成に取り組んだ。彼は卒業後インディアナポリスを離れたが、一九八三年に地元のカレッジの学生に「私が話してきた全てのジョーク、これまでにとった気取ったポーズは第四三校とショートリッジから来ている」と話した。

ショートリッジは、都市のほとんどの学校よりエリートであったが、ヴォネガットは現代の中等教育について重要な真実を強調した。アメリカンフットボールの花形選手やプロムクイーンたちよりも多くの者がハイスクールに来ている。それは例えば将来の軍備拡張主義者や支配層たちであった。というのは事実上全てのタイプがハイスクールに来ていたからである。その最も偉大な功績は、ほとんど全ての人を入学させて、流動的な社会秩序の中で成功する機会を与えられるというアメリカの古い共和国の理念を達成したことにある。ハイスクールの民主化はまた、アキレス腱でもあった。大量のティーンエイジャーが一九五〇年代に教室に入ってきたために、スタンダードの低下に拍車がかかったことに注目が集まった。冷戦、公民権運動、経済情勢の変化は、個人の流動性と社会改善を確かなものにするための教育改革への高まる期待と一新された要求を生みだした。アメリカが、田舎の衰退によってスラム地区と郊外に分裂することへの懸念も、現代世界に若者を準備させる学校への不安を深めるものであった。

中等学校が拡大するにつれて、多数の社会改革派、親、政治家、専門家は、それによる多くの弊害を治療するための大量の処方を提供した。これまでより多くの生徒が入学し卒業したために、ハイスクールはかつて一般の人々に知られていなかったどんな秘密も失ったが、親密性は必ずしも軽蔑を生むものではなかった。多くの場で、例えば地域のハイスクールや、あるいは少なくとも成功したスポーツチームは、コミュニティのアイデンティティを形づくり、地元の誇りを支えた。しかし、ハイスクールはたいてい荒れているところであるという信念は、戦後の数十年間遍在した。一九六〇年代初頭までに、主として中産階級の生徒がますますカレッジに通うようになると、そこは不十分な学力、不可解なティーンエイジャーの仲間文化に支配され、アカデミック学力の大暴落の中にあると多くの人々は考えていた。そのような不満は、一九五〇年代に強まり、一九七〇年代に再浮上し、そして未だ続いているのである。そもそも中等学校は誰もが学べ、優秀な成績を取らせられるのかは疑わしかった。結局、多くの教育界の指導者たちは、多様な生徒の集団が能力別の正式なトラッキングを備えた分化されたカリキュラムを必要とすると結論づけた。かろうじて読み書きすることができた生徒がハイスクールの卒業証書を得ることを論拠に、自動進級、柔軟なスタンダード、跋扈する進歩主義がハイスクールを永遠に崩壊させようとしていると批評家に言わしめた。ほとんど他人の子どもたちのための職業的で非アカデミックな教育は、疑わしい経済的あるいは教授方法的価値にもかかわらず、学校でその立場を保った。

一九七〇年代の経済の停滞に伴い増加した学校の批判者は、多くのハイスクールにおける選択科目の拡大、ドラッグ文化の蔓延、教室での暴力の増加、より無関心な雰囲気に絶望し、リベラリズムと自由放任を非難した。生徒を中心に置いた教室づくりに向けた教員間での散発的な運動にもかかわらず、ハイスクールは進歩主義教授法に無関心なままであった。たとえ評論家がカリキュラムの品質が落ちて味気ないと言ったとしても、低学年の同僚と異なってハイスクールの教員は、とりわけ小さな学校を除いては特定科目の専門家であった。現代の進歩主義者は、授業が教科書を重視し、講義中心のままであることを思い起こした。一九七〇年代には、打ち解けた教室環境に疑問が呈された一方で、伝統的な実践は、規律、大人の権威、進級と卒業のための、そして教育機会における均等を記録するための方法としてのスタンダード・テストを支持する世論によって強化された。

初等教育段階と同様に、ハイスクールは戦後多様化した。ベビーブームの最後の世代が中等学校に入学した一九七〇年代まで入学者は劇的に増加した。一九五〇年に第九から第一二学年の生徒は五七〇万人であったが、その後一九六〇年に八四〇万人、一九七〇年に一、三〇〇万人、その一〇年後は若干増加した。特別なニーズの生徒がより多く在籍するようになり、彼らの包摂が連邦法によって最終的に決定された。多くのハイスクールは、一九七〇年代初頭までに、最初に南部から、その後北部の都市まで、ますます人種差別廃止運動の中心的な位置にあった。ハイスクールは、このようにアメリカの最もさしせまった難しい懸案事項に直面していた。それらは、信頼できる労働力を育成すること、自由企業への忠誠を教えること、カレッジへの準備により多くの注意を向けさせること、人種的正義、以前に排除された生徒を考慮することである。学校がこれらの複雑な問題に取り組み、同時に誰にでも満足を与えられるという期待の高まりは、楽観的かつ素朴にすぎる思い込みであった。

アメリカのハイスクールの歴史を再構築することは、信じられないほどの多様性と拡大のために困難である。教育の専門家が小規模校の閉鎖を要求した一九六〇年には大部分が村・町・田舎にあったものの、アメリカには二万五、〇〇〇校を超える公立ハイスクールが存在した。スラムと郊外の極端な学校が多くのメディアの注目を集めたが、ハイスクールは至るところに存在した。中等学校一校がカバーするのは、人がまばらな田舎、立派なベッドルームがたくさんある地域、スラム街とヒスパニック地域等の様々な場所である。アカデミックな文化と親の支援のある学校がある一方、多くの機会と希望を否定されたマイノリティと貧困層が居住し衰退する地域にあって活気を失っている学校もある。連邦教育省は、低い学業しか達成していないことでこうしたシステムを攻撃し、また国家の経済低迷にとってもそれを非難した『危機に立つ国家』を発表する直前に、二万三、〇〇〇以上の学校を「二流校」として特定していた。

そのような多様性は、第二次大戦後にハイスクールが直面する共通の課題を覆い隠した。ヴォネガットが言及したとおり、大半の人が在籍していた。ティーンエイジャーたちは夜にサービス産業で働くかもしれないが、平日の昼間は学校にいる。誰もが質の高いアカデミックな教育を受けているわけではなかったので、とりわけ一九五〇年代と一九七〇年代にスタンダードを上げることは控えられた。そしてそのことは定義して実施するよりも提案するほうが簡単であった。他の改革を志向する市民は、以前に排除された、あるいは伝統的に十分な教育を受けられなかったグループを支援するために、ハイスクールがよりアクセスしやすく平等主義になる方法について気にかけた。ほとんどの生徒は(人口動態が変わった一九八一年に中学校になってしまった)ショートリッジのようなエリート校に在籍していなかった。しかし、ティーンエイジャーは至るところで、しぶしぶであれ、欠席がちであれ、何となくであれハイスクールに通った。平等と卓越性、民主主義と効率、進歩と伝統は、アメリカの最も総括的で、論争の的となるハイスクールの魂と戦ったのであった。

ハイスクールの大衆化

一九五〇年代を通して、全米中の多くの大人はハイスクールの本質と将来についての多様な議論を引き起こした。彼らは中等教育の目標、カリキュラム、教員、仲間文化、全員就学の重大性について議論した。そして学校が天使と学者を生みだせない時に誰を非難すべきか議論した。こうした議論はその後の数十年間ほとんど後退しなかった。

一九六〇年代後半とその後で、『タイム』、『ニューズウィーク』、『U・S・ニュース&ワールドレポート』の各誌は、苦悩するハイスクールの危機の実状を報じた。スタンダードテストの得点とその他の指標の低下により、私立学校を希望する両親のための間接的手段としての教育費控除、直接的手段としてのバウチャー、あるいは公共学校の中での何らかの選択を通しての市場での競争が、衰退するシステムの唯一の救済策であると多くの人々は考えた。ハイスクールへのアクセスを全ての人に提供することは、特に満足感を伴うものではなかったが、達成された。政策が至るところで批判を引き起こしているため、複雑さの中で現代のハイスクールを理解するには、教員と生徒の生活に影響を及ぼす公立学校の設置者をはじめとする、多くの利害関係者の見方を考慮する必要がある。

二〇世紀の半ば、ハイスクールの専門性のエートスと共通の実践を形づくった教育界のリーダーは、特徴的な世界観を共有した。彼らは、公教育の維持と拡大、科学的管理、学校設置といった本質的な面で力を尽くし、全ての子どもに適切な教育を提供した。教育学部と教員養成カレッジのほとんどで、教授は、学業成績に対する社会的関心の高まりを嘲笑し、共通のカリキュラムについての考えを退け、カレッジの支配と生気のない授業悪についての古い信仰を繰り返した。彼らは、アカデミックを求めず、課外活動を擁護し、一つの屋根の下にいくつかのカリキュラムの共存する総合制ハイスクールを支持した一九一八年の報告書である『カーディナル・プリンシプルズ』の励みとなる考えを受け入れた。アーサー・ベスターの『教育の荒廃』がカリキュラムを弱体化させ、「生活に適応する」ことを促す「教育専門家の連結管理職」について非難したことを思い出せばよいであろう。しかしながら、ベスターの全体的な批判が一般的に認知され、多くの人々がスプートニク後に学校を非難するまで、多くの学区のハイスクールのアドミニストレーターと教員は、専門自治に対する攻撃から逃れられる繭とでも言うべきものに住んでいた。有名な事件の中には、保守主義者が、神を信じない共産主義と、ヒューマニズムによる進歩主義教育を同一視してそれを支持する教育長が危険分子として非難されたものがあったが、より多くの批判と不満が差し迫っていた。

一九五〇年代を通して、多くのアドミニストレーター、教員、教育学部の教授はシステムの拡大を賞賛した。彼らは常に増加する入学者数を一般大衆の支持のあらわれとしてとらえ、指導の質や不安定な成績の問題を軽視した。市民がハイスクールの多くの点に懐疑的になる一方で、彼らは民主主義が最もよくあらわれるのは多様な生徒のニーズを満たすため、大きな学校で分化されたカリキュラムが普及すると主張した。一九五〇年に、ロサンゼルス公立学校の中等教育カリキュラム・コーディネーターは、社会的上昇志向とティーンエイジャーの多くのフルタイムの仕事が消滅したために、学習の遅れた者が在籍していることを強調した。彼は、生徒の二〇％がIQ七〇から九〇の範囲にあり、そうした生徒たちにはアカデミックなものの代わりにジグソーパズル、手工芸や趣味を自身のペースで取り組ませることを勧めた。ペンシルベニア州の教育学部の教授は「生徒は異なっている。大きく異なっている。研究や経験を通して個人差が生まれるので、それは逃れられない事実である」と繰り返したのであった。

一九五三年に『ハイスクール・ジャーナル』誌に寄稿したウィスコンシン大学の教授は、多くのハイスクールがIQ六〇から一六〇までの生徒を教えていると説明した。さらに、生徒は「非行少年から教養のある者まで」、怠惰な者から野心的な者まで大きな幅があった。「我々の『オムニバスの』公立ハイスクールは豊富なタイプの客を乗せている。ただ、各々は本来それぞれの権利をもつ個人である。IQが異なると将来も異なってくる。在籍する子どもが増加すると、個人の差異の幅はあらゆる面で増加する」と彼は結論づけた。数年後、バーモント州の副教育長のマックス・W・バローズ(Max W. Barrows)は、今日の生徒が「生まれつきの才能が異なり、学習の達成度も多様である」ために、ハイスクールはカレッジ準備教育を放棄するべきと主張した。多くの学校職員と同様に、バローズは、ハイスクールは全ての人のものであって、「全ての生徒のニーズを満たさなければならない」と強調した。専門誌は、聡明な者と才能の少ない者とを適切なカリキュラムで学ばせるため、より分化されたカリキュラム、能力別グループ、トラッキング、カウンセリングとガイダンスを実施することを支持した。ベスターが代表作を出版するまで、エリート・カリキュラムと知的でない生徒集団への民主的な反応として、生活適応教育をほとんどは賞賛したのであった。

ハイスクールが、ベスターが望んだような全ての者に向けたものでないなら、せめてカレッジに向けて準備する集団のためにカリキュラムを強化すべきだという大衆の期待に、中等教育の専門家の意見は一致していないようであった。将来の中等学校の教員が学ぶ教科書は、カリキュラムの内容を全体として軽減すること、平均的あるいは能力に乏しい生徒を難しい科目から守ることを強調していた。ティチャーズ・カレッジでの長い経歴の中のある冬に、『中等教育(*Secondary Education*)』(一九五〇年)の改訂版の中でトーマス・ブリッグスと彼の同僚は、高いレベルや不変のスタンダードではなく、才能に乏しい生徒のために「より適切な学習のプログラムと指導の方法」を強調した。高いスタンダードは、高い中退率を導くだけである。インディアナ州エヴァンズヴィルの中学校の元校長で、サンフランシスコ校の副校長であったハロルド・スピアーズは、多くの人にアカデミックなものを教えることを嘲笑し、『アイバンホー』ではなく、キャブレターを理解すべきであると感じた。「ヘイスティングスの戦いの年が言えること、あるいはアメリカンフットボールチームのキャプテンの年齢を言えることがより重要なことなのか。分離不定詞を見分けられること、統合失調症を認識できることがより重要であるのか」と彼は問うている。パロ・アルトのスタンフォード大学教育学部教授のダウン(Down)は、一九五七年にハイスクールの教員が多様な学習スタイルに適応できていないと非難した。彼は、丸暗記型授業、教科書、共通のスタンダードを攻撃し、生徒と打ち解け、グループ課題を与える多くの進路指導担当のカウンセラーと教員を雇うことを支持した。さらに、彼は、テストよりもむしろ、なぜ巧みに設計された掲示板が教科の到達度を示せないのかと付け加えた。

ハイスクールに対する不満の風は嵐と化したので、ベスターが利己的な専門家の連携を「教育専門家の連結管理職」と呼んで予測したように、アドミニストレーターは自らの保身のために教育学部の教授と結びついた。しかしジェローム・ブルーナーのような心理学者と新しいカリキュラム改革派が、探究から問題解決まで進歩主義的な教授実践を求めた時、彼らはさらに多くの支援を受けた(学校職員は科目に関するこれらの学者の利害を無視する傾向にあった)。同様に想定外の、少なくともしばらくの間は危険な批判をかわすのに役立つ人物がハーバードから現れた。ジェームズ・B・コナントはほとんど天からの賜であった。一八九三年にマサチューセッツ州ドーチェスターで生まれたコナントは、家柄の良い聡明な学生で、一九一六年にハーバード大学から博士号を得た。第一次世界大戦の毒ガス実験に関わり、一九一九年にハーバードの教授に、一九三三年には学長になった。全米教育協会の有名な教育政策委員会のメンバーであった彼は、ハーバードの教育学部に対する敬意はほとんどなかったがそれを存続させた。マンハッタン・プロジェクトのアドバイザーであった彼は西ドイツ大使になったが、教育について、とりわけハイスクールについての多くの著書で一般に知られていた。

専門職の世界では教育は低い地位しか与えられなかったので、教育者は、学識があり、高い地位にあった前アイビーリーグの学長が学校の研究に人生の数十年を捧げたことを間違いなく喜ぶであろう。ハーバードのもう一人の元学長で、十人委員会で名高いチャールズ・エリオットほど真剣に仕事をし、尊敬された人物は彼の時代以降いなかった。しかし、見解があまり急進的ではなかったために、目立ったのはコナントの発言のほうであった。実際、彼の著作は学校に対する最も厳しい同時代の批判を和らげた。彼は一九五〇年代に教育界の指導者の間で人気のあったあらゆる立場を支持し、公民権と人種統合に慎重であり、マイノリティに対する寛容さを示し、メリトクラティックな理想を支持した。彼はまた小規模ハイスクールの統廃合、差異化されたカリキュラム、総合制ハイスクールに対して連邦政府からの援助を支持した。彼は、全ての人に対するアカデミックなカリキュラムに関するアイデアを嘲笑した。そして一九五九年には「全ての生徒のために一つの標準的なアカデミックカリキュラムをつくることは不可能である。つまり、数学、科学と外国語で高いスタンダードを維持することは不可能である」と書いた。コナントは、多くの教育界の指導者と同じく、別々のカリキュラムが単に生徒の多様な能力を反映すると考えていた。確かにカレッジに進学する生徒の上位の一五％から二〇％は、高いアカデミックカリキュラムを必要とする。彼は、黒人の公民権や、特別なニーズの子どもたちの包摂が注意を引いた時、才能のある子どもの軽視が国防と経済を弱めると強調した。

あらゆる点でハイスクールの穏健な批判者であるコナントは、公立学校のアドミニストレーターにとって、教育荒廃、進歩主義教育の悪、少年非行、不誠実な教員についての不満を言う人々よりも快いものであった。コナントは、マイケル・ヤングが『メリトクラシーの法則』という彼の風刺小説に登場させるほど有名であった。コナントの名前と、最善で最も聡明な者によって統治される世界の美化された概念を関連づけることは全くの偶然というわけではなかった。コナントは、彼の多くの著作を通して、誰にでも「平等なチャンス」や教育機会の平等を提供することがアメリカの精神と学校システムの目標であるという考えをたたきこんだ。初期の代表作である『分化された世界の教育(*Education in a Divided World*)』(一九四八年)で、彼は、アメリカとソ連に出現したイデオロギーの衝突が、一部教室でも起こっていると指摘し、子どもたちが聡明で野心的であるならば、学校は貧しい子どもたちの習慣と長所までも向上させられると主張した。「専門職が全ての人に自由に開かれていれば、国力が増すことは、議論にならないほど自明なことである。階級間格差が最小の社会であるという我々の信念と、黒人を隔離し、あるいはメキシコ系、日系、ユダヤ系を差別していることは、明らかに矛盾しているのである」。

進歩主義教育の時代以来の主要な教育者と同様に、コナントは、全ての人が同じ教育を受けることを意味するわけではない機会の平等を主張した。彼は、ヨーロッパで異なる中等学校に生徒を早期に分けることを非民主的であるとし、生徒をトラッキングしながらも、全ての生徒が一緒になる共通の活動といくつかのコースを提供した総合制ハイスクールを支持した。アメリカは当時、貧しい子どもたちへの平等な機会を否定し、そしてこれは異なる学校システムに対する財政援助が不平等であることが原因であるが、都市と郊外の間で拡大する格差が明確になったと彼は自信をもって記した。郊外のハイスクールの中には、都市の凡庸の海に浮かぶ卓越性の島と言える「我々の公立学校システムの誇り」があった。ただし、これは、「男子と女子は……皆公平な機会の権利をもつ」ために不運なことであった。この問題を悪化させることは、マイケル・ヤングが後に直接の目的を達成することが困難な課題であったと認識した。「しかし、コミュニティの全ての子どもたちに等しい機会を与えたいという一般的な願望と、自分の子どものために最善を尽くしたいという親の特別な願望に基本的な対立があることは明白であったからである」。州が補助する学校だけが、貧しくとも優秀な若者に機会を与えられ、そのことによって、社会秩序を強化し、共産主義を打破できる流動的な社会システムを維持できると彼は信じたのであった。

一九五〇年代と一九六〇年代を通して、コナントの名前はアメリカのハイスクールに関するほとんど全ての議論の中で現れた。南北戦争以前からの北部の多くの理論家と同様に、彼は、ジェファーソニアンの能力主義に基づく学校システムと、中等学校へのアクセスの拡大を称賛した。コナントは、一九五二年のバージニア大学での講義で、黒人差別問題を回避する一方で、再び自由企業制と開放的な社会システムの存続に関して公教育が重要であることを強調した。「イートンの競技場でワーテルローの戦いに勝利すれば、それはアメリカの公立ハイスクールの運動場で、次の五〇年間の共産主義との思想的な闘いに勝利することを示唆するかもしれない」。彼の講演は『教育と自由（*Education and Liberty*）』と題して一九五三年に出版されたが、彼は自由な一般の公立学校と、とりわけ総合制ハイスクールの重要性を再び主張した。彼が指摘したのは、ハイスクールは国を越えて大きく変わったということである。ほとんどのハイスクールは小規模で選択カリキュラムを提供することができなかった。その一方でニューヨークのような大都市の中には、厳しい入学基準をもち、きわめてアカデミックだった何十もの大きなハイスクールがあった。どちらのモデルでも、社会的に包括的な総合制ハイスクールより優れてはいないと彼は考えたのであった。

コナントの多くのスピーチ、論文、著書の中で、小規模ハイスクールは大規模総合制ハイスクールに変わらなければならないという主張を曲げなかった。都市の学校のアドミニストレーターや企業志向の改革派の世代は、その後学校統廃合を支援した。学校に対する夢は、賢明な国際感覚をもった専門家によって運営され、子どもたちのおとぎ話の時に出てくる砂糖菓子のような話で子どもたちを踊らすことができる組織で、よく訓練された教員が教えるというように、ますます膨らむばかりであった。戦後、可能となればいつでも学区の統廃合と小規模ハイスクールの閉校を迫った教育界の指導者の間で、コナントは長い時間をかけて有効性が証明された人気のある改革に取り組んだのであった。

コナントがバージニア州で聴衆に語ったように、多様性はなおアメリカの公立学校システムを特徴づけていった。彼は、「誰もが数頁でアメリカの中等学校を表現しようとするが、それは不可能なことである。我々には全国共通のシステムがないために、州ごとにとても多様である。州の中でさえ、厳密に言えばどこにも無償学校の統一されたシステムをもたないため、同じように大きな違いがある」と言っている。この点に関して、彼はほとんど誤っていない。多くの校長と教員が生徒の驚くべき多様性について発言したように、彼らは中等学校間での格差についても心配した。多くのハイスクールの規模が小さいことは最も明白な特徴であり、そのことは学校のアドミニストレーターを長く混乱させた。一九五〇年、全米中等学校長協会の主要な会報の寄稿者は、一〇〇人より少ない生徒数の中等学校が四〇%で、六四%が二〇〇人より少なく、八〇%が四〇〇人より少ない学校であると推計した。後のティーチャーズ・カレッジの教授であるウィリアム・マーシャル・フレンチ(William Marshall French)は、一九五八年に『ハイスクール・ジャーナル』誌で、アメリカのハイスクールの平均在学者数は二〇〇人と見積もった。

スプートニク後に執筆したフレンチは、自動進級を受け入れて卒業証書の価値を貶める現代のハイスクールの緩和されたスタンダードとしてとらえられるものを攻撃した。しかし彼は、小規模ハイスクールを質の高い教育への障害とみなし、生徒の中間層と上位層のためにアカデミックの強化を求めただけであった。中等学校の教員は、教授方法に関して十分な知識をもたず、ほとんど訓練を受けていないと彼は考えていた。フレンチは「小規模の学校はわずかのスタンダードや伝統的なコースしか提供することができなかった。……反対に規模の大きいところは、日用雑貨店のように、多様な科目を提供する国際色豊かなハイスクールもある」と付け加えた。多数の教育評論家は、小規模学校があまりにも少ない選択科目だけを提供し、薄っぺらなカリキュラムであるため、決して総合的になりえないと批判した。フレンチを含む専門家が、極端に大きな学校であると疎外と混乱を引き起こすと主張しても、コナントは熱心に学校統廃合を支持した。

コナントの一九五九年の著書『今日のアメリカのハイスクール(*American High School Today*)』は、スプートニク・ショック後のタイミングで出版された。カーネギー財団は、彼の研究に気前良く資金を出していたが、初期の著書で知れわたったテーマを扱った書籍は、ベストセラーになった。歴史家ディヴィッド・L・アンガス(David L. Angus)とジェフリー・E・ミレル(Jeffrey E. Mirel)は、コナントはアメリカの中等学校に「熱烈な支持」を与えたと結論づけた。彼は能力主義的な価値、カウンセリングと進路指導、能力を確認するためのテスト、最善で最も聡明なアカデミックさを向上させることの重要性を強調した。能力の低い者に対する優れた職業教育、聡明な者に対する高い水準の数学と科学、外国語の訓練や、高い能力をもつ者(トップクラスの三%)に対する特別な配慮は彼の基本的な提案のひとつであり、それらはどれも特別、独創的というほどのものでもなく論争の的になるものでもなかった。一〇〇人以下の小規模ハイスクールは、最高の教員を惹きつけることができなかったり、多様なカリキュラムや課外プログラムを提供できなかったためにに閉校となった。そうしたことは、数十年にわたって数千回、アドミニストレーターと教育当局が提案してきたことであった。教育者に対する攻撃の一〇年後に、とりわけ彼らの神経を鎮めたことは、優秀な生徒のための教育を強化する必要があったが、「我々の公立学校を改善するために……アメリカの教育の基本的なパターンでの急進的な変化」を誰も必要としなかったというコナントの確信であった。二万一、〇〇〇校から九、〇〇〇校までにハイスクールの数を減らすことが最も大きな利益をもたらし、それらのほとんどを総合制学校に変えるのが最良の方法であるように思われた。

第二次世界大戦後に多くの州で盛んとなった新たな統廃合の波が生じた時、コナントの勧告は小規模学校を閉校するための運動の支柱となった。一九六〇年代の初頭までに、多くの教育者と親は、大きな学校が必然的に良いと言えるのかと疑問視したが、とりわけ企業モデルを模倣する多くのアドミニストレーターは、「巨大建築志向(edifice complex)」のままであった。一〇年後、ピッツバーグの教育長であり、後のニクソン政権の連邦教育局長官となるシドニー・P・マーランド(Sidney P. Marland)は、鉄鋼都市〔ピッツバーグ〕が拒絶した改革である巨大な「教育パーク」開設を支持して近隣のハイスクールの閉校を提案した。一九七〇年までに、コナントは卒業年のクラスのあるハイスクール二〇〇校が閉校可能であると認めた。

ただし、学校大規模化運動に待ったをかけたのは意外なところであった。人気のあった『スモール イズ ビューティフル(*Small is Beautiful*)』(一九七三年)〔イギリスの経済学者シューマッハーのエッセイ〕によって形成されたカウンターカルチャー的な運動は影響力があった。一九七三年のギャラップ調査では、回答者の半数以上が、コミュニティの中でハイスクールがあまりにも大きくなってしまったと考えていた。その四年後、回答者の六八％は学ぶためには小規模ハイスクールが望ましいと考えていた。一方、一一％のみが大規模学校が最善であると考えていた。中等教育在籍者数の減少と経済の停滞は、とりわけ、新しい、大きなハイスクールをという勢いを失速させた。一九八三年に、アーネスト・ボイヤーは、ハイスクールの約半数が、六〇〇人以下の規模であることを報告した。また、一九五〇年代と比較して、より多くの生徒が当時、統廃合された大きな学校、これらのいくつかはメガサイズの学校であったが、そこに在籍していた。その平均規模は、コナントや他の改革者が望んでいたものより小規模であったが、それでも一九五〇年代より二倍から三倍に大きくなっていた。これは統廃合のより広範な文脈の中で生じたもので、アメリカの学区は、世紀半ばの八万三、七一八から一九八〇年には一万六、〇〇〇を下回ったからであった。

コミュニティの中で中等学校在籍者数が安定してくると、学校づくりは一九七〇年代に停止した。最も小規模なハイスクールの多くはすでに閉校していた。閉校に抵抗した地区も存在したが、法的・財政的な圧力から結局抗しきれなくなった。日用雑貨店と同様に、小規模学校は現代化と足並みがそろっていないようにみえた。現在ハイスクールでは、誰もが教育を受けることを期待され、労働市場から青年期の者を排除し、(少なくともわずかな生徒のために)スタンダードを上げ、中退率を下げることが期待される。これらは戦後の恒常的な関心であった。一九六〇年代後半から一九七〇年代初頭までに、人種的に多様な都市は、南北戦争後の再編期以後初めて統廃合の可能性に直面した。一九四八年にコナントは、小規模学校と都市の学校が中等教育の二つの主な課題であると発言した。その後の数十年間に、カリキュラム、アカデミック・スタンダード、教室の実践についての論争は、学校に対する社会の矛盾する期待を集めたテーマであり続けた。ハイスクールは今やコモンスクールの一部となったのであった。

ハイスクールの目標を規定し、それを初等・中等学校とうまく接続することは、南北戦争以前から学校アドミニストレーターの関心事であった。一九世紀の教育者は、卒業者のうちのごく一部しかカレッジに進学しなかったので、ハイスクールがほとんどの生徒に「生活」を準備させていると強調していた。とりわけ最も大きな規模で、多くの総合制ハイスクールが設置された都市では、中等学校生徒のほとんどが必然的に非アカデミックなカリキュラムを履修していた。至るところで伝統的な英語や現代的なコースは、主要なアカデミック科目、すなわちカレッジ準備コースに発展した。カレッジに進学しない生徒は、アカデミック・カリキュラムの薄められたもの(一九三〇年代までそれは「一般的な」トラックと呼ばれた)を、または純粋に職業的なカリキュラムを履修した。コナントやそれほど著名でない改革者が、小規模ハイスクールを批判した一九五〇年代でさえ、全ての人は小規模学校が最もアカデミックであると認めていた。しかしながら改革者たちはそれを称賛しなかったので、忘れられることとなった。

二〇世紀の半ば、インディアナ州の教育システムを調査していた州の委員会は、小規模の中等学校が生徒を不公平に扱っていると結論づけた。報告されたこれらの学校は、訓練された教員が不足し、課外活動はセーブ(相手のゴールを阻止する)・バスケットボールのみで、最小限の選択科目しかなく、アカデミックな教育課程に代わるものはほとんどなかった。同委員会は「限られたカリキュラムを提供する多くの小規模学校の教員」は、「生徒の適性や職業計画を顧みることなく、全ての生徒に伝統的でアカデミックな科目を教えようと試みている」と述べた。同様の不満は、専門雑誌や教員志望者を対象としたカレッジの教科書を含めた一九五〇年代の教育文献に登場した。一九五〇年に

『ハイスクール・ジャーナル』誌へのノースカロライナ州の寄稿者が指摘したとおり、典型的なハイスクールは通常小規模で、ほとんどの教育界のリーダーたちが愕然としたことは、五つかそれより少し多い程度の基礎的なアカデミック科目のみを教えていたことであった。数千の小さな田舎の学校をもつ州であるネブラスカ大学教育学部教授のレスリー・L・チスホルム（Leslie L. Chisholm）は、『現代ハイスクールの研究（*The Work of the Modern High School*）』（一九五三年）を著し、「アメリカのハイスクールに定着した極端にアカデミックな伝統や排他性を打ち破り、それによってそうした学校を全ての若者の福祉に貢献する大衆の学校に移行させるための闘争は、容易な仕事ではなかった」と述べた。

小規模学校がコミュニティの誇りの源であると認める教育学部の教授はわずかだがいた。ミシガン州の二人の教師教育者は結束を乱してまでも、『ハイスクール・ジャーナル』誌で、質素な小規模中等学校であれば、生徒たちは、教員によって励まされ、皆の中で埋没せずに有益であると述べた。しかし、一九五八年にワイオミング州の教育長は、コミュニティの誇りは、進化、つまり学校統廃合の妨げになったと言った。一九五〇年代には、アカデミックなものをみな強調していたので、専門的な文献の中で小規模ハイスクールに関して肯定的なものが目につくことはなかった。主に田舎の州でさえ、教育リーダーは未だに学校統廃合、効率と規模の経済を支持した。彼らは、都市化を志向していたので、小さな中等学校を嘲笑した。小規模学校が総合制ハイスクールより多くの生徒に、よりアカデミックな訓練を提供していることを研究が欠かさずに示すようになった時、彼らはこのことを小さな学校に反対するストライキのようなものとみていた。生徒の大部分がカレッジに進学しないなら、なぜアカデミック（すなわちエリート）科目で全ての人を教育するのであろうか。専門家はこのことが学校の失敗と高い中退率を導くに至るだけであると言ったのであった。

一九五〇年代には小さいことは素晴らしいことではなかった。その後の数十年間、教員と生徒は「学校の中の学校」

を確立することによって、それらの大きな味気のない建物の中の小さな場所で定期的に親交を深めることになる。しかしそれは後日まで待たなければならなかった。一九五〇年代、大きいことは優れたことであった。多くの人々のためのアカデミックなものは、これまで多様な生徒の個々のニーズ、才能、大望を無視したと主たる教育理論家が発言した。当時、スタンダードの向上に関心のあった多くの市民、少なくとも自身の子どもたちのためにそのような関心をもっていた市民が、教育者が学校を崩壊させていると判断していたのは無理もない。教育学部の教授と多くのアドミニストレターは、反知性主義のレトリックでなければ、自身の反アカデミック性を示した。専門家は小規模学校が最もアカデミックであったと知っていたが、ベビーブームのためにより多くの学校を建設することへの要求が高まり、総合制で多様なトラックのある大きな学校を設置するための過去の運動を強調した。歴史的に、総合制ハイスクールは、全ての人に高いスタンダードを学ばせるためにつくられたものではなかった。もっともなことであるが、適切な教育、時間、支援があった場合、大多数の生徒がアカデミックな科目を習得できるというベスターの提案に熱中する教育者はほとんどいなかった。

終戦直後の時代にスタンダードを引き上げることへのもう一つの大きな障害は、それまでの数十年間の深い変化を経た小学校の雰囲気であった。そのことは、どのようにアカデミック・スタンダードを規定し、このシステムの中で実施するのかについて、大きな影響をもっていた。一八九〇年代以前に、ハイスクールが多くの目的を果たしたことを思い出せばよいであろう。改革者たちは、中産階級の生徒を私立学校から公的システムに引っ張り出すためにそれを用いた。そして多くの都市に住む小学校の教員を訓練し、カリキュラムを画一化して低学年においてスタンダードを改善させた。しかし予想外の逆の流れは二〇世紀に生じた。基礎がつくられるまでには何十年間もかかっていたにもかかわらず、その頂《いただき》はその上に形づくられていった。

いくつかの都市の特別な中等学校を除いて、ハイスクールへの入学試験は、一九世紀後半までに多くの北部のコミュニティで消滅した。第一・第二学年の高い中退率を考慮すれば、都市から導入が始まった年齢別教室は、実践より理論において存在した。しかし留年率が高いので、入学試験によってスタンダードを上げて、さらにカリキュラムを画一化させることをハイスクールの教員と校長に納得させることができた。第八学年を修了することは、ハイスクールへの入学に値することを意味した。入学テストが消滅した時に、地域で認可された粗雑に形づくられた組織は、学校の質それ自体を測定するのではなく、学校の規模、教員の数と卒業のためにカーネギー単位を満たしたコースなどの多様な量的指標を測定するものであった。予測できない出来事の中で、ハイスクールに進学することへの関心の高まりと、小学校の実践の変化がほぼ同時に生じ、高等教育に重要な結果を導いた。一九〇〇年代初頭の低学年における能力別グループ編成の普及と、一九二〇年代後の自動進級の広がりは、在学者が急増してきたハイスクールが、優れていない生徒を数多く教えることを意味した。多くは単に通りすぎた。ハイスクールに通うことは特権とはならず、権利であった。小学校の学年と比較して完全には地位を失わなかったが、ハイスクールの地位は明らかに低下したのであった。

教育学研究者ディヴィッド・コーエン(David Cohen)とバーバラ・ニューフェルド(Barbara Neufeld)がかつて議論したことによると、アメリカ人は、理論的に平等を受け入れるが、通常その実現を拒否する。人間の平等に対する民主的な要求は、必然的に不平等を生みだす経済システムの要請と衝突する。公立学校のレトリックはまた、才能のある子は全てのクラスにいるが、同質性が生徒間の共通の特質ではないと伝統的に強調した。教育者たちは、世間の商品や家族の財産と同様に、知性と欲望が不公平に配分され、ＩＱ、学力テストとクラスの成績がこれらの仮定を確かめるだけのものであったと推測した。そして世紀半ばまでに、小学校の実践は、より多くの中等学校の生徒に適用された。

子どもたちが非常に多様であることは、拡大著しい中等学校を相手にしている専門家たちの間で一致していた強固な専門的見解であった。さらに、能力別グループとトラッキングは、中等学校の統廃合より実施が簡単であった。それが複雑で政治的な論争の対象のままであったことは、かつてシステムから排除されながらも、より多くのアクセスとより公平な対処がますます要求されるマイノリティや特別なニーズの若者などの集団に縛られるカレッジ側の要求とのバランスをいかにして保つかということであった。

能力別グループとトラッキングは、第二次世界大戦の終わりまでに大規模校において一般化し、小規模学校の閉校がそれらの広がりを加速させた。一九六〇年にある国家機関が、連邦教育局から当時出されたレポートをもとに、『教育研究百科事典』において、中学校とハイスクールの半分が能力別学級を実施していると論じた。小規模の学校はそれぞれのクラスの中で能力別グループを編成する一方で、大きな統合された建物の中に分離されたクラスが登場した。低い成績と高い成績の能力別グループに関する多くの研究は、前者が形骸化、そうでなければ緩和されたカリキュラムと、多くの啓蒙的な指導があることを一貫して示した。これらのグループはハイスクールにおける別々の（アカデミック、一般、職業）カリキュラムの流れを形成した。

マイケル・ヤング、ブルーノ・ベテルハイムや一九五〇年代の他の評論家は、公民権運動が、排除され恵まれない者のために、平等でより優れたアクセスを説いた時、的を射たように学校で生じている知の差別化について鋭くコメントした。数十年にわたって都市のハイスクールにみられた能力別グループとトラッキングの広がりは、成績優秀者のコースとともに、より多くの差別化を導いた。加えて、とりわけ郊外の中産階級のハイスクールで一九五〇年代初頭にエリートの東海岸私立大学と名門エリート校の取り組みによって始められたAPコースが急速に増加し、これが生徒を差別化させる別の方法を提供した。子どもたちをカレッジに通わせることに意欲的な中産階級は、カーネギー単位とカレッジへの進学準備に関連するコースを不当に変えようとするいかなる試みにも抵抗した。サンフランシスコの教育次長ハロルド・スピアーズは、ハイスクールの教員が精神修養の教義を信じており、「才能の貴族」が支配した教室で教えているとして非難した。一九五五年にリンフランシスコの最古の中等学校であるローウェル・ハイスクールでは、教育長からみれば悪夢と言える、子どもたちを私立学校に転校させると脅す卒業生と両親により激しい抵抗をうけた職業コースの追加を試みた。

教師教育者は戦後の時代を通して生活適応クラス（効果的で民主的生活のために必要だと彼らは言う）と少ないアカデミックなコースの利益を無視する方向へ向かう進学準備コースの親を非難した。彼らは、親がどういうわけかカレッジ進学準備のクラスに対して永続的な価値を与え、カレッジに進学する卒業生の数によって学校の質を誤って測定していると信じていた。専門書はこれら親の保守主義に対する不満で満ちていた。ある学校アドミニストレーターは、一九七一年にカレッジ準備コースを少なくすることによってカリキュラムを再編成しようとすることは、常にトラブルを招くと適切に言及している。カレッジ進学の要件が何であろうとも、親は大学進学を求めるのである。一九九五年に何人かの学者はカリキュラムの劇的な変化をもたらすことが無益な仕事であったと結論した。多くの総合制ハイスクールでは、「カリキュラムはカレッジレベルの準備、時代遅れの職業教育と、一般教育コースの形式において基礎的なスキルの補習教育といった程度で編制される」。一九五〇年の論文で彼らは「そのうえ、カレッジを目指す多くの若者とその両親は、伝統的なカレッジ準備のコースワークを排除するどんな改革にも抵抗する」と結論づけた。

戦後の数十年間に現れたいろいろな計画、例えば低いレベルの基礎や必要最低限の能力テストの完全習得学習では、低い成績の生徒が、申込用紙を完成させ、地図を読めるようにすることが生活適応教育運動の目標であったことを思い出させるものであった。皮肉にも生徒たちは中退していたために、調査ではこうした技能が大いに欠けている生徒が州に義務づけられたテストを受けていないことを示していた。一般に、主な政策決定者は、多様な生徒が異なる科目の利用と共通のスタンダードの欠如を必要としたという意見に固執した。彼らは、カレッジ進学の準備をする生徒が多くの市民の関心と尊敬を受けることは非民主的であると考え、最も優秀な生徒だけを教えることを望む教員を批判した。彼らは、全ての人のための教育の機会均等を信じていることを知っていた。彼らは、自身の政治的属性が何であれ、自らをジェファーソニアンの民主主義者とみなしていたが、多くの教育指導者たちは、人間にある差異に関して、親たちが階層化された社会的・知的序列を受け入れていたと信じていた。彼らは、出来が悪いと評判のグループや通常は移動のないトラックに不均衡に捕えられていた貧困、労働者階級、マイノリティの多くの生徒たちの知的な可能性を疑っていた。ハイスクールが仮に全ての者を対象とするのであれば、能力別グループ、トラック、そして異なるスタンダードが存在したからこそ、個々の生徒が、ある種の成功や学校への残留、そして卒業を経験できたというのが専門家の一致した意見であった。こうして一九五〇年代に、ワシントンDC、インディアナポリス、カンザス州トピカを含む多数の都市は、様々なトラックの生徒に異なった卒業証書を与えることを制度化した。

実行者による妨害からカレッジ入学要件と生活適応教育への激しい攻撃がたとえ多くのアカデミックな教科を保護したとしても、上級科目のコース履修はスプートニク後も顕著に増えなかった。確かに一握りの人間だけが全ての人のためにとにかくアカデミックさを強化したがった。ただ、教育者を含めた多数の市民は、多くの中等学校生徒が本格的な学習をする知的準備ができていないと早くから結論づけていた。私立フィリップ・アンドーバー・アカデミーの校長は、『サタデー・レビュー』誌において、「ガレージを経営することに熱意を抱く若者の頭にラテン語を教えようとすることは愚かなことである」と容赦なく批判し、優秀な子どもよりむしろ「学習遅滞の子どもたち」のために過剰な浪費があると発言した。一九五二年にニューヨーク州の小さな工業都市ホーネルに位置する中等学校の校長は、誇りをもって、才能のあまりない生徒が難しいアカデミックなコースを免除されていると主張した。「我々は、クラス以外で一切生徒を分けない。スポーツでも、ホームルーム、社会的活動でも、生徒が重要視するものは分けない」。テキサス州のポート・ネチェズ独立学区は、遅れた生徒のための「最小限必要な学力」と、優秀な者のための多くのアカデミックな科目を誇りにしていた。誰もが全ての生徒にアカデミックな科目を押しつけることは非民主的で不親切であると発言するようになった。一九五九年にニューヨーク州グレートネックのアドミニストレーターは、全米中等学校長協会で、ＩＱの幅のある生徒に直面して、グループ化の実践が全ての生徒に公平な扱いを保証するという彼の夢の中学校像を示した。その学校長の名前はウィエイム・Ｔ・ヘルプザモール(Weaim T. Helpthemall)であった。

能力別グループとトラッキングを通した民主主義について恩着せがましい記述をする人々は、一般に、自身の子どもを低い水準の学級から遠ざけた。トラッキングが生徒を助けたという言説が正当化されたため、彼らの行動は笑顔のパターナリズムであった。一九三〇年代にコネチカット州の教育長であったバターフィールド(E. W. Butterfield)が、中等学校生徒の半数が卒業のための基礎的なスタンダードに達していないことに言及したと満足げに引用する者もいた。スタンダードは少なくとも彼らにとって低くなければならなかった。結局、典型的なアメリカ人は、朝刊の見出しをとばして、漫画とスポーツ欄を読むだけである。「マコーレー(Thomas Macaulay)かサッカレー(William Thackeray)〔トーマス・マコーレー：英国の歴史家、ウィリアム・サッカレー：英国の小説家〕、あるいは『アトランティック・マンスリー』を決して読まない。決してエッセイを書かないが、ブリスベーン(Brisbane)とウィル・ロジャース(Will Rogers)のエッセイを読む」とバターフィールドは書いた。能力のある者のためにスタンダードを上げることさえ、バターフィールドは「知的サディズム」と考えた。ウィリアム・フレンチが述べたように、一九五〇年代後半までに、すでに多くの生徒のために(おそらく大規模学校で)、カリキュラムの難易度の引き下げが急速に進展していた。才能の低い生徒は代数学と平面幾何学に代わって、「彼の現在と将来の生活ニーズに関連した単純な算数の計算をする。シェークスピアの脚本やテニソン(Alfred Tennyson)の詩を理解しようとするよりもむしろ、彼は『リーダーズダイジェスト』のような人気雑誌や地方新聞を読むことを教えられる」。

多くの貧しい、マイノリティの生徒が学校に留まったので、ハイスクールは小学校レベルの読解力しかない生徒を教育することに苦労した。戦後の時代を通して『タイム』と『ニューズウィーク』は、非行少年や今やコミック本レベルの読解力しかない「読めない子ども」について報告している。問題はまばらな田舎と荒廃した都市のいずれにも存在する。中等学校教員のための専門雑誌は、ほとんどのハイスクール教員が小学校段階で習得されなければならないと考えていたスキルである読解力に関する特集を組んだ。一九五四年に、アラバマ州コテージグローブにあるクーサ郡中等学校の校長は「全ての生徒に卒業証書を」と簡潔に述べた。彼は、「我々は、ハイスクールの卒業証書が、たった一つのこと、つまりその所持者が、あるハイスクールで一定期間学習したこと、あるいはその指導のもとで学習したことの証であると認めている」ので、アカデミック・スタンダードに対する責任を完全に免除された五年間の実験を始めた。同校は必須のアカデミックな要件とテストを全て排除し、出席し、行儀の良かった誰もが卒業証書を受け取れるようにした。「大多数の生徒は、普通の一般市民より決して上ではない」ために、彼らに本格的な科目を教えようとすることは「時間、金、エネルギー」の無駄であった。平凡な人々は、「シェークスピア、ユークリッドやガリレオ(Galileo Galilei)について耳にしたことはなくても、充実した生活を送ることができる」。

この校長は、反アカデミック熱に強くおかされていたが、学校システムに自動進級制度が広まるにつれて、成績と卒業証書のつながりは弱まった。全員のランナーが勝利する『不思議な国のアリス(*Alice in Wonderland*)』の有名な徒競争を思い出させることだが、例えばアリスの話の中に出てくるドードーは「全員に賞をあてがわないと」と主張するように、教育者はますます誰もが成功を感じる必要があると発言するようになる。都市の英語能力の最も低いクラスでは、生徒はジョージ・エリオット(George Eliot)の『サイラス・マーナー』やシェークスピアの『テンペスト』に取り組まず、運転教習のマニュアルやバット・ザ・パイロットのような魅力あるものを好んだ。コナントのような国の重要人物や多くの教師教育者は、生徒が忠実に学校に通い、適応し、行儀よくするようならば、全員が進級し、卒業証書を受け取るべきであると主張した。一九五〇年代までに、教育者はその方針を描写するためのいろいろな婉曲表現をでっちあげた。彼らは、スタンダードを捨てたのではなく、変更、多様化、緩和、そして柔軟化させた新たなスタンダードを適用しただけであった。「同情的な進級」もあった。ハイスクールによって実践が変化した一方で、その傾向は、成績に関係なく大量の進級と卒業を生み出すほうに向かっていた。

老齢のハーバート・フーバー(Edgar Hoover)と副大統領リチャード・ニクソンを含む政治家たちは、柔軟なスタンダードと自動進級を攻撃し、ウィリアム・フレンチを含む少数の教育学部の教授は卒業証書の価値を下げることを嘆いた。フレンチは、もし子どもが進級できなかったとしたら教員が失敗したという批判が大きくなることを心配した。彼は一九五七年に「教育長への最終的なレポートについての見出しは、伝統的な『進級に失敗した生徒』から『進級を成功裏に準備させてやれなかった生徒』へと変わった」と記した。「ハイスクールの卒業証書は、出席が満足の行くレベルにあったという証明書であると考えられているかもしれない」というクーサ郡なら賞を獲得するかもしれないような声明もある。しかしながら、次の数十年間、多様な生徒を抱えた学校が全体の質を低下させることなく卒業率を向上させるという魔法の解決策を打ち出せなかった一方、それとは対照的な政治的信条をもつ市民は、多くの、特に貧しい卒業生の低い成績について心配した。アパラチアの貧困についてのハリー・M・コーディル(Harry M. Caudill)の感動的な描写、『カンバーランドに夜が来る(*Night Comes to the Cumberlands*)』(一九六二年)において、彼は活気のない地域のハイスクールの卒業生が「ほとんど読み書きができない」こと、その結果とりわけ競争経済で弱い立場のままに留まることを嘆いた。「不合格者ゼロ」の方針あるいは全員進級を採用する学区は、ハイスクールの卒業証書を有しているけれども機能的非識字の人々が市民権の侵害と主張して訴える訴訟に直面した。

一九七〇年代までに、市民は様々な点で低いスタンダードに留まっている生徒を軽蔑した。一九七四年のギャラップ調査では、わずか七％が全員進級を支持し、基礎的なスタンダードを満たすことができなかったならば、学年を繰り返すことを九〇％が望んでいた。後者に関して賛同した中学生とハイスクール生の八七％は、学校の方針と世論の間の断絶について発言した。才能の低い生徒のために全般的にスタンダードを低くしたことで、最も貧しくて最も傷つきやすい人々は、公立学校に蔑《ないがし》ろにされているようであった。学校を二流のものとして攻撃する『危機に立つ国家』が報告された一九八三年に、ゲイリー・D・フェンスターマチャー（Gary D. Fenstermacher）とジョン・グッドラッドは、「カリキュラムの多様性」が子どもの個人差という古い考えに基づいているために、何百万の子どもたちに共通の良質でアカデミックな教育課程へのアクセスを与えることや、デューイが「文明資本投資」と呼んだものを否定することを助長したとした。これは正確には、多くの教育学者から依然として非難されているウィリアム・T・ハリス、ウィリアム・バグリー、アーサー・ベスターらが初期のころ関わっていたことであった。小学校の専門家であるグッドラッドは、また中学校も研究した。彼は、主要な教育実践の研究で、生徒が「主として通常カレッジ入学のために必要な四つの基礎的教科、つまり数学、英語、社会、科学でトラックに分けられている」ことを明らかにした。多くの生徒は高い質、高いアカデミックな科目にアクセスできなかった。一九八三年の連邦教育省による統計は、地域や地方の多様性にもかかわらず、全国では平均三八％の生徒がカレッジ準備コースに在学し、三七％が職業トラック、二五％が一般の学級に在籍していたことを明らかにした。

数十年にわたって進行中の、この共通スタンダードからの撤退は、より小規模なハイスクールが閉校するにつれて急速に進展した。新しいコース、選択教科、伝統的な教科を形骸化させた代替科目の激増を導いた。連邦教育局は、ハイスクールが二七四の異なったコースを教えていると一九五〇年に報告した。例えば、一七二人の生徒はノルウェー語を学習していた。一九五三年に雑誌『ライフ』の記事は、在学生二千人に対し一三七のコースがあるアイオワ州の総合制ダベンポート・ハイスクールを特集した。一九六五年にある専門家は、一つのハイスクールには五〇〇の異なるコースがあると認識していた。アーネスト・ボイヤーは、一九七七年にイリノイ州の七四一のハイスクールで二、一〇〇のコースがあることを報告している。カリキュラムの混沌は、アーサー・G・パウエル（Arthur G. Powell）、エリノア・ファーラー（Eleanor Farrar）、ディヴィッド・コーエンが発表した重要な研究『ショッピング・モール・ハイスクール（*The Shopping Mall High School*）』（一九八五年）によって示されている。そこではアカデミックの一貫性と優秀性は大衆教育と相容れないようであった。

教室の暴力と教員のストライキの増加は言うまでもなく、能力別グループ、トラッキング、自動進級制度、選択科目、補習クラス、成績のインフレと合格・不合格をつけるだけのコースの広がりは、制御できないほど揺れ動くハイスクールを特徴づけているようであった。そして、一九七〇年代にＳＡＴの成績が急落した時に、そのテストは学校のスタンダードを示していたわけではなく、カレッジへの適合性を測っていたにもかかわらず、かなり多くの市民はスタンダードが救いようのないほど低下したと結論した。しかしながら、多くの中産階級の若者だけではなく、多くの労働者階級の若者が中等教育後の学校へ進学するようになると、テスト成績が低下し、多くの人々にシステムの有効性と効率を疑わせた。基本に帰ることとアカウンタビリティの要求はもうひとつの復活を経験した。公民権擁護者と保守的な共和党員は、改革に関する彼らの異なる政治哲学と思想にもかかわらず、学校組織が問題を抱えているという点だけは同じ意見であった。

能力別グループ、トラッキング、自動進級制度が一般的になるにつれて、多くの若者が体系的に多くを学ばないことが予期された。これは、実践に関する訴訟と進行中の批判にもかかわらず、ハイスクールのトラッキングの排除をかなり難しいものにした。教育者は一九五〇年代と一九六〇年代に自信をもって、グループ化の実践が、より聡明な生徒との競争から、最も能力の乏しい生徒を守り、進級は全ての人に成功を感じさせると述べた。さらに、中退者のためのまともな仕事が消失してしまったことを考慮すると、在学率を上昇させるための中等学校に対する大衆の圧力は、疑う余地なく多くの生徒が基本的な要件を満たさずに進級することを意味した。全てのグループの卒業率が上昇する傾向にあったものの、中退率に関しては、戦後を一貫して貧困層やマイノリティの生徒にとって比較的高いままであった。成績がそのまま仕事に連結するわけではなかったが、教育上の証明書と結びついていた。教育者の中にはウィエイム・T・ヘルプザモールが校長を務めた夢の世界としてではなく、学校が全ての人のニーズに取り組む必要があると主張する者もいた。しかし、一般の人々は納得しなかった。一九七〇年代までに多様な背景をもつアメリカ人は、ちょうど彼らが社会を改革して向上のために学校に期待し続けるのと同時に、スタンダードを高めることを望んだのであった。

テストの開発とハイスクールの階層化

学校に対する効果的で高い学業達成という要求は、一九七〇年代と八〇年代までの、政治的なスペクトルの反対側から来た。保守主義者は、常にリベラリズムと、経済的な停滞、ベトナムで政治的に敗れた六〇年代と、基礎においいて貧困な学校教育を批判した。彼らは、文化的な退廃の徴候として、服装規定の崩壊とドラッグの蔓延、生徒間の性の開放を指摘した。公民権運動支持者は、別の理由から学校に批判的であった。彼らは一九七〇年代前半の北部でのバス通学に対する白人の抵抗と、非アカデミックなハイスクールでの貧しい黒人とスペイン語を話す若者の分裂の深まりを攻撃した。貧しい生徒は常に最も低い能力別グループ、特別支援教育、職業トラックにおいて過度に多かった。全ての人が、全体的な達成レベル、とりわけマイノリティの若者のレベルがあまりに低いことに同意し、最終的に超党派的な支持を惹きつけた厳しいプログラムの運動をあおったようにみえた。

特別な学習ニーズや障害のある子どもと、貧しいマイノリティの子どもたちがより多く中等学校に通うようになるにつれて、学校の長い間の支えであったテストと測定は、戦後の新たなピークに達した。ＩＱと学力テストの通常の配列に加えて、州全体と国家のテストプログラムに対する関心も一九五〇年代と六〇年代に上昇した。卒業証書が全米規模のテストの得点に基づいて授与されるべきか否かについて一九五八年と一九六五年に世論調査で問うた時、半数がそれに同意した。その後一九七〇年に六五％に、その一〇年後には八二％に上昇した。事実、子どもたちが行き詰まった時に家族的な支援がないところでは、あまり教育されていない子どもほどテストを好む。そのようなテストを使って学校を比較すべきか尋ねられた一九七一年のギャラップ調査では、七五％を超える回答者がイエスと答えた。市民は、学区、州、国家のどの規模のテストが望ましいかについて共通認識はなかったが、学校の成果を測定する競争的な試験に対しては広く支持を示した。ほとんどの州議会は、『危機に立つ国家』が学校の成果に関する不満をさらに強める前に、最低限の能力を測定するテストを求めたのであった。

テストの魅力は様々な源から生じてきた。「偉大な社会」を目指す教育改革リベラリズムの立案者は、「結果の平等」を生み出したかどうかをみるために連邦プログラムによる評価を求めた。幻滅した自由主義者にとって、ジェイムズ・

コールマンの有名なレポートは、学業成績に対する家族からの否定的な影響に学校が打ち勝つことができるかどうかに疑いを投げかけたが、より定量的な研究に向かう傾向は相変わらず続いた。自分たちのプログラムのための連邦補助金を確保するために、州教育局は、教育結果を測定するための多くのテスト実施を考案した。ケネディとジョンソン政権前半の連邦教育局長官であったフランシス・ケッペル(Francis Keppel)は、一九六〇年代後半に全米規模の学力テスト実施を支持したが、教員と組合からの強い反発を予測した。アメリカ教員連盟(American Federation of Teachers)の尊敬すべき長であるアルバート・シャンカー(Albert Shanker)は、毅然として組合の特権を守ったが、最終的に教員がアカウンタビリティの新しい波に必ずしも反対であるというわけではないことを示すためにテストプログラムを支持した。

新しいテスト運動は多くの役割を担っている。最初のカーネギー財団の資金提供と当時の議会予算で、全米学力調査(National Assessment of Educational Progress: NAEP)が一九六九年に始まった。「国家の通信簿」と呼ばれたそれは、定期的に様々な科目で生徒の到達度をテストしたが、個々の生徒や学校ごとの平均点を報告しなかったため、最低限の能力の測定や、他の学業テストほどには教育者の間で論争の的にはならなかった。全米学力調査は、数十年前に進歩主義教育協会に支援された有名な八年研究(一九三三―一九四一)の研究チームのリーダーを務めた、熟練した教育研究者であるラルフ・タイラー(Ralph Tyler)の研究に多くを負った(専門雑誌は満足そうにこの研究を引用し、形式陶冶概念のような伝統的なカリキュラムが、どんな科学的基礎も欠いていることをこの研究が証明したと述べた)。

さらに、一九六〇年代後半までにブラウン判決を補強する論争的な研究を行ったケネス・クラーク(Kenneth Clark)のようなベテランの公民権運動家は、都市ゲットーのマイノリティ生徒の低い学業成績を嘆いた。それゆえ、テスト、評価、アカウンタビリティは、自由主義の円の中で深い根を張り、新しい民主党によって導かれたものであり、一九七〇年代の後で、元気よく運動を導いた共和党員によって新たに計画されたものではなかった。アーカンソー州出身のビル・クリントンのような政治的に上昇する星に導かれて、新しい民主党は、自由市場、教員テスト、伝統的な共和党の政策を賞賛することよって、それらの対抗者の意見を吸収し、一九八〇年代半ばに党内の改革者として現れた。

ロマン主義者で反体制文化的な批評家は、学校の効果を測定するためのこの新生の超党派的な運動を攻撃した。彼らは、多くのコミュニティ・スクール、「壁のない学校」、オープン教室、オルタナティブ・ハイスクール、多くの学習セット、選択科目、生徒の自由を求めた。児童中心の教室はすでに低学年で取り組まれていたけれども、これらの考えの中には実を結んだものもあった。少数の急進派は社会を脱学校化することを支持したが、たいていの左翼評論家は極端ではなく、学校が今や社会に深く埋め込まれたと理解した。学校についての多くの暗い話が聞かれた。一九七〇年にチャールズ・シルバーマンは、その他のシステムのように、多くのハイスクールは、幼児学校の教授方法からはるかに隔たった「抑圧する刑務所のような雰囲気」をもっていたと述べた。彼は共通カリキュラムの考えを攻撃し、学校が生徒に合わせるべきであるとする古い児童中心主義の格言を繰り返し、生徒は自らが興味を起こしたものを探究すべきであると言った。同年、アルビン・トフラーの『未来の衝撃(*Future Shock*)』は、学校を「希望のない時代錯誤」なものであり、共通カリキュラムを常識に反すると訴えた。彼はそれがその人の将来のニーズを満たさない限り、フランス語から代数学まであらゆる科目を除くことを提案した。伝統に基づいたカリキュラムは、不断の変化の中で機能不全に陥っていた。『アメリカの再生(*The Greening of America*)』の著者であるチャールズ・ライヒは、競争的な試験と順位表の終了を求めた。他の著者はおそらく、増加する教室での暴力を減らすために、生徒との「おしゃべり」と同様に、通信簿の「経過報告」を支持した。

一九七〇年代半ばまで、そのような提案は、基礎への回帰、アカウンタビリティ、数えきれない評価企画(成績に対する契約、行動目標、その他)が反体制な懸念とはほど遠いところで注目を争う中で、異質なものにみえた。教室で全ての失敗を取り除くことは、とりわけ都市において幻想であると言えた。メディアで校内暴力の話題がたくさん取り上げられた一九五〇年代の初め、郊外と都市の学校の間で拡大する成績格差について頻繁に報道された。貧しい者の間の、とりわけアフリカ系アメリカ人のリーディングと学力の低さは、資格のある教員を雇い、彼らを最高の状態に保つのに苦労していた都市システムの困難な面を反映していた。郊外で高価な新しい建物が建設される一方で、都市の学校の多くは破損したままで、ゴシック建築の要塞のようだった。一九六三年にニューヨークの学校の三分の一は、少なくとも五〇年経過しており、年に一二二回の火災に遭い、一八万一、〇〇〇の窓が壊されていた。それは生徒による射撃練習の標的として使われたからであった。一九六〇年代の都市は学校破壊が増加してインフラが破壊されていたが、中退率もひどかった。警察は夜に警棒や銃をもって都市の学校のホールをパトロールするようになった。一九七三年に「クレンショー要塞」は、ロサンゼルスのあるハイスクールのニックネームであった。その時ニューヨークは一、二〇〇人の学校警備員を追加訓練し、デトロイトでは絶望的な経済状態の中で毎月教員に多数の攻撃が加えられた。チャールズ・F・ケッタリング財団が後援する中等教育の国家的研究は、このような都市システムが「完全に崩壊寸前」であると結論した。

ジェームズ・コナントやその他の者たちは、戦後すぐの時代に白人と黒人の若者の間の成績に関する大きな格差について心配したが、学校は学校で貧しい若者を留めて、彼らをできるだけ長く市場から遠ざけ続けるために、能力別グループ、トラッキング、職業コースを活用した。かつて仕事は、あらゆるバックグラウンドをもった貧しい子どもがみな等しく低い成績に留まっていた都市内部において不足したが、とりわけ貧しいマイノリティの子どもたちには悲惨な結果をもたらしていた。一九六四年に連邦教育局の中等学校プログラム長であったオービッド・F・パロディ(Ovid F. Parody)は、学校と社会が反対の目的で作用していると認識した。つまり、都市は貧しく、非白人の子どもたちで溢れていて、社会は学校に十分な資金提供をしていないが、アカデミックな優秀性を求めるのである。パロディは、「マイノリティの文化出身の数千の少年少女は大都市において教育的に不利な立場にあり、彼らの問題は警告すべきレベルで留まり続ける」と結論づけた。

様々な都市の学校改革のレトリックと実際の取組みは、不十分なようであった。学校ブルジョワや文化的に剥奪された貧困者と称しても、成績を上げるための明確な方法に形を変えることはなかった。補償教育の考えは、それが人種差別主義やマイノリティの貧しい家族の品位を落とすと主張する多くの急進主義者への侮辱であることを明らかにした。貧困の終結を約束した「偉大な社会」は、都市の学校イニシアチブに融資しただけでなく、すでに進歩的な郊外の学区にも援助していた。認知心理学者は探求と発見を賞賛した新しい学習理論を展開したが、これは貧困地域で基礎を教えようとする教員の日常の労働から遠く離れているようであった。新しい数学と科学のプロジェクトは、通常貧しい都市と田舎の学区を避けた。何人かの研究者は、常に不明な点が多く非科学的で、教育学的には行き詰まってしまうような貧しい者の「学習スタイル」を研究してきた。成績が低下した時、コメンテーターの中には、多くの青年が単に「校内の中退者」であると冷笑的に結論づけた者もいた。

一九七〇年代初頭までに、自由主義者と保守主義者は、都市の貧しい者の間で成績を上げる方法について議論した。「社会のダイナマイト」についてのコナントの警告が生まれ、都市暴動、犯罪率の上昇や拡大する社会福祉制度の危機は、規律、基礎、アカウンタビリティの重要性を強調した共和党支持者を生み出した。法廷は、郊外と都市の間のバス通学に不利な判決を下し、教育に対する一人当たりの支出の平等が憲法上の権利であったことを否定した。ひとたび経済が破綻すると、ウォーターゲートの不名誉さえ、公立学校より私立学校を、公共空間より市場を頻繁に賞賛する甦った共和党支持者を食い止めることができなかった。

より高い成績を求めることが一般的になるにつれて、連邦政府も、現代の公民権運動の別の重要な側面である学校におけるジェンダーの平等を迫った。一九七二年、タイトルⅨは、大学院入学からスポーツプログラムへの資金提供まで、女性の平等の根拠を展開した。立法化しなくとも、歴史的な学校と社会における差別にもかかわらず、女子は平均して男子より高い成績、少ない退学、良好なハイスクール卒業率を記録した。ケッタリング財団によれば、初期の全米学力調査の得点は、科学以外の分野で女子が男子を上回ったことを示している。連邦法九四―一四二（一九七五年）は、慢性的に資金不足である連邦の管轄であった障害のある生徒や他の特別な生徒のための多くのアクセスを求め、それまで排除されてきた者は、適切な教育環境と、通常、アカデミックな領域よりも課外カリキュラムにおいてより良い成績をおさめていた主流派に加えることを求めた。白人の親が、義務的なバス通学に抵抗して郊外や私学を求めて都市を去ったので、芸術や数学、科学のような分野に関して、質の高い、専門化されたプログラムで生徒を惹きつけるマグネットハイスクールによって白人の脱出を食い止めようとした。しかし、都市は人種的、民族的に分離されていたのでその使命は困難なものであった。そして多くの有権者はスタンダード化されたテストと高い成績を要求したが、教育が相当数の生徒のために少なくとも実際的であるべきという見方への支持を続けた。これは一九八三年に、全ての中等学校生徒の三分の一を超える者が、非アカデミックカリキュラムである職業トラックの枠にいることを確かなものにした。

ハイスクールは、このように時折、相互に矛盾する課題を達成するよう期待される。学校アドミニストレーターは、全ての人のニーズを満たし、政治家やメディアによって表される恒久的な不満に対応しようと混乱していた。

一九七〇年代と八〇年代に都市システムが低学力のために攻撃されるにつれて、低能力グループの中の多くの貧しいマイノリティの子どもたちは、彼ら自身が特別な学習者であるというラベルを貼られ、職業コースに不相応にあてがわれていると気づいた。かつて文化的社会的に不利な条件に置かれた者は、「遅れた学習者」や「危機にある」と呼ばれ、「底辺層」のひとつであるとされた。特別支援教育や職業クラスの中にこうした子どもたちを置くことによって、どこかの南部の学校システムはアカデミッククラスを白人の子どもたちの領域としたのであった。

特別支援教育と職業教育は多くの共通点をもつ。両者ともアカデミックさが不十分で、低水準のカリキュラムで編制され、多様な行動や診断困難な学習問題を抱える若者を扱う。特別支援教育の生徒、すなわちＩＱが七〇から九〇の範囲を下回り、学校システムに依存する生徒の数が一九五〇年代の初頭ににわかに増加し始めた時、教育者はそれらの生徒に何を教えるのかという点について心配した。教育者たちは、ウェイターや家政婦、門番や洗車の労働者になる可能性が高い、そうした生徒が何らかの実用的な教育を必要とすると説明した。親たちは、無神経な人々が「愚か者」のクラスと呼んだところに自分の子どもを入学させることにかかる不名誉を訴えた。伝統に則り、これらのクラスは手工訓練や家庭科、簡単な読み書きに加えて指示に従うことや正しい変化に対応するような技術を強調した。才能があると分類される若者が一般に最も高い社会経済層の出身である一方、特別支援教育の生徒はたいてい貧しくマイノリティ出身であった。中等学校の「ゴミ捨て場」と呼ばれたそのような教室は、一九五八年にニューヨーク市の学校での調査の『ネイション』誌で報告されたように、トラブルメーカーを送るための場でもあった。どこかで癇癪を起こした人々はまた、「分類し直され」、特別支援教育に送られた。そのテーマはジョン・ウォーターズ(John Waters)が一九六〇年代初頭のボルティモアでの皮肉な観察によってパロディーにした劇映画『ヘアスプレー（*Hairspray*）』であり、ある手に負えない生徒は、貧しい黒人や学習遅滞者が多く在籍した特別支援教育のクラスの一員になった。

良い成績への要求が高まったので、都市のアドミニストレーターは応対方法を心配した。一九七七年にインディアナ州ゲイリーの教育長は、学校は「達成と期待が現実的になるようなスタンダードであることが重要である。誰も身体的に不自由な子どもに短距離走をさせないように、知能の遅れた子どもにチョーサー（Geoffrey Chaucer）を読ませない」と警告した。そして必ずしもそうとは言えないが、特別支援教育の生徒より一般に高いＩＱをもつ職業教育で学ぶ生徒が、名著を読むべきであるとか、難しい科目を学ぶべきかについて誰も考えていない。一九五〇年に点在した小規模ハイスクールは、ほとんど職業教育プログラムをもっていなかったが、学校がより広範囲なコース提供を強化してきたため、増加するようになった。教育界の指導者は公的には職業教育を賞賛したが、たいていそのプログラムが低水準で、二次的で、しばしば有用性が疑わしいと知っていた。一九七〇年代に、それを「キャリア教育」や「技術準備」と呼んだことはあまり重要なことではなかった。それにもかかわらず職業教育に関する教育者の信念は強くなったが、これはおそらく広範な世論を反映したものであった。ケネディとジョンソン政権における広く知られた原則は、寛大な社会福祉制度をサポートする貧困問題の解決のための、そして経済成長を強化するための収入や富の再配分ではなく、人的資源訓練であった。一九六三年とそれ以後の連邦職業教育議案は、アカデミック科目を学ばないか、学びたくないか、学べない人々に対する投資という信念を反映した。一九七〇年代の異なった時期に行われた調査では、大人の八〇％から九〇％は「キャリア教育」について承認した。

ただ、職業教育プログラムの現実は反省を要するものであった。コナントは、職業教育主義は常に「他人の子ども」のためであったので、郊外の親は自分たちの学校はアカデミックな教科に焦点を当てていると確信していたと述べた。ある生徒が職業教育か特別支援教育に割り当てられることは、カレッジに通うチャンスを減らしたが、しかも都市のシステムの中の職業プログラムはほとんど魅力がなかった。『暴力教室』は、ブロンクス職業ハイスクールでの暴力と社会的緊張の物語であった。一九六一年までに、ニューヨークの八六校のハイスクールのうち二九校が職業系で、一方厳密にアカデミックなハイスクールは一握りであった。一九五〇年代を通して、都市のアドミニストレーターは、当然のこととして、あるいは絶望的な目で、職業プログラムや職業学校はヒエラルキーの底辺にあると各地で報告した。インディアナポリスの教育長であったハーマン・シブラー（Herman Shibler）は、街の総合制ハイスクールに誇りをもっていた。また、一九五二年に創設されたハリー・E・ウッド職業ハイスクールは異なった注目を集めていた。それは、「理容師、靴の修理、市販食品加工、歯科助手、美容文化、車体・フェンダーのバンピングや塗装のクラスを提供していた。それはまた、健常者、知的障害者、社会への適応が困難な子どものためのカリキュラムを提供していた」というものであった。ニューヨークのメトロポリタン職業ハイスクール校長フランクリン・ケラー（Franklin Keller）は、総合制中等学校が研究されていた一九五〇年代初頭に国内を旅行した時、多くのアドミニストレーターが、職業教育が低学力の生徒のものであったという公然の秘密を共有したのは不思議ではないとした。職業系クラスは、「勉強のできなかった厄介者や問題児の若者、見捨てられ、拒絶された子どもたちのたまり場」であった。

ケラーのような「なすことによって学ぶ」の考えは、ルソー、ペスタロッチ、フレーベル、デューイの進歩主義の伝統と職業教育が結びついたものであった。彼は典型的な総合制ハイスクールのアカデミックなカリキュラムが依然として英語、アメリカ史と現代史、科学、数学、外国語、保健体育、音楽と美術の周囲に、女子のための家庭科と男子のための商業科が位置づけられたことを残念がった。しかしながら職業トラッキングは、より貧しく、より低い地位の若者で満たされ、主として非アカデミックであった。戦後を通して批評家は、優れた手工技術をもつ一流教員の不足、レザークラフトや木彫りのような古い技術を指導すること、時代遅れの機材、低いIQをもつ破壊的な学生について不満をまくしたてた。職業系クラスは中退率を低下させ、生徒の自尊心を高めることを支えたが、アカデミックトラックと比較すれば、研究成績は両方のカテゴリーとも職業トラックの生徒が悪いことを示していた。高いリテラシーと高い市場向きの技術をもつ職業的な生徒を供給することは、現代の格付けされた学校を縛っている能力別グループ、トラッキング、個人差という教義が普及するならば、不可能であるようにみえた。このように、職業教育と特別支援教育は、両者とも上昇するハイスクール入学率への反応の典型的な例であったために、多くの問題を共有した。これらのプログラムは若者を学校の中に留め、全ての者に居場所を確保した。彼らは、アメリカ人が教育の機会均等を信じていることを確認したのであった。

ハイスクールの文化

真剣であるか、ありきたりであるか、滑稽であるかの違いがあるにせよ、一九五〇年代と一九六〇年代にハイスクールに通った人はほとんど誰もが類似した記憶をもつ。視覚と聴覚、見てくれと言葉づかいはすぐに思い出される。アメリカンフットボール、プロムクイーン、速い車、ロックンロール。生徒自治、スペイン語クラブ、卒業アルバム、教員の話。チアリーダー、ドラム奏者、バンド練習、さぼり、ジーパン、クラスの道化、通知表、優等生名簿。黄色のバス、色褪せたカーペット、退屈な授業、自動車教習。商業科、家庭科、抜き打ちテスト、期末試験。「手を上げなさい！」「後ろは静かにしなさい！」「宿題はどこ？」ノート、図書館の入館許可証、汚れた黒板、中退。ホームルーム、明るい服、嫌な顔、時計とベル。ダックテール、マッシュルームカット、アフロ、ほおひげ。プードルスカート、服装規定、悪い連中、トイレでの喫煙。

『ナショナル・ランプーン』誌による一九六四年の卒業記念アルバムのパロディ、すなわち校長の無意味な挨拶、先輩のプロフィール、内輪ネタとこき下ろしを備えたものは、多くの人々がそれがパロディ化した社会的慣習を認めためにマイナーなカルトの古典となった。カート・ヴォネガットが述べたように、ハイスクールは「アメリカの経験の中心」の一部になった。無数の映画の主題(非行少年と時には英雄的な教員でいっぱいの)と、カリキュラムと教授法の博識な研究(少数の他の専門家によって読まれる)は、時折、道徳的、教育的な退廃の主犯とみなされた。今や誰もがハイスクールでの経験について何かを知っているので、ハリウッドとメディアは若者のイメージを増長させた。無数の映画の中の十代のごろつき、『理由なき反抗』(一九五五年)の不機嫌な郊外居住者、様々な十代の恋物語である。長老派の若者の代表者は、一九五七年に全米中等学校校長協会の年次総会で講演し、学校で現在生徒に多様性を認めるならば、型にはめてとらえることのないようにと警告した。それでも生徒は仲間うちの文化の内外に俗語、価値体系、文化的なより所を新たに創造してきた。その代表者が言うには、まるで誰もがたばこを吸い、授業を邪魔して、騒ぎを起こすティーンエイジャーであるかのように、「我々は生徒たちを改造車マニア、気が狂った者の寄り集まり、ロックンロール世代、少年非行世代というふうに呼んでいる」と発言した。

アドミニストレーター、教育委員会のメンバー、自称専門家、教員、納税者、メディアに登場する有名人は、常に若者を向上させ、学校を改善する方法について提案した。しかし大人の関心は、学業成績を上げ、教授法を改善することであり、生徒の世界の中心にはめったにおらず、他の惑星のまわりをまわっていた。時と場所に応じて、生徒は、ギャング、学校統廃合の継続的な努力、多くの選択科目を加えるための嘆願書、ささいなルールと規則に対する抗議と、宿題をし、授業では静かに座ることを含めた大なり小なりのあらゆる種類の活動に関わった。暴力と不作法、ドラッグの使用と低成績は、一九六〇年代と一九七〇年代に都市を飛び出して重大な問題になる一方で、市民は生徒が礼儀作法と成功した大人の基準から切り離されることについて長く心配していた。学校の拡大、統廃合、大衆文化は、青春期と年長者の間に目に見える分裂を広げるだけであった。ほとんどの生徒は、生活適応教育あるいは「教育荒廃」の詳細について関心をもっていなかった。深刻な問題は、生徒は、車と新しい服をもつことが、幾何学の授業より重要であり、消費文化に溶け込んでいることであった。アカデミックな成功に向けて努力することが家族で強調される一方で、男子にとって学校の最も高い地位は学者ではなくアスリートであった。女子にとって、外見や個性、チアリーダーになることは人気のひとつであった。ハイスクールは、金、体裁、地位、スポーツに関心をもち、主流の文化規範に堅く根差した実際の社会の縮図であったが、大人と生徒の世界はしばしばひどくかけ離れているようであった。

中西部の郊外の中等学校で仮名ではあるが、ウォバッシュ・ハイスクールの世紀半ばの重要な研究において、社会学者C・ウェイン・ゴードン(C. Wayne Gordon)は、男子の間の「重要人物」がスターアスリートであったと断言した。女子にとっては、人気、外見、愛校心、リーダーシップと道徳的な評判が「イヤーブック・クイーン」にした。五七六人が在籍するこの特定のハイスクールは、五〇の異なる生徒組織をもち、専門の教育者は、たとえ多くの研究が中産階級と上流階級の生徒によって支配されていることを示しても、民主化の影響を賞賛した課外活動の激増を例証した。何十もの生徒グループと活動があるにもかかわらず、ゴードンは一握りの生徒だけが高い地位に移動することを発見した。生徒たちは、見込みも含めあらゆるものをランク付けした。何が自身の学校で本当に重要であったか尋ねられた時、項目リストに挙げられた四つの主要な項目の中で、男子はアスレチック・キングにつくことを選択した。他方で女子は、生徒自治、チアリーディング、大学のバスケットボール、全国優等生会を挙げた。多くのハイスクールで、女子はより熱心に勉強し、よりよく振る舞い、より好成績をとった。男子は、全国優等生会をリスト上で八番目に挙げたためはるかに地位を下げた。

一九五〇年代にジェームズ・コールマンはまた、中西部の学校で若者の比較分析を行った。郊外から農村地域にわたる北部イリノイ州の一〇の異なるコミュニティを対象とするものである。彼の一九六一年の著書『若者社会（*The Adolescent Society*）』は、十代の大人文化からの分離という幅広い社会的関心を力説した。「若者は学校のホールと教室、ティーンエイジャーの食堂、ドラッグストアの隅、自動車、多数の集まる場所にいる仲間の社会に投げ出された」。男子はスプートニク後の科学の成績についての国家の大騒動にもかかわらず、ロケット科学者ではなく、スポーツのスターになることを夢見た。ゴードンと彼が以前強調したのは、アスリートとチアリーダーが最も高い地位にあることであった。コールマンは、「生物学のアシスタントになる者は、男子のためにバスケットボールチームをつくるか、女子のためにチアリーディングチームをつくることより若者文化においてはるかに少数である」と加えた。魅力的で公正な人格（アイゼンハワーが成功の鍵となるものと言った）をもつことと、良いデートの相手を見つけることは、生徒の時間とエネルギーの多くを消費することとなった。中産階級の生徒は、結局不本意ながら黙って従い、両親を喜ばせ、カレッジに備えるために十分な成績を得るために勉強するかもしれないが、ほとんどの若者は勉強が日常生活の中心であるとは考えていなかった。コールマンが結論したことは、一般に「学業成績は他の活動と同じくらい『重要』であると考えられなかった」ということであった。ハイスクールで生徒が最も褒めたたえる生徒は誰かと尋ねたら、誰もスター生徒の名前を挙げなかった。

より高く知的な目標を育てるためにハイスクールの文化を変えることは簡単ではなかった。コールマンは、アカデミックなものを強調した校長は、カレッジ進学を支持しているということで非難された。彼が書いたところによれば、典型的なアメリカのハイスクールに入学した者は「考える人」のレプリカではなく、背の高いアスリートのトロフィーを求めた。本ばかり読んでいる成績優秀者を「ガリ勉」や「ご機嫌取り」と呼んで無視し、自分たちの仲間を選ぶのは、カリキュラムのコース、スポーツ、社会的背景やその他の要因によって決めていた。消費主義と同様に、スポーツへの熱狂は、ほとんどが学校で名誉ある立場を保証するアメリカ文化の性格を特徴付けていた。教員が給料をもらい過ぎ、さもなければ増税に尻込みしていると考えている市民は、常に、新しいバスケットボールの体育館とフットボールのスタジアムを建設する方法を見出そうとしていた。ハリー・コーディルは、化学や語学教室を欠いていたアパラチアのハイスクールの教員がコーチと比較してわずかな給料しか受け取っていなかったと記した。

生徒と学校のある地元コミュニティは熱烈にスポーツチームのもとに結集し、少しの若者を英雄に、多くを見物人に変えた。歴史や物理学の支援者はほとんどいなかった。コールマンと他の多様なコメンテーターは、スポーツに携わる時に、参加者またはファンとして、多くの生徒はほとんどの教室で顕著な受け身な姿勢を捨て去っていたことに注目した。進歩主義教育者は、児童中心の教室をつくらない全ての学校段階と、ハイスクールが戦後最悪の違反者のままであったことを長く攻撃した。生徒がリーグチャンピオンのような、集団の目標を応援し支持するかもしれないが、最高の成績を達成した生徒を表彰するためにスタジアムや講義堂を満員にするようチケットを売り込もうと提案する者はいなかった。そのような思考そのものが、ほとんどのハイスクールで作用する価値体系からみれば大いに滑稽にみえた。運動競技の役割は大きいにもかかわらず、課外活動は多くの生徒を演劇、音楽、その他の興味のある領域に関わらせ、通常の学級活動からの解放として歓迎され、人数が少ないということで注目されていた。

市民は、常に目標が曖昧であった学校で子どもをしっかり教育することを望んだ。アメリカ人が実際的で実用的なものを受け入れる一方で、思索的な思考や理論に関しては大衆に迎合しやすいきらいがあったというトクヴィルの一九世紀前半の思想は、第二次世界大戦後末だに有効であった。また、学校が個々の流動性と社会改革を促すという伝統的な見方は一般的であった。ハイスクールは、非現実的に何から何までやることを期待され、それ相応に多くの人々を絶望させた。大衆がよりアカデミックな卓越性と基礎における確かな指導を求めている時でさえ、そうした目標に向けて学校を制限することはなかった。世論調査が、ハイスクールが課外活動に時間をかけすぎではないかと一九五七年に市民に尋ねた時、四九％がノーであり、三八％がイエスと答えた。一九七八年に課外活動の重要性を評価するかどうか尋ねた時、公立学校の親の四七％が『非常に重要」、四〇％が「ある程度重要」と答えた。彼らはハイスクールが「後の人生において最も役立つもの」はどんな「科目」や「経験」であるか尋ねられた。最も多いものから最も少ないものまで役立つ順に並べると、英語、数学、商業科目(タイピングと簿記)と「課外活動」が上位に並んだ。ハイスクールに競争的な目標が与えられたならば、例えば、何かのための学問、他の実用的な科目、リーダーとしての一部の生徒とそれに続く大多数の生徒とともに行うあらゆる人のための何らかの社会経験等、多くの人々は学校が明確な焦点を欠くと結論づけた。しかしながら、男子のスポーツプログラムを廃止して勉学を強調することは、通常運動系を求めているコミュニティにとっては考えられないことであった。

予想どおり、ハイスクールは、教員が伝統から抜け出せずにいるとみなした進歩主義の批評家たちの様々な期待の高まりを打ちくだいた。生徒がスポーツ、デート、格好いい服、速い車で活気づく一方、彼らは耐えられない、活気のない何かを教室に見出した。単語帳、教科書、クイズ、テスト、通知表と昔からあるおなじみの標識は無傷で生き残った。ほとんどどこでも学校の授業は四〇分から五〇分に分けられていて、生徒は単位を修得し、授業はベルで終わり、校舎は予定どおりの時間に開閉された。多くの教員はホームルームと自習室を監視し、一クラス当たりの平均で一九六一年に二八人から、二〇年後に二三人に減った生徒にアドバイスし、五クラスで授業の責任を負った。生徒が多様になったので、多くの教育者が、視聴覚教材、チームティーチング、スライド、映画とその他の工夫により指導を多様化させた。しかしながらこうした工夫が学校に導入された時でも、教員は生徒の受け身の姿勢を強化する傾向にあった。

教員は単独で、またチームで講義した。新しい実践科学を視察した人々は時折、教員が講義をしているカレッジのスター教授の映像を見せているのを見つけた。多くの実験が生徒を定められた結果に導くものだったために、科学実験室は一般に研究と発見それ自体を教えなかった。研究と高度な次元で考えることは確かに教室で吹き込まれたが、それは通例ではなくて例外であった。生徒はしばしば講義でアメーバと原生動物についての映像により多くの注意を払った。教員の教本や専門的なジャーナルにおいてハイスクールは生徒を飽きさせるものであった。ウィリアム・フレンチは「一般の教室は活気のない生徒の心へ、熱心でない教員が興味をもてないドリルで教える単調な場である」と述べている。典型的な学校の廊下を歩く間に、教室から聞こえる唯一の声は教員のものであった。一九六〇年代前半のシカゴのハイスクールにおけるロバート・ハヴィガーストの研究者チームの観察によれば、多くの教員が第四学年の水準でリーディングを教えるのに苦労しているのを発見した。「多くの教員は生徒とともに一行ごとに教科書を読み、答えの簡単なクイズを出すだけである。何もしない教師もいて、生徒はうたた寝するか視線を空中に漂わせている」。後に様々な研究は、ハイスクールの教員が通常授業時間の七〇％を超えて小学校教員より多く話すことを明らかにした。それが普通なのであろうか。教員は発問し、生徒が手を挙げ、尋ね、答え、より多く質問をする。

タイヤ交換用具を振りかざす若者がいた一九五〇年代と、その後銃をもち歩く生徒がいた頃、生徒は一般に学校での一日をかなり受け身で過ごしていた。ロックンロールの快活なリズム、テレビと映画スクリーンの光るイメージ、消費文化の変化するスタイルと比較して、学校は退屈で時代遅れのようにみえた。しかしながら評論家の中には、青年が実際は機能的な教育を受けていると思っていた者もいた。発展するサービス産業で働く運命の、より貧しい生徒は将来の準備ができていた。多くのコメンテーターは、教員中心の指導と生徒が伝統的に受動的であること、カーネギー単位を阻むもの、大規模なクラス、(講義好きな)カレッジ教授の例、親の保守主義を非難した。静かで整然とした教室を保持することは、良い授業の必須条件とされたままであった。パッケージ化された教員なしのカリキュラム、ティーチングマシーン、そして個別化された他の指導の試みはまた、生徒の受動性を強化して、何百万のハイスクール生の思い出は、機械的指導、暗記、質問と応答、ドリルで占められた退屈な授業のうんざりするほど長い日々を記録した。

ニューヨーク州ニューロシェルのハイスクール生は、一九七〇年に『ニューズウィーク』誌に対して「物理の教員がアルファベット順の出席簿で質問を投げかけていた。もしあなたが答えを知らなければ、彼は二〇分後にひどい目にあわせる。その時、彼は解答をあなたに教え、あなたは彼にその質問をしてその答えを伝え、彼が再び質問をしてくる。そしてクラスには、何も理解していない生徒がいつもいた」と話した。アトランタのハイスクール生は、歴史の授業についていつも不満を抱いており、戦争や外交関係、ミラード・フィルモア(Millard Fillmore)のような、亡くなって久しい大統領についての詳細については少しでよいとし、今現在起こっている出来事を多く求めていた。学生活動家たちは、ただ単に多くの選択科目の蔓延を導いた多くの「関連づけられた」コースを求めた。「我々はピル、妊娠中絶、家族計画についてごくわずかな教育しか受けない」とイリノイ州エヴァンストンの裕福な女生徒が言った。多数の著者はアフリカ系アメリカ人の学生活動家が、より多くの黒人に関する学習と政治的関係性を求める一方で、白人の郊外居住者は、グループ発表と居心地の良いクラスを求めると主張した。

後によく知られたジャーナリストとなるボブ・グリーン(Bob Greene)は、オハイオ州コロンバス郊外のベクスレー・ハイスクールの生徒であった一九六四年に日記をつけていた。彼はそれを編集したが、それが『十七歳(*Be True to Your School*)』として世に出た時、彼はその独自の精神を称えようと試みた。生徒にとってベクスレー・ハイスクールは、スポーツ、ダンス、車、友人、音楽、服、セックスの夢が絶え間なく続く場であった。対照的に教員は「テストとクイズ」の単調な世界をつくった。「今日我々は代数のクイズをします、化学のクイズを返します、我々はフランス語のテストをします、我々は英語の答案を返します。毎日、日に三回か四回くらい評価されるようである」。しかしながら、選手たちが「他校に対抗するベクスレー」を示すためにスポーツの代表チームは存在している。そうでなければ、グリーンは、それが「学校のお決まりのうんざりな日々」であったろうと書いた。グリーンは多くの生徒と同様に、ロッカーから家に本をもち帰り、時々それを一度も開かずに翌朝それを戻しにもっていった。「父でさえ職場から仕事をもち帰る必要性を感じていなかった」と彼は言った。グリーンは宿題と学業が最も重要とされる大学進学コースにいたが、そこでさえ生徒の生活はめったに定まらなかった。

ハイスクールの多くの観察者は、アカデミックが生徒の経験の中心ではなかったと強調した。例えば、一九七〇年代初めに教育学部の教授であったフィリップ・キュージック(Philip Cusick)は、生徒がたいてい退屈で受動的であったことを明らかにした。教員はほとんど机が同じような配列で並べられた部屋の前のほうに立ち、生徒に授業をした。教員の教室での仕事は出席をとり、欠席者票をチェックし、図書館カードをチェックし、生徒に質問したりすることで多くの時間が費やされ、その話している時間は七五%にものぼっていた。キュージックの著書『ハイスクールの内部(*Inside High School*)』(一九七三年)は、生徒が「あくびをして辺りを見回し、紙と鉛筆で遊んで、いたずら書きして、眠って、絵、財布や他の何でも見ることに多くの時間」取り組んでいる。一日に五回、活動的で注意深い聴講者でいることはとても難しい」と述べた。キュージックは、セオドア・サイザー(Theodore Sizer)と他の学者の研究で後に強化されるテーマである、学校が学業に対し低い期待しかもたないことに注目した。サイザーが『ホーレスの妥協(*Horace's Compromise*)』(一九八四年)の中で、多くの生徒に対する教員の責任を含む様々な理由から、教員と生徒は互いに多くを期待しないことを非公式に同意したとする。ハイスクールの多くの専門家によれば、大きな例外があったにせよ、ほとんどの授業は平凡で型どおりであった。

歴史学者ロバート・L・ハンペル（Robert L. Hampe.）は、三〇年前はもとより一〇年前と比べても一九七五年のハイスクールの教室ははるかにのんびりした雰囲気であったともっともらしく書いた。ハイスクールによっては、母語が英語でなく、学習問題や身体に障害を負った異なる肌の色の生徒が現れるかもしれない。しかし、高成績をとるため神聖な努力をし、求めようとする生徒はほとんどいなかった。経済的背景、家族構成、親の期待、適性と願望、資金の潤沢な学校へのアクセスの程度等の多様な理由により、全米学力調査（ＮＡＥＰ）の最初の二〇年間の生徒の大多数は、数学、科学、リーディングが基本レベルのままであった。生徒の成績を上げることが目指されたがそうならなかったのは、愉快なことではなかった。一九七〇年代に比較的停滞したＮＡＥＰの得点は戦後の高い期待にほとんど適合しなかった。さらに、多くの研究は平均してアジア系アメリカ人はいろいろな標準化された学力テストで最善を尽くし、白人、アフリカ系アメリカ人、スペイン語を話す子どもがそれに続いた。これらの広いカテゴリーの中でジェンダーと社会階級もまた結果を形づくった。中産階級の家族出身のスペイン語を話す、より同化された生徒は一般的に貧困の中で生きる新入生より良い成績であった。

第二次世界大戦以前でも生徒は、成績優秀者の仲間とかアメリカの未来の農業を支える者たちではなく、スポーツのスターとビューティクイーンの世界で生きていたし、そういう状態を楽しんでいた。戦後の数十年間を通して、改革者の中には、ハイスクールが生徒をよく教育していた想像上の過去に戻ることを夢みる者がいた。しかしハイスクールは今や全ての人のものであり、高まる期待は全ての生徒が平均を上回ることのできない現実と衝突したのであった。

エピローグ

二〇世紀の最後の四半期が過ぎ、現在が過去になってゆくにつれて、アメリカの教育研究者は、我々の時代を形づくってきた出来事からいくらかの距離を保てるようになるであろう。現在、重要にみえる課題の意義は色あせてしまうかもしれないし、ぼんやりとしか気づかれていない事柄の影響が大きいと判明するかもしれない。歴史家がこの時代に展開したアメリカの公立学校についてどんな結論を出すのかは予測不能であるが、信頼できる結論としては、我々が一つのこと、この時代の巨大な情熱という感覚を共有していることである。重大な変革の時代がいつもそうであるように、この時代は問題だらけとみるのではなく、刺激的でもあり、学校改革のための大胆な計画と、観点によっては影響力もあり、熱意のないようにもみえた改革に満ちていた。アメリカ人は、学校と社会秩序についてのリベラルという前提を壊す、西側世界全域にわたる資本主義の勝利、共産主義の崩壊、そして国家レベルでの保守的な方向転換を目撃した。

二一世紀の始まりには共和党と多くの民主党員が、二〇〇二年「どの子も置き去りにしない法(No Child Left Behind

Act, 2002：NCLB法)」という連邦法の制定を通じて、学校改革という大きな試みに力を合わせた。この法律は一九六五年初等・中等教育法の改訂版であり、根こそ古いが前の世代にしっかりと育てられた、スタンダード、テスト、評価という事項の具体化であった。それは単に共和党政治の勝利ということに留まらず、戦後の高まる期待によって強化されてきたアメリカの歴史ではおなじみのテーマ、社会進歩のてことして学校は有益であると考える大衆の信仰を象徴していた。学校が誰にでも成功をもたらすというのは疑わしいが、それでも「どの子も置き去りにしない法」は最も広い歴史的文脈の中で理解しなければならない。ジョン・デューイが一世紀以上前に記したとおり、教育はアメリカ人が個人と社会を改善しようとする基本的手段である。一九八〇年代以降、改革を志す無数の市民は、豊かな人生と国家の行く末に関する幅広い議論の中心に学校を置いていた。共和党の大部分が学校改革のための運動を先導し、民主党も基本的にそれに従ったのである。

戦後の右派・左派からの「公立学校の独占」への本格的な攻撃は、学校をより競争的環境にさらし、私立学校という選択肢をもっと広げようとする制度へと発展した。市場と私的利益が主体であっても公的支援に値するということは、私立学校への直接的・間接的な援助の表明を意味していたが、そのことは政治的、法的承認を得たことを意味した。選択制は、学校システム内での入学方式からチャータースクール、さらにはホームスクーリング(通学せずに自宅で学習し卒業単位を取得する制度)までのあらゆるものを包含し、多面的な理想型となった。教育政策への連邦政府の関与、特に国家目標とスタンダードの設定も、二〇世紀が終わろうとする数十年間に政治的影響力をもつにいたった。こうした傾向は、二〇〇八年に民主党のバラク・オバマ(Barack Obama)が大統領に選出されても続いている。オバマ政権の最初の一年間は、銀行、住宅ローンの危機やメキシコ湾での大量の石油流出事故の発生に対応する一方、学校を改善することは時代のスローガンのままであった。前シカゴ市教育長のアーン・ダンカン(Arne Duncan)は、二〇〇九年に教育省長官に就任し、チャータースクール設置と教師のアカウンタビリティ強化を主張した。経済面での規制緩和の失敗にもかかわらず、教育面での競争に対する信頼は揺るがないようであった。

民営化や規制緩和への関心にもかかわらず、依然として学齢生徒の約九〇％が在籍する公立学校への社会の幅広い期待は大きかった。高いスタンダード、良い規律、そして基礎教育への要望は強いままであった。教師とアドミニストレターは、学業成績を引き上げるだけではなく、規律ある模範的市民と金曜夜の勝利チームも育成するように求められた。貧しいコミュニティでは、学校は危険なストリートからの安全な避難所であり、無数の学校が貧しい子どもたちに基本的な健康と社会的サービスを提供した。

一九九九年のギャラップ調査で、公立学校を「改善」するか、その代替策を望むかを尋ねた時、回答者の七一％は改善に好意的であり、そのうちの七〇％は、保護者に自ら選択する学校に特定額の税金を使うことを認めるバウチャー制度よりも学校改善を支持していた。学校改善に対する支持は、二〇〇二年に六九％、二〇〇六年に七一％に達した。これらは、この時期を通じて学校に対してなされた悪い報道へのイメージを考慮すれば、注目に値する数字である。『危機に立つ国家』以来、多くの批評家は学校を凡庸で、犯罪が横行し、活気のない学習の場所とたびたび呼んできた。彼らは、貧困層、特にアフリカ系アメリカ人とヒスパニックの生徒の総じて低い達成度を問題視した。それと同時に多数の調査で、市民は地元の学校を満足できるもので、公教育一般よりも優れていると評価した。多くの改革を志す人々も、個人の可動性の強化、社会調和の確保、より良い社会を築くために学校を活用しようという由緒ある衝動を反映して、教授法とカリキュラムの様々な改革のためにロビー活動を行った。一旦保護者がより多くの選択肢をもてば、公立学校の時代はすぐに終焉に向かうだろうと決めつける批評家もいるが、この点は時間だけが教えてくれるであろう。

日本が無敵にみえ、アメリカの産業がさびついていた一九八〇年代までは、教育の経済的役割が政治的な議論を支配した。学校は、これらや他の経済的病弊のスケープゴートになった。非難すべきは会社の重役室でなされる決定ではなく、主として労働者たちのだらしない労働習慣であり、それは誤った学校教育の結果であると考える者もいた。この考えが、連邦政府をして教育政策でより重要な役割を演じなければならないという確信を増大させたのである。一九八〇年代までは、もっぱら共和党の指導者たちが、一九世紀の彼らの先祖のように、改革のための行動計画をつくった。『危機に立つ国家』の後には、財界のリーダー、政治家、そして教育者も、カリキュラムを強化し、スタンダードを引き上げ、公立学校の力を強化するための州レベルのタスクフォースに関わった。後には数学とリーディングのような教科を代表する専門家による組織が、各分野のスタンダードを再構築しようと努めることとなった。人種統合された学校を建設するという夢や、バイリンガル教育のような偉大な社会の推進にはあまり関心のないレーガン政権とブッシュ政権は、頻繁に教員組合と失敗校を攻撃し続けた。共和党政権が長く支配的な中で、アーカンソー州知事のビル・クリントンやアメリカ教員連盟のアルバート・シャンカーのような穏健な民主党員は、アカウンタビリティ運動と、教員と生徒に対する多くのテストを受け入れて躍進した。国家的な強迫観念のようであるが、テストの成績を向上させることは、一般市民が教育システムに対して抱く期待のひとつであった。

一九八〇年代と一九九〇年代初頭を通じて、文化戦争が教育の議論をさらに活気づかせた。アフリカ中心主義のカリキュラムの提案は専門家の支持は少ないが、多文化主義(統一的な定義がなく、包括的な用語)が教師教育プログラムの理想となった。一九八七年には、アラン・ブルーム(Allan Bloom)の『アメリカン・マインドの終焉』とE・D・ハーシュ(E. D. Hirsch)の『文化リテラシー』の二つのベストセラーが出版された。ブルームは六〇年代のリベラリズムと文化相対主義が大学キャンパスの西欧的規範を蝕んできたと論じ、ハーシュはルソー、デューイ、現代の進歩主義教育者によって、大部分の学生が知識のコア、または文化的指示対象を欠いていると主張した（ハーシュの財団は後に数百のK—8〈幼稚園から第8学年までの表記方法〉学校で採用されるようになる「コアナリッジ」を強調するシリーズ教科書を開発した）。ただし、どんな公的知識が学校に適しているかというコンセンサスを得ることは難しいままであった。特に学校教科書の巨大な市場であるカリフォルニア州とテキサス州では、教育的ハルマゲドンとも言うべき文化的闘争の中で、無宗教でリベラルな、アメリカに批判的とみなされる記述を読解教材から削除するよう要望を出した保守的プロテスタントと愛国者に、公立学校の擁護者が挑んだのである。同時に保守的な福音主義者は、公立学校を「世俗的ヒューマニズム」を教えていると非難して、神、伝統的規律、基礎教育に価値を置く私立のキリスト教系学校を支援した。都会に住むマイノリティを次第に多数入学させるようになってきたため、ジェイムズ・コールマンや他の学者が称賛して公的支援を奨励したカトリック学校を、リベラルな研究者は批判した。低い学校成績への不満が激しくなり、国家的なスタンダードとテストのための武装の呼びかけが活発化した戦場へと政治家は必然的に引っぱり出されたのである。

一九八九年、ジョージ・H・W・ブッシュ（George H. W. Bush）は自ら「教育大統領」と称し、国内五〇人の知事をバージニア州シャーロッツビルに招待したが、このような会議はフランクリン・D・ルーズベルトが大恐慌に対処するのに協力を得ようと当時の知事たちを招待して以来のことであった。共和党とビル・クリントンなどの民主党幹部会議の主要メンバーは最終的に「二〇〇〇年のアメリカ」として知られるようになったいくつかの改革目標を確認した。知事時代に、クリントンはアーカンソー州の教員の能力を保証するためのテストを実施したことで全米の評価を得ており、「二〇〇〇年のアメリカ」は彼の大統領の最初の任期の間に「二〇〇〇年の目標」へと発展して、一九九四年に議会で承認された。世紀の変わり目までに、アメリカの教育者はある種の約束の地に到着することになっていた。それは学校へ入学する子どもたちに学ぶ準備ができていること、数学と科学分野で世界のリーダーシップをとれる位置にいること、卒業率の向上、大人の完全識字率、安全で麻薬のない学校であった。

これらの考えがどれだけ理解され達成されたかは、議論の余地が大いにある。ただし、この考えは、(職業教育と偉大な社会改革への援助を除いて)伝統的に州と地域の事柄であった学校が、国家の監視と関心の領域に入ったことを意味したのである。アメリカ人が高いスタンダード(定義することよりも援助することのほうが容易な概念)を欲する一方で、市民が連邦に管理された共通カリキュラムを拒んでいることを、二大政党の政治家たちは認識していた。ディヴィッド・コーエンとスーザン・L・モフィット(Susan L. Moffitt)は、連邦プログラムと教育実践に関する最近の研究で、政策立案者は偉大な社会以来、学業成績のより高い目標設定が教授法の改善とより厳格なカリキュラムをもたらすと考えていることを明らかにした。

もう一つの古典的な資金不足をもたらすような命令である「どの子も置き去りにしない法」は、この観点で考えられなければならない。最近のテストによるスタンダード化への情熱は、一九七〇年代の基礎能力テスト(minimum competency test)、卒業テスト(high stakes tests)、そして社会移動や出世に対する広範囲にわたる大衆の支持を土台としている。新しい法律は、全ての学校の教師に高い質を備えさせ、第三学年から第八学年の子どもたちに数学と理科の統一テストを要求し、継続的に低い結果しか出せない学校に罰則を課し、そして主にテストの得点による学校の差別化を求めた。二〇〇五年の一般教書の中で、ジョージ・W・ブッシュ大統領は、テスティング・プログラムを拡張してハイスクールを含めることを承認した。全ての人に高いスタンダードを求め、「どの子も」という教育上のユートピアを約束した。学校の成績の分化は、人種とエスニシティに基づいていた。その支援者たちは目標年を二〇一四年としたが、失敗する州があったとしても、そのころには誰が法案を通したのか、誰を非難すべきかがわからなくなっていることであろう。

最初から批評家は、「どの子も」を始めた共和党員が低い成績の学校(主として貧しくマイノリティが多い)の評判を落とさせ、私立学校に門戸を広げることを意図していると考えていた。その法律は、果たして学校や伝統的に低い成績の生徒の教育を改善するであろうか、長期的な影響は未知であるが、短期的な効果としては必ずしも有益なものではなかった。多くの地域において、その法律は、教養教育を弱め、芸術や音楽、歴史、科学のようなテストの対象でない科目の授業時間を減らすことによって、カリキュラムの幅を狭めた。基本的に教師が生徒の学業成績にのみ責任を負うことによって皮肉にもスタンダードを低下させ、試験科目の中で教えられる話題の幅を減らすことで教師が「テストのために教える」ようになった。学校は、生徒の年間進歩(annual yearly progress)の文書の作成を求められている。『ニューヨークタイムズ』のサム・ディロン(Sam Dillon)によれば、そのテスト結果によって二〇一〇年のアメリカの九万八、〇〇〇校のうちの三分の一の学校が、「政府のどんな支援も役立たないような失敗校となり、教師の士気の低下をもたらしている」と評価している。

学校の地方による統制の伝統と教育に関する連邦政府の介入に対する市民の懐疑心から、その法律はそれぞれの州が「優秀さ」の基準を独自に決めることを可能にした。そこでは学校の成績に対する要求はありふれたものになった。スタンダードを低く設定して勝利を主張する有名な州がある。例えば、コーエンとモフィットは、学校の八%が改善を必要としている二〇〇八年のミシシッピ州のレポートを報告している。その一方で「もっとも強力な州システムをもつ州のひとつである」裕福なマサチューセッツ州では、その数字はほぼ五〇%に近くなっている。高いレベルの学業成績を達成したと主張した州は全米学力調査(NAEP)においては低い成績を記録した。二〇〇七年のテキサス州の公式発表では第四学年と第八学年のリーディングで生徒の八五・一%を「優秀」としたが、NAEPの数字は二八・六%という結果となっている。

一九八〇年代以来のナショナル・スタンダード、ナショナル・テスト、およびカリキュラムをより難しいものにした原動力は、学業成績に見えるほど高くするには至らないようであった。テストの専門家であるダニエル・コレッツ(Daniel Koretz)は、「全米学力調査(NAEP)はリーディングにおいて思わしくない傾向を示している」としている。過去三〇年間、中学校およびハイスクールの生徒のリーディングの成績は上昇しているとは言えない。「現在小学校の成績は一九八〇年よりわずかに高くなっているだけである」。対照的にNAEPは、ハイスクールでは「控え目」ではあるものの、「小学校の数学の成績において大幅かつ急激な得点の上昇、中学校においては実質的な改善がみられる」として数学の結果の改善を示している。数学と科学に関してアジア系アメリカ人は、アフリカ系アメリカ人よりも良い成績をおさめる白人よりも成績が高い。しかし、白人とアフリカ系アメリカ人の数学の成績の格差は、「一九六〇年代または一九七〇年代から、一九九〇年代またはそれ以後で」縮小している。コレッツは、小学校と中学校の格差が再び縮小した一九九〇年代後半まで成績の格差が拡大しているように思われるとする。数学とリーディングにおける白人とアフリカ系アメリカ人の隔たりは、顕著な差があるままであった。そして一九九〇年代以来、公民権運動の学者は懸念のある傾向を記している。すなわち、いくつかの学区におけるアフリカ系アメリカ人とヒスパニックの生徒の隔離の拡大である。これらの懸念は、二〇〇七年にアメリカ最高裁がルイビルとシアトルにおける人種的な統合のための意図的な計画が憲法違反であると判決し、その度合いを強めているのである。

数学とリーディング以外の領域での低成績に対する懸念は、「どの子も」法の成立に先行した。『危機に立つ国家』は、アカデミックな課程を強調し、アカデミックでない職業コースを縮小させた。しかし、スタンダード・テスト結果は好転しなかった。一九九四年と二〇〇三年の成績を記録した際、「歴史についてあまり知らない」という言葉は、NAEPのキャッチフレーズのようであった。ハイスクール最高学年の三分の一と比べると、第四学年と第八学年の生徒の半数がアメリカの歴史について、「基礎的」（「優秀」より下の成績）な水準であった。そしてハイスクール最高学年の過半数が「基礎的」以下であった。世界経済におけるアメリカの役割を強調することが普通のことのようになってきた時代ではあるけれども、外国語の登録者数は一九八〇年代以後で増加した。一九八二年全てのハイスクールの卒業生のうち四・五％が四年間外国語を学んでいたが、二〇〇〇年には七・八％に増加したのである。

もちろん、注目すべきは、あまりにも多くの政府役人が、全てのレベルで（そして一般民衆がそれを支えた）学校を改善する能力があると信じ続けていたことである。一九九〇年代に目撃されたのは、ボストン、シカゴ、ニューヨークといった都市を含む市長の「乗っ取り」計画の最初の波であった。市長はしばしば教育委員を任命する権限を与えられ、最高経営責任者は学校で最新のビジネス技術を適用することによってテストの成績を引き上げると約束した。たとえ学業成績が実際には向上させられないことがわかっても、「教育市長」は、両政党で一般的になっていた「教育政府」と「教育大統領」のパレードに参列した。無数の政治家が学校改革においてビジネスの感化を受けた。これらのモデルは学校に疑問の余地なく受け入れられ、批判者は改革の障害として解雇もされた。

多くの点でこうした政治家は、自由貿易と低賃金サービスの経済が成長するにつれて衰退する運命にある産業世界の中で、教育資格（それ自体では業績とはならない）の重要性という市民の関心を反映させた。第二次世界大戦後、雇用者が次第に学校教育修了証書を使って志願者を選抜するようになっていき、ハイスクールへの進学と卒業が一般的になっていくのに対応して、経済的利点と仕事のための競争が加速した。権利革命は恵まれない人々に子どもの教育機会を追及するよう奨励する。そのことが、頻繁に投票し、多くの税金を払っている、政治家にとって無視できない快適な暮らしをしている階級の人々を脅かしたため、良質な教育の利用のための要望は激しさを増した。どんな出自のアメリカ人でも、立派な学校資格が経済的利益をもたらすことを認識したので、学校が個人の移動と社会進歩にとって重要であることは誰にも否定できなかった。バリー・ゴールドウォーターの、子どもは教育なしにうまくやっていけるという一九六四年の主張を復活させた政治家はいなかった。

共産主義の敗北と自由貿易の成長というもう一つの超党派的プロジェクトも、現実の、認識上の教育的病弊を市場によって解決することが一九七〇年代以降の政治的牽引力を得ることを意味した。公共システムの外側、内側、どちらの意味であれ、「選択」は保守派の、さらにはリベラルのスローガンになった。市場がどれだけ都市経済を骨抜きにしてきたかという点は棚上げにして、学校を市場競争にさらすことを一九五〇年代から支持してきた保守派の経済学者もいた。一九七〇年代初頭までの左翼過激派も公立学校独占に代わるものを望み、中にはバウチャー制度の推進を促進した者もいたが、盛り上がりをみせていた保守主義運動は、それらを非常に魅力的にしていた。実際レーガン革命は、常々ハイスクール卒業生の質の悪さについて不満のあったビジネスのリーダーたちにとってより前向きなイメージを醸成させ、教育的凡庸さを市場的に解決することの魅力を深めた。クリス・ホイットル(Chris Whittle)と彼の同僚などの企業家は、貧困層のテスト成績の向上と一五%の投資収益を予測して、運営が不安定な公立学校をいくつか買い取った。貧困層の教育からどれだけのドルを得られるのかはまだ不明である。ホイットルのチャンネル・ワン・イニシアチブは、資金難の学校にテレビなどの器材を無料で提供した。そのため学校は、まるで生徒が自宅でテレビ・コマーシャルを見るのが少なすぎるとでも言わんばかりに、長時間それを見るよう生徒に要求しなければならなくなった。他の会社も同様に、偶然にも製品名がたくさん出てくる読解教材と教科書を多くの学校で氾濫させた。ジャンクフードとキャンディの機械が学校で増加したために、選択は学生や生徒の胴回りまでも方向づけたようであった。

歴史家が、レーガン時代から次の世紀にかけて市場とビジネスの価値観が無敵だったと結論づけたことは納得できることかもしれない。しかし、たとえ時にはテストの成績と経済的利益にまで矮小化されることがあっても、学校は依然として地域コミュニティで幅広いサービスを提供した。世論調査は、広範囲にわたる時に矛盾する市民の期待がどんなものなのかという点に関して若干の感覚を提供してくれる。一九八六年に、ギャラップ調査はなぜ学校に行くことが重要であるかを市民に尋ねた。結局その回答は、学校はより良い仕事と機会への接近を提供する(四二%)、人生へのより良い準備(二三%)、金銭的安全(九%)であった。数年後の同様の世論調査でも同じような結果が得られた。ジョージ・H・W・ブッシュ大統領と州知事がアメリカには世界に通用するシステムが必要であることに合意した年に、「なぜ子どもに教育を受けてほしいか」の理由として「多くの知識」の習得を挙げたのは、世論調査を受けた人の中でわずか九%であった。良い仕事を得ることは、ここでもリストの一番上であった。学習そのこと自体ではなく、多くの教育資格は市場で元が取れるという考えが一般に受け入れられていた。繰り返される学校への不満によっても高い期待が消えることがなかった。誰かが税金が上がることを示唆したら普通なら不満がどこからともなく出てくるが、市民は一貫して基礎教育以上を望んだのであった。

一九九〇年のギャラップ調査では、回答者の九〇%が薬物濫用教育を要求し、八四%がアルコール濫用教育を、以下七七%がエイズ教育、七二%が性教育、六六%が環境問題についての教育、五七%以上が「人格教育」を要求した。半分近くが学校に子育ての技術の授業を望んでいた。これは市民のウィッシュ(ほしい物)リストの一部にすぎなかった。一九九〇年代初頭に、価値観のリストを渡され、公立学校でどれを教えるべきか、教えるべきでないかについて尋ねられた時、九七%は学校に正直さを教えてほしいとし、九〇%以上が民主主義、忍耐力、愛国心、「友人と家族への思いやり」、「モラルを守る勇気」、「行動規範」を教えることに好意的だった。第二次世界大戦まで一部の学校で主な関心事だった忍耐力を除いて、これらの大部分はマクガフィーのリーダーのどのページにもあるような、長年の教育目的であった。同性愛と中絶の権利について教えることに賛成であったのは半数をわずかに超えたあたりであったが、そのレベルの支持さえ注目に値する。学校が両親と教会の権威を奪ったとも、学校が時代に歩調を合わせるのに失敗したとも市民が結論づけているように、アメリカの人々を分断する社会的・政治的問題への対処の検討まで学校に求めることは、必然的に対立につながることであった。市民は間髪を入れず、高いアカデミック・スタンダードと基礎教育への要求と、対立を生じさせるまさにあらゆる社会問題を提出してくる。あまりに多くの市民があらゆる人間の問題は学校の守備範囲に入ると思っているようなので、そんなにしなくてもよいと教員が言われることはほとんどない。『エデュケーション・ウィーク』誌によれば、二〇一〇年にオハイオ州では「日常的な暴力と口汚い生徒間関係」について保健の授業で生徒に教えることを学校に要求する法律まで可決したのであった。

世論調査によると、課外活動が大人になってからの成功にとって重要であると強く信じる市民の割合は、ポスト・レーガン時代にも高いままであった。ハイスクールの生徒は社会全体と同じように、心の生活よりもスポーツに高い重要度を与えていた。一九九三年のギャラップ調査で、どんな社会活動が地元の学校で利用可能であるべきかを尋ねられた時、成人の九二%が視力と聴力の検査を、八七%が無料または安価な昼食を、以下、八四%が伝染病の予防接種、七四%が無料または安価な朝食、六二%が放課後のケア、五八%が歯の検査であった。エイズ危機が起こったことを受けて、コンドームを要望したハイスクール生全員に配布することに四一%が賛成し、一九%が親の許可がある場合だけ賛成であった。しかし、三八%はどんな場合でもコンドームの配布に反対であり、またも皆を喜ばせるのが不可能な課題に教育者が介入したのであった。進歩主義の時代にボランティア団体による最初の社会活動は、現在、連邦、州、または地元政府から資金援助されるようになったが、多くの公立学校でみられる活動の過剰さは仰天するほどであった。市民は、依然として基礎教育、特に数学と英語がうまく教えられること、それに加えて古き良きコモンスクールでおなじみの価値観全部、その後に学校に入ってきた社会奉仕活動と保健サービスの全部、さらに課外活動を望んでいたのであった。

連邦最高裁判所が、一九六〇年代初頭に州が祈りを後援することを憲法違反と裁定したにもかかわらず、大多数が学校での祈りを支持した。祈りについて教室での沈黙の時間や、教会と州の軋轢をめぐって市民が衝突するので、改革を志す市民と学区は常に弁護士を雇用していた。ダーウィンが再び裁判にかけられたため、多くの活動家は「創造科学」が生物の授業で平等な時間教えられるよう戦い、それは法的に命令された。二〇〇四年初め、共和党員であるジョージア州の教育長は、地域住民の感情をあおることで州のカリキュラムから「進化」という語を(しかし、進化の原理の授業ではない)一掃するように提案した。彼女は「長い時間の生物学的変化」というフレーズを好ましいとした。このため彼女は、キリスト教の神と現代の科学は矛盾しないという信念を公にする元大統領ジミー・カーターなどの穏健派や、なぜ概念を教えるのに言葉を避けるのか懐疑的な保守派の共和党員からすぐさま非難をあびた。全米科学教育センターは、「進化」は少なくとも五つの州で、州のガイドラインに出てこないと報告した。同年、ペンシルベニア州ドーバーの活動家は、最高裁が決定をくつがえしたものの、「知的デザイン」の授業を要求する国家レベルのニュースで話題となった。

何でもうまくやれる人はほとんどいないし、公立学校もまたそうである。それゆえに市民が学校に不満を抱き続けていることは驚くに値しない。自分自身の学校経験と自分の子どものそれを比較する質問で、一九七九年には四一%が現代の学校のほうが良く、四二%が現代のほうが悪いと答えた。この数字は一九九八年もほとんど変わらない。その時までにいくつもの州の投票でバウチャー・イニシアチブが失敗したのにもかかわらず、ミルウォーキーとクリーブランドは、法廷の慣行である私立(しばしば宗教を基盤とする)学校への公的資金を助成した。多種多様なチャータースクール、つまり自由に革新できるように、州の様々な規制の回避が許される公立学校が増殖し始めた。クリントン大統領は、かつてほとんど共和党関連の用語であったアカウンタビリティとスタンダードを使用したが、学校の民営化のような急進的な試みをするよりは好ましいものとして、チャータースクールを強く支持した。オバマ大統領も同様に、州に数十億ドルとなる「トップへのレース基金」の資格を得るために多くのチャータースクールのキャップを向上させることを求めた。学区は、経済的な困難の時代に直面し資金を必要としていた。

自由な市場価値を擁護する人々が集まったおかげで、富裕な財団がチャータースクールの組織に何百万ドルも寄付した。歴史家ダイアン・ラヴィッチが著しているように、一般市民は時折大きな影響を受けるが、財団の統制をほとんど受けることはない。彼女は、「公立学校と教師が成績についてアカウンタビリティを有するが、財団は誰に対してもアカウンタビリティを負っていない」とする。教育委員会のメンバーとは異なり、財団の委員は方針が失敗したとしても有権者や怒れる保護者たちに面と向かうことはない。チャータースクールが特別に生徒の成績を向上させられるわけではなかったが、財団は二一世紀初頭に巨大な政治的・公的な信用を獲得していた。二〇〇一年に約二、三〇〇校であったチャータースクールは、二〇一〇年には約五、〇〇〇校にまで増加した。質が多様化し、教員組合を弱体化させることを支持するチャータースクールは、時折学力の高い生徒を獲得した。この傾向は、例えば、貧困、民族、人種グループや、不注意で破壊的、特別な教育ニーズを要する生徒、スタンダード・テストにおいて伝統的に低学力の生徒の割合が過度に高い都市の通常の公立学校を置き去りするものであった。

教育上のオルタナティブの範囲は拡大し続けた。伝統的な公立学校の枠を超えた小さな選択の一つとなったホームスクールも一般的なものとなった。全米教育統計センターは、一九九九年から二〇〇〇年の学年度において私立学校の包括的な調査について結論づけた。K—12の生徒の約一〇%がアメリカの私立学校に通学していたことがわかった。それに加えて、カトリックや、アーミッシュ、ペンテコステ派、バプテスト派、ブラック・ムスリム、そして多くの福音派を含む宗教的に多様なグループがホームスクールを支援した。ホームスクーリングは、消費者の選択の別の例として、公立学校と社会の世俗的な価値観に対して幻滅していた多くの保守的な福音主義的プロテスタントを惹きつけた。調査によれば、二〇〇一年には共和党員の四七％と民主党員の三四％は、ホームスクーリングは総じて「良いこと」であると考えるようになっていた。働く母親がこれまでになく一般的になり、大人一人の給料だけでは快適な暮らしができる家庭がほとんどないにもかかわらず、二〇〇九年には二〇〇万人の子どもたちがホームスクーラーとなっていると推定される。

二〇世紀に学校で起こった学校統合の勝利、権限の集権化、専門的知識の活用、最近の国家的目標とテスト・プログラムの出現のような状況があっても、アメリカは西側世界で最も分権的な学校ガバナンスを有している。一九九九年から二〇〇〇年の学年度には、九万二、〇〇〇以上の公立学校の法的責任をもつ一万四、〇〇〇以上の学区があった。連邦政府からの補助金は平均六％にすぎないが、どの子も置き去りにしない法（NCLB法）のテストの要求は、多くの貧困地区が耐えきれないとみている財政的重荷を課し、教育史の分岐点になることが判明するかもしれない。新しい連邦法が通過するずっと以前から、ほとんどの州が、以前多くの学区で定期的に用いられていたIQテスト、学力テストや他の統計的手法を組み合わせて、自前のテストプログラムを確立していた。他国では同様の批判を受けているが、アメリカの生徒は世界のどの生徒よりもスタンダード・テストを受けており、これからもさらに数多く受けようとしているのである。

「NCLB法」は人種的民族的背景を明確にして生徒のアカデミックな能力の結果を要求しているため、この法律の擁護者はこれが貧困層を助けるものと考えている。批判者はこの法律を、個別教授、質の高い教員、学校教材に使ったほうが望ましい出費であり、テスト会社のための無駄な仕事とみなしている。特徴的な例として、大統領選でアール・

ゴア(Al Goa)に対抗していた当時の州知事ジョージ・W・ブッシュは、ヒューストン(ここの教育長が後年連邦教育省の長官になる)などの都市でテストの成績が改善されたことなど、テキサス州の目覚ましい教育的業績を指摘した。ただ喝采するのはまだ早かった。全米のいくつもの都市で、高いテスト成績を確保するための圧力は無節操な実践をも招いた。例えば、スタンダード・テストを受けたとしたら低い成績をとったであろうヒューストンの中等学校の生徒はそのテストを受けなかった。彼らは科目に合格したにもかかわらず同じ学年にもう一年留まり、テスト対象の外に置かれて、最終的に卒業証書を取得することなく退学した。ヒューストン当局は退学率が劇的に下がったと言うが、その主張は証拠と矛盾している。高いテスト目標を達成すれば、その学校の校長は破格のボーナスをもらえるということがブッシュの「テキサスの奇跡」に不名誉な一章を加えた。同様に、研究者たちは、シカゴの教育長アーン・ダンカンの在職中にテスト成績が明白に上昇したことを批判してその正体を暴露した。

　卒業証書の取得のための卒業テストに合格するよう要求される多くの州では、貧困層とマイノリティの失敗例が不釣合いに高い。常に低い成績になる生徒をこの競争から外すために、特殊教育コースに送って得点を誇張させていた学区もあった。皮肉なことに、ミシガン州等は、国家の最低限のスタンダードの達成が難しいために罰則を恐れ、州の自前のスタンダードを実際に下げた。全米のごく少数の富裕地区の保護者のみが、このテスト狂への不満をもらしている。彼らは、テストが創造的な教育をゆがめていると信じており、チョークとトーク、ドリルとスキルというおなじみの点を力説する。そして実際、彼らの子どもたちは一般にスタンダード・テストで高成績を挙げている。社会階級の反対側にいる都市の貧困層の生徒は、最も未熟な教員が秩序維持とスタンダードを上げるために勇敢に立ち向かう中で、問題集と伝統的な教授法に頼って教えられているのであった。

　こうした現実にもかかわらず、学校を何とか改善することができ、誰にでも高い質の教育を提供することができるという夢はまだ続いている。オバマ大統領は二〇一〇年の一般教書演説において、教育上の「現状維持」を拒否し、「生徒の成績を向上し、生徒を数学と科学で秀でるよう鼓舞し、田舎のコミュニティから都市内部までのアメリカ人が将来を奪われないよう失敗校を転換させる改革に投資するのみである。二一世紀では、最善の貧困撲滅のプログラムのひとつは、世界に通用する教育である」。二〇一〇年の初春にアメリカ商工会議所前での演説で、オバマ大統領は中退者の大半をつくりだす学校を支援するために直接連邦資金を投入することを約束した。彼は、経済的な成功はますます個人の教育の水準とつながっていると述べた。「仕事は人々の知識と技術によっている。それは単純なことである」。ただし、その演説は、サービス志向の経済において何百万もの市民が彼らの学歴にもかかわらず技術の不要な仕事に就く運命にある現実について何も語るものではなかった。

我々は、未来がどこにあるのかを知るには学校改革の最新の世代に近すぎている。一九世紀には無償制公立学校システムの創設について不可避のものは何もなかったし、今後数十年間にその生き残りや変化について避けられないものは何もない。二〇世紀初めには、教育の専門職者によって学校の模範であるとみなされていた都市の学校が、すぐに評判を落とすことを誰も予想できなかったであろう。公民権運動と権利革命が、貧しく恵まれない若者を排除したり、虐待したりしたシステムの中に彼らを連れてくることは誰も予測できなかったであろう。るつぼとしての学校という古い考え方が、特に教員訓練プログラムにおいて信用されなくなるとは誰も知りえなかったであろう。歴史は展望を提供できるが、未来への筋道を確認することはできない。過去と同様、未来には驚きが満ち溢れているのである。

本書の中で私は、国家の教育システムが発展する中で、伝統と変化の間に起こる緊張を強調してきた。カリキュラムであれ、教授法であれ、または日常的実践の基礎をなす価値体系であれ、繰り返しやって来る改革の波がどのように学校に足跡を残したかをみせようとしてきた。基礎教育の重視から教育者と改革派が支持した競合的な社会目標と多様な革新まで、多くの学校実践の継続性に焦点を当てて、児童中心の進歩主義が教室でというより、修辞のうえで勝利を収めたことを強調し、彼らの時代と活躍した場所で学校を描写し理解しようとしてきた。最後に、公立学校は、その中心的な目的である全員の高い成績の達成はおろか、知的な向上に成功したことは歴史上全くなかったという現実を強調してきた。アフリカ系アメリカ人、メキシコ系アメリカ人と貧困労働者層の子どもたちのほとんど、あるいは特別クラスにせよ通常クラスにせよ、大勢の障害をもつ子どもたちが、ハイスクールに進学し卒業するようになったのはわずか半世紀前からであった。

近年の様子から、スタンダードを上げること、出世競争を終わらせること、基礎科目のテストを増やすという主張は、多くの市民と選挙で選ばれた当局者に非常に人気があることが判明した。我々が住んでいるのは、努力する個人を尊び、個人の業績を称賛する競争社会である。都市のインフラの崩壊、一人親家庭の増加、持続的な貧困、全ての者への平等な教育機会と自分の子にはそれ以上の機会を望む保護者に広まる信念を考慮すると、貧困層とマイノリティの子どもたちのテストの成績が比較的低いことは特に驚くに値しない。昔であれば、貧困層の子どもは一般的に学校を中退して労働力になったか、そうでなければおそらく軍隊に加わった。しかし第二次世界大戦後、教育への要求が増大し、学校内での階級的、人種的、文化的戦争も増大した。公民権は平等を約束したが、テストの成績は不平等の証拠を確かなものにした。一九五〇年代に、上昇志向の白人の親が家族ごと郊外に移住し、APプログラムと優等生プログラムを要求し、子どもたちが競争で勝利することにより最良の場所を占めた。後には可処分所得のある家庭は、個別指導サービス、カプランクラス〔成績優秀者用クラス〕など、成功に確実に役立つ手段に何百万ドルも支払った。そのうえ、国際的なテストの成績などでアメリカの生徒は一般に認識力の達成度が低いという遍在的な不満があったが、市民はアカデミック志向の生徒よりスポーツマンとチアリーダーを賞賛しながら、想像できるあらゆる社会悪への対処を学校が促してくれることを長く期待してきた。

テストが年少の生徒にまで影響を及ぼす中で、少なくともこうした現実は知っておくべきであろう。ロマンスと革命の時代に生まれた機関である幼稚園の子どもたちでさえ、今ではテストを受けるようになってきつつある。一九八八年に「これまで鉛筆をもったことがない子どもを受けもっている。昨年は、銀色の食器をもったことがない子どもがいた」とミシシッピ州出身のある幼稚園の教員が人々に思い出させようとした。ビル・クリントン大統領が一九九六年に、スタンダードを上げると約束したもう一つの「教育サミット」で、何十人もの財界の指導者や政治家に会った後、全米教育委員会協会 (National School Boards Association) の上級職員は、「不健康だったり、空腹だったり、近所で犯罪が多発していたり、その他の問題のために勉強に集中できない状態で学校に来ている子どもたちをどうするのですか。どうやってスタンダードがそのような問題を解決できるのですか」と尋ねた。学校は自らつくり出したわけでもない問題のほとんどを解決できないが、歴史の先例にならえば、人々に解決してほしいと頼むことをやめさせることもできないであろう。

公立学校は、ほとんどのコミュニティで州政府の最も身近な出先機関である。学校に通ったことのある人々がますます多くなり、人生のうち学校に通う年数も長くなってきたので、市民は数十年前ほど教員とアドミニストレーターに敬意をもつことはなく、自由に教育上の改善について助言する。我々の世界を形づくっている、グローバル経済から環境の劣化まで非人間的な力を制御できると信じている市民はほとんどいない。しかし学校は連邦政府からの命令が増加したにもかかわらず、州の統治のもとにあることももう一つの問題である。さらに、市民が声を一つにして話すことは決してなく、また、現代の教育目的は前進することに焦点があり、しばしば混乱したままになっている。アメリカ人は、収入、富、消費財の不平等が民主主義的価値をあざ笑い、子どもたちの学習への準備が不公平になっているという社会秩序の中で、学校が競争の場をつくり出すよう期待している。学校は、平等と優秀性、スタンダードと民主主義、伝統への敬意と進歩への関与、これらの調停に成功するよう期待されている。市民はいつも、基礎科目をうまく教えていないことと、特に貧困層の中から優秀な生徒を生み出すのに失敗しているために、教員とアドミニストレーターを嘲笑する。それと同時に、政治的に右派から左派まであらゆる改革者は、科目を教えることが下手だと責められている教員に、生徒ではなく大人がほとんど引き起こしている人種差別、性差別、外国人嫌いなどの重大な社会的病弊を解決し、そのうえ先達が実際にはいつでも尊重してきたわけでもない、将来の満足感、正直さ、黄金律などの価値観を若者に教えることも要求する。

世論調査は国家テストと高いスタンダードへの広範な支持を示すかもしれないが、学校から多くの社会的義務を取り除いて勉強に集中させたいと思うアメリカ人はほとんどいない。ほぼ二世紀の間、社会正義、人間の平等、個人の進歩のための運動のほとんど全ては、一部の公立学校で行われてきた。伝統的な科目、価値観、道徳の維持のための大衆運動もそうである。ユーモア作家ウィル・ロジャーズはかつて、「ロシアは、あなたが何を言ったとしても、それが当てはまる国だ」と言った。同じことは、継続と変化の両方を切望する市民の手に運命が握られたまま、全方向へと広がっていくアメリカの学校システムにも言えるのである。

『アメリカ公立学校の社会史』解説

浅沼　茂

本書の始まりは、ホーレス・マン以来の自発的で自主的に生まれてきた、牧歌的なアメリカの田舎の公立学校からの発展と進化を概観することにあった。ワンルーム・スクールハウスの伝統的な学校の姿は本書のペーパーバックのカバーでもあった。「大草原の小さな家」の物語のひとつの重要な風景でもあった、あの学校である。このような学校風景は、田舎に入植したプロテスタント移民たちの開拓時代のアメリカの原風景でもあった。このような田舎の美しい景色と学校は切り離すことができないのである。多くの日本の学校が四階建ての堅苦しいコンクリートであるのとは異なり、アメリカの学校は、低層でたくさんの階段を上り下りすることのない親しみやすい建物が多い。

このような牧歌的で和やかな雰囲気の公立学校は、やがて、多様な役割と機能をインプットされ、官僚制化していくことになる。本書は、このような学校の移り変わりを生き物のように描いている。そして、学校が何か公的な期待を担った魔法か何かのように変わっていく。しかし、いつまで経っても学校は、3Rsの基本的技能の習得だけを目的とする施設のように、世間は考えている。このような学校のイメージに対して多様な役割のイメージをその歴史的変遷から紐解くことが本書の主眼とするものであった。

かつて筆者が留学していた時に、アメリカのハイスクールについて高校生の話から驚いたことが二つあった。普通科高校のカリキュラムにどんな科目があるかと尋ねたところ、「葬式学」なるものがあるという。それは、文字どおり、葬式のことについての勉強だという。日本にこのような学習科目があるだろうか。それから、「消費者科学(consumer science)」なる科目があるというので、教室に行って覗いてみたら、何と確定申告のつけ方を勉強していた。日本にこのような科目があるであろうか。言葉では聞いていた、「ショッピングモール・ハイスクール」とは、このようなことを意味していたのかと開眼した思いであった。

このような驚きの起源については、アメリカはプラグマチックな国だからというようなステレオタイプでは片づけられない、アメリカ独自の学校という制度の発展をみたような思いであった。デューイは、『学校と社会』の中で、アメリカの学校が3Rs中心の下からの初等教育と大学の準備教育としての上からのカリキュラムとがつながりできあがったものであると述べていた。それらの下からのものと上からのものをつなげる空白地帯をどのようにジョイントするかということがアメリカの学校制度の課題であると論じていた。アメリカ型のハイスクールは、このような課題に一つの理想型を提供したものであった。

リースの本書は、このような独自の発展を遂げたアメリカの公立学校のあり方をワンルーム・スクールハウスのような複式学級型の田舎の学校から現代のハイスクールまでアメリカ文化の中でどのような変遷をたどってきたかを中心に描いた見事な作品である。学校は、制度としてみるならば、世界的に普遍的に同様な形をしてる。学校という建物自体は、無機的な感じで、それほど大きな意味の違いが感じられない。しかし、その中で営まれる教育活動、特にカリキュラムは、それぞれの国の文化的な背景を基盤に独自の発展を遂げてきた。ディヴィット・タイアック(David

Tyack)は、『*Manger of Virtue*(徳の管理人)』において、学校は道徳教育を含む多様な役割を積み込まれ、一種の博物館として機能してきたものと分析していた。学校がこのような役割を入れ込むようになったのは、とりもなおさず、コミュニティの中で行われてきた伝統的機能が薄れ、その社会化の機能が学校に入り込み、多様な役割を期待されるようになってきたからである。

翻って日本をみると、最近の調査では、土曜日登校を復活させたほうが良いという意見が過半数を占めるようになってきている。日本においては、学習機能よりも、託児所的な役割を学校に期待していることがよくうかがえる。このような事実だけをみても、日本の多くの保護者の教育内容のレベルに関する意識はさほど高くないということがよくわかる。学校への役割期待が強くなっているのにもかかわらず、では、実際学校で何をしてほしいかというと、相変わらず、ドリル的な技能の習得をイメージした学習観が主流である。

このような暗記やドリル中心の学習観であるという日本的学力イメージに対し、『カーディナル・プリンシプルズ』(一九一三年)以降のアメリカのハイスクールは、多様なカリキュラムを用意し続けてきた。学校で児童生徒たちが一生懸命に励んでいることのうち、アカデミックな内容は、そのほんの一部となり、いろいろなクラブ活動であったり、運動・スポーツであったりする。

日本の子どもたちが一生懸命になっているクラブ活動へ費やす労力は、アメリカの若者にはないものと筆者はかつて信じていた。アメリカのハイスクールは、単なる選別のトラッキングだけから成り立っているものと思っていた。しかし、それが大きな誤解であることを、本書を読んで明確に悟ることになった。学校は、コミュニティの中にあった多くの青年期教育の役割と機能を吸収していたのである。スポーツクラブ、農業クラブなど専門的な職業に結びついたクラブが厳然と存在し、青年期教育のストックとして立派に機能してきたことを本書は、明らかにしている。

心理テストなどの選別装置が科学的測定の名のもとに、生徒選別のためのトラッキングに貢献してきたことは、周知の事実である。しかし、ここで重要なことは、青年期の生徒たちがそのようなレッテルに対して自己を後ろ向きに方向づけることはなかったという明るさがあるということである。それは、ハイスクールのカリキュラムのもとで、日本の生徒たちのように受験勉強に励んでいるかいなかは別にして、カリキュラムとして正当に機能してきたということでもある。学校は、事実上、テーマパークのように「教育公園」化していった。ハイスクールに関わる生徒たちの活動の奇妙な名前、4—Hクラブ(Head, Heart, Hands, Health)が農民となるためのサークルを意味していることなどは、ハイスクールのもつ社会化の機能を意味していた。このようなカリキュラムは、一九七七年の時点で七四一校のハイスクールで二、〇〇〇ものコースがあったイリノイ州などの例をみても、いかに学校が社会的ニーズの「ショッピングモール」化しているかということを示していた。このことは、体験重視の進歩主義教育主義者たちによる功罪の罪にあたるものとして、アカデミックな教科中心のカリキュラムを重視するエッセンシャリストからは、眉をひそめられ続けてきたものなのである。

本書は、このようにアメリカのハイスクールを大学への単なる仕分けの通過点であるというような見方から、改めてハイスクールがより多くの可能性を含む社会化の機関としていかに大きな役割を担っているかということを思い起こさせてくれる。

アメリカの教育理論は、日本の教育制度、カリキュラムなどに大きな影響を与え続けてきたし、現在もそうである。日本では、教育行政や研究に携わる者が、外国の教育について何かを語る時、最も参考にされる国がアメリカであり、常にアメリカを手本にしてきたと言える。

本書は、アメリカの学校について独立戦争から現代に至るまでの歴史的変遷を描いたものである。アメリカの学校制度は、その表看板にどのような学校が望ましいとかいうような教育理念を語る場合が多い。日本の場合と異なり、その看板に掲げる理念が社会的な要求や政治的な理念をかなり明確に反映していることが多い。したがって、学校が不滅の制度としてあることが自明の前提となっているような日本とはその歴史的経緯は異なる。アメリカの学校は、その教える内容についての議論が政治や宗教や社会・経済、人種など多様な利害対立を背景として語られる。本書は、このようなマクロな視点からアメリカの学校史を語ったものである。

本書は、日本では教育学のバイブル的な存在であるジョン・デューイをはじめとする進歩主義教育の意義と位置づけに関して独自の視点をもっている。進歩主義教育は、初等教育段階と中等教育段階では、その意義が異なることが論じられている。同時に、アメリカの進歩主義教育の伝統とアカデミズムの伝統の基本的柱が現代にまで生きているということを物語風に語ったものでもある。

本書がアメリカで出版されたのは二〇〇五年である。本書が書かれた背景には、アメリカの教育史観について大きな脅威となる状況があったことが考えられる。

第一の脅威は、ネオリベラリズムと呼ばれる学校の公共性を脅かす経済合理主義の教育市場への参入という社会経済的な脅威である。学校は、経済的にはもはや聖域ではなくなり、その成果がアチーブメントテストのような単純な基準によって測られるという思想が支配的になってきた。学校選択やチャータースクールやホームスクールという制度も、公立学校にとって大きな脅威となった。

第二の脅威は、ダイアン・ラヴィッチのような教育学的には保守派の台頭である。ダイアン・ラヴィッチは、一九八三年に *The Troubled Crusade: American Education, 1945-1980*（末藤美津子訳『教育による社会的正義の実現』東信堂、二〇一一年）を出しており、進歩主義教育によってもたらされたアメリカの子どもたちの学力低下と反知主義を告発してきた。ラヴィッチは、さらに二〇〇〇年に*Left Back: : A Century of Battles over School Reform*（末藤美津子・宮本健市郎・佐藤隆之訳『学校改革抗争の一〇〇年：二〇世紀アメリカ教育史』東信堂、二〇〇八年）を著した。

のちにラヴィッチは、サンディエゴやニューヨークでの訪問観察から、自分自身が協力に推進してきたところの市場原理主義的な教育アカウンタビリティによるコストーベネフィット的な評価が教師への精神的苦痛を与えたこととその実践への悪影響を目の当たりにした。このことを痛烈に反省した書が、『偉大なアメリカ学校制度の死と生（*The Death and Life of the Great Amercan School System*, 2008）』や『アメリカ間違いがまかり通っている時代―公立学校の企業型改革への批判と解決法（*Reign of Error: The Hoax of the Privatization Movement and the Danger to America's Public Schools*, 2013）』（末藤美津子訳、東信堂、二〇一五年）というタイトルとして著されたものである。このようにポリティックスに対しては、本書は、無関心であったわけではない。テストや評価については、アメリカの学校は、その成立当初から関心があり、政争の具となっていた長い歴史があった。リースは、デビュー作『学校改革の力と約束（*Power and the Promise of School Reform: Gras-roots Movements during the Progressive Era*, 1986）』において、アメリカの進歩主義教育がブルジョアの自由教育運動ではなく、ドイツ系の移民による救貧運動と手を携え、フレーベル派の幼稚園に起源があることを膨大な資料を基に立証していた。このことは、日本のリベラルな教育改革がややもすると中産階級的な性格を非難されるのとは、全く異なっている。このような流れの中で、リースによる本書は、進歩主義教育を批判する保守派の教育学的立場とは、一線を画している。アメリカの公教育、特にハイスクールは、進歩主義と呼ぶか否かにかかわらず、地域共同体がもつ伝統的な保守機能、社会化の機能を維持しているという立場にある。

アメリカでは、伝統的に進歩主義（progressivism）対エッセンシャリズム（基礎教養主義、日本語では、本質主義と訳される場合が多い）が教育学上の対立軸としてあり、その両者が多様な形で火花を散らしてきた。その流れの中で一九八〇年代以降のアメリカの学力低下論とネオリベラリズムに基づく学校改革の動きは、リースが本書を書く大きな動機づけとなったと考えられる。

日本でのアメリカ教育のこのようなダイナミックな動向については、ほとんど知られていない。多くの研究者、教育関係者は、ほとんど個別事例の紹介をする場合が多く、その個別事例やテーマが社会史的に何を意味するのか不明のまま、「アメリカでは」と語ることが多い。このような中で本書は、アメリカ教育の主軸、そして典型とは何かということを知るためには不可欠の書である。

監訳者あとがき

監訳者の代表として
小川佳万

本書は、William J. Reese. *America's Public Schools: From the Common School to "No Child Left Behind" Updated Edition* The Johns Hopkins University Press, 2011 の全訳である。

監訳者の一人である小川は、現在、学部・大学院で主として海外の教育制度について講義をしているが、大学院レベルの学生がアメリカの教育を概観できるような書物はないかと長い間探していた。日本でも、学校選択や新しいタイプの学校等、アメリカの最新の教育動向に関する翻訳書は出版されてきているものの、より長期的な視角からアメリカの教育を考えられるものを小川は求めていたのである。そうした中、アメリカの大学を訪問した時、本書がアメリカの大学院でテキストとして使用されていることを知った。さっそく手に取ったところ、アメリカの教育（特に学校）に関して歴史的な知識が得られるものであることがわかったため、翻訳することを決断した。その後、アメリカ連邦教育局次官補も務められたラヴィッチ教授によるアメリカ教育史を扱った大著も末藤美津子教授等により翻訳されたが、民衆教育史を専門とする、アメリカ教育史学会前会長であるリース教授による本書はどちらかというと「左派」からの学校史であるという点で、対比させながら読まれると興味深いと思われる（本書の特徴については、もう一人の監訳者である浅沼茂による「解説」を参照されたい）。

そこで、訳者たちは各章を分担し、まず原文に忠実に翻訳して語句等の検討を加えた。訳していて文意がとりにくい箇所は、リース教授ご自身に伺った。我々の細かな質問にも丁寧に回答していただいたリース教授に感謝申し上げる。その後、原文に忠実であったがゆえにきわめて読解が困難となった日本語訳について、可能な限り自然な日本語の文章へと修正を加えていった。その作業は予想以上に時間を要する煩雑なものであったが、こうした作業の中で監訳者としては誤訳がないことを祈るのみである。また、こうした努力が功を奏し、本書が読みやすいものとなったか否かは読者の判断や批判を待ち、今後の精進としたい。

実際の翻訳に当たった者の氏名は別頁（前付xii）に記しているが、冒頭の「序文」等や「索引」は仙台大学の金井里弥先生にお願いした。事項に関する確認と全体的な日本語のチェックは大阪樟蔭女子大学の小野寺香先生にお願いした。また、「文献一覧」については、東北文教大学の下村一彦先生の手を煩わせた。各位に感謝したい。ここで個人的な話をさせてもらえば、現在職場は異なるものの、監訳者同士は師弟関係にあり、もう一人の監訳者である浅沼茂は私にとって尊敬すべきアメリカ教育研究の大先生である。浅沼先生には、学生時代から数えきれないほどお世話になっている。翻訳とはいえ、共同で仕事ができたことはこのうえない喜びであった。今回も先生の博識さを再確認できた貴重な時間でもあった。

なお、刊行が当初の予定よりも大幅に遅れたことはひとえに監訳者の一人である小川の怠慢によるものである。この点で原著者であるリース教授にたいへんご心配をおかけしたことをお詫びしたい。本書がアメリカ教育に関心をもつ読者のみならず、広く教育問題に関心をもつ人々にも何らかの参考に供せられることが、我々訳者一同の喜びである。

最後に、本書の価値を認めていただき、出版を許可していただいた下田勝司社長にお礼を申し上げたい。

二〇一五年八月

立学校への言及を参照するのも良い。Robert Kunzman, *Write These Laws on Your Children: Inside the World of Conservative Christian Homeschooling* (2009) は、公立学校のオルタナティブ教育に関して思慮深く公正に言及している。学校選択やバウチャー、人種差別廃止、教育における市場選択に関する膨大な文献は、"No Child Left Behind" や同法の後継法に関する競合する解釈がそうであるように、学者を多忙にし続けるであろう 34。

---

33 ジョナサン・コゾル『野蛮な不平等：アメリカの学校の子どもたち』;ジョン・チャールズ・ボーガーとゲーリー・オーフィールド編『学校の人種分離からの脱却：南部は元に戻るか？』;ジェフリー・R・ヘニングとウィルバー・C・リッチ『渦中の市長たち：都市学校の政治・人種・市長の規制』；ケネス・K・ロング、フランシス・X・シェン、ドロテア・アナグロストポウラス、ステーシー・ロートレッジ『教育市長：アメリカの学校を改善する』；バリー・M・フランクリン『カリキュラム、コミュニティ・都市の学校改革』;クラウディア・ゴルディンとローレンス・F・カッツ『教育と工学との競争』；**H・G・ビッシンガー『フライデー・ナイト・ライツ』岸本完司訳、中央公論新社、1993**。

34 リンダ・M・マクニール『学校改革の矛盾：標準テストの教育費用』; ダニエル・コレツ『教育テストは一体何を我々に語っているか』；**ダイアン・ラヴィッチ『偉大なるアメリカ公立学校の死と生－テストと学校選択がいかに学校をだめにしてきたのか』本図愛実訳、共同出版、2013**;ウィリアム・J・リース「公教育と人文科学」;『歴史、教育、学校』;ロバート・クンツマン『あなたの子どもたちにこれらの法律を書きましょう：保守的キリスト教ホーム・スクーリングの世界の内側』;「落ちこぼれを作らない法」。

2001 (2006); Carl F. Kaestle and Alyssa E. Lodewick による素晴らしい著書 *To Educate a Nation: Federal and National Strategies of School Reform* (2007)を参照するとよい。David K. Cohen and Susan L. Moffitt, *The Ordeal of Equality: Did Federal Regulation Fix the Schools?* (2009)は、トップダウン型の改革への無数の障害を示している 32。

学校財源の不平等や、都市と郊外の不均衡については、Jonathan Kozol, *Savage Inequalities: Children in America's Schools* (1991)を読むとよい。人種分離の復活が、John Charles Boger and Gary Orfield, eds., *School Resegregation: Must the South Turn Back?* (2005)で分析されている。学校改革において、大都市の市長の権限が増大していることに関しては、Jeffrey R. Hening and Wilbur C. Rich, eds., *Mayors in the Middle: Politics, Race, and Mayoral Control of Urban Schools* (2004)と Kenneth K. Wrong, Francis X. Shen, Dorothea Anagnostopoulous, and Stacey Rutledge, *The Education Mayor: Improving America's Schools* (2007)を調べるとよい。デトロイトでの市長交代を取り巻く論争に関しては、Barry M. Franklin, *Curriculum, Community, and Urban School Reform* (2010)を読むとよいであろう。Claudia Goldin and Lawrence F. Katz, *The Race between Education and Technology* (2008)は、今世紀を通しての変わりゆく学校の役割、科学技術、経済を幅広く分析している。ハイスクールのスポーツについては、特に H. G. Bissinger, *Friday Night Lights: A Town, a Team, and a Dream* (1990)を参照するとよい 33。

テストに関する最近の歴史や利用に関する分析を調査するなら、Linda M. Mcneil, *Contradictions of school Reform: Educational Costs of Standardized Testing* (2000); Daniel Koretz, *Measuring Up: What Educational Testing Really Tells Us* (2008); Diane Ravitch, *The Death and Life of the Great American School System: How Testing and Choice are Undermining Education* (2010)を参照するとよい。コレッ(Koretz)とラヴィッチの書籍は近年の教育の傾向を私が理解する上で不可欠であった。人文科学の傾向に関する一層の情報を求めるなら、アメリカ芸術科学アカデミー（AAAS)のウェブサイトに掲載している拙稿 "Public Education and the Humanities" や、拙著 *History, Education, and Schools* (2007)での教区学校や私

32　ダイアン・ラヴィッチとマリス・A・ヴィノフスキー編『過去からの学習：歴史は学校改革について何を語っているか』; マリス・ヴィノフスキー『危機に立つ国家からどの子も置き去りにしない法』; エリザベス・H・デブレー『政治、イデオロギー、教育：クリントンとブッシュ政権時代の連邦政策』; パトリック・J・マックイギン『どの子も置き去りにしない法と連邦教育政策の変換、1965-2005』; ローレンス・マックアンドリュー『教育の時代：歴代大統領と学校、1965-2001』; カール・F・ケースルとアリッサ・E・ロードウィック編『国民を教育すること：学校改革の連邦および国家の方略』; ディヴィッド・K・コーエンとスーザン・L・モフィット『平等への挑戦：連邦の規制は学校を固定化したか？』。

は、すでにインターネットで入手できる。Thomas C. Hunt, *The Impossible Dream: Education and the Search for Panaceas*(2002), と David T. Gordon, ed., *A Nation Reformed? American Education 20 Years after A Nation at Risk*(2003)も読むとよいであろう。1970年代以降の貴重な調査としては、James T. Patterson, *Restless Giant: The United States from Watergate to Bush v. Gore*(2005) と Sean Wilentz, *The Age of Reagan: A History, 1974-2008*(2008)がある 31。

1980年代以降の教育における連邦の役割の拡大を理解するためには、Diane Ravitch and Maris A. Vinovskis, eds., *Learning from the Past: What History Teaches Us about School Reform*(1995); Maris A. Vinovkis, *From A Nation at Risk to No Child Left Behind*(2009); Elizabeth H. DeBray, *Politics, Ideology, and Education: Federal Policy during the Clinton and Bush Administrations*(2006); Patrick J. McGuinn, *No Child Left Behind and the Transformation of Federal Education Policy, 1965-2005*(2006); Lawrence J. McAndrews, *The Era of Education: The Presidents and the Schools, 1965-*

---

30 ハロルド・G・シェーン編『アメリカの小学校』; ジョン・L・グッドラッドとロバート・H・アンダーソン『無学年制小学校』; フランク・リースマン『文化的に剥奪された子ども』; ジョン・I．グッドラッド『合衆国における学校カリキュラム改革』; ジーン・S・シャール『読みの学習：大ディベート』; ジョン・I・グッドラッド『学校という名の場所：将来の見通し』;『学校のロマンス：教育的生活』; ハロルド・スピアーズ『現代のハイスクール』; フランクリン・ジェファーソン・ケラー『総合制ハイスクール』; ウィリアム・マーシャル・フレンチ『アメリカの中等教育』; ジェイムズ・S・コールマン『青年期の社会：十代の社会生活とその教育へのインパクト』; アルビン・C・エウリッヒ他編『ハイスクール 1980：アメリカの中等教育の将来の形』; アーネスト・L・ボイヤー『ハイスクール：アメリカの中等教育レポート』; ロバート・L・ヘンペル『最後の小さな砦：1960来のアメリカのハイスクール』; ウィリアム・グリーブナー『バッファローの来るべき時代：戦後の若者と権威』; シャーマン・ドーン『ドロップアウト製造：学校の失敗の制度的・社会的歴史』; ジョン・L・ルーリー「民主主義のハイスクール？　コナント時代以降の社会変化とアメリカの中等教育」(『アメリカン・エデュケーショナル・リサーチ・ジャーナル』39)。

31 フィリップ・W・ジャクソン編『カリキュラム研究ハンドブック』; マービン・アルキン編『エンサイクロペディア』;『危機に立つ国家』; トーマス・C・ハント『不可能な夢：教育と魔法を求めて』; ディヴィッド・T・ゴードン編『国家は、改革されたか？危機に立つ国家以降のアメリカ教育の20年』; ジェイムズ・T・パターソン『休みなき巨人：ウオーターゲートからブッシュVs. ゴアまでの合衆国』; ジーン・ウィレンツ『レーガンの時代：ある歴史、1974-2008』。

School (1959); Frank Riessman, *The Culturally Deprived Child* (1962); John I. Goodlad, *School Curriculum Reform in the United States* (1964); Jeanne S. Chall, *Learning to Read: The Great Debate* (1967)や不朽の名著である John I. Goodlad, *A Place Called School: Prospects for the Future* (1984)とグッドラッド(Goodlad)の回顧録 *Romances With Schools: A Life in Education* (2004)を参照するとよい。同様に、Harold Spears, *High School for Today* (1950); Franklin Jefferson Keller, *The Comprehensive High School* (1955); William Marshall French, *American Secondary Education* (1957); James S. Coleman, *The Adolescent Society: The Social Life of the Teenager and Its Impact on Education* (1961); Alvin C. Eurich et al., eds., *High School 1980: The Shape of the Future in America Secondary Education* (1970); Ernest L. Boyer, *High School: A Report on Secondary Education in America* (1983)を含め、ハイスクールの特質を描いた著作が激増した。現代ハイスクール史の最良の書籍である Robert L. Hampel, *The Last Little Citadel: American High School since 1940* (1986)、William Graebner, *Coming of Age in Buffalo: Youth and Authority in the Postwar Era* (1990); Sherman Dorn, *Creating the Dropout: An Institutional and Social History of School Failure* (1996); 現代のハイスクールの思慮深い評価を示し、有益な参考文献一覧を含んでいる John L. Rury,"Democracy's High School? Social Change and American Secondary Education in the Post-Conant Era,"*American Educational Research Journal* 39(summer 2002): 307-336 も読むとよい 30。

危機に立つ国家から"NCLB 法"まで

ほとんどの歴史学者にとって、ここ 30 年は未だに最新の出来事に等しい。しかし歴史家や教育に関心のある他の学者による文献は激増し始めてきている。現代史の私の理解は、多数の文献の恩恵を受けている。特に、Philip W. Jackson, ed., *Handbook of Research on Curriculum* (1992) や、前掲の Marvin Alkin, ed., *Encyclopedia* の論文は重要である。また、世論調査は、市民が時に自分たちの学校に抱いている実現できない期待感を抱いていることを私に教えてくれた。私は、政策論議をたどるために、*TIME* や日刊の *New York Times* のような人気のある出版物も系統的に読んでいる。*A Nation at Risk* (1983)の結果として記述された州や地方の多くの文書に加えて、連邦教育省の無数の報告書はいつか、恐れを知らない調査者によって、より徹底的に利用されるだろう。これらの文献の多く

29　アーサー・ベスター、アーネスト・ボイヤー、ベンジャミン・ブルーム、ジェイムズ・コナント、ハーバード・コール、ジョナサン・コゾル、フランク・リースマン、チャールズ・シルバーマン、セオドア・R・サイザーの主要書;『小学校ジャーナル』;『ハイスクール・ジャーナル』;『全米中等学校長会紀要;『学校生活』;『コメンタリー、タイム、ニューズウィーク、US ニュース＆ワールド・レポート』。

Secret History of the American Meritocracy(1999)を参照するとよい。1970年代の同時代の改革に関する歴史的な視点が、Daniel P. Resnick,"Minimum Competency Testing Historically Considered,"*Review of Educational Research* 8(1980): 3-29; Daniel P. Resnick and Lauren B. Resnick,"Standards, Curriculum, and Performance: A Historical and Comparative Perspective,"*Educational Researcher* 14(April 1985): 5-20. に的確に示されている。世論に関する手引きとしては、Stanly M. Elam, *A Decade of Gallup Polls of Attitudes toward Education, 1969-1978*(1978); と Graig Norback, ed., *The Complete Book of American Surveys*(1980)がある。全米の教育政策や社会変革に関する調査文献を掌握するという不可能な目標達成には、全米教育調査協会(American Educational Research Association)が後援している専門辞典シリーズの中の多数の学術論文が貢献している。Chester W. Harris, ed., *Encyclopedia of Educational Research*(1960); Robert L. Ebel, ed., *Encyclopedia of Educational Research*(1969)や Marvin C. Alkin, ed., *Encyclopedia of Educational Research*(1992, 4 volume)を参照するとよい28。

戦後の教育政策論議や実践関係者の研究は、彼らの世界観や教育思想を理解する最良の手引きとなっている。短いリストには、Arthur Bestor、Ernest Boyer、Benjamin Bloom、Jerome Bruner、James B. Conant、Herbert Kohl、Jonathan Kozol、Frank Reissman、Charles Silberman、Theodore R. Sizer の主要な書物がある。初等・中等学校に関する私の理解も、*Elementary School Journal*(1956-1980); *High School Journal*(1950-1980); *Bulletin of the National Association of Secondary-School Principals*(1950-1980); *School Life*(1950-1964)や、本文で引用した雑誌や定期刊行物を含む、幾つかの重要な定期刊行物から得たものである。*Commentary, Time, Newsweek, and U.S. News & World Report* の論文は、学校に影響を与えた特定の政策論議を再現する際に特に有益である29。

20世紀中頃から将来の教員やより広範な読者層に対して、小学校を説明する無数の著書が出版された。特に、Harold G. Shane, ed., *The American Elementary School*(1953); John L. Goodlad and Robert H. Anderson, *The Non-Graded Elementary*

28 **ニコラス・レマン『ビッグ・テスト—アメリカの大学入試制度 知的エリート階級はいかにつくられたか』久野温隠訳、早川書房、2002**;ダニエル・P・レスニック「ミニマム・コナペテンシー・テスト歴史の再考」(『レビューオフ・エデュケーショナル・リサーチ』8);ダニエル・P・レスニックとローレン・レスニック「標準、カリキュラム、成績:歴史的・比較的観点」(『エデュケーショナル・リサーチャー 14);スタンレー・M・イーラム『教育に対する態度のギャラップ調査の10年、1969-1978』;グレイグ・ノーバック編『アメリカの調査の完全版』;チェスター・W・ハリス編『教育研究エンサイクロペディア』;ロバート・L・エーベル編『教育研究エンサイクロペディア』;マーヴィン・C・アルキン編『教育研究エンサイクロペディア』。

The Birth of Head Start: Preschool Education Policies in the Kennedy and Johnson Administrations（2005）や Gareth Davies, *See Government Grow: Education Politics from Johnson to Reagan*（2007）において批判的に評価されている。ブルーナーの思想に基づく不幸なカリキュラム改革については、Peter B. Dow, *Schooling Politics: Lessons from the Sputnik Era*（1991）を読むとよい。そして、冷戦の影響については、Barbara Barksdale Clowse, *Brain Power for the Cold War: The Sputnic Crisis and National Defense Act of 1958*（1981）だけでなく、John L. Rudolph, *Scientists in the Classroom: The Cold War Reconstruction of American Science Education*（2002）も参照するとよい 27。

テストに関する文献は膨大にある。特に、Nicholas Lemann, *The Big Test: The*

26　ベッキィ・ニコライデス『私の青空：ロサンジェルス郊外の労働者階級地域における生活と政治、1920-1965』; ケビン・M・クルーゼ『白人の移住：アトランタと現代保守主義の形成』; マットヒュー・D・ラシッター『サイレント・マジョリティ：サンベルト地帯南部の郊外政策』; ジョエル・スプリング『選別機：1945 年来の国家教育政策』; **ダイアン・ラヴィッチ『教育による社会的正義の実現―アメリカの挑戦 (1945 - 1980) 』末藤美津子訳、東信堂、2011**; リチャード・A・ギボニイ『石のトランペット：実践的学校改革の物語、1960-1990』; トーマス・ヘヒールとトーマス・ロータス編『世紀末の特殊教育：1970 年以降の理論と実践の発展』; アリス・オコーナー『20 世紀アメリカ史における貧困についての知識：20 世紀アメリカ史における社会科、社会政策そして貧者』; ジュリー・ロイ・ジェフリー『貧者の子どもたちの教育：1965 年初等中等教育法の起源とその実践の研究』; ミルブレイ・ワリン・マクローリン『評価と改革：1965 年初等中等教育法タイトルⅠ』; ハーベイ・カントール「教育、社会改革、国家:1960 年代における ESEA と連邦教育政策」(『アメリカン・ジャーナル・オブ・エデュケーション』100); ハーベイ・カントールとバーバラ・ブレンゼル「都市の教育と‘本当に不利な子どもたち’：現代の危機の歴史的根源、1945-1960」(カッツ編『“下層階級”論争』); ジェラルド・A・ポデア『ニューヨークを変えたストライキ：黒人、白人そしてオーシャン・ブラウンズビル 1960 年代における危機』。

27　アダム・R・ネルソン『つかみどころのない理想：ボストンの公立学校における理想の教育機会と連邦の役割、1950-1985』; マリス・A・ヴィノフスキー『ヘッド・スタートの誕生：ケネディ／ジョンソン政権におけるプリスクール教育政策』; ガレス・ディヴィス『政権変化をみよ：ジョンソンからレーガンまでの教育政策』; ピーター・B・ダウ『学校教育政策：スプートニク時代の教訓』; バーバラ・バークスデール・クラウゼ『冷戦時代の頭脳戦：スプートニク危機と 1958 年国防法』; ジョン・L・ルドルフ『教室の中の科学者：冷戦のアメリカ科学教育の改革』。

にみられる。学校改革に関しては、一般に戦後教育政策の二つの指導的な解釈、Joel Spring, *The Sorting Machine: National Educational Policy since 1945*(1976)と Diane Ravitch, *The Troubled Crusade: American Education, 1945-1980*(1983) がある。Richard A. Gibboney, *The Stone Trumpet: A Story of Practical School Reform, 1960-1990*(1994)は、いくつかの改革運動について洞察力があり、情熱的な評価を行っている。特殊教育の発展については、Thomas Hehir and Thomas Latus, eds., *Special Education at Century's End: Evolution of Theory and Practice since 1970* (1992) を読むとよい。Alice O'connor, *Poverty Knowledge: Social Science, Social Policy, and the Poor in Twentieth-Century U.S. History*(2001)で提供されている歴史的な視点のおかげで、文化剥奪の考えはより鮮明にみられる。「偉大な社会」の改革は、Julie Roy Jeffery, *Education for Children of the Poor: A Study of the Origins and Implementation of the Elementary and Secondary Education Act of 1965*(1978); Milbrey Wallin McLaughlin, *Evaluation and Reform: The Elementary and Secondary Education Act of 1965, Title I*(1975); Harvey Kantor,"Education , Social Reform, and the State: ESEA and Federal Education Policy in the 1960s, "*American Journal of Education 100* (November 1991): 47-83; Harvey Kantor and Barbara Brenzel, "Urban Education and the 'Truly Disadvantaged' : The Historical Roots of the Contemporary Crisis, 1945-1960,"in Katz, ed., *The"Underclass"Debate,* 366-402. で分析されている。都市部の危機に関する傑出した事例研究は、Jerald A. Podair, *The Strike That Changed New York: Blacks, Whites, and the Ocean-Hill Brownsville Crisis*(2002)がある 26。

連邦の役割は、Adam R. *Nelson, The Elusive Ideal: Equal Educational Opportunity and the Federal Role in Boston's Public Schools, 1950-1985*(2005); Maris A Vinovskis,

---

26 スコット・ベイカー『脱分離のパラドックス:サウスキャロライナ、チャールストンにおける教育平等のためのアフリカ系アメリカ人の闘争、1926-1972』;マイケル・F・フルツ「ブラウン後の黒人教師の失望:概観と分析」(『季刊教育史』44);ジャック・ドーハートレイ『一つ以上の闘争:ミルウォーキーの黒人学校改革の発展』;トーマス・J・スグルー『自由という密の国:忘れられた北部の市民権闘争』;ステファン・サーンストロムとアビゲイル・サーンストロム『黒人と白人のアメリカ:不可視の一国』;ドミニク・カバッロ『過去のフィクション:60 年代アメリカ史』; ロバート・ダレック『登る一つ星:リンドン・ジョンソンと彼の時代、1908-1973』;同『傷ついた巨人:リンドン・ジョンソンとその時代、1961-1973』; ディヴィッド・ファーバー『偉大なる夢の時代:1960 年代のアメリカ』;ロバート・M・コリンズ「60 年代のリベラリズムの発展:偉大な社会、国内および海外での基本計画」(ディヴィッド・ファーバー編『思い出から歴史へ』); フー・ディビス・グラハム『不確実な勝利:ケネディ/ジョンソン時代の連峰教育政策』;ブルース・J・シュルマン『70 年代:アメリカ文化、社会、政治における大きな転換』。

べき歴史を提供しており、スタンダードテストの階層や人種による様相を明らかにしている。南部の学校での教師に関するブラウン判決の影響は、Michael F. Fultz,"The Displacement of Black Educators Post-Brown: An Overview and Analysis," *History of Education Quarterly* 44(Spring 2004):11-45 を読むとよい。Jack Dougherty, *More Than One Struggle: The Evolution of Black School Reform in Milwaukee* (2004)は、人種の変動と教育改革に関する優れた研究である。北部の発展の幅広い理解のためには、Thomas J. Sugrue, *Sweet Land of Liberty: The Forgotten Struggle for Civil Rights in the North* (2008)を読むとよい。人口統計や教職のキャリア、世論調査、アフリカ系アメリカ人の経験に関する文献は、Stephan Thernstrom and Abigail Thernstrom, *America in Black and White: One Nation, Indivisible* (1997)のおかげで容易に入手できる。1960 年代に関しても、私は同じように、Dominick Cavallo, *A Fiction of the Past: The Sixties in American History* (1999); Robert Dallek, *Lone Star Rising: Lyndon Johnson and His Time, 1908-1960* (1991)、*Flawed Giant: Lyndon Johnson and His Times, 1961-1973* (1998); David Farber, *The Age of Great Dreams: America in the 1960s* (1994); Robert M. Collins,"Growth Liberalism in the Sixties: Great Societies at Home and Grand Designs Abroad,"in David Farber, ed., *The Sixties: From Memory to History* (1994), 11-44; Hugh Davis Graham, *The Uncertain Triumph: Federal Education Policy in the Kennedy and Johnson Years* (1984)の研究に依拠した。Bruce J. Schulman, *The Seventies: The Great Shift in American Culture, Society, and Politics* (2001)も価値のある文献である 25。

都市と郊外の学校の役割に関する重要な学識は、Becky M. Nicolaides, *My Blue Heaven: Life and Politics in the Working-Class Suburbs of Los Angels, 1920-1965* (2002); Kevin M. Kruse, *White Flight: Atlanta and the Making of Modern Conservatism* (2005); Matthew D. Lassiter, *The Silent Majority: Suburban Politics in the Sunbelt South* (2006)

25　ジェイムズ・T・パターソン『壮大な期待：合衆国、1945-1974』；ステファン・E・アムブローズ『アイゼンハワー：兵士で大統領』；ジェイムズ・ギルバート『不良のサイクル：1950 年代における非行に対するアメリカの反応』；マリオ・T・ガルシア『メキシコ系アメリカ人』(1989); **ピート ダニエル『失われた革命—1950 年代のアメリカ南部』前田絢子訳、青土社、2005**；ジャックリン・ジョゼ「南部の海外民族：北部下層階級の起源」（マイケル・B・カッツ編『「下層階級」の議論：歴史的観点』); ジョン・ディットマー『地方の人々：ミシシッピにおける権利への闘争』；ルーベン・ドナート『平等な学校に向けての別の闘争：公民権時代のメキシコ系アメリカ人』; グアダルーペ・サン・ミグエル・Jr.『「奴らどもには気をつけろ：テキサスにおけるメキシコ系アメリカ人と教育の平等に向けての運動、1910-1981」；『褐色人種、非白人：ヒューストンにおける学校統合とチカーノの運動』；**ジェームズ・T・パターソン『ブラウン判決の遺産 - アメリカ公民権運動と教育制度の歴史』籾岡宏成訳、慶應義塾大学出版会、2010**。

Henry John Otto, *Elementary School Organization and Administration* (1934); Isaac L. Kandel, *Conflicting Theories of Education* (1938); I. B. Berkson, *Education Faces the Future: An Appraisal of Contemporary Movements in Education* (1943) そして Walter S. Monroe, ed., *Encyclopedia of Educational Research* (1950) を参照するとよいだろう 24。

＜第二次世界大戦後の時代から 1980 年代初頭まで＞

第二次世界大戦後、公立学校への期待が高まったことで、教育史に関する文献は激増した。さらに、学校がかつてない程重要なものとなった文脈を理解するうえで二次資料は不可欠である。戦後アメリカの全ての研究者は、James T. Patterson, *Grand Expectations: The United States, 1945-1974* (1996) の印象的で力強い文章の恩恵を受けている。大統領の伝記や、「偉大な社会」のような改革運動、1970 年代の保守主義の反動に関するものにみられるように 1950 年代と 60 年代の貴重な研究はますます多くなっている。特に 1950 年代の大統領の政策に関しては、Stephen E. Ambrose, *Eisenhower: Soldier and President* (1990)、若者文化と非行に関しては、James Gilbert, *A Cycle of Outrage: American's Reaction to the Juvenile Delinquent in the 1950s* (1986)、市民権や自由主義運動に関しては、Mario T. Garcia, *Mexican Americans* (1989); Pete Daniel, *Lost Revolution: The South in the 1950s* (2000)、アパラチア地方の移住に関しては、Jacqueline Jose,"Southern Diaspora: Origins of the Northern Underclass," in Michael B. Katz, ed., *The "Underclass" Debate: Views from History* (1993), 27-54; John Dittmer, *Local People: The Struggle for Rights in Mississippi* (1994); Ruben Donate, *The Other Struggle for Equal Schools: Mexican Americans during the Civil Rights Era* (1997); Guadalupe San Miguel Jr. の 2 冊の本 *"Let All of Them Take Heed": Mexican Americans and the Campaign for Educational Equity in Texas 1910-1981* (1987) と *Brown, Not White: School Integration and the Chicano Movement in Houston* (2001) が、また James T. Patterson, *Brown v. Board of Education: A Civil Rights Milestone and Its Troubled Legacy* (2001) がある 25。

Scott Baker, *Paradoxes of Desegregation: African American Straggles for Education Equality in Charleston, South Carolina, 1926-1972* (2006) は、市民権運動の注目す

---

24 ポール・H・ハーヌス『教育的目標と教育的価値』; チャールズ・B・ギルバート『学校とその生活：学校経営と組織の議論』; ジョン・ルイス・ホルン『アメリカの小学校：基本的原則』; アイザック・L・キャンデル編『アメリカ教育の 25 年間』; レオナルド・V・クース『アメリカ中等教育のトレンド』; アブラハム・フレクスナー『アメリカ人は教育に価値をおいているのか？』; ヘンリー・ジョン・オットー『小学校の組織と行政』; アイザック・L・キャンデル『対立する教育理論』; I・B・ベルクソン『未来に直面する教育：現代の教育動向の評価』; ウォルター・S・モンロー編『教育研究の百科事典』。

やすことになる。20世紀前半において学校の重要性が増すにつれて、資料は急増し、学者はそれらを見つけ出すことが困難になった。私が学んだことの多くは、拙著 *The Power and The Promise of School Reform* (1986)で示したように、特定の学校制度に関する事例研究からのものである。同様に、本書では異なる視点で述べているインディアナ州やその都市部の学校制度に関する資料も、私が編集した *Hoosier Schools: Past and Present* (1988)の関連する論文や、David J. Bodenhamer and Robert G. Barrows, eds., *The Encyclopedia of Indianapolis* (1994), 72-85 でのインディアナポリスの公立学校史に関する "Education" と題した私の論文から少しずつ集めることができるだろう 22。

私の調査においては、連邦教育局のもとで出版された多くの特別な報告書と同様、現代の著作や論文も重要なものとなっている。様々な町や都市の多くの教育委員会や教育長による年次報告書を読み解くことに加えて、私は教育専門の定期刊行物からも多くのことを学んだ。特に有益だったのは、*Alabama School Journal* (1923-1941); *Atlantic Educational Journal* (1911-1918); *Complete Education* (Toledo, Ohio, 1900-1902); *Educational Exchange* (Birmingham, Alabama, 1889-1919); *High School Journal* (1918-1941); *Pennsylvania's School Journal* (1905-1918); *Mississippi Educational Advance* (1911-1942); *School Life* (1918-1941); *Southern School and Home* (1902-1903); *Wisconsin Journal of Education* (1900-1945)である。学校改革において指導的な立場にあった教育理論家や主要な役割を演じた人物の独創的な著書も不可欠である。それらの人物には、Leonard P. Ayres、William Bagrey、Boyd H. Bode、George Counts、Ellwood Cubberley、John Dewey、Isaac Kandel、Charles Prosser、George D. Strayer、Edward L. Thorndike、Edward J. Ward がいる 23。

20世紀前半において、初等・中等教育について無数の著書が出版されているが、特に、Paul H. Hanus, *Educational Aims and Educational Values* (1900); Charles B. Gilbert, *The School and Its Life: A Brief Discussion of the Principles of School Management and Organization* (1906); John Louis Horn, *The American Elementary School: A Study in Fundamental Principles* (1922); Isaac L. Kandel, ed., *Twenty-Five Years of American Education* (1924); Leonard V. Koos, *Trends in American Secondary Education* (1926); Abraham Flexner, *Do Americans Really Value Education?* (1927);

22　ウィリアム・J・リース『学校改革の力と約束』；ウィリアム・J・リース編『フージアの学校：過去と現在』；ディヴィッド・J・ボーデンハンマーとロバート・G・バローズ編『インディアナポリスの百科事典』。

23　『アラバマ・スクール・ジャーナル』;『アトランティック・エデュケーショナル・ジャーナル』;『コンプリート・エデュケーション』;『教育交流』;『ハイスクール・ジャーナル』;『ペンシルベニアズ・スクール・ジャーナル』;『ミシシッピ・エデュケーショナル・アドバンス』;『スクール・ライフ』;『サザン・スクール・アンド・ホーム』;『ウィスコンシン・ジャーナル・オブ・エデュケーション』。

and Women's Work: Female Schooling and the Division of Labor in Urban America, 1870-1930(1991)がある。Herbert M. Kliebard, *Schooled to Work: Vocationalism and the American Curriculum, 1876-1946*(1999)は、実践的な教育と職業教育中心の学校に広範な影響を与えた運動の背後にある緊張状態を記している。同書では、共著者のキャロル・ジュディ・キーン(Carol Judy Kean)とともに、産業都市ミルウォーキー市での改革に関するいくつかの重要な事例研究が提供されている。10代の若者は職場から離されたので、ハイスクールは非常に拡大した。そしてその変化は、Edward A. Krug, *The Shaping of the American High School, 1880-1920*(1964)と *The Shaping of the American High School, 1920-1940*(1972)において、洞察力と理解力をもって分析されており、これらは欠くことのできないものとなっている。Selwyn K. Troen,"The Discovery of the Adolescent by American Educational Reformers, 1900-1920: An Economic Perspective,"in Lawrence Stone, ed., *Schooling and Society: Studies in the History of Education*(1976), 239-251も参照するとよい。総合判断のためには、Jurgen Herbst, *The Once and Future School: Three Hundred and Fifty Years of American Secondary Education*(1996)を参照するとよいだろう。20世紀のハイスクールにおける学力水準の低下に関する話題は、David L. Angus and Jeffery E. Mirel, *The Failed Promise of the American High School, 1890-1995*(1999)に詳しい。カバリー (Ellwood P. Cubberley)の概略を理解するためには、Lawrence A Cremin, T*he Wonderful World of Ellwood Patterson Cubberley: An Essay on the Historiography of American Education*(1965)から始めるとよい。同書は、Jesse B. Sears and Adin D. Henderson, *Cubberley of Stanford and His Contribution to American Education*(1957)に基づいている 21。

出版されている最良の学術書でさえ、一次資料とのつき合わせにより肝を冷

---

21 アーサー・G・ウィース『技術化社会における教育：20世紀初頭における職業的自由的学びの論争』; ハーヴィー・カンターとディヴィット・B・タイアック編『仕事、若者、学校：アメリカ教育における職業教育重視主義の歴史的視座』; ジョン・L・ルーリー『教育と女性の職業：女子教育と分業1870-1930』; ハーバート・M・クリーバード『学校から仕事へ：職業教育主義とアメリカのカリキュラム、1876-1946』; エドワード・A・クルーグ『アメリカの高等学校の形成、1920-1940』; セルウィン・K・トロエン「アメリカの教育改革派による、1900-1920：経済的視点から」（ローレンス・ストーン編『学校教育と社会：教育史研究』）; ユルゲン・ハーブスト『永遠の学校：アメリカ中等教育の350年間』; ティヴィッド・L・アンガスとジェフリー・E・ミレル『アメリカの高等学校の果たされざる約束、1890-1995』; **ローレンス・A・クレミン『アメリカ教育史考：E. P. カバリー教育史の評価』中谷彪・中谷愛訳、晃洋書房、2005**; ジェシー・B・シアーズとアディン・D・ヘンダーソン『スタンフォードのカバリーとアメリカ教育への貢献』。

Blanton, *The Strange Career of Bilingual Education in Texas, 1836-1981* (2004) も参照するとよい。Barry M. Franklin は、*From "Backwardness" to "At Risk": Childhood Learning Difficulties and the Contradictions of School Reform* (1994) で広く知られているように、学習上の問題を抱えている子ども研究の先駆者である 19。

教育と宗教の関係は、長い間歴史学者の関心を惹きつけてきた。反進化論運動の始まりや現代の保守主義に関しては、特に Charles A. Israel, *Before Scopes: Evangelicalism, Education, and Evolution in Tennessee, 1870-1925* (2004) と Edward J. Larson, *Summer for the Gods: The Scopes Trial and America's Continuing Debate over Science and Evolution* (1997) を参照するとよい。Adam Laats, *Fundamentalism and Education in the Scopes Era: God, Darwin, and the Roots of America's Culture Wars* (2010) は、原理主義者の教育への関心の広がりと、その関心の現状を示している 20。

労働者の仕事とその条件が教育政策にどのように影響したのかについては、多くの学者を惹きつけた。そこには、Arthur G. Wirth, *Education in the Technological Society: The Vocational-Liberal Studies Controversy in the Early Twentieth Century* (1972); Harvey Kantor and David B. Tyack, eds., *Work, Youth, and Schooling: Historical Perspectives on Vocationalism in American Education* (1982); John L. Rury, *Education*

19　スーザン・コット・ワトキンズ編『エリス島以降：1910 年国勢調査の新移民とアメリカ生まれたち』；ジェリー・A・ジェイコブスとマーガレット・E・グリーン「人種と民族性、社会階級、学校教育」同上書所収；ステファン・サーンストロム編；『ハーバード・エンサイクロペディア：アメリカの民族グループ』のマイケル・オルネックとマーヴィン・ラザーソン「教育」; ステファン・F. ブルームバーグ『世紀の変わり目のニューヨークにおけるアメリカに行く、学校に行く：ユダヤ人移民の公立学校新展開』; ディヴィッド・K・ヨー『日系として育つ：カリフォルニアの日系アメリカ人の人種、世代、文化、1924-1949』; ヨーン・K・パク『どこへ行こうとも、私は忠誠心をもったアメリカ人：第二次大戦中のシアトル日系アメリカ人の学校教育』；ステファン・ラセンド『忘却の学習：新たな労働者階級における学校と家庭、1870-1940』；ジェフリー・ミレル『愛国的多元主義：アメリカ化された教育とヨーロッパの移民』；ダイアナ・セリッグ『アメリカのすべて：文化的運動』；ルーベン・ドネイト『コロラドの学校と地域におけるメキシコ人とラテンアメリカ人、1920-1960』；キャロス・ケビン・ブラントン『テキサスのバイリンガル教育に関する奇妙なキャリア、1836-1981』；バリー・M・フランクリン『「立ち遅れ」から「落ちこぼれ」へ：子どもの学習困難と学校改革の矛盾』。

20　チャールズ・A・イスラエル『スコープに先んじて：テネシーにおける福音主義、教育、改革、1870-1925』；エドワード・J・ラルソン『神のための夏：進化論論争をめぐる裁判』；アダム・ラッツ『原理主義とスコープの進化論教育：神とダーウィンをめぐる論争』。

については、David Levering Lewis, *W. E. B. Du Bois: Biography of a Race, 1868-1919* (1993) と *W. E. B. Du Bois, 1919-1963: The Fight for Equality and the American Century* (2000)を読むとよい。また、現在でも価値のある Horace Mann Bond, *The Education of the Negro in the American Social Order* (1939)も読むとよい。州レベルの改革や地方の発展については、James L. Leloudis, *Schooling the New South: Pedagogy, Self, and Society in North California, 1880-1920* (1996)を参照するとよい 18。

移民の経験については、Susan Cotts Watkins, ed., *After Ellis Island: Newcomers and Natives in the 1910 Census* (1994)がある。特に多様な移民集団の異なる学校到達度に関する私の記述の一次資料となったものは、同書収録の Jerry A. Jacobs and Margaret E. Greene,"Race and Ethnicity, Social Class, and Schooling,"209-255; Stephan Thernstrom, ed., *Harvard Encyclopedia of American Ethnic Groups* (1980)の論文、特に Michael R. Olneck and Marvin Lazerson,"Education,"303-319; Stephan F. Brumberg, *Going to America, Going to School: The Jewish Immigrant Public School Encounter in Turn-of-the-Century New York* (1986); David K. Yoo, *Growing Up Nikkei: Race, Generation, and Culture among Japanese Americans of California, 1924-49* (2000); Yoon K. Pak, *Wherever I go, I Will Always Be A Loyal American: Schooling Seattle's Japanese Americans during World War* II (2002)を参照するとよい。Stephen Lassonde, *Learning to Forget: Schooling and Family Life in New Haven's Working Class, 1870-1940* (2005)は、イタリア系アメリカ人の文化や学校に関するモデル的な事例研究である。Jeffrey E. Mirel, *Patriotic Pluralism: Americanization Education and European Immigrants* (2010)は、移民のコミュニティでの市民性規範の形成やアメリカへの同化に果たす学校や外国語新聞の役割を鋭く分析しており、また他の研究と異なり、第一次世界大戦以降も分析している。多文化主義の歴史や進歩主義時代以降の教育を再評価する場合、Diana Selig, *Americans All: The Cultural Gifts Movement* (2008)を参照すると良い。非ヨーロッパ系の移民やその学校の歴史に関しては、Ruben Donato, *Mexicans and Hispanos in Colorado Schools and Communities, 1920-1960*(2007)を読むとよい。言語政策に関しては、Carlos Kevin

---

18 エリック・アンダーソンとアルフレッド・A・モス・Jr.『危険な慈善：北部の博愛主義と南部の黒人教育、1902-1930』；ルイス・R・ハーラン『ブッカー・T・ワシントン：黒人リーダーの育成、1858-1901』；『ブッカー・T・ワシントン：タスキーギの天才、1901-1915』；ロバート・ノレル『歴史からさかのぼって：ブッカー・T. ワシントン』；ディヴィッド・リーバーリング・ルイス『W.E.B デュボア、人種の伝記、1868-1919』；『W.E.B. デュボア、1919-1963、平等性へとアメリカの世紀への戦い』；ホーレス・マン『アメリカの学校秩序における黒人の教育』；ジェイムズ・L・リロウズ『ニューサウスの学校教育：北カリフォルニアの教育学、自己、そして社会、1880-1920』。

多くの才能豊かな学者が南部のアフリカ系アメリカ人の教師を研究してきた。Adam Fairclough, *Teaching Equality: Black Schools in the Age of Jim Crow* (2001) や *A Class of Their Own: Black Teachers in the Segregated South* (2007) は特に参照するとよい。このテーマで影響力のある論文を執筆してきたMichael Fultz, "African American Teachers in the South, 1890-1940: Powerlessness and the Ironies of Expectations and Protest," *History of Education Quarterly* 25 (Winter 1995):401-422; "Teacher Training and African American Education in the South,1900-1940," *The Journal of Negro Education* 64 (Spring 1995) の 196-210. は特に参照するとよいだろう 17。

アフリカ系アメリカ人の教育史に関する文献は増大しており、修正論者の記述は、Eric Anderson and Alfred A. Moss Jr., *Dangerous Donations: Northern Philanthropy and Southern Black Education, 1902-1930* (1999) にみられる。ブッカー・T・ワシントン（Booker T. Washington）については、特にルイス・R・ハーラン（Louis R. Harlan）の２冊の伝記、*Booker T. Washington: The Making of a Black Leader, 1856-1901* (1972) と *Booker T. Washington: The Wizard of Tuskegee, 1901-1915* (1983) を読むとよい。Robert J. Norrell, *Up from History: The Life of Booker T. Washington* (2009) は、暴力に焦点を当て、ワシントンが生き抜こうとした人種差別の世界を同情的に描写している。W・E・B デュボア（William Edward Burghardt Du Bois）に

16　アーサー・ジルバースミット『学校の変革：進歩主義教育の理論と実践、1930-1960』；ダイアン・ラヴィッチ『学校改革抗争の 100 年：20 世紀アメリカ教育史』末藤美津子・宮本健市郎・佐藤隆之訳、東信堂、2008；ラリー・キューバン『教師はいかに教えるか：アメリカの教室における恒常性と変化、1890-1980』；ロバート・B・ウェストブルック『ジョン・デューイとアメリカ的民主主義』；ドナルド・ワーレン『アメリカの教師：職場における専門性の歴史』；キャスリーン・ワイラー『田舎の女性教師：カリフォルニア田園部における指導、1850-1950』; ジャージェン・ハーベスト『公教育の女性先駆者：いかにして文化が西部に訪れたのか』；ケイト・R・ルーマニエール『都市の教師：歴史的観点による教授と学校改革』；ケイト・R・ルーマニエール『都会の教師：マーガレット・ハーレイの生涯とリーダーシップ』; ジョン・F・レイオン『教師と改革：シカゴの公教育、1929-1970』；ディヴィッド・B・タイアックとラリー・キューバン『ユートピアを目指した鋳掛け：公立学校改革の世紀』。

17　アダム・フェアクロー『平等性を教える：ジム・クロウ時代の黒人学校』；『彼ら自身の教室：隔離された南部における黒人教師たち』；ミカエル・フルツ『南部におけるアフリカ系アメリカ人教師、1890-1940』；「期待と抗議の無力さと悲哀」（『季刊教育史』25）；ミカエル・フルツ「南部における教員養成とアフリカ系アメリカ人の教育、1900-1940」（『黒人教育ジャーナル』64）。

は、J. Wesley Null, *A Disciplined Progressive Education: The Life and Career of William Chandler Bagley*(2003)を参照するとよい 15。

進歩主義と児童中心主義の考え方が本当に学校での実践を促したのかという議論の余地のある問いかけは、いくつかの重要な著作の関心事となっており、それらの著作では異なる結論が出されている。Arthur Zilversmit, *Changing Schools: Progressive Education Theory and Practice, 1930-1960*(1993)は懐疑的な見解を示し、Diane Ravitch, *Left Back: A Century of Failed School Reforms*(2000)は、その影響が大きかったことを見出している。Larry Cuban, *How Teachers Taught: Constancy and Change in American Classrooms, 1890-1980*(1984)では、両方の見方をバランスを保ちながら論じている。ジョン・デューイ研究者は多くの伝記を選択できるが、Robert B. Westbrook, *John Dewey and American Democracy*(1991)ほど入手しやすく洞察力に富んだ伝記はない。同書は、デューイの思想をその時代と場所に位置づけ、哲学者たるデューイが民主主義理論を重視していたことや、かつての支持者から距離を置いていたことを再度強調している。教員の生活や教育専門職の性質に関する異なる側面は、Donald Warren, ed., *American Teachers: Histories of a Profession at Work*(1989)に収録されているいくつかの論文にみられる。田舎や西部の経験を知るには、Kathleen Weiler, *Country Schoolwomen: Teaching in Rural California, 1850-1950*(1998); Jurgen Herbst, *Women Pioneers of Public Education: How Culture Came to the Wild West*(2008)を読むとよい。都市に関しては、Kate R. Rousmaniere, *City Teachers: Teaching and School Reform in Historical Perspective*(1997)と *Citizen Teacher: The Life and Leadership of Margaret Haley*(2005); John F. Lyons, *Teacher and Reform: Chicago Public Education, 1929-1970*(2008)を参照するとよい。教員が革新的な思想をどのように解釈し受け止めていたのかについては、David B. Tyack and Larry Cuban, *Tinkering Toward Utopia: A Century of Public School Reform*(1995)を調べるとよいであろう 16。

---

15 ディヴィッド・ジョン・ホーガン『階級と改革：シカゴの学校と社会、1880-1930』；ウィリアム・J・リース『学校改革の影響力と保障：進歩主義時代における草の根運動』；マリン・ジョーンズ『驚くべきことに：「黄金律」の人生における宗教と政治』; ブライス・E・ネルソン『優秀な学校：シアトルの公立学校制度、1901-1930』; ロナルド・D・コーエン『工場の子ども：インディアナのゲーリーにおける学校教育と社会、1906-1960』; ジュディス・ローゼンベルグ・ラフテリー『公正な保障の土地：ロサンジェルスの学校における政治と改革、1885-1941』; ジェフリー・ミレル『都市制度の興亡、デトロイト、1907-1981』；ジョエル・H・スプリング『教育と全体主義国家の興隆』；マイケル・M・ソーカル編『心理テストとアメリカ社会、1890-1920』；ヘンリー・L・ミントンとルイス・M・ターマン『心理テストの先駆者』；J・ウェスリー・ヌール『厳格な進歩主義教育：ウィリアム・チャンドラー・バグリーの生涯と経歴』。

Administration of the Public Schools (1962)がある。教育委員会改革と近代の都市部での行政の増大に関する David Tyack, *The One Best System* (1974)の分析は、特に重要な役割を果たしている。David Tyack and Elisabeth Hanson, *Managers of Virtue: Public School Leadership in America, 1820-1980*(1982)や、異なる視点を得るために、Jackie M. Blount, *Destined to Rules the Schools: Women and the Superintendency, 1873-1995* (1998)を参照するのもよい。農村生活(Country Life)運動について知るには、David B. Danbom, *The Resisted Revolution: Urban America and the Industrialization of Agriculture, 1900-1930* (1979)を、同時代の学区学校について知るには、Hal S. Barron, *Mixed Harvest: The Second Great Transformation in the Rural North, 1870-1930*(1977)がよいであろう 14。

都市は改革の主要な場であったので、歴史学者は自然とそこでの発展に惹きつけられている。例えば、David John Hogan, *Class and Reform: School and Society in Chicago, 1880-1930* (1985)や、本書で広がりをみせたいくつかのテーマについてさらに文献をつけている拙著 *Power and the Promise of School Reform: Grass-Roots Movements during the Progressive Era* (1986)、正義感の強い市長に関する優れた伝記Marine Jones, *Holy Toledo: Religion and politics in the Life of 'Golden Rule' Jones*(1998); Bryce E. Nelson, *Good Schools: The Seattle Public School System, 1901-1930* (1988); Ronald D. Cohen, *Children of the Mill: Schooling and Society in Gary, Indiana, 1906-1960* (1990); Judith Rosenberg Raftery, *Land of Fair Promise: Politics and Reform in Los Angeles Schools, 1885-1941* (1992); Jeffrey Mirel, *The Rise and Fall of an Urban System, Detroit, 1907-81* (1993)を参照するとよい。Joel H. Spring, *Education and the Rise of the Corporate State* (1972)も進歩主義時代における教育政策、特に都市の発展やビジネス政策に関連した政策への洞察力ある批判を含んでいる。テスト運動の起源に関する膨大な文献については、Michael M. Sokal, ed., *Psychological Testing and American Society, 1890-1920* (1987)の論文や幅広い資料を参照するとよい。Henry L. Minton, *Lewis M. Terman: Pioneer in Psychological Testing* (1988)は、心理テストに関する私の理解を助けた。テストの主要な批評家について

14　『教授学史』39の特別号「20世紀におけるアメリカの教育：進歩的な遺産」におけるディヴィッド・A・ガムソン、ディヴィッド・P・セトラン、カレン・ベンジャミン、ジェフェリー・ミレルの各論文；(**レイモンド・E・キャラハン『アメリカの教育委員会と教育長』中谷彪・中谷愛訳、晃洋書房、2007**)；ディヴィッド・タイアック『ワン・ベスト・システム』；デイヴィッド・タイアックとエリザベス・ハンソン『道徳の管理人：アメリカにおける公立学校のリーダーシップ、1820-1980』；ジャッキー・M・ブロント『運命づけられた学校の統制：女性と教育長制、1873-1995』；ディヴィッド・B・ダンボム『改革への対抗：アメリカの都市と農村の産業化、1900-1930』；ハル・S・バーロン『混在する産物：北部田舎における第二の変革、1870-1980』。

進歩主義の時代から第二次世界大戦まで

進歩主義時代(およそ1890年～1920年)と、それに比べて短いがニューディールの時代(1933年～1945年)は、改革運動や教育変革の歴史が急増する著作や論文の主なものとなっていた。最も影響力があったのは、特に改革を象徴的に扱ったものとして、Richard Hofstadter, *The Age of Reform: From Bryan to FDR*(1955)、「新中産階級」の官僚的で専門職による転換を重視したRobert H. Wiebe, *The Search for Order, 1877-1920*(1967)、学者たちに20世紀初頭における独善的なプロテスタントによる多くの改革運動の起源に気づかせるRobert M. Crunden, *Ministers of Reform: The Progressives' Achievement in American Civilization, 1889-1920*(1982)がある。フランクリン・ルーズベルトのニューディール政策は、世界恐慌による経済問題の解決を第一の目的として近代福祉国家の土台を築いた。学校に直接影響したいくつかの革新的で記憶に残るプログラムがあったにもかかわらず、そのニューディール政策自体は教育改革に焦点を当てていなかった。広範囲にわたる参考文献目録は、David M. Kennedyの著書*Freedom from Fear: The American People in Depression and War, 1929-1945*(1999)に掲載されている。世界大戦間の教育の発展に関する最良の著書は、David Tyack, Robert Lowe, and Elisabeth Hansot, *Public schools in Hard Times: The Great Depression and Recent Years*(1984); Paula S. Fass, *Outside In: Minorities and the Transformation of America Education*(1989); Jonathan Zimmerman, *Whose America? Culture Wars in the Public Schools*(2002)の関連する章である13。

進歩主義時代の学校改革は、ほぼ全ての側面で歴史学者の注目を集めた。*Paedagogica Historia* 39(August 2003): 417-497の特別号"American Education in the Twentieth Century: Progressive Legacies"におけるDavid A. Gamson, David P. Setran, Karen Benjamin, and Jeffrey Mirelの論文は、進歩主義時代の改革に関する私の理解を助けた。学校行政官や行政組織は、多くの学者から非常に綿密な調査を受けてきた。初期の総合的なものとしては、Raymond E. Callahan, *Education and the Cult of Efficiency: A Study of the Social Forces That Have Shaped the*

13　リチャード・ホフスタッダー『改革の時代：ブライアンからルーズベルトまで』；ロバート・H・ウィーブ『規律への探究、1877-1920』；ロバート・M・クランデン『大統領の改革：アメリカの文明化における進歩主義者たちの到達点、1889-1920』；ディヴィッド・M・ケネディ『恐怖からの自由：落胆するアメリカ人と戦争、1929-1945』；ディヴィッド・タイアック、ロバート・ロウ、エリザベス・ハンソット『公立学校の困難な時代：大恐慌と現代』; ポーラ・S・ファス『大転換：マイノリティとアメリカ教育の変革』; ヨナタン・ジンマーマン『誰のアメリカ？公立学校における文化の戦争』。

Guardians of Tradition: American Schoolbooks of the Nineteenth Century（1964）と Elliot J. Gorn, ed., *The McGuffey Readers: Selections from the 1879 Edition*（1998）を参照するとよいであろう 11。

南北戦争時代の公立学校については、Edward A. Sheldon, *Lessons on Objects*（1863）; and C.F. Childs, *Essays on Education and Culture*（1867）を参照するとよい。戦後については、Albert N. Raub, *Plain Educational Talks with Teachers and Parents*（1869）; William N. Hailmann, *Kindergarten Culture in the Family and Kindergarten*（1873）; Francis Adams, *The Free School System of the United States*（1875）; Robert William Dale, *Impression of America*（1878）; Charles F. Adams Jr., *The New Departure in the Common Schools of Quincy and Other Papers on Educational Topics*（1879）; Gail Hamilton（ペンネーム）, *Our Common School System*（1880）; J.G. Fitch, *Notes on American Schools and Training Colleges*（1890）; Richard Harcourt,*Conspiracy: The American Public Schools*（1890）; Louisa Parsons Stone Hopkins, *The Spirit of the New Education*（1892）を読むとよい 12。

11　ウィリアム・J・リース『アメリカのハイスクールの起源』；ジェイムズ・G･カーター『ニューイングランドのフリースクールにおける名誉あるウィリアム・プレスコット法学博士への手紙―教授の原則に関する見解とともに』; ジェイムズ･G･カーター『普通教育に関する随筆』; ベンジャミン･O･ピアーズ『アメリカの教育』; ジョン・オービル・テーラー『大衆教育における風刺の的中』; オレステス・A・ブラウンソン『授業の取り組み』; サミュエル・ワーズワース・ゴールド『万民にむけた教育：体・知・徳』; イラ・メイヒュウ『普通教育』; パー・アダム・シリストロム『米国の教育機関』; S・S・ランドール『精神と徳の文化と普通教育』; ヒーラム・オーカット『公立学校の教師、保護者、生徒にむけたヒント』;『学校生活経験の集録』; ルース・ミラー･エルソン『伝統の後見人:19 世紀のアメリカの学校図書』; エリオット・J・ジョン編『マクガフィー読者：1879 年の選挙の当選者』。

12　エドワード・A・シェルドン『実物教授』; C・F・チャイルド『教育と文化論集』; アルバート・N・ラウブ『教師、保護者との教育に関する直言』; ウィリアム・N・ハイルマン『家庭と幼稚園における幼稚園文化』; フランシス・アダムス『アメリカのフリースクール制度』; ロバート・ウィリアム・デイル『アメリカの影響』; チャールズ・F・アダムス・Jr.『クインシーの公立学校における新たな試みと教育的議題に関する文書』; ゲイル・ハミルトン(ペンネーム)『我々の公立学校制度』; J・G・フィッチ『アメリカの学校と教員養成大学の記録』; リチャード・ハーコート『共謀：アメリカの公立学校』; ルイーザ・パーソンズ・ストーン・ホプキンス『新教育の精神』。

の幼少期教育に関する多様な見解については、Roberta Wollons, ed., *Kindergartens and Cultures: The Global Diffusion of an Idea*(2000)を参照するとよい。教員については、Barbara Finkeistein, *Governing the Young: Teacher Behavior in Popular Primary School in Nineteenth-Century United States*(1989)を参照するとよいだろう 10。

公立学校は 19 世紀に登場したため、公共討論の恰好の材料となった。本書も利用可能な大量の著作やパンフレット、講演、討論、教育理論や実践に関する文献に依拠した。多くの他の文献は *The Origins of the American High School* の巻末の注で引用しているけれども、南北戦争前の教育や改革は、James G. Carter, *Letters to the Honorable William Prescott, LL.D., on the Free Schools of New England, with Remarks on the Principles of Instruction*(1824); James G. Carter, *Essays upon Popular Education*(1826); Benjamin O. Peers, *American Education*(1838); John Orville Taylor, *Satirical Hits on the People's Education*(1839); Orestes A. Brownson, *The Laboring Classes*(1840); Samuel Wadsworth Gold, *Education for the Millions: Physical, Intellectual, and Moral*(1850); Ira Mayhew, *Popular Education*(1852); Per Adam Siljestrom, *Educational Institutions of the United States*(1853); S.S. Randall, *Mental and Moral Culture and Popular Education*(1855); Hiram Orcutt, *Hints to Common School Teachers, Parents, and Pupils; Or, Gleanings from School- Life Experience*(1859)に言及されている。マクガフィーの教科書については、Ruth Miller Elson,

---

10　ウィリアム・J・リース『セントルイスの哲人王』(バリー・フランクリン編『カリキュラムと結果：ハーバート・M・クリーバードと学校教育の約束』)；ウィリアム・J・リース『19 世紀のセントルイスにおける公教育』(エリック・サンドウェイス編『ヘンリー・ショウの時代におけるセントルイス：ガーデンウォールを超えた見解』)；**レイモンド・ウィリアムズ『キイワード辞典』(岡崎康一訳、晶文社、1980)**；ウィリアム・J・リース「進歩主義教育の起源」(『季刊教育史研究』41)；フローレンス・バーンスタイン・フリードマン『ウォルト・ホイットマンによる学校観察』; **オーサー・O・ラヴジョイ『観念の歴史』鈴木信雄他訳、名古屋大学出版会、2003**；ジェラルド・リー・グテック『ペスタロッチと教育』; バーナード・ウィッシー『子どもと共和国：現代におけるアメリカの子どもの本性の夜明け』; **ジョージ・ダイキューゼン『ジョン・デューイの生涯と思想』三浦典郎、石田理訳、清水弘文堂、1977**；ロバート・B・ダウンズ『フリードリッヒ・フレーベル』; **ヒュー・カニンガム『概説子ども観の社会史―ヨーロッパとアメリカにみる教育・福祉・国家』北本正章訳、新曜社、2013**; バーバラ・ベアティ『アメリカにおける幼児教育：植民地時代から現代にかけての幼児の文化』; ノーマン・ブロステルマン『幼稚園の考案』; ロバート・D・リチャードソン・Jr.『エマーソン・炎の精神』；ロベルタ・ウォロンズ編『幼稚園と文化：思想の世界的拡散』；バーバラ・フィンケルシュタイン『若者の管理：19 世紀米国の一般的な小学校における教師の振る舞い』。

南北戦争後の時代には、連邦教育局(U.S. Bureau of Education)の多くの出版物に加えて、19 世紀の学校改革者が印象的な文章を歴史学者に残している。本研究に不可欠だったのは、マサチューセッツ州教育委員会の教育長として在職していた期間(1837-1848)のホーレス・マンの年次報告書や、ウィリアム・T・ハリス(William T. Harris)がセントルイス市で校長在職中に記した年次報告書(1868-1880)や書籍である。ハリスに関しては、拙稿 “The Philosopher-King of St. Louis,”Barry M. Franklin, ed., *Curriculum and Consequence: Herbert M. Kliebard and the Promise of Schooling* (2000), 155-177 や、拙稿 “Public Education in Nineteenth-Century St. Louis,”Eric Sandweiss, ed., *St. Louis in the Century of Henry Shaw: A View beyond the Garden Wall* (2003), 167-187. を参照するとよいであろう。あまり知られていない人物の思想は、州や地方の定期刊行物や書類に埋もれた状態になっている。イギリス人やドイツ人、アメリカのロマン主義詩人や教育者の原書は、同様に彼ら独特の世界観を再現しており、Raymond Williams, Keywords: *A Vocabulary of Culture and Society* (1976) は概念整理に役立つ。

拙稿 “The Origins of Progressive Education,” *History of Education Quarterly* 41 (Spring 2001): 1-24. において、児童中心主義教育に関する一次および二次資料に多く言及している。特に、私は以下の文献から影響を受けた。Florence Bernstein Freedman, *Walt Whitman Looks at the Schools* (1950); Arthur O. Lovejoy, *Essays in the History of Ideas* (1960); Gerald Lee Gutek, *Pestalozzi and Education* (1968); Bernard Wishy, *The Child and the Republic: The Dawn of Modern American Child Nurture* (1968); George Dykhuizen, *The Life and Mind of John Dewey* (1973)。デューイのハイスクールでの教授法に関しては、Robert B. Downs, *Friedrich Froebel* (1978); Hugh Cunningham, *Children and Childhood in Western Society since 1500* (1985); Barbara Beatty, *Preschool Education in America: The Culture of Young Children from the Colonial Era to the Present* (1995); Norman Brosterman, *Inventing Kindergarten* (1997); Robert D. Richardson Jr., *Emerson: The Mind of Fire* (1995) がある。異なる時代や場

9　ホーレス・マン『コモンスクール・ジャーナル』; ヘンリー・バーナード『アメリカン・ジャーナル・オブ・エデュケーション』;『ニュー・イングランド・ジャーナル・オブ・エデュケーション』(『エデュケーショナル・レビュー』;『スクール・レビュー』;『アラバマ・ティーチャーズ・ジャーナル』;『カリフォルニア・ティーチャー』;『コモンスクール』(Grafton, North Dakota);『ダコタ・エデュケーション』;『ダコタ・スクール・ジャーナル』;『ディキシ・スクール・ジャーナル』;『エデュケーショナル・ウィークリー』(Chicago);『エデュケーショナル・ウィークリー』(Indianapolis);『インディアナ・スクール・エデュケーション』; (Huntsville, Alabama) ;『ウィスコンシン・ジャンーナル・オブ・エデュケーション』; ヘンリー・キドルとアレクサンダー・シェム『教育の百科事典：教師・学校役員・保護者らのための専門辞書』。

Origins of Public High Schools: A Reexamination of the Beverly High School Controversy(1985)での活発な応答や、*History of Education Quarterly* 27 (summer 1987): 241-258の“The Origins of Public High Schools”と題された徹底的なフォーラムを導いた。加えて、拙著 *The Origins of the American High School*(1995)は、広範な社会的分析と本書にも関係する多くの一次および二次資料のリストを提供している。David F. Labaree, T*he Making of an American High School: The Credentials Market and the Central High School of Philadelphia, 1838-1939*(1988)では、学歴と市場が中心テーマとなっている8。

アメリカの公立学校制度の脱集権的な性質を考慮すると、広大な大陸に広がっている多様な社会の中で典型的な教育形式を見出そうとする試みは、学者であっても困難を伴う。本書に見られる一般化は、一次資料での調査に大部分は基づいており、時に専門的な学校雑誌の中の文章に依拠した。教員組織や地方学区、民間企業により出版されていたこれらの定期刊行物には考えうる全ての事柄に関する論文があり、教育改革における緊張関係を示している。全米的な傾向を理解するために、私はHorace Mann, *Common School Journal*(1838-1849); Henry Barnard, *American Journal of Education*(1840-1880); *the New England Journal of Education*(1875-1900); *Educational Review*(1891-1900); *School Review*(1895-1900)や、特定の論点究明のために他の著書を読んだ。私はまた、Alabama *Teachers Journal*(1885-1888); *Carolina Teacher*(1886-1888); *Common School*(Grafton, North Dakota, 1893-1894); *Dakota Education*(1888-1891); *Dakota School Journal*(1885); *Dixie School Journal*(1894-1895); *Educational Weekly*(Chicago, 1877-1881); *Educational Weekly*(Indianapolis, 1883-1886); *Indiana School Journal*(1881-1900); *Teacher at Work*(Huntsville, Alabama, 1889-1891);*Wisconsin Journal of Education*(1879-1900)の恩恵も受けた。多くの論点に関して特に有効な情報を提供していたのは、Henry Kiddle and Alexander J. Schem, eds., *The Cyclopaedia of Education: A Dictionary of Information for the Use of Teachers, School Officers, Parents, and Others*(1877)である9。

8　カール・F・ケースル『田舎の学校制度の進化：ニューヨーク市、1750-1850』；スタンレー・K・シュルツ『文化の工場：ボストン公立学校、1789-1860』; セルウィン・K・トロエン『公衆と学校：セントルイス・システムの形成、1838-1920』；マーヴィン・レザーソン『都市学校の起源：マサーチュセッツの公立教育、1870-1915』；マイケル・B・カッツ『初期学校改革のアイロニー』；マリス・A・ヴィノフスキー『公立ハイスクールの起源：ビバリー・ハイスクールの再検討』；ウィリアム・J・リース「公立ハイスクールの起源」(『季刊歴史教育』27)；ウィリアム・J・リース『アメリカハイスクールの起源』；ディヴィッド・F・ラバリー『アメリカのハイスクールの生成：学歴市場とフィラデルフィアのセントラル・ハイスクール、1838-1939』。

けプレップスクールについては、Mario T. Gracia, *Desert Immigrants: The Mexicans of El Paso, 1880-1920*(1981)を読むとよいであろう。トゥーソンについては、Thomas E. Sheridan, *Los Tusconenses: The Mexico Community in Tucson, 1854-1941* (1986)を読むとよい。田舎の学校や、その学校とコミュニティとの結びつきについては、*Call School: Rural Education in the Midwest to 1918*(1995)の著者 Paul Theobald のような学者たちからは異議を唱えられているが、Wayne E. Fuller, *The Old Country School: The Story of Rural Education in the Middle West*(1982)を参照するとよいであろう。Jonathan Zimmerman, *Small Wonder: The Little Red Schoolhouse in History and Memory*(2009)は、アメリカの一教室校舎を想像力豊かに図解し、その意義を探求している。南北戦争前の南部の発展については、Joseph W. Newman,“Antebellum School Reform in the Post Cities of the Deep South,”in David N. Plank and Rick Ginsberg, eds., *Southern Cities, Southern Schools: Public Education in the Urban South*(1990), 17-36. を参照するとよい。William A. Link, *A Hard Country and a Lonely Place: Schooling, Society, and Reform in Rural Virginia, 1870-1920*(1986)は、有益な事例研究を提供している。農村の傾向を概観するのに特に役立つのは、David B. Danbom の *Born in the Country: A History of Rural America* (1995)で、農村の教育も含めた生活面の数的資料や解釈に関する計り知れないほど貴重な著書として私は依拠した7。

個々の学校制度の解釈には、Carl F. Kaestle, *The Evolution of an Urban School System: New York City, 1750-1850*(1973); Stanley K. Schultz, *The Culture Factory: Boston Public Schools, 1789-1860*(1973); Selwyn K. Troen, *The Public and the Schools: Shaping the St. Louis System, 1838-1920*(1975)が役立つ。幼少期向けプログラムや産業教育の歴史については、Marvin Lazerson, *Origins of the Urban school: Public Education in Massachusetts, 1870-1915*(1971)を参照するとよい。ハイスクールの起源や社会的重要性に関する議論では、*The Irony of Early School Reform* での Michael B. Katz の革新的な見解が重要である。同書は、Maris A. Vinovskis, T*he*

7　ヴィクター・ラウ『地味な人種：サンフランシスコの中国人による教育闘争の世紀』；マリオ・T・グラシア『砂漠の移民：エルパソのメキシカンたち、1880-1920』；トーマス・E・シェリダン『ロス・ツスコネンセス：ツーソンのメキシコ・コミュニティ、1854-1941』；ポール・テオバルド『学校を招く：1918年までの中西部の田舎の教育』；ウェイン・E・フーラー『古き田舎の学校：中西部の田舎の学校の話』；ジョナサン・ジンマーマン『小さな驚き：歴史と記憶の中の小さな赤いスクールハウス』；ジョセフ・W・ニューマン『ディープサウスの中心都市における南北戦争前の学校改革』(ディヴィッド・N・プランクとリック・ギンスバーグ編『南部都市、南部の学校：南部の田舎の公教育』；ウィリアム・A・リンク『厳しい国と孤独な場：バージニアの田舎の学校、社会そして改革、1870-1920』；デイヴィッド・B・ダンボム『世紀の誕生：田舎のアメリカの歴史』。

taught: African American Education in Slavery and Freedom(2005)は、自由への闘争及び識字と学習への黒人の努力を生き生きと描いている。Davison M. Davis, *Jim Crow Moves North: The Battle over Northern School Segregation, 1865-1954*(2005)は、新たなスタンダードを提示している。主要な州でのアフリカ系アメリカ人と先住民の教育を比較分析する場合、Kim Cary Warren, *The Quest for Citizenship: African American and Native American Education in Kansas, 1880-1935*(2010)を参照するとよいであろう。人種関係については、Eric Foner, *Reconstruction: America's Unfinished Revolution, 1863-1877*(1988)が新しいスタンダードとなっている。Leon F. Litwack, *Trouble in Mind: Black Southerners in the Age of Jim Crow*(1998)も読むことを勧める。James D. Andersonの注目すべき著作、*The Education of Blacks in the South, 1860-1935*(1988)は、新しい世代の学者たちによって徐々にではあるがようやく読み返されてきている6。

西海岸での移民論争について、*Victor Low, The Unimpressionable Race: A Century of Educational Struggle by the Chinese in San Francisco*(1982)は、19世紀と20世紀の論点を私が理解する上での主要な著作となっている。エルパソのメキシコ人向

5　ローレンス・クレミン『アメリカのコモンスクール、歴史的概念』；マリス・A・ヴィノフスキー『教育、社会、経済機会：永続的な問題に関する歴史的視野』；カール・F・ケースルとマリス・A・ヴィノフスキー『19世紀マサーチュセッツの教育と社会変革』；ジョナサン・メッサーリ『ホーレス・マン：伝記』；キャサリン・キッシュ・スカラー『キャサリン・ビーチャー：アメリカの自国主義の研究』；エディス・ナイ・マクミューレン『真の教育の起源：ヘンリー・バーナードと19世紀学校改革』；リチャード・D・ブラウン『知識は力である：初期アメリカ、1700-1865における情報の広がり』；同『人々の力；19世紀アメリカの啓蒙された市民のアイデア』；ソルトウとエドワード・スティーブンス『合衆国におけるリテラシーとコモンスクールの隆盛：1870年までの社会経済分析』；ウィリアム・J・ローラボー『クラフトの徒弟制：アメリカにおけるフランクリンから機械時代まで』。

6　ヒラリー・J・モス『学校化する市民：南北戦争前のアフリカンアメリカンの教育に向けての闘争』；クリストファー・M・スパン『綿畑からスクールハウスまで：ミシシッピにおけるアフリカンアメリカンの教育、1862-1875』；ヘザー・アンドレア・ウィリアムス『自己教授：奴隷と自由のアフリカンアメリカンの教育』；デェイビソン・M・デイビス『ジム・クロウ・デイビス、北に動く：北部の学校分離に対する闘争、1865-1954』；キム・カーリー・ワレン『市民権要求：カンサスにおけるアフリカン・アメリカンとネイティブ・アメリカンの教育、1880-1935』；エリック・フォーナー『再構築：アメリカの未完の革命、1863-1877』；レオン・F・リトワック『心の問題：ジム・クロウ時代の南部黒人たち』；ジム・D・アンダーソン『南部黒人の教育、1860-1935』。

えて、特にLawrence A. Creminの(ほとんど読まれていないが)見識ある貴重な著書である*The American Common School, An Historic Conception*(1951)とMaris A. Vinovskisの思慮深い著書である*Education, Society, and Economic Opportunity: A Historical Perspective on Persistent Issues*(1955)を勧める。同様に、私はコモンスクール改革者の目標のみならず、北部の就学傾向と就学率の記述に関しても、Carl F. Kaestle and Maris A. Vinovskis, *Education and Social Change in Nineteenth-Century Massachusetts*(1980)を参考にした。Jonathan Messerli, *Horace Mann: A Biography*(1972)は、マンの精神面の的確な解釈を提供している。そして、Kathryn Kish Sklar, *Catharine Beecher: A Study in American Domesticity*(1973)は、家族の影響の分析に傑出している。Edith Nye MacMullen, *In the Cause of True Education: Henry Barnard and Nineteenth-Century School Reform*(1991)も読むことを勧める。アメリカ人が知識や3Rs算の基礎能力、学習についてどのように考えていたかを幅広く理解するためには、Richard D. Brownの傑出した2冊の著書、*Knowledge is Power: The Diffusion of Information in Early America, 1700-1865*(1989)と*The Strength of a People: The Idea of an Informed Citizenry in America, 1650-1870*(1996)に加えて、Soltow and Edward Stevens, *The Rise of Literacy and the Common School in the United States: A Socioeconomic Analysis to 1870*(1981)を読むことを勧める。ベンジャミン・フランクリン(Benjamin Franklin)や徒弟制度の崩壊、同制度の教育的意味に関しては、William J. Rorabaugh, *The Craft Apprentice: From Franklin to the Machine Age in America*(1986)が優れている5。

Hilary J. Moss, *Schooling Citizens: The Struggle for African American Education in Antebellum America*(2009)は、3つの地域の比較研究を通して人種差別と「コモンスクール」の矛盾を検証している。関連する事例研究として、Christopher M. Span, *From Cotton Field to Schoolhouse: African American Education in Mississippi, 1862-1875*(2009)も参照すると良いであろう。Heather Andrea Williams, *Self-*

4　エリック・ホッブスバアム『資本の時代、1848-1874』; メリー・P・ライアン『中流階級の揺籃時代：ニューヨーク州オネイダ郡の家族』; アラン・トラクテンバーグ『アメリカの会社：ギルド化時代の文化と社会』; ロリー・D・ギンズバーグ『婦人と慈善事業：19世紀合衆国の道徳性、政治、階級』; ジョン・F・カッソン『野蛮と文明：19世紀アメリカのマナー』; チャールズ・セラーズ『市場革命：ジャクソン主義のアメリカ、1815-1846』; ディヴィッド・モントゴメリー『市民労働者：19世紀の合衆国の民主主義と自由市場に関する労働者の経験』; ウオルター・リヒト『産業化するアメリカ：19世紀』; ダニエル・フェラー『ジャクソンの約束：アメリカ、1815-1840』; スティーブン・ミンツ『道徳主義者と近代主義者：アメリカの南北戦争前の改革者たち』; ロナルド・ウオルターズ『アメリカの改革者たち、1815-1860』(改訂版)；ジョン・C・ティーフォード『期待されなかった勝利、1870-1900』；エドワード・エイヤーズ『新南部の約束：再建後の生活』。

19世紀前半のアメリカの歴史を最もよく概観したものとしては、Gordon S. Wood, *Empire of Liberty: A History of the Early Republic, 1789-1815* (2009)と Daniel Walker Howe, *What Hath God Wrought: The Transformation of America, 1815-1848* (2007)がある。社会の中で学校の役割を規定してきた19世紀の政治状況を理解するには、John A. Garraty, *The New Commonwealth, 1877-1890* (1968); Eric Foner, *Free Soil, Free Labor, Free Men: The Ideology of the Republican Party before the Civil War* (1970); Daniel Walker Howe, *The Political Culture of the American Whigs* (1979); Jean H. Baker, *Affairs of Party: The Political Culture of Northern Democrats in the Mid-Nineteenth Century* (1983); Ronald P. Formisano, *The Transformation of Political Culture: Massachusetts Parties, 1790s-1830s* (1983)を読むとよいだろう **3**。

社会の変革や改革運動に関して、私は重要な著作の見解に負っている。特に、Eric Hobsbawm, *The Age of Capital, 1848-1875* (1975); Mary P. Ryan, *Cradle of the Middle Class: The Family in Oneida County, New York* (1981); Alan Trachtenberg, *The Incorporation of America: Culture and Society in the Gilded Age* (1982); Lori D. Ginzberg, *Women and the Work of Benevolence: Morality, Politics, and Class in the Nineteenth-Century United States* (1990); John F. Kasson, *Rudeness and Civility: Manners in Nineteenth-Century America* (1990); Charles Sellers, *The Market Revolution: Jacksonian America, 1815-1846* (1991); David Montgomery, *Citizen Worker: The Experience of Workers in the United States with Democracy and the Free Market during the Nineteenth Century* (1993); Walter Licht, I*ndustrializing America: The Nineteenth century* (1995); Daniel Feller, *The Jacksonian Promise: America, 1815-1840* (1995); Steven Mintz, *Moralists and Modernizers: America's Pre-Civil War Reformers* (1995); Ronald G. Walters, *American Reformers, 1815-1860* (revised edition, 1997)を参考にした。Garratyと Lichtの著書は、経済変革の事実を明確にしただけでなく、複雑な問題に対する思慮深い解釈も提供してくれたた。同様に、Jon C. Teaford, *The Unheralded Triumph: City Government in America, 1870-1900* (1984)は、都市部の発展に関して説得力ある分析とヨーロッパとの比較を教えてくれた。南部の発展に関しては、Edward L. Ayers, *The Promise of the New South: Life after Reconstruction* (1992)が十分な分析を行っている **4**。

研究全般で引用したケースル(Kaestle)とカッツ(Katz)の影響力のある著作に加

---

3 ゴードン・S・ウッド『事由の帝国：初期共和国の歴史、1789-1815』；ダニエル・ウオーカー・ハウ『何がかれらの神鍛を造らせたのか：アメリカ、1815-1848の変容 』；ジョン・A・ギャラティ『米国州、1877-1890』; エリック・フォーナー『自由精神、自由労働、自由人：南北戦争以前の共和党のイデオロギー』; ダニエル・ウオーカー・ハウ『アメリカ・ホイッグ党の政治文化』; ジーン・H・ベーカー『政党の諸事件：19世紀中頃北部民主党の政治文化』; ロナルド・P・フォーミサノ『政治文化の変遷：マサチューセッツの政党、1790年代～1830年代』。

at the Table: Using History to Inform and Improve Education Policy(2009)を読むとよいであろう。印刷物と学校に関しては、Adam R. Nelsen and John L. Rudolph, eds., *Education and the Culture of Print in Modern America*(2010)がある 2。

教育学者や一般市民、改革者がどのように自らの世界を認識し、過去の異なる時期にどのように教育政策を講じようとしたのかを理解するためには、初出の原典に関する調査をする他ない。これらの原典に没頭したことが本書の土台となっている。

本書で引用した重要な一次・二次文献は、年代順に 3 期、19 世紀、20 世紀前半、後半に分けた。

19 世紀

19 世紀の教育と学校教育を理解するには、膨大な二次文献への配慮が求められる。私は、本書を焦点化させるため、また紙幅の関係で、何冊かの優れた参考文献を無視せざるをえなかった。他人の労作に頼らなければ、長期にわたる多くの論点に関して誰一人書くことはできない。私は、州や地方レベルでの一次文献の広範囲にわたる調査と同様、多くの権威ある優れた歴史書に支えられてきた。

1　マール・カーティ『アメリカ教育学者の社会思想』; マイケル・カッツ『初期学校改革のアイロニー：19 世紀マサーチュセッツの教育革新』; デイヴィッド・タイアック『ワンベスト・システム：アメリカ都市教育の歴史』; ジョエル・スプリング『選別の装置：1945 年以降の国家教育政策』；ジョセフ・F・ケット『通過儀礼：アメリカの青少年 1790 年から現代まで』; **ダイアン・ラヴィッチ『教育による社会正義の実現：アメリカの挑戦(1945 ～ 1980)』（末藤美津子訳、東信堂、2011）**；カール・ケースル『共和国の原理：コモンスクールとアメリカ社会、1970-1860; ハーバード・クリーバード『アメリカカリキュラムの闘争、1893-1958』(第 3 版); B. エドワード・マクレラン『アメリカの道徳教育：植民地時代から現代までの学校と品性の形成』；ローレンス・クレミン『学校の変遷：アメリカ教育における進歩主義教育』；ローレンス・クレミン『アメリカ教育：植民地時代、1607-1783)』；同『アメリカ教育：国家としての経験』；同『アメリカ教育：大都市時代の経験 1876-1980』。

2　『季刊　教育史』；ウェイン・J・ルーリー『教育と社会変革：アメリカ学校教育史の主題』；リチャード・J・アルテンバーグ編『アメリカ教育歴史事典』；ミルトン・ガイザー『改訂されたアメリカ教育史：進歩[史観]批判』；ウィリアム・J・リースとジョン・L・ルーリー編『アメリカ教育史再考』；ケネス・K・ワンとロバート・ロスマン編『卓上の歴史の女神：教育政策の周知と改善のために歴史を使うこと』；アダム・R・ネルソンとジョン・L・ルドルフ編『現代アメリカの教育と印刷文化』。

文献解題

※原著に挙げられた英文書名は各段落ごとにその邦訳を脚注の形で掲示した。
※掲示の文献のうち邦訳のあるものは太字で示してある。

研究全般

教科書を除いて、広範囲にわたるアメリカ教育史を1冊の本で著すことは稀である。それは、その扱いの難しさと公立学校の発展の複雑さからである。しかしながら、教育史を学ぶ学生は、以下の歴史的名著に示された対立する主張やテーマを理解しなければならないであろう。Merle Curti, *The Social Ideas of American Educators*(1935); Michael B. Kats, *The Irony of Early School Reform: Educational Innovation in Mid-Nineteenth Century Massachusetts*(1968); David B. Tyack, *The One Best System: A History of American Urban Education*(1974); Joel Spring, *The Sorting Machine: National Educational Policy since 1945*(1976); Joseph F. Kett, *Rites of Passage: Adolescence in America, 1790 to the Present*(1977); Diane Ravitch, *The Troubled Crusade: American Education, 1945-1980*(1983); Carl F. Kaestle, *Pillars of the Republic: Common Schools and American Society, 1780-1860*(1983); Herbert M. Kliebard, *The Struggle for the American Curriculum, 1893-1958*(3rd edition, 2004); B. Edward McClellan, *Moral Education in America: Schools and the Shaping of Character from Colonial Times to the Present*(1999). また、Lawrence A. Cremin, *The Transformation of the School: Progressivism in American Education, 1876-1957*(1961)は、教育改革の広範囲な要素を識別し、進歩主義教育の立場から鼓舞し続けている。さらに、他の著書ほど影響力はないにしても、以下の3冊は彼の威厳ある歴史書であり、学校だけでなく、膨大な教育機関をも重視したものである。*American Education: The Colonial Experience, 1607-1783*(1970), *American Education: The National Experience, 1783-1876*(1980); *American Education: The Metropolitan Experience, 1876-1980*(1988)[1]。

*History of Education Quarterly*は、専門分野の最新動向を示した権威ある手引書である。加えて、Wayne J. Rury, *Education and Social Change: Themes in the History of American Schooling*(2002)は重要な解釈をしている。Richard J. Altenbaugh, ed., *Historical Dictionary of American Education*(1999)も参照を勧める。当該分野の歴史的文献に関する議論には、Milton Gaither, *American Educational History Revised: A Critique of Progress*(2003)を読むことを勧める。William J. Reese and John L. Rury, ed., *Rethinking the History of American Education*(2007)に収録した論文では、1960年代と1970年代の修正主義台頭以降の学校現場の発展に言及している。歴史と政策の関係については、Kenneth K. Wong and Robert Rothman, eds., *Clio*

【マ行】

【ヤ行】

【ラ行】

【ワ行】

【ナ行】

【ハ行】

【タ行】

【サ行】

【カ行】

事項索引

＊原綴、説明、追加語句等は(　　)内に、同意または類似の関連語句は〔　　〕内に示す。

【ア行】

【ワ行】

【ヤ行】

【ラ行】

【マ行】

【ナ行】

【ハ行】

【タ行】

【サ行】

【カ行】

人名索引

【ア行】

アーヴィング , ワシントン(Irvig, Washington) ……………………………………… 41
アーノルド , ベネディクト(Arnold, Benedict) ………………………………………… 43
アームストロング , サミュエル C.(Armstrong, Samuel C.) ………………… 139, 140
アイゼンハワー , ドワイト D. (Eisenhower, Dwight D.) … 288, 301, 305, 307, 392, 336, 340, 423
アダムス , ジェーン(Adams, Jane) ……………………………… 163, 173, 174, 177, 175
アダムス , チャールズ・フランシス・ジュニア(Adams, Charles Francis, Jr.) …69, 150
アンガス , ディヴィッド L.(Angus, David L.) ……………………………………… 395
アンダーソン , ロバート(Anderson, Robert) ………………………………… 354, 355
イートン , ジョン・ジュニア(Eaton, John, Jr.) ……………………… 71, 76-78, 91
イーリー , リチャード T.(Ely, Richard T.) ………………………………… 165, 172
ヴィノフスキー , マリス A.(Vinovskis, Maris A.) ……………………………………… 17
ウィリアムズ , レイモンド(Williams, Raymond) ……………………………………… 110
ウィルキンズ , ロイ(Wilkins, Roy) ………………………………………………… 307
ウィルソン , ウッドロウ(Wilson, Woodrow) ………………………………………… 254
ウィンシップ , A. E.(Winship, A. E.) ……………………………………………… 67, 75
ウェスト , ジュリアン(West, Julian) ……………………………………………… 135
ウェストブルック , ロバート(Westbrook, Robert) ………………………………… 183
ウェブスター , ノア(Webster, Noah) …………………………………………………… 40
ウェルチ , A. S.(Welch, A. S.) ……………………………………………………… 124
ウォーカー , N. W.(Walker, N. W.) ………………………………………………… 239
ウォーターズ , ジョン(Waters, John) ……………………………………………… 417
ウォード , エドワード J.(Ward, Edward J.) ………………………………… 180, 181
ウォード , モンゴメリー (Ward, Montgomery) ………………………………………… 89
ヴォネガット , カート , ジュニア(Vonnegut, Kurt, Jr.) ……………383, 384, 387, 421
ウォレス , ジョージ(Wallace, George) ……………………………………………… 329
ウォルフ , トム(Wolfe, Tom) ……………………………………………………… 321
ウッドワース , ロバート S.(Woodworth, Robert S.) ……………………………… 215
ウッドワード , カルヴィン M.(Woodward, Calvin M.) …… 122, 133, 141, 142, 144
エイヤーズ , エドワード L.(Ayers, Edward L.) ……………………………………… 47
エイヤーズ , レオナルド P.(Ayres, Leonard P.) …………………………… 217, 218

■監訳者紹介

小川佳万（おがわ　よしかず）

1965年生まれ。名古屋大学大学院教育学研究科博士後期課程単位取得退学。広島大学助手、東北大学助教授、准教授、教授を経て、広島大学教授。博士（教育学）。専門は比較国際教育学。

主要著書等

『社会主義中国における少数民族教育―「民族平等」理念の展開』東信堂、2001年、『アメリカのアドバンスト・プレイスメント・プログラム―高大接続の現状と課題―』共編、広島大学高等教育開発センター、2009年、『アジアの教員―変貌する役割と専門職への挑戦―』共編、ジアース教育新社、2012年。

浅沼　茂（あさぬま　しげる）

1951年生まれ。聖路加看護大学講師・助教授、名古屋大学助教授、東京学芸大学助教授を経て、東京学芸大学教授、ウィスコンシン大学マジソン博士課程修了 Ph.D.。専門はカリキュラム論。

主要著書等

『カリキュラム研究入門』安彦忠彦氏と共著、勁草書房、1985年、新版1999年、『教育と権力』（翻訳）（マイケル・アップル著）日本エディタースクール、1992年、『総合的な学習のカリキュラムをつくる』編著、教育開発研究所、2000年。

アメリカ公立学校の社会史
―コモンスクールからＮＣＬＢ法まで

2016年1月15日　　初　版第1刷発行　　〔検印省略〕

定価はカバーに表示してあります。

監訳者©小川佳万・浅沼　茂／発行者 下田勝司　　印刷・製本／中央精版印刷

東京都文京区向丘1-20-6　　郵便振替 00110-6-37828
〒113-0023　TEL (03) 3818-5521　FAX (03) 3818-5514　　発行所 株式会社 東信堂
Published by TOSHINDO PUBLISHING CO., LTD.
1-20-6, Mukougaoka, Bunkyo-ku, Tokyo, 113-0023, Japan
E-mail : tk203444@fsinet.or.jp　http://www.toshindo-pub.com

ISBN978-4-7989-1328-5 C3037